suhrkamp taschenbuch
wissenschaft 42

Noam Chomsky, geboren 1928, lehrt am Massachusetts Institute of Technology (MIT). Hauptwerke: *Syntactic Structures, Cartesian Linguistics, Sprache und Geist, Amerika und die neuen Mandarine, Die Verantwortlichkeit der Intellektuellen, Indochina und die amerikanische Krise. Im Krieg mit Asien I, For Reasons of State.*

In dem Buch wird der Versuch unternommen, jenen Teil einer linguistischen Theorie zu entwerfen, der sich auf die syntaktische, die den Bau des Satzes betreffende Komponente bezieht. Chomsky versucht, den Aufgabenbereich einer neuen Linguistik zu formulieren: Sie habe sich mit dem Studium der »generativen« Grammatik (im Gegensatz zur traditionellen) zu befassen, Informationen über die Struktur der Sprache zu erfragen und über deren formale Beschreibung zu Einsichten über sprachliche »Universalien« zu gelangen. Unter dieser »generativen Grammatik« ist ein System von Regeln zu verstehen, mit denen eine beliebige Zahl von Sätzen erzeugt werden kann. Jeder Sprecher einer Sprache hat sich eine solche generative Grammatik offenbar vollständig angeeignet. Chomsky geht es darum, diese Sprachkenntnis zu charakterisieren, die dem aktuellen Sprachgebrauch eines Sprecher-Hörers zugrunde liegt.

Noam Chomsky
Aspekte der Syntax-Theorie

Suhrkamp

Titel der Originalausgabe: »Aspects of the Theory of Syntax«.
Aus dem Amerikanischen übersetzt und herausgegeben von einem Kollek
tiv unter der Leitung von Ewald Lang, Arbeitsstelle Strukturelle Grammatik, Deutsche Akademie der Wissenschaften, Berlin.

suhrkamp taschenbuch wissenschaft 42
Erste Auflage 1973

Suhrkamp Taschenbuch Verlag. Druck: Ebner,
Ulm. Umschlag nach Entwürfen von Willy
Fleckhaus und Rolf Staudt.

Inhalt

Vorbemerkung des Übersetzers

Die Begründung eines neuen Wissenschaftszweiges ist stets verbunden mit der Etablierung einer eigenständigen Terminologie, deren Funktion – im Idealfalle – einzig darin besteht, neue Begriffsbildungen mit neuen, differenzierenden Etiketten zu versehen. In unserer Übersetzung hat daher auch der Werkzeugcharakter des terminologischen Apparats bei der Suche nach deutschen Äquivalenten den Ausschlag gegeben, insofern, als wir auf praktische Verwendbarkeit und internationalen Gebrauch mancher Prägung mehr Wert legten als auf eine puristische Übertragung ins Einheimische. So haben wir versucht, die Übersetzung insgesamt möglichst dicht am Original zu halten und für etliche Termini jeweils einen (nach Möglichkeit) parallel zum Englischen konstruierten Ausdruck einzuführen, der bei der Lektüre englischer oder auch französischer Fachpublikationen mühelos wiederzuerkennen ist. Diese Überlegung betrifft bereits das erste Titelwort, für dessen deutsche Wiedergabe »*Grundriß*« oder »*Grundzüge*« denkbar, eventuell treffender wären als »*Aspekte*«. Das Buch ist jedoch unter dem Namen »*Aspects*« bereits zum Standardwerk aufgerückt, so daß wir auf eine Umbenennung verzichtet haben, die der Verbreitung der deutschen Ausgabe eher hinderlich sein könnte. In mehrfacher Hinsicht also auf Ökonomie bedacht haben wir folgendes Verfahren gewählt:

- Nach dem ersten Auftreten bestimmter Bezeichnungen (etwa für die syntaktischen Kategorien), die ohnehin grundsätzlich nur mnemotechnisch motiviert sind, werden praktikable, in der Literatur übliche Abkürzungen eingeführt und forthin verwendet.
- Allen wichtigen, die Theorie betreffenden Termini ist beim ersten Vorkommen das englische Original in Klammern beigefügt.
- Die Bindestrich-Schreibung bei bestimmten Nominalkom-

posita dient als Markierung dafür, daß der betreffende Ausdruck ein Terminus technicus innerhalb des Modells ist, dessen englisches Original einem anderen Wortbildungsmuster entstammt. In einigen Fällen mag die Abtrennung der Komposita durch Bindestriche auch die Lesbarkeit erhöhen.

- Bei Auswahl unter mehreren deutschen Äquivalenten eines Terminus halten wir uns meist an die in der Schriftenreihe *Studia grammatica* eingeführten Prägungen; zur Orientierung werden davon abweichende Varianten vermerkt. Außerdem wird in den *Aspekten* eine Reihe für die deutschsprachige Literatur neuer Termini zur Diskussion gestellt.
- Da es in diesem Buch hauptsächlich um die Exemplifizierung genereller Annahmen über den Aufbau und das Funktionieren der syntaktischen Komponente geht, haben wir von der Über- bzw. Ersetzung der englischen Beispielsätze absehen können. Für entsprechende Untersuchungen am Deutschen verweisen wir auf den bibliographischen Anhang.
- Fremdsprachige Zitate erscheinen in deutscher Übersetzung, der Originaltext findet sich im Anhang.

E. L.

Vorwort

Die Idee, daß die Sprache auf einem Regelsystem beruht, das die Interpretation ihrer unendlich vielen Sätze bestimmt, ist keineswegs neu. Vor gut 100 Jahren kam sie in angemessener Klarheit in Wilhelm von Humboldts berühmter aber wenig gelesener Einführung in die allgemeine Sprachwissenschaft zum Ausdruck. (Humboldt (1836)). Seine Ansicht, daß die Sprache »von endlichen Mitteln einen unendlichen Gebrauch machen muß« und daß ihre Grammatik den Prozeß, der dies ermöglicht, beschreiben muß, ist unter diesem »kreativen« Aspekt der Sprachbenutzung auch innerhalb rationalistischer Philosophie über Sprache und Verstand Gegenstand dauernden Interesses gewesen. (Ausführlich diskutiert in Chomsky (1966*b*)). Mehr noch, es scheint, daß selbst Paninis Grammatik im Grunde genommen als Fragment einer solchen »generativen Grammatik« – durchaus im heutigen Sinn dieses Terminus – aufgefaßt werden kann.

Trotzdem: Erst in den letzten Jahren wurden innerhalb der modernen Linguistik wirklich ernsthafte Versuche unternommen, explizite generative Grammatiken für einzelne Sprachen zu konstruieren und ihre Wirkungsweise zu erforschen. Die ausgedehnte Diskussion über die passende Formulierung der Theorie der generativen Grammatik und über die korrekte Beschreibung der Sprachen, die am gründlichsten untersucht worden sind, kann daher kaum überraschen. Der provisorische Charakter aller Konklusionen, die über die Sprach-Theorie oder die englische Grammatik jetzt geäußert werden, wird daher für jeden, der auf diesem Gebiet arbeitet, wohl offensichtlich sein. (Es genügt der Hinweis auf das reiche Angebot an linguistischen Fakten, die sich bisher einer einsehbaren Formulierung – gleichgültig, in welchen Termen – widersetzt haben.) Dennoch: Es scheint, daß sich bestimmte recht wesentliche Konklusionen abzeichnen, deren Tragfähigkeit mehr und mehr bestätigt wird. Besonders die zentrale Rolle grammatischer Transformationen für jede empirisch angemessene generative Grammatik kann wohl als gesichert gelten, obgleich viele Fragen zur passenden Form der Theorie der transformationellen Grammatik noch offen sind.

Die vorliegende Monographie ist eine explorative Studie zu verschiedenen Problemen, die sich im Verlaufe der Arbeiten auf der Basis der Transformationsgrammatik ergeben haben. Diese Literatur wird als allgemeiner Rahmen für die Diskussion durchweg vorausgesetzt. Der strittige Punkt ist genau der: *Wie* ist diese Theorie zu formulieren? Weiterhin befaßt sich die Studie mit Fragen, die im Grenzbereich der Erforschung der Transformationsgrammatik liegen. Für Einiges werden bündige Antworten vorgeschlagen: häufiger aber wirft die Diskussion lediglich Fragen auf und betrachtet mögliche Zugänge, ohne daß definitive Lösungen erreicht würden. In Kap. 3 bringe ich einen Entwurf von dem, was ich – im Lichte der gegenwärtigen Diskussion – für die aussichtsreichste Richtung halte, die die Theorie der generativen Grammatik einzuschlagen hätte. Ich möchte aber wiederholen, daß dies nur ein in höchstem Maße provisorischer Vorschlag sein kann.

Die Monographie ist wie folgt angelegt: Kap. 1 skizziert grundlegende Voraussetzungen und Annahmen über den Hintergrund einer linguistischen Theorie. Es bringt nicht allzuviel Neues, sondern zielt mehr auf Zusammenfassung und Klärung bestimmter wesentlicher Probleme, die wiederholt Mißverständnissen ausgesetzt waren. Kap. 2 und 3 behandeln eine Vielzahl von Schwächen, wie sie früheren Versionen der Theorie der Transformationsgrammatik anhaften. Diskutiert wird der jeweilige Stand des Modells aus Chomsky (1957), Lees (1960 *a*) und vielen anderen Arbeiten. Darin betrachten die Autoren die syntaktische Komponente einer Transformationsgrammatik als bestehend aus einer Konstituentenstruktur-Grammatik *(phrase structure grammar)* als Basis sowie einem System von Transformationen, das die von der Basis erzeugten Strukturen in aktuelle Sätze überführt. Dieser

Standpunkt wird am Anfang des 3. Kapitels noch einmal kurz dargelegt. Kap. 2 behandelt die Basis der syntaktischen Komponente sowie die Schwierigkeiten, die aus der Annahme resultieren, daß diese Basis eine Konstituentenstruktur-Grammatik im strengen Sinn darstellt. Kap. 3 regt eine Revision des Transformationsteils und seiner Beziehungen zu den Basis-Strukturen an. Der Begriff der »grammatischen Transformation« selbst wird (wenn auch mit einigen Vereinfachungen) unverändert übernommen. In Kap. 4 werden verschiedene offen gebliebene Fragen aufgegriffen und kurz und unverbindlich besprochen.

In Dankbarkeit möchte ich die hilfreichen Hinweise vieler Freunde und Kollegen würdigen, die sich der Mühe unterzogen, frühere Fassungen des Manuskripts zu lesen. Besonders verpflichtet bin ich Morris Halle und Paul Postal, die viele wertvolle Verbesserungen angeregt haben, ebenso Jerrold Katz, James McCawley, George Miller und G. H. Matthews; weiterhin vielen Studenten, deren Reaktionen und Ideen ganz wesentliche Modifizierungen einbrachten, als ihnen die neue Version vorgelegt wurde.

Die Niederschrift des Buches wurde abgeschlossen während meines Aufenthalts an der Harvard University am Center for Cognitive Studies. Die Arbeit wurde teils von den National Institutes of Health (Grant No. MH 05 120-04 und -05 für die Harvard University) und teils durch ein Stipendium des American Council of Learned Societies unterstützt.

Cambridge, Massachusetts
Oktober 1964 Noam Chomsky

1 Methodologische Vorüberlegungen

§ 1. Generative Grammatiken als Theorien der Sprachkompetenz

Die vorliegende Studie wird eine Vielzahl von Themen aus der Syntax-Theorie und der Syntax des Englischen zur Sprache bringen – einige ziemlich detailliert, mehrere recht oberflächlich, keines aber erschöpfend. Sie wird vor allem die syntaktische Komponente einer generativen Grammatik abhandeln, d. h. diejenigen Regeln, die die wohlgeformten Ketten kleinster syntaktisch fungierender Einheiten *(Formative; formatives)* spezifizieren und die sowohl diesen Ketten als auch Ketten, die in bestimmter Hinsicht von der Wohlgeformtheit abweichen, strukturelle Information verschiedener Art zuschreiben.

Der allgemeine Rahmen, innerhalb dessen die Untersuchung vonstatten geht, wurde vielerorts dargestellt, so daß ich einige Vertrautheit mit den in der Bibliographie aufgeführten theoretischen und deskriptiven Arbeiten voraussetzen kann. In diesem Kapitel nun werde ich überblicksweise einige der hauptsächlichen Annahmen über den Hintergrund einer linguistischen Theorie bringen, ohne den ernsthaften Versuch, sie zu rechtfertigen, lediglich in der Absicht, sie skizzenhaft zu verdeutlichen.

Der Gegenstand einer linguistischen Theorie ist in erster Linie ein idealer Sprecher-Hörer, der in einer völlig homogenen Sprachgemeinschaft lebt, seine Sprache ausgezeichnet kennt und bei der Anwendung seiner Sprachkenntnis in der aktuellen Rede von solchen grammatisch irrelevanten Bedingungen wie

- begrenztes Gedächtnis
- Zerstreutheit und Verwirrung
- Verschiebung in der Aufmerksamkeit und im Interesse
- Fehler (zufällige oder typische)

nicht affiziert wird. Dies scheint mir auch die Position der

Begründer der modernen Allgemeinen Sprachwissenschaft zu sein, und es hat sich bisher kein zwingender Grund gefunden, diesen Standpunkt zu modifizieren. Bei der Erforschung der aktuellen Sprachverwendung muß man die wechselseitige Beeinflussung einer Vielzahl von Faktoren in Betracht ziehen, von denen die zugrunde liegende Kompetenz des Sprecher-Hörers nur einen darstellt. In dieser Beziehung unterscheidet sich die Erforschung der Sprache nicht von der empirischen Untersuchung anderer komplexer Phänomene.

Wir machen somit eine grundlegende Unterscheidung zwischen *Sprachkompetenz (competence;* die Kenntnis des Sprecher-Hörers von seiner Sprache) und *Sprachverwendung (performance*; der aktuelle Gebrauch der Sprache in konkreten Situationen). Nur in der im vorangegangenen Abschnitt postulierten Idealisierung kann die Sprachverwendung als direkte Widerspiegelung der Sprach-Kompetenz aufgefaßt werden, in Wirklichkeit besteht ein so direktes Verhältnis offensichtlich nicht. Eine Aufzeichnung natürlicher Rede zeigt stets zahlreiche falsche Ansätze, Abweichungen von Regeln, Abänderungen der Strategie mitten im Sprechen usw. Für den Linguisten ebenso wie für das Kind, das die Sprache erlernt, besteht das Problem, aus den Daten der Sprachverwendung heraus das zugrunde liegende Regelsystem zu bestimmen, über das der Sprecher-Hörer verfügt und das er in der aktuellen Sprachverwendung in Gebrauch nimmt. Daher ist die Sprach-Theorie mentalistisch in einem bestimmten Sinn, weil sie um die Aufdeckung einer mentalen Realität, die dem aktuellen Verhalten zugrunde liegt, bemüht ist.[1] Beobachtungen des Sprachgebrauchs oder Hypothesen über die Anlagen, sprachlich zu reagieren, über Gewohnheiten usw. können wohl Evidenzen für die Beschaffenheit dieser mentalen Realität beibringen, sie können aber sicherlich nicht den tatsächlichen Gegenstand der Linguistik ausmachen, wenn diese eine ernsthafte Disziplin sein soll. Die Unterscheidung, die ich hier vermerke, ist verwandt der Saussureschen Trennung in *langue – parole*; es ist jedoch notwendig, von Saussures Begriff der *langue* als lediglich einem systematischen

Inventar von Einheiten abzugehen und zurückzugehen auf das Humboldtsche Verständnis der zugrunde liegenden Kompetenz als einem System generativer (»erzeugender«) Prozesse. (Diskutiert in Chomsky (1964)).

Die Grammatik einer Sprache versteht sich als Beschreibung der immanenten Sprachkompetenz des idealen Sprecher-Hörers. Weiter, wenn die Grammatik durchweg explizit ist, wenn sie – mit anderen Worten – nicht auf die Intelligenz des Lesers baut, sondern wenn sie gerade eine explizite Analyse dessen liefert, was dieser von sich aus zum Verstehen der Grammatik beiträgt, dann können wir sie (mit einer gewissen Redundanz) eine *generative Grammatik* nennen.

Eine völlig adäquate Grammatik muß jedem Satz aus einer infiniten Menge von Sätzen eine Struktur-Beschreibung zuordnen, aus der hervorgeht, wie dieser Satz vom idealen Sprecher-Hörer verstanden wird. Dies ist seit eh der Gegenstand der deskriptiven Linguistik, und traditionelle Grammatiken liefern auch eine Unmenge an Information zur Struktur-Beschreibung von Sätzen. Jedoch so wertvoll sie fraglos sind: Traditionelle Grammatiken sind unzureichend insofern, als sie viele der grundlegenden Regularitäten der Sprache, die sie zum Gegenstand haben, unerklärt lassen. Dieser Tatbestand wird besonders klar auf der Ebene der Syntax, wo keine traditionelle oder strukturalistische Grammatik über die Klassifizierung einzelner Beispiele in irgendwie signifikanter Weise hinausgeht und zur Stufe der Formulierung generativer Regeln gelangt. Eine Analyse der besten der vorhandenen Grammatiken würde sehr bald ergeben, daß dies ein prinzipieller Mangel ist, nicht etwa nur Sache empirischen Details oder logischer Präzision. Trotzdem ist es offensichtlich, daß der Versuch, dieses weithin unerschlossene Gebiet zu erforschen, am günstigsten beginnt mit dem Studium der strukturellen Informationen, wie sie von traditionellen Grammatiken geliefert werden, und mit der Aufarbeitung der sprachlichen Prozesse, wie sie – wenngleich informal – in diesen Grammatiken vorgeführt werden.[2]

Die Grenzen traditioneller und strukturalistischer Grammatiken sollten klar eingeschätzt werden. Obwohl solche Grammatiken bisweilen vollständige und ausführliche Listen von Ausnahmen und Irregularitäten enthalten, liefern sie für die regulären und produktiven syntaktischen Prozesse lediglich Beispiele und Hinweise. Die traditionelle Sprach-Theorie war sich dieser Tatsache durchaus nicht unbewußt. So bemerkt beispielsweise James Beattie (1788):*

Die Sprachen ähneln den Menschen in der Hinsicht, daß zwar jede Eigentümlichkeiten aufweist, die sie von allen anderen unterscheiden, daß aber auch alle bestimmte Eigenschaften gemeinsam haben. Die Besonderheiten einzelner Sprachen werden in ihren jeweiligen Grammatiken und Wörterbüchern erklärt. Diejenigen Merkmale, die allen Sprachen gemeinsam sind oder die für jede Sprache notwendig sind, werden von einer Wissenschaft behandelt, die man *Universelle* oder *Philosophische* Grammatik genannt hat.

Etwas früher definiert Du Marsais universelle und einzelsprachliche Grammatik in der folgenden Weise ((1729; zitiert bei Sahlin (1928) pp. 29–30):*

Es gibt in der Grammatik Beobachtungen, die auf alle Sprachen zutreffen; diese Beobachtungen bilden das, was man allgemeine Grammatik nennt: Solcherart sind etwa die Bemerkungen, die man über die Gliederung der Laute gemacht hat, über die Buchstaben, die Zeichen für diese Laute sind; über die Natur der Wörter und über die verschiedenen Weisen, nach denen sie angeordnet oder flektiert werden müssen, um einen Sinn zu ergeben. Außer diesen generellen Beobachtungen gibt es welche, die nur einer einzelnen Sprache angehören; diese bilden die besondere Grammatik für jede Sprache.

Weiterhin wurde in der traditionellen Sprach-Theorie klar erkannt, daß der »kreative« Aspekt eine allen Sprachen gemeinsame Eigenschaft ist. Eine wesentliche Eigenschaft der Sprache ist es also, daß sie die Mittel bereithält zum Ausdruck beliebig vieler Gedanken und zu angemessenen Reaktionen in beliebig vielen neuen Situationen (Literaturhinweise bei Chomsky (1964), (1966 *b*)). Die Grammatik einer einzelnen Sprache muß demnach durch eine universelle Grammatik ergänzt werden, die den kreativen Aspekt der Sprachverwendung erfaßt und

* Original-Zitate im Anhang – Anm. d. Übers.

die profunden Regularitäten ausdrückt, die, da sie universell sind, in der Einzelgrammatik nicht aufgeführt zu werden brauchen. Deshalb ist es durchaus angebracht, daß in einer Grammatik nur Ausnahmen und Irregularitäten in allen Details diskutiert werden. Aber nur wenn die Grammatik einer Sprache durch eine universelle Grammatik ergänzt wird, kann sie der Sprachkompetenz des Sprecher-Hörers voll Rechnung tragen.

Gleichwohl hat die moderne Linguistik die Notwendigkeit, daß die »Einzelgrammatik« einer Sprache durch eine universelle Grammatik ergänzt werden muß, wenn sie deskriptive Adäquatheit erreichen soll, nicht ausdrücklich anerkannt. Bezeichnenderweise hat sie vielmehr das Studium der Universalgrammatik als Irrweg zurückgewiesen und, wie oben bemerkt, keinen Versuch unternommen, sich mit dem kreativen Aspekt des Sprachgebrauchs zu befassen. Somit sind von ihr auch keine Anregungen zu erwarten, wie die fundamentale Beschreibungs*in*adäquatheit strukturalistischer Grammatiken zu überwinden wäre.

Ein weiterer Grund für das Fehlschlagen traditioneller Grammatiken, einzelsprachlicher wie universeller, beim Versuch, präzise Angaben über die regulären Prozesse der Bildung und der Interpretation von Sätzen zu formulieren, lag in dem weithin gehegten Glauben, daß es eine »natürliche Ordnung der Gedanken« gäbe, die in der Anordnung der Wörter widergespiegelt würde. Deshalb gehörten die Regeln für die Bildung von Sätzen nicht eigentlich in die Grammatik, sondern in eine andere Disziplin, in der die »Ordnung der Gedanken« untersucht wird. So wird etwa in der *Grammaire générale et raisonnée* (Lancelot *et al.*, (1660)) behauptet, daß – von der bildhaften Rede abgesehen – die Abfolge der Wörter einer »natürlichen Ordnung« unterliege, die dem »natürlichen Ausdruck unserer Gedanken entspricht«. Folglich brauchen außer den Regeln für Ellipse, Inversion usw., die den bildhaften Sprachgebrauch bestimmen, nur wenige grammatische Regeln formuliert zu werden. Dieselbe Ansicht erscheint in vielen Formen und Varianten. Um nur noch ein weiteres Beispiel zu erwähnen: In einem interessanten Essay, der weitgehend der Frage gewidmet ist, wie die simultane und sequentielle Anordnung von Gedanken in der Abfolge der Wörter reflektiert wird, schlußfolgert Diderot, daß das Französische einzigartig dastehe unter den Sprachen durch den Grad, in dem hier die Abfolge der Wörter der natürlichen Ordnung von Gedanken und Ideen entspräche (Diderot (1751)). Er schreibt: »Wie auch immer die Abfolge der Wörter in einer antiken oder einer modernen Sprache sein mag, der Geist des Schriftstellers hat sich stets an die lehrhafte Ordnung der französischen Syntax gehalten« (p. 390); »Wir sagen die Dinge auf französisch so, wie der Geist gezwungen ist, sie zu betrachten, in welcher Sprache man auch schreibt« (p. 371). Mit bewundernswerter Konsequenz schließt er dann weiter: »unsere schlichte Sprache hat den anderen gegenüber den Vorzug des Nützlichen gegenüber dem Angenehmen« (p. 372); demnach ist das Französische geeignet für die Wissenschaft, während Griechisch, Latein, Italienisch und Englisch »vorteilhafter sind für die schöne Literatur«. Mehr noch,

der gesunde Menschenverstand würde die französische Sprache wählen; aber ... Phantasie und Leidenschaft werden den antiken Sprachen oder denen unserer Nachbarn den Vorzug geben ... man muß französisch sprechen in der Société und in den philosphischen Schulen; und Griechisch, Latein, Englisch auf Kanzel und Bühne; ... unsere Sprache wird die Sprache der Wahrheit sein, falls diese je wieder auf die Erde zurückkehrt; ... Griechisch, Latein und die anderen werden die Sprachen des Märchens und der Fabel sein. Das Französische ist geschaffen zu unterweisen, zu erklären, zu überzeugen; das Griechische, Lateinische, Italienische, Englische zu überreden, zu rühren, zu täuschen; sprich griechisch, lateinisch, italienisch zum Volk; zum Weisen aber sprich französisch. (pp. 371–372)*

Wie dem auch sei, sofern die Abfolge der Wörter durch sprachunabhängige Faktoren bestimmt wird, ist es unnötig, sie in einer einzelsprachlichen oder universellen Grammatik zu beschreiben, und damit haben wir auch triftige Gründe, eine explizite Formulierung syntaktischer Prozesse aus der Gramma-

* Original-Zitate im Anhang – Anm. d. Übers.

tik zu verbannen. Es ist bemerkenswert, daß diese naive Sicht der Sprachstruktur bis heute in verschiedenen Formen fortdauert, z. B. in Saussures Auffassung, nach der eine Folge von Ausdrücken einer amorphen Folge von Vorstellungen entspricht, oder in der landläufigen Charakterisierung des Sprachgebrauchs als bloßer Angelegenheit von Wörtern und Wortkomplexen (z. B. Ryle (1953)).

Der fundamentale Grund für diese Inadäquatheit traditioneller Grammatiken ist aber mehr technischer Art. Obwohl es im allgemeinen wohl verstanden wurde, daß sprachliche Prozesse in irgendeinem Sinne »kreativ« sind, waren die technischen Mechanismen zum Ausdruck eines Systems rekursiver Prozesse bis in allerjüngste Zeit einfach nicht verfügbar. Tatsächlich hat sich ein wirkliches Verständnis dafür, wie eine Sprache (in Humboldts Worten) »unendlichen Gebrauch von endlichen Mitteln machen« kann, erst in den letzten dreißig Jahren entwickelt, im Fortgang der Studien über die Grundlagen der Mathematik. Nun, da diese Einsichten zur Verfügung stehen, kann man sich wieder den Fragen zuwenden, die in der traditionellen Sprach-Theorie gestellt, aber nicht gelöst wurden, und eine explizite Formulierung der »kreativen« Prozesse der Sprache versuchen. Kurzum, es gibt keine technische Barriere mehr gegen das Studium generativer Grammatiken in voller Breite.

Um zum Hauptthema zurückzukehren: Unter einer generativen Grammatik verstehe ich einfach ein Regelsystem, das auf explizite und wohldefinierte Weise Sätzen Struktur-Beschreibungen zuordnet. Offenbar hat sich jeder Sprecher einer Sprache eine generative Grammatik vollständig angeeignet, die seine Sprachkenntnis ausdrückt. Das will nicht heißen, daß er sich der Regeln der Grammatik bewußt ist, nicht einmal, daß er sie sich bewußt machen kann, und auch nicht, daß seine Angaben über seine intuitive Sprachkenntnis notwendig richtig sind. Jede interessante generative Grammatik wird es größtenteils mit mentalen Prozessen zu tun haben, die weit jenseits der Stufe aktueller oder selbst potentieller Bewußtheit liegen; es ist weiterhin ganz augenscheinlich, daß die Berichte und Ansichten eines Sprechers über sein Verhalten und seine Kompetenz irrig sein können. Somit stellt eine generative Grammatik den Versuch dar, das zu spezifizieren, was der Sprecher wirklich kennt, und nicht das, was er über seine Kenntnis berichten kann. Ähnlich wird eine Theorie der optischen Wahrnehmung eher das in Betracht ziehen, was eine Person wirklich sieht, sowie die Mechanismen, die das bestimmen, als die Angaben der Person, was und warum sie sieht, obwohl solche Angaben nützliche, sogar zwingende Evidenzen für die Theorie liefern können.

Um ein hartnäckiges Mißverständnis auszuschalten, lohnt es die Mühe zu wiederholen, daß eine generative Grammatik kein Sprechermodell und kein Hörermodell ist. Sie versucht auf möglichst neutrale Weise die Sprachkenntnis zu charakterisieren, die für den aktuellen Sprachgebrauch durch einen Sprecher-Hörer die Basis liefert. Wenn wir davon sprechen, daß eine Grammatik einen Satz erzeugt zusammen mit einer bestimmten strukturellen Beschreibung, so meinen wir einfach, daß die Grammatik diese strukturelle Beschreibung dem Satz zuschreibt. Wenn wir sagen, daß ein Satz die und die Derivation bezüglich einer einzelnen generativen Grammatik hat, dann sagen wir nichts aus darüber, wie der Sprecher oder Hörer in irgendeiner praktischen oder wirksamen Weise vorgehen könnte, um eine solche Derivation zu konstruieren. Diese Fragen gehören in die Theorie der Sprachverwendung. Zweifelsohne wird ein vernünftiges Modell der Sprachverwendung die generative Grammatik als grundlegende Komponente integrieren, die die Sprachkenntnis des Sprecher-Hörers zum Ausdruck bringt; aber diese generative Grammatik stellt von sich aus keine Vorschrift dar für den Charakter und das Funktionieren eines Modells der Perzeption oder eines des Sprechvorgangs. Verschiedene Ansätze, diesen Punkt zu klären, finden sich in Chomsky (1957), Gleason (1961), Miller und Chomsky (1963) und vielen anderen Publikationen.

Die Verwirrung in dieser Sache war anhaltend genug, so daß

eine Veränderung der Terminologie angebracht scheinen könnte. Trotzdem denke ich, daß der Terminus »generative Grammatik« voll angemessen ist. Deshalb werde ich ihn auch weiterhin benutzen. Der Ausdruck »generieren« ist in dem hier beabsichtigten Sinn in der Logik üblich, vor allem in Posts Theorie kombinatorischer Systeme. Weiterhin scheint »generieren« (*»generate«*) die angemessenste Übersetzung für Humboldts Terminus *»erzeugen«* zu sein, den er häufig und, wie es scheint, im wesentlichen in dem von uns hier intendierten Sinn gebraucht. Da dieser Gebrauch des Terminus »generieren« sowohl in der Logik als auch in der Tradition der Sprach-Theorie wohl etabliert ist, sehe ich keinen Grund für eine Revidierung der Terminologie.

§ 2. Überlegungen zu einer Theorie der Sprachverwendung

Es gibt anscheinend kaum einen Grund, die traditionelle Auffassung in Frage zu stellen, daß die Erforschung der Sprachverwendung nur in dem Maße vorankommen kann, wie es Einsichten in die zugrunde liegende Kompetenz erlauben. Überdies wird diese Annahme durch moderne Arbeiten zur Sprachverwendung mit neuen Argumenten gestützt. Was die Theorie der Sprachverwendung angeht, so stammen – außerhalb der Phonetik – die einzigen konkreten Ergebnisse und die einzigen klaren Überlegungen, die ich hierzu kenne, aus Studien, die von solchen Sprachverwendungsmodellen ausgehen, die jeweils spezifische Arten generativer Grammatiken in sich einschließen, d. h. aus Untersuchungen, die auf bestimmten Annahmen über die zugrunde liegende Sprachkompetenz basieren.[3] Insbesondere denke ich dabei an einige aufschlußreiche Beobachtungen über Begrenzungen bei der Sprachverwendung, wie sie durch Organisation und Begrenztheit des Gedächtnisses gesetzt sind, sowie an Studien über die Ausnutzung grammatischer Mechanismen zur Bildung abweichender

Sätze verschiedenen Typs. Auf diese letzte Frage werden wir in den Kapiteln 2 und 4 zurückkommen. Um die Unterscheidung zwischen Sprachkompetenz und Sprachverwendung weiter aufzuhellen, mag es nützlich sein, kurz einige Überlegungen und Resultate zu resümieren, wie sie in den letzten Jahren bei der Erforschung von Sprachverwendungsmodellen gewonnen wurden, die Begrenzungen hinsichtlich des Gedächtnisses, der Zeit und des Zugriffs berücksichtigen.

Für die Zwecke der vorliegenden Diskussion sei der Terminus »akzeptabel« so verwendet, daß er sich auf Äußerungen bezieht, die völlig natürlich und unmittelbar verständlich sind – ohne Zuhilfenahme von Papier und Bleistift, und die in keiner Weise bizarr oder fremdartig klingen. Offensichtlich ist Akzeptierbarkeit *(acceptability)* eine Sache der Gradation, abzutragen auf verschiedenen Dimensionen. Man könnte fortfahren mit Vorschlägen für verschiedene Testverfahren, um den Begriff präziser zu spezifizieren (z. B. in bezug auf Geschwindigkeit, Richtigkeit und Gleichförmigkeit von Erinnern und Wiedererkennen, Normalität der Intonation).[4] Für die gegenwärtige Zielsetzung ist eine weitergehende Abgrenzung nicht notwendig. Um es zu illustrieren: Die Sätze in (1) sind mit einem etwas höheren Akzeptabilitätsgrad einzustufen als die Sätze in (2):

(1) (i) I called up the man who wrote the book that you told me about
(ii) quite a few of the students who you met who come from New York are friends of mine
(iii) John, Bill, Tom, and several of their friends visited us last night

(2) (i) I called the man who wrote the book that you told me about up
(ii) the man who the boy who the students recognized pointed out is a friend of mine

Die akzeptableren Sätze sind diejenigen, die mit höherer Wahrscheinlichkeit hervorgebracht werden, die leichter verstanden werden, weniger schwerfällig sind und in bestimmter Weise natürlicher klingen.[5] Die nicht-akzeptablen Sätze würde man im aktuellen Text, wo immer das möglich ist, vermeiden und durch akzeptablere Varianten ersetzen wollen.

Der Begriff »akzeptabel« ist nicht zu verwechseln mit »grammatisch«. Akzeptabilität ist eine Größe, die in den Untersuchungsbereich der Sprachverwendung gehört, Grammatikalität hingegen gehört ins Gebiet der Erforschung der Sprachkompetenz. Die Sätze in (2) stehen unten auf der Skala der Akzeptabilität, aber oben auf der Skala der Grammatikalität. Das bedeutet, daß die generativen Regeln der Sprache den Sätzen in (2) auf genau dieselbe Art und Weise eine Interpretation zuschreiben, wie sie den etwas akzeptableren Sätzen in (1) eine Interpretation zuschreiben. Zweifellos ist Grammatikalität, ebenso wie Akzeptabilität, eine Sache des Grades (vgl. Chomsky (1955), (1957), (1961)), doch die Skalen von Grammatikalität und Akzeptabilität fallen keineswegs zusammen. Grammatikalität ist nur einer von vielen Faktoren, deren Zusammenwirken die Akzeptabilität bestimmt. Dementsprechend gilt auch: Obwohl man für die Akzeptabilität mehrere Testverfahren vorschlagen könnte, ist es unwahrscheinlich, daß für den weitaus abstrakteren und wichtigeren Begriff der Grammatikalität ein notwendiges und hinreichendes operationales Kriterium erfunden werden könnte. Die nicht-akzeptablen grammatischen Sätze können oft nicht benutzt werden – aus Gründen, die weniger mit Grammatik zu tun haben, sondern mehr mit Gedächtnisbegrenztheit, intonatorischen und stilistischen Faktoren, mit »ikonischen« Elementen von Texten (so etwa mit der Tendenz, logisches Subjekt und Objekt möglichst weit vorn im Satz zu placieren; vgl. Anm. 32 zu Kap. 2 und Anm. 9, Kap. 3). Bemerkenswert ist weiter, daß es völlig unmöglich wäre, die nicht-akzeptablen Sätze mit grammatischen Mitteln zu charakterisieren. So können wir weder bestimmte Regeln der Grammatik so formulieren, daß sie ausgeschlossen würden, noch können wir sie offenbar ausschließen, indem wir die Anzahl der wiederholten Anwendungen von grammatischen Regeln bei der Erzeugung eines Satzes einschränken. Denn Nicht-Akzeptabilität kann ebensogut von der Anwendung unterschiedlicher Regeln herrühren, wobei jede Regel nur einmal appliziert wurde. Wir können nicht-akzeptable Sätze nur durch irgendeine »globale« Eigenschaft von Derivationen und den Strukturen, die sie definieren, charakterisieren, durch eine Eigenschaft also, die nicht einer einzelnen Regel zugeschrieben werden kann, sondern eher der Art und Weise, in der die Regeln bei einer Derivation wechselseitig in Beziehung stehen.

Diese Beobachtung legt es nahe, daß die Erforschung der Sprachverwendung vorteilhaft mit einer Untersuchung über die Akzeptabilität der einfachsten formalen Strukturen in grammatischen Sätzen beginnen sollte. Die offensichtlichste formale Eigenschaft von Äußerungen ist ihre Zerlegbarkeit mittels Klammerung *(bracketing)* verschiedenen Typs, d. h. die »Baumstruktur«, die ihnen zugeordnet werden kann. Innerhalb dieser Strukturen können wir verschiedene Arten unterscheiden, z. B. solche, denen wir für die vorliegende Diskussion die folgenden konventionellen technischen Bezeichnungen geben wollen:

(3) (i) eingeschachtelte Konstruktionen
(nested constructions)
(ii) selbst-eingebettete Konstruktionen
(self-embedded constructions)
(iii) mehrfach-verzweigende Konstruktionen
(multiple-branching constructions)
(iv) links-verzweigende Konstruktionen
(left-branching constructions)
(v) rechts-verzweigende Konstruktionen
(right-branching constructions)

Die Komplexe *A* und *B* bilden eine eingeschachtelte Konstruktion, wenn *A* vollständig innerhalb von *B* liegt, mit einem nicht-leeren Element sowohl rechts als auch links von *A*, beide innerhalb von *B*. Demzufolge ist der Komplex »the man who wrote the book that you told me about« eingeschachtelt in den

Komplex »called the man who wrote the book that you told me about up« in (2) (i). Der Komplex *A* ist selbst-eingebettet in *B*, wenn *A* in *B* eingeschachtelt ist und wenn *A* ein Komplex desselben Typs ist wie *B*. Somit ist »who the students recognized« selbst-eingebettet in »who the boy who the students recognized pointed out« in (2) (ii), da beide Komplexe relativisch sind. Einschachtelung hängt also mit der Klammerung zusammen und Selbst-Einbettung außerdem noch mit der Indizierung der Klammern. Eine mehrfach-verzweigende Konstruktion hat keine interne Struktur. In (1) (iii) ist im Subjekt der Nominalkomplex (*Noun Phrase;* forthin NP) mehrfach-verzweigend, da »John«, »Bill«, »Tom«, und »several of their friends« seine unmittelbaren Konstituenten sind und keine weitere Verbindung untereinander eingegangen sind. Repräsentiert durch Klammerung hat eine mehrfach-verzweigende Konstruktion die Form [[A] [B] ... [M]]. Eine links-verzweigende Struktur hat die Form [[[...] ...] ...], wie z. B. im Englischen so unbeschränkt iterierbare Strukturen der Art [[[[*John*]'*s brother*]'*s father*]'*s uncle*] oder [[[*the man who you met*] *from Boston*] *who was on the train*] oder (1) (ii), das mehrere Arten von links-Verzweigung kombiniert. Rechtsverzweigende Strukturen haben die entgegengesetzte Eigenschaft – z. B. das indirekte Objekt von (1) (i) *oder* [*this is* [*the cat that caught* [*the rat that stole the cheese*]]].

Der Effekt solcher Erscheinungen der Oberflächenstruktur des Satzes auf die Sprachverwendung ist in neueren Arbeiten, in generativen Beschreibungen fast von Anfang an, Gegenstand der Untersuchung gewesen. Es gibt eine Reihe aufschlußreicher Beobachtungen über die Rolle solcher Erscheinungen bei der Bestimmung der Akzeptabilität (d. h., über ihre Rolle bei der Einschränkung der Sprachverwendung). Wenn man das Erreichte kurz zusammenfassen will, so scheinen die folgenden Beobachtungen in dieser Hinsicht plausibel zu sein:

(4) (i) wiederholte Einschachtelung trägt zur Nicht-Akzeptabilität bei

(ii) Selbst-Einbettung trägt noch weit mehr zur Nicht-Akzeptabilität bei

(iii) mehrfach-verzweigende Konstruktionen sind optimal akzeptabel

(iv) Einschachtelung einer langen und komplexen Einheit mindert die Akzeptabilität

(v) es gibt keine eindeutigen Beispiele dafür, daß Nicht-Akzeptabilität durch alleinige links-Verzweigung oder durch alleinige rechts-Verzweigung zustande käme, obgleich solche Konstruktionen auf andere Art unnatürlich sind – so werden etwa beim Lesen der rechts-verzweigenden Konstruktion »this is the cat that caught the rat that stole the cheese« die Intonationspausen im allgemeinen an den falschen Stellen gesetzt (d. h. nach »cat« und »rat«, anstatt dort, wo die Hauptklammern sind)

In gewissem Maße sind diese Erscheinungen leicht zu erklären. So ist es bekannt (vgl. Chomsky, (1959*a*), Diskussion in Chomsky (1961) und Miller und Chomsky, (1963)), daß ein optimaler Perzeptionsmechanismus, selbst einer mit einem beschränkten Gedächtnis, unbegrenzt links-verzweigende und rechts-verzweigende Strukturen akzeptieren kann, hingegen gehen eingeschachtelte (deshalb letztlich auch selbst-eingebettete) Strukturen über seine Gedächtniskapazität hinaus. Somit ist die Beziehung (4) (i) einfach eine Konsequenz aus der Endlichkeit des Gedächtnisses, und die Nicht-Akzeptabilität von Beispielen wie (2) (ii) gibt keine besonderen Probleme auf.

Wenn die Annahme (4) (ii) korrekt ist[6], dann haben wir einige Evidenz für eine Schlußfolgerung über die Organisiertheit des Gedächtnisses, die weit über die Trivialität hinausgeht, daß seine Kapazität endlich sein muß. Ein optimaler finiter Perzeptionsmechanismus von der Art, wie er in Chomsky (1959*a*) diskutiert wird, braucht hinsichtlich der Selbst-Einbettung nicht mehr Schwierigkeiten zu haben als mit anderen Typen von Einschachtelung (vgl. Bar-Hillel, Kasher und

Shamir (1963)). Um der größeren Nicht-Akzeptabilität von selbst-einbettenden Strukturen Rechnung zu tragen (nehmen wir sie einmal als Faktum an), müssen wir den Perzeptionsmechanismus weiteren Bedingungen als der bloßen Beschränkung des Gedächtnisses unterziehen. Wir können beispielsweise annehmen, daß der Perzeptionsmechanismus über einen Vorrat an Analyseprozeduren verfügt, wobei eine Prozedur jeweils einem Konstruktionstyp entspricht, weiter, daß der Mechanismus so angelegt ist, daß es für ihn unmöglich (oder äußerst schwierig) ist, eine Prozedur φ anzuwenden im Verlaufe der Ausführung einer Prozedur φ. Dies ist kein notwendiges Merkmal für ein Perzeptionsmodell, aber es ist ein recht plausibles, und es würde der Annahme (4) (ii) gerecht werden. Vgl. in diesem Zusammenhang Miller und Isard (1964).

Die hohe Akzeptabilität der Mehrfach-Verzweigung, wie sie in (4) (iii) angenommen wurde, kann leicht aufgrund der recht plausiblen Annahme erklärt werden, daß das Verhältnis zwischen der Anzahl der Komplexe im Satz und der Anzahl der Formative (das Verhältnis Knoten : terminale Knoten im Baumdiagramm eines Satzes) ein ungefähres Maß abgibt für die Anzahl der Abarbeitungsschritte, die während der Analyse gemacht werden müssen. Somit wäre mehrfache (*multiple*) Koordination die einfachste Art von Konstruktionen für einen Analysemechanismus – sie stellt die geringsten Anforderungen an das Gedächtnis.[7] Diskussion darüber in Miller und Chomsky (1963).

Die Annahme (4) (iv) legt ein Nachlassen der Gedächtnisleistung nahe, möglicherweise ist das auch so, aber es bleiben einige ungelöste Probleme (vgl. Chomsky (1961), Anm. 19).

Die Annahme (4) (v) resultiert aus dem, was vorher über optimale Perzeptionsmodelle gesagt wurde. Es ist aber unklar, warum rechts- und links-verzweigende Strukturen von einem bestimmten Punkt an unnatürlich werden sollten, falls das überhaupt zutrifft.[8]

Man könnte fragen, ob die Heranziehung von weniger oberflächengebundenen Aspekten der grammatischen Struktur als sie in (3) angeführt werden, nicht zu tieferen Einsichten in Sprachverwendungsmodelle führen könnte. Das ist durchaus möglich. In Miller und Chomsky (1963) werden zum Beispiel einige Überlegungen syntaktischer und perzeptiver Art zur Stützung einer Hypothese (die freilich höchst spekulativ ist) über den mehr ins Detail gehenden Aufbau eines Perzeptionsmechanismus beigebracht. Insgesamt scheint die Untersuchung von Sprachverwendungsmodellen, die generative Grammatiken als Komponenten enthalten, vielversprechend zu sein; mehr noch, es ist kaum eine andere Basis vorstellbar, auf der sich eine Theorie der Sprachverwendung entwickeln könnte.

Es hat beträchtliche Kritik an den Arbeiten zur generativen Grammatik gegeben mit der Begründung, daß hier das Studium der Sprachverwendung vernachlässigt würde zugunsten des Studiums der zugrunde liegenden Sprachkompetenz. Tatsächlich jedoch sind die einzigen Studien zur Sprachverwendung – außerhalb der Phonetik (doch vgl. Anm. 3) – diejenigen, die als Nebenprodukt aus der Arbeit an der generativen Grammatik hervorgegangen sind. Vor allem die Untersuchungen über die Begrenzungen des Gedächtnisses, die soeben resümiert wurden und die Studien zur Regelabweichung als stilistischem Mechanismus – wir werden in den Kap. 2 und 4 darauf zurückkommen – sind auf diesem Wege entwickelt worden. Weiterhin scheint es, daß diese Stränge der Forschung einige Einsichten in die Sprachverwendung vermitteln können. Folglich ist jene Kritik unberechtigt, mehr noch, sie ist völlig fehlgeleitet. Es ist gerade die deskriptivistische Beschränkung-aus-Prinzip

- auf Klassifizierung und Anordnung von Daten,
- auf »Extrahierung von Patterns« aus einem Korpus aufgezeichneter Daten,
- auf Beschreibung von »Sprechgewohnheiten« und »Gewohnheitsstrukturen«, soweit solche überhaupt existieren,

die die Entwicklung einer Theorie der aktuellen Sprachverwendung ausschließt.

§ 3. Der Aufbau einer generativen Grammatik

Um auf die Frage der Sprachkompetenz und die generativen Grammatiken, die sie beschreiben sollen, zurückzukommen: Wir betonen noch einmal, daß die Kenntnis einer Sprache die implizite Fähigkeit involviert, unbegrenzt viele Sätze zu verstehen.[9] Daher muß eine generative Grammatik ein System von Regeln sein, die iteriert werden können, um eine unbegrenzt große Zahl von Strukturen zu erzeugen. Dieses Regelsystem kann in die drei Hauptkomponenten einer generativen Grammatik zerlegt werden: in die syntaktische, die phonologische und die semantische Komponente.[10]

Die syntaktische Komponente spezifiziert eine infinite Menge von abstrakten formalen Objekten, von denen jedes alle Information enthält, die für eine einzelne Interpretation eines bestimmten Satzes notwendig ist.[11] Da ich hier nur mit der syntaktischen Komponente befaßt bin, werde ich den Terminus »Satz« (*sentence*) in dem Sinne verwenden, daß er sich eigentlich auf Ketten von Formativen bezieht, weniger auf Ketten von phonetischen Segmenten. Wir erinnern uns: Eine Kette von Formativen spezifiziert eindeutig eine Kette von phonetischen Segmenten (bis zur freien individuellen Variation), aber nicht umgekehrt.

Die phonologische Komponente einer Grammatik determiniert die lautliche Struktur eines Satzes, wie er von den syntaktischen Regeln erzeugt wurde. Das bedeutet, sie verbindet eine von der syntaktischen Komponente erzeugte Struktur mit einem phonetisch repräsentierten Signal. Die semantische Komponente determiniert die semantische Interpretation eines Satzes. Das bedeutet, sie verbindet eine von der syntaktischen Komponente erzeugte Struktur mit einer bestimmten semantischen Repräsentation. Sowohl die phonologische als auch die semantische Komponente ist deshalb rein interpretativ. Jede benutzt Information – geliefert von der syntaktischen Komponente – über die Formative: über ihre inhärenten Eigenschaften und ihre wechselseitigen Beziehungen in einem gegebenen Satz. Folglich muß die syntaktische Komponente einer Grammatik für jeden Satz eine *Tiefenstruktur* (*deep structure*) spezifizieren, die seine semantische Interpretation determiniert, und eine *Oberflächenstruktur (surface structure)*, die seine phonetische Interpretation bestimmt. Erstere wird durch die semantische Komponente interpretiert, letztere durch die phonologische Komponente.[12]

Man könnte vermuten, daß Oberflächenstruktur und Tiefenstruktur stets identisch sein werden. Und in der Tat, man könnte die syntaktischen Theorien, die aus der modernen strukturellen (taxonomischen) Linguistik hervorgegangen sind, kurz dadurch charakterisieren, daß sie auf der Annahme beruhen, Tiefen- und Oberflächenstrukturen seien wirklich dasselbe (vgl. Postal 1964*a*), Chomsky (1964)). Die zentrale Idee der Transformationsgrammatik hingegen ist es, daß sie im allgemeinen distinkt sind und daß die Oberflächenstruktur durch wiederholte Anwendung bestimmter formaler Operationen auf Einheiten einer elementaren Stufe determiniert wird – nämlich durch die »grammatischen Transformationen«. Wenn das zutrifft (was ich forthin annehmen will), dann muß die syntaktische Komponente für jeden Satz Tiefen- und Oberflächenstruktur generieren und sie aufeinander beziehen. Diese Idee wurde in den letzten Arbeiten wesentlich klarer herausgestellt, mit Mitteln, die später noch beschrieben werden. Im Kap. 3 werde ich einen spezifischen und teilweise neuen Vorschlag bringen, *wie* dieser Gedanke genau formuliert werden sollte. Für den Moment genügt es anzumerken: Obwohl die Analyse in unmittelbare Konstituenten ((*Immediate Constituent analysis;* forthin: IC-Analyse) oder auch Analyse durch indizierte Klammerung (*labeled bracketing*)) für eine aktuelle Kette von Formativen als angemessene Charakterisierung der Oberflächenstruktur gelten kann, so ist sie doch für die Darstellung der Tiefenstruktur gewiß nicht adäquat. Gegenstand dieses Buches ist in erster Linie die Tiefenstruktur, und hierbei wiederum sind es besonders die elementaren Einheiten, aus denen sich die Tiefenstruktur konstituiert.

In den Darlegungen werde ich – mit gelegentlichen Abänderungen im Verlauf der Diskussion – die folgende Terminologie verwenden:
Die Basis (*base*) der syntaktischen Komponente ist ein Regelsystem, das eine hochgradig beschränkte (möglicherweise finite) Menge von *Basisketten* (*basic strings*) generiert, jede mit einer dazugehörigen Struktur-Beschreibung, die wir einen *Basis-P-Marker* (*base Phrase-marker*) nennen wollen. Diese Basis-P-Marker sind die elementaren Einheiten, aus denen Tiefenstrukturen konstituiert werden. Ich will annehmen, daß durch die Regeln der Basis keine Ambiguitäten eingeführt werden. Diese Annahme scheint mir korrekt zu sein, sie hat aber keine wichtigen Konseqenzen für das, was im weiteren folgt, obwohl sie die Darstellung vereinfacht. Jedem Satz der Sprache liegt eine Folge von Basis-P-Markern zugrunde, jeder von ihnen wird durch die Basis der syntaktischen Komponente erzeugt. Ich werde diese Folge als die einem Satz zugrunde liegende *Satzbasis* (*basis of the sentence*) bezeichnen.
Außer der Basis (die in der deutschen Literatur oft *Formationsteil* genannt wird – Anm. d. Übers.) enthält die syntaktische Komponente einer generativen Grammatik eine *transformationelle* Subkomponente (*transformational subcomponent*) – einen *Transformationsteil*, der dazu dient, die Oberflächenstruktur eines Satzes aus seiner Satzbasis zu generieren. Im weiteren wird eine gewisse Vertrautheit mit der Arbeits- und Wirkungsweise von Transformationsregeln vorausgesetzt.
Da die Basis nur eine beschränkte Menge von Basis-P-Markern erzeugt, werden die meisten Sätze eine Serie solcher Einheiten als zugrunde liegende Satzbasis haben. Innerhalb der Sätze, die einen einzigen Basis-P-Marker als Satzbasis haben, können wir eine echte Teilmenge abgrenzen, die wir die *»Kernsätze«* (*kernel sentences*) nennen. Es sind dies Sätze besonders simpler Natur, die zu ihrer Erzeugung ein Minimum an Transformationen benötigen. Der Begriff »Kernsatz« hat, meiner Ansicht nach, große Signifikanz für die Intuition, da aber Kernsätze bei der Erzeugung oder Interpretation von

Sätzen keine distinktive Rolle spielen, will ich hier nicht weiter auf sie eingehen. Man muß es sorgfältig vermeiden, Kernsätze mit den Basisketten, die ihnen zugrunde liegen, zu verwechseln. Die Basisketten und Basis-P-Marker nämlich spielen sehr wohl eine distinktive und wichtige Rolle bei der Sprachbenutzung.

Da Transformationen hier nicht im Detail betrachtet werden, wird im Falle eines Satzes mit nur *einem* Basis-P-Marker als Satzbasis keine reinliche Scheidung vorgenommen werden zwischen der Basiskette, die dem Satz zugrunde liegt, und dem Satz selbst. Mit anderen Worten: An vielen Stellen in der Darlegung werde ich die stillschweigende (simplifizierende und den Fakten widersprechende) Annahme machen, daß die zugrunde liegende Basiskette in diesem Falle *der Satz ist*, und daß der Basis-P-Marker Tiefen- und Oberflächenstruktur zugleich ist. Ich werde versuchen, die Beispiele so auszuwählen, daß mögliche Konfusion weitgehend ausgeschlossen ist, jedoch – die Simplifizierung sollte uns dabei stets vor Augen sein.

§ 4. Rechtfertigung von Grammatiken

Bevor wir direkt in die Exploration der syntaktischen Komponente einer generativen Grammatik einsteigen, scheint es mir wichtig, einige Gedanken zu verschiedenen methodologischen Fragen der Rechtfertigung und der Adäquatheit von Grammatiken zu äußern.

Allem voran steht die Frage, wie man denn Information über die Sprachkompetenz des Sprecher-Hörers, d. h. über seine Kenntnis der Sprache, einholen solle. Wie die meisten interessanten und wichtigen Fakten ist auch dies weder direkter Observation zugänglich, noch kann es durch irgendwelche der uns bekannten induktiven Prozeduren aus gesammelten Daten extrahiert werden. Selbstverständlich liefern Angaben aus der Sprachverwendung eine Menge Material, um die Korrektheit von Hypothesen über zugrunde liegende linguistische

Strukturen abzuschätzen, zusammen mit introspektiven Auskünften (vom Sprecher der gegebenen Sprache (*native speaker*) oder vom Linguisten, der die Sprache erlernt hat). Diese Position wird in der Praxis allenthalben eingenommen, obwohl es methodologische Diskussionen gibt, in denen ein gewisses Widerstreben zum Ausdruck kommt, Beobachtungen aus der Sprachverwendung oder introspektive Auskünfte als Beweisstücke für irgendeine zugrunde liegende Realität zu benutzen.
Kurzum: Es sind leider keine adäquaten formalisierbaren Techniken bekannt, mit deren Hilfe zuverlässige Information über die Fakten der Sprachstruktur einzuholen wäre (was auch nicht sonderlich überrascht). Es gibt nur sehr wenige zuverlässige experimentelle oder datenverarbeitende Prozeduren, mit denen signifikante Informationen über die linguistische Intuition des Sprechers erlangt werden können. Man darf nicht übersehen, daß ein vorgeschlagenes Testverfahren auch auf seine Adäquatheit hin geprüft werden muß (genauso wie eine Grammatik als Theorie über die Intuition des Sprechers auf ihre Adäquatheit hin getestet werden muß), und zwar so, daß man das Testverfahren an der durch die unreflektierte Kenntnis gesetzten Norm mißt, die es hierbei zu spezifizieren und zu beschreiben gilt. So muß etwa ein vorgeschlagener Test für die Segmentierung in Wörter für eine Masse wichtiger und eindeutiger Fälle die empirische Bedingung erfüllen, daß er der Intuition des Sprechers in bezug auf solche Einheiten entspricht. Andernfalls ist ein solcher Test wertlos. Überhaupt gilt das für jegliche Testprozedur und jede vorgeschlagene grammatische Beschreibung. Wenn wir über operationale Prozeduren, die solcher Prüfung standhalten, verfügten, dann könnten wir bei unklaren und schwierigen Fällen mit Recht auf ihre Ergebnisse zurückgreifen. Jedoch bleibt dies eher eine Hoffnung für die Zukunft denn gegenwärtige Wirklichkeit. So ist objektiv die Situation, in der sich die heutige linguistische Forschung vorfindet; Anspielungen auf vorgeblich wohlbekannte »Entlockungsverfahren« oder »objektive Methoden« verdunkeln einfach die wirklichen Bedingungen, unter denen

linguistische Arbeit gegenwärtig vor sich gehen muß. Es besteht weiterhin auch kein Grund, zu erwarten, daß zuverlässige operationale Kriterien für die fundamentaleren und weit wichtigeren theoretischen Begriffe wie etwa »Grammatikalität« (*grammaticalness*) und »Paraphrase« je gefunden werden könnten.

Aber selbst wenn nur wenige verläßliche Testverfahren entwickelt worden sind, so kann doch die theoretische (das heißt, grammatische) Erforschung der Kenntnis des Sprechers durchaus gut vorankommen. Der kritische Punkt für die Grammatiktheorie ist heute nicht Mangel an Evidenz, sondern vielmehr das Unvermögen der vorhandenen Sprach-Theorien, der Masse der kaum bezweifelbaren Fakten gerecht zu werden. Für den Grammatiker lautet somit die Aufgabe, eine Beschreibung und – wo dies möglich ist – eine Erklärung zu konstruieren für die enorme Menge unanfechtbarer Daten über die Intuition des Sprechers (oft auch über seine eigene); für den, der mit operationalen Prozeduren befaßt ist, heißt die Aufgabe, Tests zu entwickeln, die korrekte Resultate liefern und relevante Unterscheidungen vornehmen. Aber weder das Studium der Grammatik noch der Versuch, nützliche Tests zu entwickeln, werden gegenwärtig durch mangelnde Beweiskraft bei der Überprüfung unserer Resultate gehemmt. Wir dürfen hoffen, daß diese Bestrebungen mit der Zeit konvergieren, aber wenn sie sich treffen, so muß dies – wenn sie von irgendwelcher Signifikanz sein sollen – ganz offensichtlich auf dem Gebiet der intuitiven Kenntnis des Sprechers sein.

Man könnte die Frage stellen, ob die Notwendigkeit, mit der die heutige Linguistik introspektiven Auskünften und der Intuition des Sprechers den Vorrang gibt, sie nicht letztlich aus dem Felde der Wissenschaft hinausführt. Die Antwort auf diese – eigentlich nur terminologische – Frage hat aber kaum irgendeine Auswirkung auf wichtige Fragestellungen. Bestenfalls gibt sie uns Hinweise, wie wir die Art der Forschung, die nach dem gegenwärtigen Stand unserer Technik und unserer Erkenntnis effektiv betrieben werden kann, bezeichnen sollten.

Diese terminologische Angelegenheit hängt zusammen mit einer anderen Frage, die eher von Interesse ist: Ob nämlich Streben nach Einsicht oder aber Bemühung um Objektivität das wichtigste Kennzeichen erfolgreicher Wissenschaft ist. Die soziologischen Disziplinen liefern reichlich Beweise dafür, daß man sich um Objektivität mühen kann mit nachfolgend spärlichem Gewinn an Einsicht und Erkenntnis. Andererseits kann man zu Recht der Ansicht sein, daß die Naturwissenschaften im großen und ganzen auf Objektivität vor allem insoweit aus waren, als diese als Instrument zur Gewinnung von Einsichten verwendbar ist (etwa um Phänomene zu liefern, die profundere explanative Hypothesen nahelegen oder auch testen).

Auf jeden Fall muß sich ein Wissenschaftler, der sich eher um Einsichten und Erkenntnis bemüht (als um Objektivität als Selbstzweck), bei einem bestimmten Stand der Forschung die Frage vorlegen, ob und bis zu welchem Ausmaß eine extensivere und noch exaktere Beschreibung der Phänomene für die Lösung der Probleme, denen er sich gegenüber sieht, relevant ist. In der Linguistik, so scheint mir, hat die weitere Befeilung der Daten durch strengere Tests nur geringe Bedeutung für die Probleme, die anstehen. Wer dieser Einschätzung der gegenwärtigen Situation der Linguistik nicht zustimmen will, der mag seinen Glauben an die aktuelle Wichtigkeit von objektiveren Tests rechtfertigen, indem er vorführt, wie diese uns zu einem neuen und tieferen Verständnis der Sprachstruktur verhelfen. Vielleicht kommt einmal der Tag, wo die Daten, die wir jetzt in Überfluß haben, ungenügend sein werden, um tiefergehende Fragen über die Sprachstruktur zu lösen. Jedoch: Viele Fragen, die heute realistisch und signifikant formuliert werden können, erfordern keine Evidenz von der Art, wie sie zur Zeit ohne wesentliche Verbesserungen in der Objektivität der Experimentaltechnik noch unverfügbar oder unerreichbar ist. Obwohl es keine Möglichkeit gibt, die traditionelle Annahme zu umgehen, daß die linguistische Kompetenz des Sprecher-Hörers die letztendliche Norm für die Bestimmung der Genauigkeit jeder angesetzten Grammatik, jeder Sprach-Theorie oder jedes Testverfahrens darstellt, muß es noch einmal ausdrücklich betont werden, daß diese intuitive unreflektierte Kenntnis dem Benutzer der Sprache durchaus nicht unmittelbar zugänglich zu sein braucht. Um dieser Bemerkung den Anflug der Paradoxie zu nehmen – manche Kritiker wollen einen solchen darin gefunden haben – will ich einige Beispiele zur Illustration liefern.

Wenn ein Satz wie »flying planes can be dangerous« in einem geeignet aufgebauten Kontext erscheint, wird ihn der Hörer sofort eindeutig interpretieren und seine Ambiguität gar nicht erst entdecken. Ja, er wird sogar die zweite Interpretation, wenn man sie ihm vorlegt, als gewollt oder unnatürlich zurückweisen (unabhängig davon, welche Interpretation er ursprünglich unter dem Eindruck des Kontexts gewählt hat). Dennoch ist seine intuitive Sprachkenntnis klarerweise so beschaffen, daß dem Satz *beide* Interpretationen (die »flying planes are dangerous« bzw. »flying planes is dangerous« entsprechen) durch die Grammatik, die der Sprecher auf irgendeine Art und Weise intus hat, zugeschrieben werden.

In dem soeben angeführten Beispiel ist die Ambiguität ziemlich durchsichtig. Aber betrachten wir einen Satz wie:

(5) I had a book stolen

Nur wenige Hörer werden sich der Tatsache bewußt sein, daß ihre interne Grammatik für diesen Satz mindestens drei Struktur-Beschreibungen auf Lager hat. Trotzdem kann dieses Faktum ins Bewußtsein gehoben werden, wenn wir etwas ausführlichere Versionen von Satz (5) betrachten, z. B.

(i) I had a book stolen from my car when I stupidly left the window open

das heißt: »someone stole a book from my car«;

(ii) I had a book stolen from his library by a professional thief who I hired to do the job

das heißt: »I had someone steal a book«;

(iii) I almost had a book stolen, but they caught me leaving the library with it

das heißt: »I had almost succeeded in stealing a book«.

Wenn wir auf diese Weise die dreifache Ambiguität von (5) bewußt machen, so liefern wir dem Hörer keine neue Information und lehren ihn nichts Neues über seine Sprache, sondern wir ordnen die Dinge einfach nur in einer Weise an, daß ihm seine linguistische Intuition, die vorher verdeckt war, nun augenscheinlich wird.

Als abschließende Illustration nehmen wir das Beispiel

(6) I persuaded John to leave

(7) I expected John to leave

Der erste Eindruck des Hörers könnte sein, daß diese beiden Sätze dieselbe strukturelle Analyse erhalten würden. Selbst bei ziemlich sorgfältigem Nachdenken kann er verkennen, daß seine interne Grammatik diesen Sätzen sehr unterschiedliche syntaktische Beschreibungen zuweist. Tatsächlich hat auch – soweit ich bisher entdecken konnte – keine Grammatik des Englischen den grundlegenden Unterschied zwischen diesen beiden Konstruktionen auch nur erwähnt (sogar meine eigenen Skizzen zur englischen Grammatik in Chomsky (1955), (1962*a*) haben das versäumt!). Es ist aber völlig klar, daß die Sätze (6) und (7) keineswegs parallel strukturiert sind. Der Unterschied kann durch die Betrachtung der folgenden Sätze erhellt werden:

(8) (i) I persuaded a specialist to examine John
(ii) I persuaded John to be examined by a specialist

(9) (i) I expected a specialist to examine John
(ii) I expected John to be examined by a specialist

(9) (i) und (9) (ii) sind auf den Sachverhalt bezogen synonym: der eine ist wahr gdw. der andere wahr ist. Aber es existiert keinerlei, nicht einmal eine schwache Paraphrasebeziehung zwischen (8) (i) und (8) (ii). So kann (8) (i) wahr oder falsch sein unabhängig vom Wahrheitswert, der (8) (ii) zuzuschreiben ist. Was immer man an Unterschieden in der Konnotation, in der

Satzperspektive oder in der Emphase zwischen den Sätzen (9) (i) und (9) (ii) finden kann, es ist dies alles genau der Unterschied, der zwischen dem Aktivsatz »a specialist will examine John« und seinem passivischen Gegenstück »John will be examined by a specialist« besteht. Das aber gilt ganz und gar nicht für (8). Vielmehr muß die (6) und (8)(ii) zugrunde liegende Tiefenstruktur zeigen, daß »John« das Direkte Objekt des Verb-Komplexes (forthin: VP) ist und zugleich das grammatische Subjekt des eingebetteten Satzes. Weiter, in (8)(ii) ist »John« das logische Direkte Objekt des eingebetteten Satzes, wohingegen in (8) (i) der Komplex »a specialist« das Direkte Objekt des VP und das logische Subjekt des eingebetteten Satzes ist. In (7), (9) (i) und (9) (ii) jedoch haben die NP »John«, »a specialist« und »John« jeweils keine anderen grammatischen Funktionen als die, die sie innerhalb des eingebetteten Satzes besitzen; im einzelnen heißt das: »John« ist das logische Direkte Objekt und »a specialist« das logische Subjekt in den eingebetteten Sätzen von (9). Somit existieren für (8) (i) und (8) (ii) bzw. (9) (i) und (9) (ii) die folgenden zugrunde liegenden Tiefenstrukturen:[13]

(10) (i) NP – Verb – NP – Satz
(I – persuaded – a specialist – a specialist will examine John)
(ii) NP – Verb – NP – Satz
(I – persuaded – John – a specialist will examine John)

(11) (i) NP – Verb – Satz
(I – expected – a specialist will examine John)
(ii) NP – Verb – Satz
(I – expected – a specialist will examine John)

Im Falle von (10) (ii) und (11) (ii) wird die Passivtransformation auf den eingebetteten Satz angewandt, und in allen vier Sätzen spezifizieren andere Operationen schließlich die endgültigen Oberflächenstrukturen von (8) und (9). Der springende Punkt ist in diesem Zusammenhang, daß sich (8) (i) von

(8) (ii) in der zugrunde liegenden Struktur unterscheidet, wohingegen (9) (i) und (9) (ii) im wesentlichen gleich sind hinsichtlich der Tiefenstruktur. Das wird auch dem Bedeutungsunterschied gerecht. Zu beachten ist weiterhin – und das stützt nur den Unterschied in der vorgeschlagenen Analyse –, daß wir sagen können »I persuaded John that (of the fact that) *Satz*« nicht aber »I expected John (of the fact that) *Satz*«.

Das Beispiel mit (6) und (7) veranschaulicht zwei wichtige Dinge. Erstens zeigt es, wie sehr die Oberflächenstruktur die zugrunde liegende Tiefenstruktur verschleiern kann. So sind (6) und (7) gleich in ihrer Oberflächenstruktur, aber sehr verschieden in der Tiefenstruktur, die ihnen jeweils zugrunde liegt und ihre semantische Interpretation determiniert.

Zweitens wird veranschaulicht, wie trügerisch die intuitive Sprachkenntnis des Sprechers sein kann. Bevor nicht solche Beispiele wie (8) und (9) angeführt werden, ist es einem Englisch Sprechenden möglicherweise nicht im mindesten klar, daß seine interne Grammatik wirklich den an der Oberfläche analogen Sätzen (6) und (7) ganz unterschiedliche syntaktische Analysen zuordnet.

Kurzum: Wir dürfen die Tatsache, daß sich unter Oberflächen-Ähnlichkeiten zugrunde liegende Unterschiede ganz fundamentaler Art verbergen können, keinesfalls übersehen und ebenso nicht, daß es notwendig werden kann, die Intuition des Sprechers mit einiger Raffinesse zu lenken und herauszulocken, bevor wir angeben können, was denn nun der tatsächliche Charakter seiner Sprachkenntnis oder irgend anderer Kenntnisse ist. Keiner der beiden Punkte ist neu (der erste ist ein Gemeinplatz der traditionellen Sprach-Theorie und der analytischen Philosophie; der letztere ist so alt wie Platos *Meno*); beide sind aber allzuoft übersehen worden.

Eine Grammatik kann als eine Theorie einer Sprache angesehen werden; sie ist *deskriptiv adäquat* (*descriptively adequate)* in dem Maße, wie sie die Kompetenz des idealisierten Sprechers (*native speaker*) korrekt beschreibt. Die strukturellen Beschreibungen, die den Sätzen durch die Grammatik zugeordnet werden, die Unterscheidungen, die sie zwischen wohlgeformt und abweichend macht usw., all dies muß, um deskriptive Adäquatheit zu erreichen, der linguistischen Intuition des Sprechers in einer wesentlichen und signifikanten Klasse einschlägiger Fälle entsprechen.

Eine linguistische Theorie muß eine Definition von »Grammatik« enthalten, d. h. eine Spezifikation der Klasse der potentiellen Grammatiken. Wir können dementsprechend sagen, daß eine *linguistische Theorie deskriptiv adäquat* ist, wenn sie für jede natürliche Sprache eine deskriptiv adäquate Grammatik liefert.

Wiewohl schon deskriptive Adäquatheit auf weite Strecken keineswegs einfach zu erreichen ist, ist es für die produktive Entwicklung der Theorie der Sprache unumgänglich, daß sie noch weitaus höher gesteckte Ziele verfolgt. Um die Formulierung solcher profunden Fragen zu erleichtern, ist es von Nutzen, das Problem der Konstruktion eines Modells der Spracherlernung (*»acquisition model« for language*), d. h. einer Theorie der Spracherlernung oder des Erwerbs der Grammatik, zu betrachten. Es ist einleuchtend, daß ein Kind, das eine Sprache gelernt hat, die interne Repräsentation eines Regelsystems entwickelt hat, das bestimmt, wie Sätze gebildet, benutzt und verstanden werden. Indem wir den Terminus »Grammatik« systematisch mehrdeutig verwenden (einmal meint er die im Sprecher intern repräsentierte »Theorie seiner Sprache«, zum andern bezeichnet er den linguistischen Zugang zu diesem Phänomen), können wir sagen, daß das Kind eine – im beschriebenen Sinne – generative Grammatik entwickelt und intern repräsentiert hat. Dies vollzieht sich auf der Grundlage von Beobachtungen an dem, was wir *primäre sprachliche Daten* (*primary linguistic data*) nennen wollen. Diese umfassen notwendig Beispiele der Sprachverwendung, die als wohlgeformte Sätze gelten sollen, möglicherweise auch Beispiele, die als Nicht-Sätze ausgezeichnet sind, und weiter ohne Zweifel auch viel andere Information, die für die Spracherlernung erforderlich ist, was immer es auch sei (vgl. § 6). Auf der Basis solcher Daten konstruiert das Kind eine Grammatik, d. h. eine Theorie der Sprache, in der die wohlgeformten Sätze aus den primären sprachlichen Daten nur einen kleinen Ausschnitt bilden.[14] Um eine Sprache zu erlernen, muß das Kind demnach über eine Methode verfügen, wie eine geeignete Grammatik bei gegebenen primären sprachlichen Daten herzustellen sei. Als Vorbedingung für die Spracherlernung muß es

1. eine linguistische Theorie besitzen, die die Form der Grammatik einer möglichen menschlichen Sprache spezifiziert,
2. eine Strategie ausbilden, um eine Grammatik der passenden Form auszuwählen, die sich mit den primären sprachlichen Daten verträgt.

Als weitgesteckte Aufgabe für die allgemeine Sprachwissenschaft können wir das Problem stellen, eine Explikation für diese angeborene linguistische Theorie, die die Grundlage der Spracherlernung bildet, zu liefern. (Nota bene: Wir benutzen hier wiederum mit systematischer Mehrdeutigkeit den Terminus »Theorie« – in unserem Falle eher »Sprach-Theorie« als als »Theorie einer Einzelsprache« – indem er sowohl für die angeborene Prädisposition des Kindes, eine Sprache zu erlernen, steht, wie auch für den linguistischen Zugang zur Beschreibung dieses Gegenstandes.)

Eine linguistische Theorie erfüllt, so können wir sagen, in dem Maße die Bedingungen der *Erklärungsadäquatheit* (*explanatory adequacy*), wie es ihr gelingt, eine deskriptiv adäquate Grammatik auf der Basis der primären sprachlichen Daten auszuwählen. Das heißt, daß sie in eben diesem Ausmaß eine Erklärung für die Intuition des Sprechers bietet, und zwar auf der Basis einer empirischen Hypothese über die angeborene Prädisposition des Kindes, eine bestimmte Art von Theorie zu entwickeln, um das ihm offerierte Material zu verarbeiten. Jede solche Hypothese kann falsifiziert werden (sehr leicht sogar, angesichts konkreter Fakten), indem man zeigt, daß sie nicht in der Lage ist, eine deskriptiv adäquate Grammatik hinsichtlich der primären sprachlichen Daten aus einer anderen Sprache zu liefern – denn offensichtlich ist ein Kind nicht für die Erlernung *einer* Sprache besser prädisponiert als für die Erlernung einer anderen. Gestützt wird sie aber, falls sie eine adäquate Erklärung für bestimmte Aspekte der Sprachstruktur bereithält und damit eine Erklärung für die Art und Weise, in der solche Kenntnis erlangt worden sein könnte.

Offensichtlich wäre es utopisch, zu erwarten, daß beim derzeitigen Stand der Linguistik auf weiten Strecken Erklärungsadäquatheit zu erreichen sei. Dennoch sind Überlegungen zur explanativen Adäquatheit oft entscheidend für das Vorankommen der Sprach-Theorie. Es kommt oft vor, daß konkurrierende Theorien eine große Menge von Daten ungefähr gleichermaßen abdecken; aus genau diesem Grunde ist die Erfassung an sich noch keine Leistung, die theoretisch besonders interessant oder wichtig wäre. Denn wie in jeder anderen Disziplin, so besteht auch in der Linguistik das Hauptproblem darin, einen Komplex von Daten herauszufinden, der zur Differenzierung zwischen widerstreitenden Konzeptionen über die Sprachstruktur dienen kann, dergestalt, daß die eine der konkurrierenden Theorien diese Daten nur durch *ad-hoc* Mittel beschreiben kann, wohingegen die andere eine Explikation auf der Basis von empirischen Annahmen über die sprachliche Form liefert. Solche eng begrenzten Untersuchungen zur explanativen Adäquatheit haben in der Tat das meiste an Evidenz hervorgebracht, was von wirklichem Gewicht für die Charakterisierung einer linguistischen Beschreibung ist. Sei es daher, daß wir völlig verschiedene Grammatiktheorien miteinander vergleichen, oder sei es, daß wir versuchen, die Richtigkeit eines einzelnen Aspekts in einer solchen Theorie zu bestimmen, so sind es dann oft Fragen der Erklärungsadäquatheit, die bei der Rechtfertigung die Verteidigungslasten zu tragen haben. Diese Feststellung ist keineswegs unvereinbar mit der Tatsache, daß explanative Adäquatheit im Moment für große Gebiete noch außer Reichweite ist. Die Feststellung hebt nur den höchst provisorischen Charakter eines jeden Versuchs hervor, eine empirische Annahme über die Sprachstruktur zu rechtfertigen.

Um es kurz zusammenzufassen: Man kann in zweierlei Hinsicht von »Rechtfertigung einer generativen Grammatik« sprechen. Auf einer Ebene (der der deskriptiven Adäquatheit) ist die Grammatik in dem Ausmaß gerechtfertigt, wie sie ihren Gegenstand – nämlich die Intuition, die Sprachkompetenz des Sprechers – korrekt beschreibt. In diesem Sinne ist die Grammatik aus *äußeren* (*external*) Gründen gerechtfertigt, aus Gründen der Übereinstimmung mit den sprachlichen Fakten. Auf der Ebene der Erklärungsadäquatheit, die profunde innere Zusammenhänge repräsentiert und die daher viel seltener erreicht wird, ist eine Grammatik in dem Maße gerechtfertigt, wie sie ein *prinzipiell* deskriptiv adäquates System darstellt, so daß die dazugehörige linguistische Theorie eben diese Grammatik aus anderen selektiert, bei gegebenen primären sprachlichen Daten, mit denen alle zur Auswahl stehenden Grammatiken kompatibel sind. In diesem Sinne ist die Grammatik aus *inneren* (*internal*) Gründen gerechtfertigt, aus Gründen ihrer Beziehung zu einer linguistischen Theorie, die eine explanative Hypothese über die Form der Sprache als solche darstellt. Das Problem der inneren Rechtfertigung – die Erklärungsadäquatheit – ist im wesentlichen die Frage nach der Konstruktion einer Theorie der Spracherlernung, einer Erklärung der spezifischen angeborenen Fähigkeiten, die diese Leistung ermöglichen.

§ 5. Formale und substantielle Universalien

Eine Theorie über die Sprachstruktur, die Erklärungsadäquatheit anstrebt, muß als unerläßlichen Bestandteil auch die linguistischen Universalien enthalten und dem Kind, das eine Sprache erlernt, die intuitive Kenntnis dieser Universalien zuschreiben. Die Theorie behauptet also, daß das Kind die Daten in der Annahme verarbeitet, daß sie aus einer Sprache eines bestimmten vorher wohl-definierten Typs entnommen sind. Das Kind muß dann lediglich herausfinden, welche der möglichen Sprachen diejenige der umgebenden Gemeinschaft ist. Anders wäre die Spracherlernung unmöglich. Die eigentliche Frage heißt: Was sind die frühesten Annahmen über die Natur der Sprache, die das Kind zur Spracherlernung mitbringt? Und wie detailliert und spezifisch ist das angeborene Schema (die allgemeine Definition von »Grammatik«), das schrittweise expliziter und differenzierter wird, während das Kind die Sprache erlernt? Im Moment können wir kaum an eine Hypothese über angeborene Schemata herankommen, die aussagekräftig, detailliert und spezifisch genug wäre, um den Fakten der Spracherlernung gerecht zu werden. Folglich ist es Hauptaufgabe der Sprach-Theorie, einen Katalog linguistischer Universalien aufzustellen, der einerseits durch die tatsächliche Vielfalt der Sprachen nicht falsifiziert wird, der andererseits aber auch reichhaltig und explizit genug ist, um Geschwindigkeit und Gleichförmigkeit der Spracherlernung zu erklären sowie der beachtlichen Komplexität und dem Umfang der generativen Grammatiken, die ja das Produkt der Spracherlernung sind, angemessen Rechnung zu tragen. Die Erforschung der linguistischen Universalien ist die Erforschung der Eigenschaften, die jede generative Grammatik einer natürlichen Sprache besitzen muß. Einzelne Annahmen über linguistische Universalien können entweder die syntaktische, semantische oder phonologische Komponente betreffen oder auch wechselseitige Beziehungen unter den drei Komponenten.

Es ist nützlich, die linguistischen Universalien in *formale* (*formal*) und *substantielle* (*substantive*) zu unterteilen. Eine Theorie der substantiellen Universalien behauptet, daß bestimmte Einheiten, die in jeder Sprache vorkommen, aus einer festgesetzten Klasse von Einheiten entnommen werden. So kann zum Beispiel Jakobsons Theorie der distinktiven Merkmale als eine Hypothese über substantielle Universalien hinsichtlich der phonologischen Komponente einer generativen Grammatik interpretiert werden. Sie besagt, daß jede Ausgabe dieser Komponente aus Elementen besteht, die mit Hilfe einer kleinen Zahl (etwa 15 bis 20) von festgelegten universellen phonetischen Merkmalen charakterisiert werden kann, wobei jedes Merkmal eine substantielle akustisch-artikulatorische Charakteristik aufweist – unabhängig von jeder Einzelsprache. In diesem Sinne war die traditionelle Universalgrammatik auch eine Theorie der substantiellen Universalien. Sie hat nicht nur interessante Ansichten, wie etwa über das Wesen einer universalen Phonetik, hervorgebracht, sondern sie vertrat auch den Standpunkt, daß bestimmte festgelegte syntaktische Kategorien (Nomen, Verb etc.) in den syntaktischen Repräsentationen der Sätze einer jeden Sprache zu finden seien und daß solche Kategorien die allgemeine zugrunde liegende syntaktische Struktur jeder Sprache konstituierten. Eine Theorie der substantiellen Universalien in der Semantik würde zum Beispiel anführen, daß bestimmte Benennungsfunktionen auf eine spezifizierte Weise in jeder Sprache ausgeführt werden müssen. So könnte sie etwa behaupten, daß jede Sprache Ausdrücke enthalten wird, die Personen benennen, oder lexikalische Einheiten, die sich auf bestimmte Arten von Gegenständen, Gefühlen, Verhaltensweisen usw. beziehen.

Man kann jedoch auch nach universellen Eigenschaften abstrakterer Art forschen. Betrachten wir die Behauptung, daß die Grammatik jeder Sprache bestimmte spezifizierte formale Bedingungen erfüllen muß. Die Wahrheit dieser Hypothese impliziert nicht von sich aus, daß irgendeine einzelne Regel in allen oder auch nur in zwei Grammatiken erscheinen muß. Die Eigenschaft, eine Grammatik zu haben, die eine bestimmte abstrakte Bedingung erfüllt, könnte ein *formales* (*formal*) linguistisches Universale genannt werden, falls gezeigt werden kann, daß es sich um eine generelle Eigenschaft natürlicher Sprachen handelt. Neuere Versuche, die abstrakten Bedingungen, die eine generative Grammatik zu erfüllen hat, zu spezifizieren, haben eine Vielfalt von Vorschlägen betreffs formaler Universalien in diesem Sinne hervorgebracht. Nehmen wir z. B. den Vorschlag, daß die syntaktische Komponente einer Grammatik

Transformationsregeln enthalten muß (Operationen ganz spezieller Art), die semantisch interpretierte Tiefenstrukturen auf phonetisch interpretierte Oberflächenstrukturen abbilden; oder den Vorschlag, daß die phonologische Komponente einer Grammatik aus einer Folge von Regeln besteht, von denen eine Teilmenge zyklisch auf fortschreitend höhere Konstituenten der Oberflächenstruktur angewandt werden kann (als Transformationszyklus im Sinne vieler jüngerer Arbeiten zur Phonologie). Solche Behauptungen sind von ganz anderer Art als jene, daß bestimmte substantielle phonetische Elemente in allen Sprachen für die phonetische Repräsentation verwendbar sind, oder daß bestimmte Kategorien zentral in der Syntax aller Sprachen stehen müssen, oder daß bestimmte semantische Merkmale oder Kategorien einen universellen Rahmen für semantische Beschreibungen abgeben. Substantielle Universalien wie diese betreffen das Vokabular der Beschreibungsmittel der Sprache; formale Universalien betreffen dagegen mehr den Charakter der Regeln, die in Grammatiken erscheinen, und die Weise, in der sie untereinander verbunden werden können.

Auf der semantischen Ebene ist es ebenfalls möglich, nach formalen Universalien im eben beschriebenen Sinne zu forschen. Betrachten wir etwa die Annahme, daß Eigennamen in allen Sprachen Objekte bezeichnen müssen, die die Bedingung des Zusammenhangs von Raum und Zeit[15] erfüllen, dasselbe gilt für andere Termini, die Gegenstände benennen; oder die Bedingung, daß die Farbenbezeichnungen jeder Sprache das Farbenspektrum in kontinuierliche Segmente aufteilen müssen; oder die Bedingung, daß Artefakte im Hinblick auf bestimmte menschliche Ziele, Bedürfnisse und Funktionen definiert sind, statt allein durch ihre physikalischen Qualitäten.[16] Formale Einschränkungen dieser Art auf ein System von konzeptualen Einheiten können die Wahl einer deskriptiven Grammatik (durch das Kind oder den Linguisten) bei gegebenen primären sprachlichen Daten sehr weit einengen.

Die Existenz profunder formaler Universalien, wie sie durch die genannten Beispiele angedeutet werden sollten, impliziert, daß alle Sprachen nach demselben Muster angelegt sind, aber sie impliziert nicht, daß es irgendeine Punkt-für-Punkt-Entsprechung zwischen einzelnen Sprachen gibt. So impliziert sie z. B. nicht, daß es irgendeine effektive Prozedur für die Übersetzung zwischen Sprachen geben muß.[17]

Im allgemeinen besteht kein Zweifel, daß eine Sprach-Theorie, betrachtet als eine Hypothese über die angeborene Fähigkeit des Menschen, eine Sprache auszubilden (*»language-forming capacity«*), sowohl die substantiellen wie auch die formalen Universalien in Betracht ziehen muß. Aber während substantielle Universalien ein traditionelles Thema der allgemeinen Sprach-Theorie gewesen sind, sind Untersuchungen über die abstrakten Bedingungen, die von jeder generativen Grammatik erfüllt werden müssen, erst in allerletzter Zeit aufgenommen worden. Sie versprechen reiche und vielfältige Möglichkeiten für die Forschung in allen Bereichen der Grammatik.

§ 6. Weitere Bemerkungen über deskriptive und explanative Theorien

Betrachten wir nun etwas eingehender, was zur Konstruktion eines Modells der Spracherlernung gebraucht wird. Ein Kind, das fähig ist, eine Sprache zu lernen, muß folgendes besitzen:

(12) (i) eine Technik zur Repräsentation von Eingabesignalen

(ii) ein Mittel zur Repräsentation struktureller Information über diese Signale

(iii) einige Anfangseingrenzungen für eine Klasse von möglichen Hypothesen über die Sprachstruktur

(iv) eine Methode zur Bestimmung, was jede solche Hypothese für einen jeden Satz impliziert

(v) eine Methode zur Selektion einer der (vermutlich infinit vielen) Hypothesen, die nach (iii) erlaubt sind und den gegebenen primären sprachlichen Daten gerecht werden

Dementsprechend muß eine Theorie der Sprachstruktur, die explanative Adäquatheit anstrebt, folgendes enthalten:

(13) (i) eine universelle phonetische Theorie, die den Begriff »möglicher Satz« definiert
(ii) eine Definition von »Struktur-Beschreibung«
(iii) eine Definition von »generative Grammatik«
(iv) eine Methode für die Bestimmung der Struktur-Beschreibung eines Satzes bei gegebener Grammatik
(v) ein Mittel zur Bewertung alternativer vorgeschlagener Grammatiken

Wenn wir diese Forderungen in etwas anderen Termen ausdrücken, so können wir von einer Sprach-Theorie fordern, daß sie folgendes liefert:

(14) (i) eine Aufzählung der Klasse $s_1, s_2, \ldots$ von möglichen Sätzen
(ii) eine Aufzählung der Klasse $SB_1, SB_2, \ldots$ von möglichen Struktur-Beschreibungen
(iii) eine Aufzählung der Klasse $G_1, G_2, \ldots$ von möglichen generativen Grammatiken
(iv) die Spezifizierung einer Funktion f, so daß $SB_{f(i,j)}$ die Struktur-Beschreibung ist, die einem Satz s_i durch die Grammatik G_j zugeordnet wird, für beliebige i, j[18]
(v) die Spezifizierung einer Funktion m, so daß $m(i)$ eine natürliche Zahl ist, die der Grammatik G_i als ihr Wert zugeordnet wird (wobei niederer Wert durch höhere Zahl angezeigt wird)

Bedingungen von mindestens dieser Stärke müssen eingesetzt werden, wenn man die Entscheidung trifft, explanative Adäquatheit anzustreben.
Eine Theorie, die diese Bedingungen einhält, würde auf die folgende Weise versuchen, die Spracherlernung zu erklären. Betrachten wir zunächst das Wesen primärer sprachlicher Daten. Sie bestehen aus einer endlichen Menge von Information über

Sätze, die keineswegs lückenlos und fehlerfrei ist und außerdem in ihrer Reichweite begrenzt sein muß, wenn man die zeitlichen Beschränkungen in Betracht zieht (vgl. Anm. 14). So können beispielshalber bestimmte Zeichen als wohlgeformte Sätze akzeptiert werden, andere wieder können als Nicht-Sätze abqualifiziert werden, beides als Ergebnis von Korrekturen, die von der Sprachgemeinschaft an den Versuchen des Lernenden vorgenommen werden. Weiterhin können die Bedingungen des Gebrauchs so beschaffen sein, daß sie es erfordern, daß diesen sprachlichen Objekten strukturelle Beschreibungen in bestimmter Weise zugeordnet werden. Daß dieser letzte Punkt eine Vorbedingung für den Spracherwerb darstellt, scheint auch aus der weithin vertretenen (aber im Moment völlig ungestützten) Ansicht hervorzugehen, daß es eine partiell semantische Basis für den Erwerb der Syntax oder für die Rechtfertigung von Hypothesen über die syntaktische Komponente einer Grammatik geben müsse. Übrigens wird oft nicht erkannt, *wie* stark diese Hypothese über die angeborenen Fähigkeiten zur Begriffsbildung (*concept-forming abilities*) beim Kind und über das System linguistischer Universalien, das von diesen Fähigkeiten impliziert wird, tatsächlich ist. Was behauptet wird, ist ungefähr folgendes: Das Kind verfügt über eine angeborene Theorie potentieller struktureller Beschreibungen, die umfassend und entwickelt genug ist, daß es aus der wirklichen Situation heraus, in der ein Zeichen auftritt, bestimmen kann, welche strukturellen Beschreibungen für dieses Zeichen passend sein könnten. Weiter: Das Kind ist auch in der Lage, dies teilweise im Vorgriff auf irgendeine Annahme über die sprachliche Struktur dieses Zeichens zu vollziehen. Zu sagen, daß die Hypothese über die angeborene Fähigkeit außergewöhnlich stark ist, heißt natürlich nicht, daß sie inkorrekt sei. Nehmen wir für alle Fälle vorläufig an, daß die primären sprachlichen Daten aus Signalen bestehen, die in Sätze und Nicht-Sätze eingeteilt werden, und daß eine partielle und provisorische Zuordnung zwischen Signalen und strukturellen Beschreibungen stattfindet.

Ein Mechanismus des Spracherwerbs, der die Bedingungen (i) – (iv) erfüllt, ist in der Lage, solche primären sprachlichen Daten als empirische Basis für die Spracherlernung zu verwenden. Dieser Mechanismus muß die Menge der möglichen Hypothesen G_1, G_2, ..., die aufgrund von Bedingung (iii) vorhanden sind, absuchen und Grammatiken auswählen, die den primären sprachlichen Daten, repräsentiert in der Form (i) und (ii), gerecht werden. Man kann die Kompatibilität mit den Daten testen durch die Tatsache, daß der Mechanismus Bedingung (iv) erfüllen muß. Er würde demnach mit Hilfe des durch (v) garantierten Bewertungsmaßstabes eine aus den potentiellen Grammatiken auswählen.[19] Die selektierte Grammatik versieht nun den Mechanismus mit einer Methode, jeden beliebigen Satz gemäß (ii) und (iv) zu interpretieren. Das besagt, daß der Mechanismus nunmehr eine Theorie der betreffenden Sprache konstruiert hat, in der die primären sprachlichen Daten einen Ausschnitt darstellen. Diese Theorie, die der Mechanismus nun ausgewählt und intern repräsentiert hat, spezifiziert die sprachliche Kompetenz, d. h. die intuitive Sprachkenntnis. Ein Kind, das auf diese Weise eine Sprache erwirbt, weiß natürlich eine Menge mehr als es »gelernt« hat. Seine Kenntnis der Sprache, wie sie durch seine interne Grammatik determiniert wird, geht weit über die offerierten primären sprachlichen Daten hinaus und ist auf keinen Fall eine »induktive Generalisierung« aus diesen Daten.

Dieses Modell für die Spracherlernung kann unmittelbar paraphrasiert werden als eine Beschreibung dafür, wie ein Linguist, der über eine Theorie gemäß den Bedingungen (i) – (v) verfügt, eine Grammatik rechtfertigen würde, die er für eine Sprache auf der Grundlage gegebener primärer sprachlicher Daten konstruiert hat.[20]

Übrigens muß man mehrere verschiedene Modi sorgfältig auseinanderhalten, nach denen primäre sprachliche Daten für die Spracherlernung notwendig sein können. Teilweise bestimmen solche Daten, welcher der möglichen Sprachen (d. h. der Sprachen, die mit Grammatiken versehen sind in Übereinstimmung mit den apriorisch gesetzten Einschränkungen (iii)) der Spracherlernende ausgesetzt ist – und genau diese Funktion der primären sprachlichen Daten betrachten wir hier. Jedoch können solche Daten auch eine völlig andersartige Rolle spielen: Es bedarf nämlich bestimmter Arten von Daten und Erfahrung, um den Mechanismus der Spracherlernung in Gang zu setzen, obgleich diese Daten die Art und Weise seines Funktionierens gar nicht affizieren. So hat man beispielsweise experimentell herausgefunden, daß Bezugnahme auf die Semantik die Erlernung der Syntax sehr erleichtert, obwohl dies offensichtlich die Art und Weise, in der die Aneignung der Syntax vor sich geht, keineswegs beeinflußt; d. h., es spielt keine Rolle bei der Festlegung, welche Hypothesen vom Lernenden ausgewählt werden (Miller und Norman (1964)). Ebenso würde es überhaupt nicht überraschen, wenn man herausfände, daß die normale Spracherlernung in gewisser Weise den Gebrauch der Sprache in konkreten Situationen der Wirklichkeit erfordert. Falls dies zutrifft, so reicht es doch noch nicht aus als Argument dafür, daß Information über den Situationskontext (im besonderen die Assoziierung von Signalen mit strukturellen Beschreibungen, die zumindest teilweise vor der Aufstellung von Hypothesen über die syntaktische Struktur vollzogen wird) irgendeine Rolle dabei spielt, in welcher Weise die Sprache erworben wird, sobald der Mechanismus erst einmal in Gang gesetzt und die Aufgabe der Spracherlernung vom Kind übernommen worden ist. Diese Unterscheidung ist außerhalb des Bereichs der Spracherlernung ganz üblich. Richard Held hat in zahlreichen Experimenten nachgewiesen, daß unter gewissen Umständen reafferente Stimulierung (d. h. Stimulierung, die aus spontaner Aktivität erfolgt) eine Vorbedingung für die Ausbildung der Vorstellung des optischen Raumes darstellt, obwohl sie den Charakter dieses Konzepts nicht bestimmen kann (vgl. Held und Hein (1963); Held und Freedman (1963) und die dort angegebene Literatur). Oder um eines der ungezählten Beispiele aus der Literatur über das tierische Lernen anzuführen: Es ist beobachtet worden (Lemmon und Patterson

(1964)), daß die Wahrnehmung räumlicher Tiefe bei Lämmern durch den Kontakt zwischen Mutterschaf und Neugeborenem besonders erleichtert wird, wiewohl es auch hier keinen Grund gibt, zu vermuten, daß die Art der »Theorie des optischen Raumes« eines Lammes von diesem Kontakt abhängt.

Bei der Erforschung des tatsächlichen Charakters des Erlernens einer Sprache oder anderer Dinge ist es somit notwendig, sorgfältig zwischen diesen beiden Funktionen externer Daten zu differenzieren: die Funktion, die Arbeit der angeborenen Mechanismen in Gang zu bringen oder zu erleichtern, und die Funktion, die Richtung, in der sich das Lernen bewegen wird, teilweise zu bestimmen.[21]

Kehren wir zum Hauptthema zurück: Wir werden eine Theorie der Sprachstruktur, die die Bedingungen (i) – (v) erfüllt, *eine explanative Theorie (explanatory theory)* nennen, und eine Theorie, die die Bedingungen (i) – (iv) erfüllt, eine *deskriptive Theorie* (*descriptive theory*). Also wird eine linguistische Theorie, die nur mit deskriptiver Adäquatheit veranschlagt ist, ihre Aufmerksamkeit auf die Punkte (i) – (iv) beschränken. Eine solche Theorie muß, in anderen Worten, eine Klasse generativer Grammatiken bereitstellen, die für jede Sprache eine deskriptiv adäquate Grammatik dieser Sprache enthält, eine Grammatik, die (mit Hilfe von (iv)) Sätzen eine strukturelle Beschreibung zuweist in Übereinstimmung mit der linguistischen Kompetenz des Sprechers. Eine Sprach-Theorie ist nur in dem Maße empirisch signifikant, wie sie die Bedingungen (i) – (iv) erfüllt. Die weitergehende Frage nach explanativer Adäquatheit stellt sich erst im Zusammenhang mit einer Theorie, die auch Bedingung (v) (jedoch vgl. p. 55) erfüllt. Anders gesagt, diese Frage stellt sich nur insoweit, wie die Theorie eine auf theoretischen Prinzipien beruhende Basis für die Selektion einer deskriptiv adäquaten Grammatik auf der Grundlage primärer sprachlicher Daten unter Benutzung eines wohl-definierten Bewertungsmaßstabes liefert.

Dieses Herangehen ist in einem wichtigen Aspekt irreführend. Es suggeriert, daß man, um eine deskriptiv adäquate

Theorie auf die Ebene der Erklärungsadäquatheit zu erheben, nur einen geeigneten Bewertungsmaßstab zu definieren brauchte. Das ist aber falsch. Eine Theorie kann deskriptiv adäquat im eben genannten Sinne sein und bereits eine so umfangreiche Serie deskriptiv adäquater Grammatiken geliefert haben, daß es keine Möglichkeit gibt, eine formale Eigenschaft zur Distinktion der deskriptiv adäquaten Grammatiken von der Masse der Grammatiken zu entdecken, die sämtlich den Daten gerecht werden. In der Tat, das eigentliche Problem besteht fast immer darin, die Menge der möglichen Hypothesen dadurch einzuschränken, daß man dem Begriff »generative Grammatik« zusätzliche Struktur beifügt. Für die Konstruktion eines effektiven Spracherlernungsmodells ist es notwendig, die Klasse der erreichbaren[22] Grammatiken, die den gegebenen primären sprachlichen Daten gerecht werden, bis zu dem Punkt zu reduzieren, wo eine Selektion aus ihnen durch eine formale Bewertungsprozedur möglich wird. Dies erfordert eine präzise und enge Eingrenzung des Begriffes »generative Grammatik« – eine einschränkende und aussagestarke Hypothese über die universellen Eigenschaften, die die Form der Sprache bestimmen, im traditionellen Sinn dieses Terminus.

Dasselbe Problem kann auch von einer anderen Seite her formuliert werden. Wenn eine Vielfalt deskriptiv adäquater Grammatiken für natürliche Sprachen gegeben ist, dann sind wir interessiert daran zu bestimmen, bis zu welchem Grade sie spezifisch für die Einzelsprachen sind und in welchem Maße es profunde zugrunde liegende Ähnlichkeiten unter ihnen gibt, die der Form der Sprache als solcher zugeschrieben werden können. Ein echter Fortschritt in der Linguistik wird immer dann erreicht, wenn man entdeckt, daß bestimmte Merkmale einer gegebenen Sprache auf universelle Eigenschaften der Sprache zurückgeführt und mit Hilfe dieser grundlegenden Aspekte der sprachlichen Form erklärt werden können. Somit muß die größte Anstrengung des Linguisten der Bereicherung der Theorie der sprachlichen Form gelten, indem er immer spezifischere Einschränkungen und Bedingungen für den Begriff »generative

Grammatik« formuliert. Wo dies geschieht, können die Einzelgrammatiken vereinfacht werden, indem man aus ihnen diejenigen deskriptiven Feststellungen eliminiert, die der allgemeinen Grammatik-Theorie angehören (vgl. § 5). Wenn wir z. B. beschlossen haben, daß der Transformationszyklus[23] ein universelles Merkmal der phonologischen Komponente ist, so ist es unnötig, in der Grammatik des Englischen etwa das Funktionieren solcher phonologischer Regeln, die syntaktische Struktur involvieren, eigens zu beschreiben. Diese Beschreibung kann nunmehr von der Grammatik des Englischen abstrahiert und als formales linguistisches Universale, als Teil der Theorie der generativen Grammatik, konstatiert werden. Falls diese Schlußfolgerung berechtigt ist, würde sie einen wichtigen Fortschritt in der Sprach-Theorie repräsentieren, weil nun gezeigt werden könnte, daß etwa ein linguistisches Faktum, das eine Eigenart des Englischen zu sein scheint, in Wirklichkeit mit den Mitteln einer generellen und profunden empirischen Annahme über die Natur der Sprache expliziert werden kann, einer Annahme, die – falls sie nicht zutrifft – durch die Erforschung deskriptiv adäquater Grammatiken anderer Sprachen widerlegt werden kann.

Kurzum: Das schwierigste Problem, das bei dem Versuch, explanative Adäquatheit anzustreben, auftaucht, ist das der Charakterisierung des Begriffes »generative Grammatik« in einer hinreichend aussagekräftigen, detaillierten und hochgradig strukturierten Weise. Eine Grammatik-Theorie kann deskriptiv adäquat sein und doch wesentliche Merkmale unausgedrückt lassen, Merkmale, die definierende Eigenschaften der natürlichen Sprache darstellen und natürliche Sprachen von beliebigen Symbolsystemen unterscheiden. Und aus genau diesem Grunde ist der Versuch, explanative Adäquatheit zu erreichen – der Versuch, linguistische Universalien aufzudecken – auf jeder Stufe so entscheidend für das Verständnis der Sprachstruktur; unbenommen der Tatsache, daß selbst deskriptive Adäquatheit über große Strecken hinweg ein unerreichtes Ziel ist. Es ist aber nicht notwendig, erst die Stufe der Beschreibungsadäquatheit erreicht zu haben, bevor man Fragen hinsichtlich der explanativen Adäquatheit stellt. Im Gegenteil, die Kernfragen, die Fragen mit dem größten Gewicht sowohl in unserer Auffassung von Sprache als auch in der Praxis der Beschreibung, sind fast immer jene, die explanative Adäquatheit im Hinblick auf besondere Aspekte der Sprachstruktur involvieren.

Um sich eine Sprache anzueignen, muß das Kind eine Hypothese aufstellen, die sich mit den angebotenen Daten verträgt. Es muß aus dem Vorrat an potentiellen Grammatiken eine spezifische auswählen, die den verfügbaren sprachlichen Daten in geeigneter Weise gerecht wird. Es ist logisch möglich, daß einerseits das Datenmaterial reich genug und andererseits die Klasse der potentiellen Grammatiken eingeschränkt genug ist, so daß nicht mehr als genau eine einzige zugelassene Grammatik zum Zeitpunkt des erfolgreichen Spracherwerbs die angebotenen Daten erfaßt – jedenfalls in unserem idealisierten »Alles-auf-einmal-Modell« *(»instantaneous« model)* (vgl. die Anmerkungen 19 und 22). In diesem Falle ist keine Bewertungsprozedur als Teil der linguistischen Theorie, d. h. als angeborene Eigenschaft eines Organismus oder eines Mechanismus, der befähigt ist, Sprache zu erlernen, notwendig. Es ist ziemlich schwierig, sich vorzustellen, wie diese logisch denkbare Möglichkeit im Detail realisiert werden könnte, und alle Versuche, eine empirisch angemessene linguistische Theorie zu formulieren, lassen gewiß weiten Raum für konkurrierende Grammatiken, die sämtlich den Primär-Daten jeder nur denkbaren Sorte gerecht werden. Alle solchen Theorien bedürfen daher der Ergänzung durch einen Bewertungsmaßstab, wenn die Spracherlernung behandelt und die Selektion einer spezifischen Grammatik angemessen gerechtfertigt werden soll. Ich will deshalb auch fürderhin provisorisch annehmen, daß dies ein empirisches Faktum über die angeborene menschliche *faculté de langage* und folglich auch über die allgemeine Sprach-Theorie darstellt.

§ 7. Über Bewertungsprozeduren

Der Status einer Bewertungsprozedur für Grammatiken (vgl. Bedingung (v) in (12)–(14)) ist oft fehlinterpretiert worden. Man muß sich zunächst deutlich vor Augen halten, daß ein solches Kriterium in keiner Weise a priori gegeben ist. Vielmehr gilt, daß jeder Vorschlag hinsichtlich eines solchen Kriteriums als Hypothese über die Natur der Sprache angesehen werden muß. Das geht aus der vorangegangenen Diskussion eindeutig hervor. Nehmen wir an, wir hätten eine deskriptive Theorie, die die Bedingungen (i)–(iv) aus (12)–(14) in einer festgelegten Weise erfüllt. Wenn eine Menge *D* von primären sprachlichen Daten gegeben ist, werden verschieden gewählte Bewertungskriterien den alternativen Hypothesen (alternative Grammatiken) über die Sprache, aus der *D* einen Ausschnitt bildet, ganz verschiedene Grade zuweisen und daher zu völlig verschiedenen Aussagen darüber führen, *wie* eine Person, die eine Sprache auf der Basis von *D* erlernt, neue Sätze, die nicht in *D* enthalten sind, interpretieren wird. Infolgedessen ist die Wahl eines Bewertungskriteriums eine empirische Angelegenheit, und einzelne Vorschläge sind entweder falsch oder richtig.

Die mögliche Verwirrung in dieser Sache zieht sich hin bis zum Gebrauch des Terminus »Einfachheitsmaßstab« *(»simplicity measure«)* für einzelne vorgeschlagene Bewertungsmaßstäbe, wobei angenommen wird, daß »Einfachheit« ein allgemeiner Begriff sei, für den es irgendein Vorverständnis außerhalb der linguistischen Theorie gäbe. Das aber ist eine falsche Konzeption. Im Kontext der vorliegenden Diskussion ist »Einfachheit« (d. h. der Bewertungsmaßstab *m* aus (v) in (14)) neben »Grammatik«, »Phonem« u. a. ein Begriff, der *innerhalb* der linguistischen Theorie zu definieren ist. Die Wahl des Einfachheitsmaßstabs kann mit der Bestimmung des Wertes einer physikalischen Konstante verglichen werden. Teilweise ist uns eine empirische Zuordnung zwischen bestimmten primären sprachlichen Daten und bestimmten Grammatiken gegeben, die tatsächlich von Personen auf der Grundlage der Daten konstruiert worden sind. Ein vorgeschlagenes Einfachheitsmaß ist Bestandteil des Versuches, das Wesen dieser Zuordnung genau zu bestimmen. Wenn wir eine einzelne Formulierung aus (i) – (iv) annehmen, und wenn Paare (D_1, G_1), (D_2, G_2), ... von primären sprachlichen Daten und deskriptiv adäquaten Grammatiken gegeben sind, dann ist das Problem der Definition von »Einfachheit« genau das Problem, herauszufinden, wie G_i durch D_i determiniert wird, für jedes i. Wir betrachten, anders gesagt, ein Spracherlernungsmodell als einen Eingabe-Ausgabe-Mechanismus, der eine einzelne generative Grammatik als Output determiniert, falls bestimmte primäre sprachliche Daten als Input gegeben sind. Ein vorgeschlagener Einfachheitsmaßstab konstituiert zusammen mit einer Spezifikation von (i)–(iv) eine Hypothese über die Natur eines solchen Mechanismus. Die Wahl eines Einfachheitsmaßstabes (einer Einfachheitsmetrik) ist somit eine empirische Angelegenheit mit empirischen Konsequenzen.

All dies ist schon oft gesagt worden. Ich wiederhole es nur darum so ausführlich, weil es gröblich mißverstanden worden ist.

Es ist ebenso augenscheinlich, daß Bewertungskriterien von der Art, wie sie in der Literatur über generative Grammatik diskutiert worden sind, nicht benutzt werden können, um unterschiedliche Grammatik-Theorien zu vergleichen; der Vergleich einer Grammatik aus einer Klasse vorgeschlagener Grammatiken mit einer Grammatik einer anderen Klasse *mit Hilfe eines solchen Maßstabs* ist völlig ohne Sinn. Vielmehr ist ein Bewertungsmaßstab dieser Art wesentlich Teil einer bestimmten Grammatik-Theorie, die explanative Adäquatheit anstrebt. Gewiß gibt es einen sinnvollen Vergleich zwischen alternativen Sprach-Theorien (oder alternativen Theorien in anderen Bereichen) hinsichtlich ihrer Einfachheit und Eleganz. Was wir hier aber diskutiert haben, ist keine generelle Frage, sondern eher das Problem, zwei Theorien über eine Sprache – also zwei Grammatiken dieser Sprache – innerhalb einer generellen linguistischen Theorie zu vergleichen. Dies ist demnach eine Frage der Formulierung einer explanativen Sprach-Theorie, was nicht verwechselt werden darf mit dem Problem, aus verschiedenen Sprach-Theorien eine auszuwählen. Natürlich ist die Wahl unter konkurrierenden Sprach-Theorien eine fundamentale Frage, und sie sollte auch, soweit wie möglich, auf dem empirischen Grund und Boden der deskriptiven und explanativen Adäquatheit angesiedelt werden. Aber diese Frage ist nicht angängig bei der Anwendung eines Einfachheitsmaßstabes innerhalb des Bestrebens, explanative Adäquatheit zu erreichen.

Als konkrete Illustration betrachten wir nun die Frage, ob die Regeln einer Grammatik in irgendeiner spezifischen Weise ungeordnet (nennen wir diese die linguistische Theorie T_U) oder geordnet (die Theorie T_O) sein sollten. A priori gibt es kein Entscheidungsverfahren dafür, welche der beiden richtig ist. Innerhalb der Linguistik oder der allgemeinen Epistemologie ist kein absoluter Sinn von »Einfachheit« oder »Eleganz« entwickelt worden, demzufolge T_U mit T_O verglichen werden könnte. Daher ist es völlig witzlos zu behaupten, daß T_U in irgendeinem absoluten Sinn »einfacher« als T_O sei oder umgekehrt. Man kann leicht ein generelles Konzept für »Einfachheit« erfinden, das T_U gegenüber T_O vorzöge oder T_O gegenüber T_U; in keinem Falle aber wird dieses Konzept irgendeine gültige Rechtfertigung besitzen. In der Linguistik sind bisher bestimmte Bewertungsmaßstäbe vorgeschlagen und zum Teil empirisch gerechtfertigt worden – z. B. die Minimalisierung der Merkmalsspezifikation (wie sie bei Halle (1959*a*), (1961), (1962*a*), (1964) diskutiert wird) oder das Kriterium, das auf abkürzender Schreibung beruht (Diskussion darüber p. 62 ff.). Diese Kriterien helfen hier nicht weiter, denn sie gelten innerhalb einer spezifischen linguistischen Theorie, und ihre empirische Rechtfertigung beruht gerade auf dieser Tatsache. Um zwischen T_U und T_O wählen zu können, müssen wir einen ganz anderen Weg beschreiten. Wir müssen fragen, ob T_U oder T_O deskriptiv adäquate Grammatiken für natürliche Sprachen liefert oder zu explanativer Adäquatheit führt. Das ist eine durchaus sinnvolle empirische Frage, wenn die betroffenen Theorien sorgfältig genug formuliert sind. Wenn beispielsweise $T_U{}^S$ die übliche Theorie der Konstituenten-Struktur-Grammatik (*PSG*) ist und $T_O{}^S$ die gleiche Theorie ist mit der zusätzlichen Bedingung, daß die Regeln linear geordnet sind und zyklisch angewandt werden, wobei wenigstens eine Regel $A \rightarrow X$ obligatorisch für jede Kategorie *A* angesetzt wird, dann kann man zeigen, daß $T_U{}^S$ und $T_O{}^S$ hinsichtlich ihrer Beschreibungskapazität *(descriptive power)* nicht vergleichbar sind (hinsichtlich ihrer »starken generativen Kapazität« vgl. § 9; Diskussion einiger solcher Systeme findet sich bei Chomsky (1955), Kapitel 6 und 7, und Chomsky (1956)). In der Folge könnten wir fragen, ob natürliche Sprachen tatsächlich unter $T_U{}^S$ fallen, wenn dies nicht-äquivalente und empirisch unterscheidbare Theorien sind. Oder angenommen, $T_U{}^P$ und $T_O{}^P$ seien Theorien der phonologischen Komponente (wobei $T_U{}^P$ die phonologischen Regeln ungeordnet und $T_O{}^P$ sie partiell geordnet enthalten soll), dann ist es leicht, hypothetische »Sprachen« zu erfinden, für die signifikante Generalisierungen durch $T_O{}^P$, aber nicht durch $T_U{}^P$, bzw. umgekehrt, ausgedrückt werden können. Wir können deshalb versuchen herauszufinden, ob es signifikante Generalisierungen gibt, die mit den Mitteln der einen, aber nicht der anderen Theorie im Falle empirisch gegebener Sprachen ausdrückbar sind. Prinzipiell sind beide Resultate möglich; es ist dies eine reine Faktenfrage, die mit den Eigenschaften natürlicher Sprachen zusammenhängt. Wir werden später sehen, daß $T_O{}^S$ recht gut motiviert ist als Theorie über die Basis, und daß starke Argumente angeführt werden können, um zu zeigen, daß $T_O{}^P$ als Theorie phonologischer Prozesse richtig und $T_U{}^P$ falsch ist (vgl. Chomsky (1951), (1964); Halle (1959*a*), (1959*b*), (1962*a*), (1964)). In beiden Fällen dreht sich die Argumentation um die faktische Frage, ob linguistisch signifikante Generalisierungen mit den Mitteln der einen oder der anderen Theorie ausdrückbar sind. Sie beruht nicht auf irgendeinem vorausgesetzten absoluten Sinn von »Einfachheit«, der T_U und T_O relativ zueinander abstufen könnte. Das Unvermögen, diese Tatsache richtig einzuschätzen, hat zu vielen leeren und unergiebigen Diskussionen geführt.

Verwirrung kann auch durch die Tatsache hereingetragen werden, daß es mehrere verschiedene Weisen gibt, in der man von »Rechtfertigung« einer Grammatik sprechen kann, wie auf den Seiten 41 bis 43 vermerkt wurde. Um den wichtigsten Punkt zu wiederholen: Einerseits kann eine Grammatik aus äußeren Gründen der deskriptiven Adäquatheit gerechtfertigt werden – wir können fragen, ob sie die linguistischen Fakten korrekt abbildet, ob sie korrekt prädiziert, wie der idealisierte Sprecher beliebige Sätze verstehen würde, und ob sie eine korrekte Erklärung für die Grundlage dieser Fähigkeit liefert; andererseits kann eine Grammatik aus inneren Gründen gerechtfertigt werden, falls bei gegebener explanativer linguistischer Theorie gezeigt werden kann, daß diese Grammatik die am höchsten bewertete Grammatik ist, die in der Theorie erlaubt ist und die den gegebenen primären sprachlichen Daten gerecht wird. Im letzteren Falle wird eine auf theoretischen Prinzipien beruhende Basis für die Konstruktion dieser Grammatik geliefert, sie ist deshalb aus weitaus profunderen empirischen Gründen gerechtfertigt. Natürlich sind *beide* Arten der Rechtfertigung notwendig; es ist jedoch wichtig, sie nicht zu verwechseln. Im Falle einer linguistischen Theorie, die bloß deskriptiv ist, steht uns nur die eine Art der Rechtfertigung zur Verfügung – wir können zeigen, daß sie Grammatiken zuläßt, die die äußeren Bedingungen der Beschreibungsadäquatheit erfüllen.[24] Nur wenn alle Bedingungen (i)–(v) aus (12)–(14) erfüllt werden, kann die tiefer gehende Frage nach der inneren Rechtfertigung gestellt werden.

Es ist auch offensichtlich, daß die Diskussion darüber, ob ein Bewertungsmaßstab »notwendiger« Bestandteil einer linguistischen Theorie ist oder nicht, ganz unwesentlich ist (vgl. jedoch pp. 53–55). Wenn sich ein Linguist damit zufriedengibt, in der einen oder anderen Weise Beschreibungen zu formulieren mit wenig Rücksicht auf Rechtfertigung, und wenn er nicht beabsichtigt, vom Studium der Fakten einer Einzelsprache zur Erforschung der charakteristischen Merkmale natürlicher Sprachen als solcher zu gelangen, dann brauchen ihn die Konstruktion einer Bewertungsprozedur und die damit verbundenen Bezüge zur explanativen Adäquatheit nicht zu berühren. Wenn, wie in diesem Falle, das Interesse an der Rechtfertigung aufgegeben worden ist, haben weder Evidenzen noch Argumente irgendeinen Wert für das, was der Linguist als linguistische Beschreibung anbietet (jenseits minimaler Forderungen an die Konsistenz). Falls er hingegen für seine Sprachbeschreibung deskriptive Adäquatheit anstreben will, muß er sich wohl oder übel mit dem Problem befassen, eine explanative Theorie über die Form der Grammatik zu entwickeln, weil gerade dies eines der wichtigsten Instrumente zur Erzielung deskriptiv adäquater Grammatiken in jedem einzelnen Falle ist. Mit anderen Worten: Die Auswahl einer Grammatik für eine Einzelsprache *L* wird durch die aus *L* gewonnenen Daten allein immer unzureichend determiniert sein. Mehr noch, andere relevante Daten (nämlich ordentlich funktionierende Grammatiken anderer Sprachen oder aufschlußreiche Fragmente für andere Teilmengen aus *L*) werden dem Linguisten erst verfügbar sein, wenn er eine explanative Theorie besitzt. Solch eine Theorie beschränkt die Auswahl einer Grammatik zugleich auf zwei Wegen, indem sie einmal formale Bedingungen an die Grammatik stellt und zum anderen eine Bewertungsprozedur liefert, die auf die Sprache *L*, mit der sich der Linguist befaßt, angewandt werden soll. Sowohl die formalen Bedingungen als auch die Bewertungsprozedur können empirisch gerechtfertigt werden durch ihren Erfolg in anderen Fällen. Somit muß jede weitreichende Bemühung um deskriptive Adäquatheit zu dem Versuch führen, eine explanative Theorie zu entwickeln, die diese Doppelfunktion erfüllt, und Ambitionen in bezug auf Erklärungsadäquatheit erfordern ganz sicher das Studium von Bewertungsprozeduren.

Das Hauptproblem bei der Ausarbeitung eines Bewertungsmaßstabes für Grammatiken besteht darin, herauszufinden, welche Generalisierungen über eine Sprache wirklich signifikant sind; ein Bewertungskriterium muß so gewählt werden, daß gerade diese davon erfaßt sind. Wir haben dann eine Generalisierung, wenn eine Menge von Regeln für verschiedene Einzelfakten durch eine einzige Regel (oder, allgemeiner, durch partiell identische Regeln), die die gesamte Menge erfaßt, ersetzt werden kann, oder wenn gezeigt werden kann, daß eine »natürliche Klasse« von Einzelfakten einen bestimmten Prozeß oder eine Menge ähnlicher Prozesse durchläuft. Somit konstituiert die Auswahl eines Bewertungskriteriums eine Entscheidung darüber, was »ähnliche Prozesse« und »natürliche Klassen« – kurzum, was signifikante Generalisierungen sind. Das Problem heißt folglich, daß eine Prozedur gefunden werden muß, die einer Grammatik eine Bewertungskennziffer gemäß dem Grad der linguistisch signifikanten Generalisierungen, die in dieser Grammatik erreicht werden, zuschreibt. Ein augenscheinlich numerisches Maß, das auf eine Grammatik anzuwenden ist, ist ihre Länge – ausgedrückt durch die Zahl der verwendeten Symbole. Wenn dies jedoch ein sinnvoller Maßstab sein soll, dann müssen Notationen ausgearbeitet werden, und die Form von Regeln muß dergestalt eingeschränkt werden, daß signifikante Betrachtungen über Komplexität und Generalität konvertierbar sind in Betrachtungen über die Länge, so daß echte Generalisierungen die Grammatik verkürzen und unechte dies nicht tun. Somit sind es die bei der Darstellung einer Grammatik benutzten Notationskonventionen, die den Begriff »signifikante Generalisierungen« definieren, falls die Länge der Grammatik als Maßstab genommen wird.

Tatsächlich ist dies der rationale Hintergrund für die Konventionen über den Gebrauch von runden und eckigen Klammern usw., wie sie in expliziten (d. h. generativen) Grammatiken verwendet worden sind. Eingehende Diskussion darüber findet sich in Chomsky (1951), (1955); Postal (1962*a*) und Matthews (1964). Um nur ein Beispiel anzugeben: Nehmen wir die Analyse des verbalen Auxiliarkomplexes im Englischen.

Dieser Komplex muß – den sprachlichen Fakten gemäß – Angaben über Tempus enthalten (was als *Past* oder *Present* realisiert werden kann), weiterhin fakultativ ein Modalelement sowie *Perfect* und/oder *Progressive*, wobei die Elemente in der gegebenen Reihenfolge erscheinen müssen. Unter Verwendung der üblichen Notationskonventionen können wir diese Regeln in der folgenden Form aufschreiben (wobei einige unwichtige Details ausgelassen werden):

(15) Aux → Tense (Modal) *(Perfect) (Progressive)*

Regel (15) ist eine Abbreviatur für acht verschiedene Regeln, die den Komplex Aux in seine acht möglichen Formen zerlegen. Voll ausgeschrieben würden diese Regeln zwanzig Symbole erfordern, wohingegen (15) nur vier erfordert (Aux in beiden Fällen nicht eingerechnet). Die Schreibung mit runden Klammern hat in diesem Falle den folgenden Sinn: Die Konvention legt die Differenz zwischen vier und zwanzig Symbolen als Maßstab für den Grad an linguistisch signifikanter Generalisierung nahe, der für den Auxiliarkomplex in einer Sprache mit den Formen der Liste (16) erreicht wurde, im Vergleich zu einer Sprache, deren Formen für die Repräsentation dieser Kategorie in (17) aufgezählt werden:

(16) Tense, Tense⌒Modal, Tense⌒*Perfect*, Tense⌒*Progressive*, Tense⌒Modal⌒*Perfect*, Tense⌒Modal⌒*Progressive*, Tense⌒*Perfect*⌒*Progressive*, Tense⌒Modal⌒*Perfect*⌒*Progressive*

(17) Tense⌒Modal⌒*Perfect*⌒*Progressive*, Modal⌒*Perfect*⌒*Progresslve*⌒Tense, *Perfect*⌒*Progressive*⌒Tense⌒Modal, *Progressive*⌒Tense⌒Modal⌒*Perfect*, Tense⌒*Perfect*, Modal⌒*Progressive*

In den beiden Listen (16) und (17) werden jeweils zwanzig Symbole verwendet. (16) kann durch die Notationskonvention auf die Regel (15) reduziert werden, (17) aber kann durch diese Konvention nicht abgekürzt werden. Daher läßt sich die Übernahme dieser Schreibkonvention mit runden Klammern zu der

Hypothese ausbauen, daß es eine linguistisch signifikante Generalisierung gibt, die den Strukturen von (16), nicht aber denen von (17) zugrunde liegt; zu der empirischen Hypothese nämlich, daß Regularitäten des in (16) exemplifizierten Typs zu denen gehören, die in natürlichen Sprachen auftreten, und daß sie somit auch zu der Sorte von Regularitäten gehören, die von einem Kind, das eine Sprache erlernt, erwartet wird; hingegen sind zyklische Regularitäten wie die in (17), obwohl sie abstrakt völlig korrekt sind, nicht charakteristisch für natürliche Sprachen und somit nicht von der Art, wie sie von einem Kind intuitiv aus dem sprachlichen Material eruiert werden. Sie sind auch für den Spracherlernenden weitaus schwieriger auf der Basis verstreuter Daten zu konstruieren oder zu benutzen. Was damit behauptet wird, ist folglich: Wenn einzelne Beispiele aus (16) gegeben sind, dann wird der Lernende die Regel (15) konstruieren, die die gesamte Menge der möglichen Strukturen mit ihren semantischen Interpretationen generiert. Wenn dagegen vereinzelte Beispiele gegeben sind, die unter einer zyklischen Regel subsumiert werden könnten, so wird der Lernende diese »Generalisierung« nicht in seine interne Grammatik aufnehmen. Er wird beispielsweise aus der Existenz von *»Yesterday arrived John«* und *»John arrived yesterday« nicht* schließen, daß es noch eine dritte Form *»arrived yesterday John«* gibt; oder aus dem Vorkommen von *»is John here«* und *»here is John«* wird er nicht auf die Existenz einer Form *»John here is«*, usw. schließen. Man könnte leicht eine andere Notationskonvention vorschlagen, die die Liste in (17) zu einer kürzeren Regel umformen würde als die Liste in (16). Damit würde man aber eine andere empirische Annahme über das machen, was eine linguistisch signifikante Generalisierung konstituiert. Es besteht kein apriorischer Grund für die Bevorzugung der üblichen Konvention; nur, daß sie einfach eine faktische Behauptung einschließt über die Strukturiertheit natürlicher Sprachen und über die Prädisposition eines sprachelernenden Kindes, nach bestimmten Typen von Regularitäten in einer natürlichen Sprache zu suchen.

Die illustrativen Beispiele des vorangegangenen Abschnittes müssen mit einiger Vorsicht betrachtet werden. Erst die gesamte Menge der Notationskonventionen ergibt eine Bewertungsprozedur im oben skizzierten Sinne. Der faktische Inhalt einer explanativen Theorie liegt in ihrem Anspruch, daß die am höchsten bewertete Grammatik der zulässigen Form auf der Grundlage gegebener Daten ausgewählt wird. Beschreibungen einzelner Subsysteme der Grammatik müssen also im Hinblick auf ihren Effekt auf das gesamte Regelsystem bewertet werden. In welchem Maße einzelne Teile der Grammatik unabhängig von anderen ausgewählt werden können, das ist eine empirische Frage, über die wir gegenwärtig noch recht wenig wissen. Obwohl Alternativen klar formuliert werden können, sind weit profundere Studien zu Einzelsprachen, als sie bisher vorliegen, nötig, um die Fragen entscheiden zu können, die unmittelbar auftauchen, sobald man dieses äußerst wichtige Gebiet der Bewertungsmaßstäbe in Angriff nimmt. Der einzige Versuch, ein ziemlich umfassendes und komplexes Subsystem einer Grammatik zu bewerten, findet sich meines Wissens in Chomsky (1951), aber selbst hierbei wurde nur gezeigt, daß der Wert eines Systems ein »Örtliches Maximum« (*»local maximum«*) darstellt, in dem Sinne, daß der Austausch benachbarter Regeln den Wert herabsetzt. Die Auswirkung von Modifizierungen in größerem Ausmaße ist bislang unerforscht. Bestimmte Aspekte der generellen Fragestellung werden im Hinblick auf lexikalische und phonologische Strukturen in Halle und Chomsky (1968) diskutiert.

Ein Spezialfall dieses generellen Zugangs zur Bewertung von Grammatiken, der besonders überzeugend ausgearbeitet worden ist, ist die Bedingung der Minimalisierung der Spezifikation der distinktiven Merkmale in der phonologischen Komponente der Grammatik. Man kann sehr plausibel argumentieren, diese Konvention liefere eine Definition der Begriffe »natürliche Klasse« und »signifikante Generalisierung«, auf die man sich in deskriptivistischen und komparativ-historischen Untersuchungen seit je intuitiv gestützt hat, und die die intuitiv gegebene Unterscheidung zwischen »phonologisch möglichen Formen« und »phonologisch unmöglichen« Nonsense-Formen determinieren. Diskussion darüber bei Halle (1959*a*), (1959*b*), (1961), (1962*a*), (1964) und Halle und Chomsky (1968). Es ist wichtig zu beachten, daß die Effektivität dieses einzelnen Bewertungsmaßes vollständig von einer starken Annahme über die Form einer Grammatik abhängt, der Annahme nämlich, daß ausschließlich eine Notation in Gestalt von Merkmalen zugelassen ist. Wenn zusätzlich zur Merkmal-Notation eine phonemische Schreibung zugelassen wird, führt das Bewertungskriterium zu absurden Konsequenzen, wie Halle gezeigt hat.

Es ist somit klar erwiesen, daß die Wahl bestimmter Notationen und anderer Konventionen keineswegs eine arbiträre oder »bloß technische« Angelegenheit ist, wenn die Länge einer Grammatik als Bewertungsmaßstab verwendet werden soll. Es ist dies vielmehr eine Entscheidung mit unmittelbaren und eventuell sehr drastischen empirischen Konsequenzen. Sobald einzelne Notationsvorschriften in eine linguistische Theorie der diskutierten Art aufgenommen werden, wird implicite ein bestimmter empirischer Anspruch erhoben, der sich auf die Strukturiertheit natürlicher Sprachen bezieht. Es wird impliziert, daß eine Person, die eine Sprache erlernt, versuchen wird, Generalisierungen zu formulieren, die leicht (d. h. mit wenigen Symbolen) mit Hilfe der in dieser Theorie verfügbaren Notation ausgedrückt werden können, und weiter, daß der Lernende solche Grammatiken, die diese Generalisierungen enthalten, mit Vorzug auswählen wird gegenüber anderen Grammatiken, die zwar die gegebenen sprachlichen Daten auch erfassen, jedoch andere Arten von Generalisierungen, d. h. andere Konzepte von »natürliche Klasse« usw. haben. Dies mögen sehr starke Annahmen sein, die auch keineswegs aus irgendwelchen apriorischen Gründen notwendig wahr sein müssen.

Um jegliche schleichende Konfusion in dieser Sache zu verhüten, will ich noch einmal wiederholen, daß die vorliegende Erörterung über die Spracherlernung durch Formulierung von

Regeln, Hypothesen usw. *nicht* auf deren bewußte Formulierung und Äußerung referiert, sondern daß sie sich auf den Prozeß der Ausbildung der internen Repräsentation eines generativen Systems bezieht, das mit diesen Mitteln angemessen beschrieben werden kann.

Kurzum: Es ist klar, daß keine der gegenwärtigen Sprach-Theorien hoffen darf, jenseits sehr enger Grenzen explanative Adäquatheit zu erreichen. Anders gesagt, wir sind weit davon entfernt, ein System formaler und substantieller Universalien zu präsentieren, das reichhaltig und detailliert genug wäre, um den Fakten der Spracherlernung gerecht zu werden. Um die Sprach-Theorie in Richtung auf Erklärungsadäquatheit voranzutreiben, können wir versuchen, die Bewertungsprozeduren für Grammatiken zu verfeinern oder die formalen Beschränkungen für Grammatiken zu straffen, so daß es schwieriger wird, eine hoch bewertete Hypothese zu finden, die sich mit den primären sprachlichen Daten verträgt. Es kann keinen Zweifel darüber geben, daß die derzeitigen Grammatik-Theorien Modifikationen in beiden Hinsichten erfordern, wobei die letztere im allgemeinen mehr zu versprechen scheint. Das entscheidende Problem für die Sprach-Theorie ist somit das: Es gilt, aus deskriptiv adäquaten Einzelgrammatiken Feststellungen und Generalisierungen zu abstrahieren und sie, wo immer das möglich ist, in die allgemeine Theorie der Sprachstruktur aufzunehmen, diese Theorie somit zu bereichern und das Schema für grammatische Beschreibungen weiter zu strukturieren. Wann immer solches geschieht, wird eine Behauptung über eine Einzelsprache ersetzt durch eine entsprechende Hypothese über Sprache im allgemeinen, aus der die erste Behauptung folgt. Falls diese Formulierung einer profunden Hypothese inkorrekt ist, kommt dies ans Licht, sobald ihre Auswirkung auf die Beschreibung anderer Aspekte der gegebenen Sprache oder die Beschreibung anderer Sprachen ermittelt worden ist. Kurz gesagt, ich gebe die leicht einsehbare Empfehlung, daß, wo immer möglich, allgemeine Annahmen über die Natur der Sprache formuliert werden sollten, so daß aus ihnen partikuläre

Merkmale von einzelsprachlichen Grammatiken deduziert werden können. Auf diese Weise kann sich die Sprach-Theorie auf die Erklärungsadäquatheit zu bewegen und zum Studium der mentalen Prozesse und intellektuellen Fähigkeiten des Menschen beitragen – genauer gesagt, zur Bestimmung derjenigen Fähigkeiten, die die Spracherlernung unter den empirisch gesetzten Beschränkungen an Zeit und Datenmaterial ermöglichen.

§ 8. Sprach-Theorie und Spracherlernung

In der bisherigen Diskussion haben wir gewisse Probleme der Sprach-Theorie als Fragen formuliert, die bei der Konstruktion eines hypothetischen Spracherlernungsmechanismus entstehen. Das ist sicherlich ein günstiger Rahmen für die Einordnung dieser Probleme. Wir können uns dann vorstellen, daß dem Sprachtheoretiker Kollektionen primärer sprachlicher Daten gegeben sind, die empirisch gepaart sind mit Grammatiken, die von einem solchen Mechanismus aufgrund dieser Daten konstruiert werden. Sowohl über die primären Daten, die die Eingabe eines solchen Modells bilden, wie über die Grammatik, die seine »Ausgabe« ist, läßt sich auf diese Weise viel herausfinden: Der Sprachtheoretiker hat die Aufgabe, die inneren Eigenschaften eines Mechanismus zu bestimmen, der die fragliche Eingabe-Ausgabe-Beziehung vermitteln kann.

Es dürfte interessant sein, diese Diskussion nun in einem noch allgemeineren überlieferten Zusammenhang zu sehen. Historisch lassen sich nämlich generell zwei Wege unterscheiden, auf denen das Problem des Kenntniserwerbs, zu dem das der Spracherlernung als ein besonders informativer Spezialfall gehört, untersucht worden ist. Der empiristische Zugang gründet sich auf die Annahme, daß die Struktur des Lernmechanismus beschränkt ist auf gewisse elementare »periphere Verarbeitungsmechanismen (»*peripheral processing mechanisms*«) – in neueren Versionen zum Beispiel auf einen angeborenen »Eigenschaftsraum« (»*quality space*«) mit einem darin definierten angeborenen »Abstand« (*»distance«*) (Quine (1960) p. 83f.)[25], eine Menge einfacher unbedingter Reflexe (Hull (1943)), oder im Fall der Sprache die Menge aller »auditiv unterscheidbaren Komponenten« (*»aurally distinguishable components«*) aus dem Gesamtbereich der »auditiven Eindrücke« (Bloch (1950)). Außerdem wird angenommen, daß es gewisse analytische Datenverarbeitungsmechanismen oder Induktionsprinzipien einer sehr elementaren Art gibt, zum Beispiel bestimmte Assoziationsprinzipien, schwache »Generalisierungsprinzipien«, unter anderem die Graduierung entsprechend den Dimensionen des gegebenen Eigenschaftsraums, oder, in unserem Fall, taxonomische Prinzipien der Segmentierung und Klassifikation, wie sie mit erheblicher Sorgfalt in der modernen Linguistik in Anlehnung an Saussure, der den fundamentalen Charakter solcher Prinzipien nachdrücklich betonte, entwickelt worden sind. Es wird nun angenommen, daß die peripheren Verarbeitungsmechanismen eine vorläufige Analyse der Erfahrungsdaten vornehmen, und daß Konzepte und Kenntnisse, die darüber hinausgehen, erworben werden durch Anwendung der verfügbaren Induktionsprinzipien auf diese voranalysierte Erfahrung.[26] Solche Auffassungen können in der einen oder anderen Weise als empirische Hypothesen über den Charakter der Psyche formuliert werden.

Eine ganz andere Auffassung vom Problem des Kenntniserwerbs war charakteristisch für die rationalistischen Überlegungen über mentale Prozesse. Die rationalistische Auffassung nimmt über die peripheren Verarbeitungsmechanismen[27] hinaus die Existenz angeborener Ideen und Prinzipien verschiedener Art an, die die Form der erworbenen Kenntnis auf weitgehend festgelegte und hochorganisierte Weise determinieren. Eine Bedingung dafür, daß angeborene Mechanismen aktiviert werden, ist das Auftreten geeigneter Stimuli. So gehen für Descartes (1647) die angeborenen Ideen nicht aus äußeren Objekten hervor, sondern vielmehr aus der Denkfähigkeit:

»... natürlich gelangt von äußeren Objekten nichts durch die Sinnesorgane in unser Bewußtsein außer gewissen Körperbewegungen,

... aber selbst diese Bewegungen sind die aus ihnen hervorgehenden Figuren werden von uns so aufgefaßt, wie sie in den Sinnesorganen entstehen ... Daraus folgt, daß uns die Ideen dieser Bewegungen und Figuren angeboren sind. Und um so mehr müssen die Ideen von Schmerz, Farben, Lauten und ähnlichem angeboren sein, so daß unser Bewußtsein sie sich gelegentlich bestimmter Körperbewegungen vergegenwärtigen kann; denn sie haben keinerlei Ähnlichkeit mit den Körperbewegungen.« (Descartes, Notae in programma quoddam, p. 359 B)*

Ebenso sind auch Vorstellungen wie die, daß Dinge, die demselben Ding gleichen, untereinander gleich sind, angeboren, da sie nicht als notwendige Prinzipien aus »Einzelbewegungen« hervorgehen können. Und generell

»... vermittelt der Gesichtssinn für sich genommen nichts als Bilder, das Gehör nur Stimmen oder Laute, so daß alle die Dinge, die wir außer diesen Stimmen oder Bildern als durch sie symbolisiert denken, sich uns darstellen durch Ideen, die keinen anderen Ursprung haben können als unsere Denkfähigkeit und uns daher mit jener angeboren sind, das heißt, uns als Möglichkeit immer schon innewohnen: denn als irgendeine Fähigkeit zu existieren heißt nicht aktual existieren, sondern nur als Möglichkeit, da der Terminus ›Fähigkeit‹ nichts anderes als Möglichkeit bezeichnet ...« (op. cit. p. 360 B) »Ideen sind demnach angeboren in dem Sinn, in dem manchen Familien Großzügigkeit angeboren ist, anderen wiederum bestimmte Krankheiten wie Gicht oder Nierensteine: nicht weil deswegen die Kinder solcher Familien bereits im Mutterleib an diesen Krankheiten leiden, sondern weil sie mit einer bestimmten Disposition oder Bereitschaft, sich diese zuzuziehen, geboren werden.« (p. 358 B)*

Schon vorher hatte Lord Herbert von Cherbourg (1624) behauptet, daß angeborene Ideen und Prinzipien »latent bleiben, wenn die ihnen entsprechenden Objekte nicht präsent sind und sogar verschwinden und kein Zeichen von ihrer Existenz geben«; sie »müssen aufgefaßt werden nicht so sehr als das Ergebnis der Erfahrung denn als Prinzipien, ohne die wir überhaupt keine Erfahrung hätten ...« (p. 132). Ohne diese Prinzipien »würden wir weder Erfahrungen machen noch zu Beobachtungen in der Lage sein«; »wir würden niemals dazu kom-

* Original-Zitate im Anhang – Anm. d. Übers.

men, zwischen Dingen zu unterscheiden oder irgendwelche allgemeinen Wesenszüge zu erfassen ...« (p. 105). Diese Vorstellungen sind in der rationalistischen Philosophie des siebzehnten Jahrhunderts in aller Breite entwickelt worden. Cudworth (1731) – um nur ein Beispiel zu erwähnen – begründet ausführlich seine Ansicht, daß es

»viele Gedanken gibt, deren Auftreten zwar oft ausgelöst wird durch die Bewegung oder das Andringen wahrnehmbarer Objekte von außen auf unsere Körper; die Gedanken selbst aber könnten der Seele durch sie keineswegs eingeprägt oder aufgestempelt werden, weil die Sinne überhaupt nicht irgendwelche Dinge dieser Art in den körperlichen Objekten erkennen, und deshalb müssen sie notwendig aus der angeborenen Kraft und Aktivität des Geistes selbst entstehen ...« (Buch IV).

Selbst bei Locke findet sich im wesentlichen die gleiche Konzeption, wie Leibniz und viele spätere Kommentatoren festgestellt haben.

In der *Logik* von Port-Royal (Arnauld et al. (1662)) ist der gleiche Gesichtspunkt folgendermaßen ausgedrückt:

»Es ist deshalb falsch, daß alle unsere Ideen durch die Sinne begründet sind. Im Gegenteil, es kann behauptet werden, daß keine Idee, die wir im Geiste haben, ihren Ursprung in den Sinnen hat, mit Ausnahme solcher Bewegungen, die im Gehirn durch die Sinne ausgelöst werden, insofern als der Impuls aus den Sinnen den Geist veranlaßt, andere Ideen zu formen, die er sonst nicht geformt hätte, obgleich diese Ideen kaum irgendeine Ähnlichkeit mit dem haben, was in den Sinnen oder im Gehirn vor sich geht; und es gibt wenigstens eine sehr große Anzahl von Ideen, die, da sie keinerlei Beziehung zu irgendeiner körperlichen Vorstellung haben, keinesfalls auf die Sinne bezogen werden können – ohne offensichtliche Absurdität ...« (Arnauld und Nicole (1662), Kap. 1).

Im gleichen Sinn lehnt Leibniz es ab, eine scharfe Unterscheidung zwischen Angeborenem und Gelerntem zu machen:

»... ich stimme damit überein, daß wir die eingeborenen Ideen und Wahrheiten erlernen, sei es, indem wir auf ihre Quelle achten, sei es, indem wir sie durch Erfahrung als wahr erkennen. ... Und ich kann jenen Satz nicht zugeben, ›*alles, was wir lernen, ist nicht eingeboren*‹. Die Wahrheiten der Zahlen sind in uns, und man muß sie trotzdem erlernen[28], sei es, daß man sie aus ihrer Quelle ableitet, indem man sie durch demonstrativen Beweis erwirbt (was uns zeigt, daß sie eingeboren sind), sei es, daß man sie durch Beispiele beweist, wie es die gewöhnlichen Arithmetiker tun ...« (Neue Abhandlungen, ..., p. 43).*

»In diesem Sinne darf man sagen, daß die ganze Arithmetik und die ganze Geometrie eingeboren und auf virtuelle Weise in uns sind, derart, daß man sie ... dort finden kann, wenn man aufmerksam nachdenkt und das ordnet, was man schon im Geiste hat ...« (p. 23) »Es gilt generell, ... daß wir noch unendlich viele Erkenntnisse haben, deren wir uns nicht immer bewußt sind, selbst dann nicht, wenn wir sie brauchen.« (p. 21)

»Die Sinne sind zwar für alle unsere wirklichen Erkenntnisse notwendig, aber doch nicht hinreichend, um uns diese Erkenntnisse ganz zu geben, weil sie stets nur Beispiele, d. h. besondere oder individuelle Wahrheiten geben. Nun genügen aber alle Beispiele, die eine allgemeine Wahrheit bestätigen, mögen sie auch noch so zahlreich sein, nicht, um die allgemeine Notwendigkeit eben dieser Wahrheit festzustellen ...« (p. XI).

»Daraus erhellt, daß die notwendigen Wahrheiten ... Prinzipien besitzen müssen, deren Beweis nicht von den Beispielen und folglich auch nicht vom Zeugnis der Sinne abhängt, obgleich man ohne Sinne niemals darauf gekommen wäre, an diese Wahrheiten zu denken. ... Allerdings darf man sich nicht einbilden, daß man diese ewigen Vernunftsgesetze in der Seele wie in einem offenen Buch lesen könne, ... aber es reicht hin, daß wir sie mittels aufmerksamer Betrachtung in uns entdecken können. Die Sinne bieten hierzu die Gelegenheit dar, und der Erfolg der Erfahrungen dient der Vernunft zur weiteren Bestätigung, ...« (p. XIII).

»Die eingeborenen allgemeinen Prinzipien ... gehen in unser Denken ein, dessen Seele und Zusammenhang sie ausmachen. Sie sind dazu notwendig, wie die Muskeln und Sehnen zum Gehen notwendig sind, wenn man auch nicht daran denkt. Der Geist stützt sich in jedem Augenblick auf diese Prinzipien, aber er kommt nicht so leicht dazu, sie deutlich und gesondert darzustellen, weil das eine große Aufmerksamkeit darauf erfordert, was man tut, welche die meisten wenig ans Nachdenken gewöhnten Menschen schwerlich besitzen ... So besitzt man viele Dinge, ohne es zu wissen ... so besitzen die Chinesen zum Beispiel artikulierte Laute und damit die Basis für eine alphabetische Schrift, obwohl sie keine solche ausgebildet haben.« (p. 39).

* Wir zitieren hier nach der von Wolf von Engelhardt und Hans Heinz Holz edierten und übersetzten Ausgabe des Insel-Verlages, Frankfurt (Main) 1961. Die Original-Zitate finden sich im Anhang – Anm. d. Übers.

Es muß übrigens angemerkt werden, daß in all diesen klassischen Diskussionen über das Wechselspiel zwischen den Sinnen und der Psyche bei der Bildung von Ideen kein scharfer Unterschied zwischen Perzeption und Aneignung gemacht wird, obwohl kein Widerspruch in der Annahme ist, daß latente psychische Strukturen, die einmal »aktiviert« sind, für die Interpretation von Sinnesdaten auf eine Art zur Verfügung stehen, in der das zuvor nicht der Fall war.

Humboldt (1836) hat diese rationalistische Auffassung auf den speziellen Fall der Spracherlernung angewandt und daraus geschlossen, daß man Sprache nicht wirklich lehren, sondern nur die Bedingungen schaffen kann, unter denen sie sich in der Psyche auf ihre eigene Weise spontan entwickelt. Das heißt, die *Form einer Sprache*, das Schema für ihre Grammatik, ist zu einem sehr großen Teil vorgegeben, obwohl es nicht verfügbar ist für den Gebrauch ohne geeignete Erfahrung, die den Prozeß der Sprachformung in Gang setzt. Er wiederholt wie Leibniz die platonistische Auffassung, daß für das Individuum Lernen weitgehend eine Sache der *Wiedererzeugung* ist, also der Ausprägung dessen, was der Psyche schon eingeboren ist.[29]

Diese Auffassung steht schroff der empiristischen Vorstellung (der vorherrschenden modernen Auffassung) gegenüber, daß die Sprache eine zufällige Konstruktion ist, die gelernt wird durch »Konditionierung« (wie zum Beispiel Skinner oder Quine es behaupten würden) oder durch Drill und explizite Erklärung (wie Wittgenstein angenommen hat) oder durch elementare »Datenverarbeitungsprozeduren« (wie die moderne Linguistik im allgemeinen behauptet), die in jedem Fall aber in ihrer Struktur relativ unabhängig ist von allen angeborenen psychischen Fähigkeiten.

Die empiristische Spekulation hat, kurz gesagt, lediglich die Prozeduren und Mechanismen für die Aneignung von Kenntnissen als angeborene psychische Eigenschaft angesehen. So ist für Hume die Methode der »experimentellen Überlegung« ein Grundinstinkt bei Mensch und Tier, auf einer Stufe mit dem Instinkt, »der einen Vogel mit großer Exaktheit die Kunst des

Nestbaus und die gesamte Ökonomie und Reihenfolge der Brutpflege lehrt« – er kommt »unmittelbar aus der Hand der Natur« (Hume (1748), § IX). In jeder anderen Hinsicht jedoch ist die Form der Kenntnisse vollständig frei. Dagegen hat die rationalistische Spekulation angenommen, daß die generelle Form eines Systems von Kenntnissen im vorhinein als psychische Disposition festliegt, und daß die Erfahrung nur die Funktion hat, diese allgemeine, schematische Struktur zur Realisierung und genaueren Differenzierung zu bringen. Um der erhellenden Analogie von Leibniz zu folgen:

»Daher habe ich lieber den Vergleich mit einem Stück Marmor gebraucht, das Adern hat, als den mit einem ganz einheitlichen Marmorstück oder einer leeren Tafel, die man bei den Philosophen *tabula rasa* nennt. Denn wenn die Seele dieser leeren Tafel gliche, so würden die Wahrheiten in uns enthalten sein, wie die Figur des Herkules im Marmor, wenn dieses Stück Marmor vollständig gleichgültig dagegen ist, ob es diese oder irgendeine andere Gestalt erhält. Gäbe es aber in dem Stein Adern, welche die Gestalt des Herkules eher als irgendeine andere Gestalt anzeigten, so würde dieser Stein dazu mehr angelegt sein, und Herkules wäre ihm in gewissem Sinne wie eingeboren, wenn auch Arbeit nötig wäre, um diese Adern zu entdecken, und sie durch Politur zu säubern, indem man alles entfernen würde, was sie daran hinderte, deutlich hervorzutreten. In dieser Weise sind uns die Ideen und Wahrheiten eingeboren als Neigungen, Anlagen, Fertigkeiten oder natürliche Kräfte, nicht aber als Tätigkeiten, obgleich diese Kräfte immer von gewissen, oft unmerklichen Tätigkeiten, welche ihnen entsprechen, begleitet sind.« (p. XVII).

Es ist natürlich nicht notwendig, den empiristischen und den rationalistischen Standpunkt für stets scharf unterschieden zu halten und anzunehmen, daß diese Entwicklungen sich nicht überschneiden können. Dennoch ist es historisch gerechtfertigt und heuristisch sinnvoll, diese beiden sehr verschiedenen Auffassungen vom Problem des Kenntniserwerbs auseinanderzuhalten. Einzelne empiristische und rationalistische Ansichten können ganz präzis formuliert und dann als explizite Hypothesen über den Vorgang der Aneignung von Kenntnissen, insbesondere über die angeborene Struktur der Sprachlernfähigkeit, angesehen werden. Tatsächlich wäre es nicht unrichtig, den taxonomischen Datenverarbeitungsstandpunkt der modernen Linguistik als empiristische Auffassung der im wesentlichen rationalistischen Alternative gegenüberzustellen, die in den jüngsten Theorien der Transformationsgrammatik vorgeschlagen worden ist. Die taxonomische Linguistik ist empiristisch in ihrer Annahme, daß die allgemeine Sprach-Theorie lediglich aus einem Vorrat von Prozeduren besteht, die aufgrund eines Corpus von Beobachtungsdaten die Grammatik einer Sprache determinieren, während die Form der Sprache nur insoweit spezifiziert wird, als die Menge dieser Prozeduren Beschränkungen für die möglichen Grammatiken enthält. Wenn wir aber aus der taxonomischen Linguistik einen empirischen Anspruch[30] herauslesen, so muß es der sein, daß die Grammatiken, die sich aus der Anwendung der postulierten Prozeduren auf eine hinreichende Kollektion von Daten ergeben, empirisch adäquat sind, mit anderen Worten, daß die Menge von Prozeduren als eine Hypothese über die angeborene Fähigkeit zur Spracherlernung angesehen werden kann. Im Gegensatz dazu war die Erörterung des Spracherwerbs in den vorangehenden Abschnitten rationalistisch: Verschiedene formale und substantielle Universalien wurden als interne Eigenschaften des Spracherlernungssysteme angenommen. Sie bilden ein Schema, das auf die Daten angewendet wird und in sehr spezieller Weise die allgemeine Form und zum Teil sogar die substantiellen Merkmale der Grammatik bestimmt, die sich auf der Grundlage geeigneter Daten ergeben. Eine generelle Sprach-Theorie der Art, wie sie oben grob umschrieben wurde und wie sie in den folgenden Kapiteln und in anderen Untersuchungen zur Transformationsgrammatik detaillierter entwickelt wird, muß deshalb als entscheidend rationalistisch gefärbte Hypothese über die Natur psychischer Strukturen und Prozesse angesehen werden. Weitere Erörterungen dieses Punktes finden sich in Chomsky (1959*b*), (1962*b*), (1964) und Katz (1966).

Wenn derart kontrastierende Auffassungen klar formuliert werden, kann die – durchaus empirische – Frage gestellt werden, welche (falls überhaupt eine von ihnen) die richtige ist.

Dieses Problem kann nicht a priori entschieden werden. Soweit empiristische und rationalistische Auffassungen so klar formuliert worden sind, daß die Frage ihrer Richtigkeit ernsthaft aufgeworfen werden kann, ist es unmöglich zu behaupten, daß die eine in irgendeinem genauen Sinn »einfacher« im Hinblick auf ihre mögliche materielle Realisierung[31] sei als die andere; aber selbst wenn das auf die eine oder andere Weise gezeigt werden könnte, hätte es keinen Einfluß auf das tatsächliche Problem. Diesem eigentlichen Problem kann man sich auf verschiedene Weise nähern. Wenn wir uns jetzt vor allem auf die Frage des Spracherwerbs beschränken, dann müssen wir uns vor Augen halten, daß jeder konkrete empiristische Vorschlag bestimmte Bedingungen für die Form der Grammatiken festlegt, die aus der Anwendung seiner induktiven Prinzipien auf die primären Daten entstehen können. Man kann deshalb fragen, ob die Grammatiken, die aus diesen Prinzipien hervorgehen, grundsätzlich überhaupt dem nahekommen, was man entdeckt, wenn man reale Sprachen untersucht. Die gleiche Frage kann im Hinblick auf einen konkreten rationalistischen Vorschlag gestellt werden. Dieser Weg hat sich in der Vergangenheit bei der empirischen Überprüfung solcher Hypothesen als nützlich erwiesen.

Wenn die Antwort auf diese Frage der prinzipiellen Adäquatheit positiv ist, können wir in beiden Fällen die Frage der Effektivität aufwerfen: Können die induktiven Prozeduren (im empiristischen Fall) oder die Mechanismen der Herausarbeitung und Verwirklichung angeborener Schemata (im rationalistischen Fall) mit Erfolg Grammatiken produzieren innerhalb der gegebenen Grenzen von Zeit und Zugänglichkeit, und innerhalb des Spielraums der beobachteten Gleichartigkeit des Resultats? Die zweite Frage ist im Zusammenhang mit dem empiristischen Gesichtspunkt kaum jemals ernsthaft gestellt worden (vgl. aber Miller, Galanter, Pribram (1960), p. 145 bis 148, und Miller und Chomsky (1963), p. 430 für eine Reihe von Bemerkungen), da die Untersuchung der ersten Frage ausreichend war, um alles auszuschließen, was an expliziten Vorschlägen von prinzipiell empiristischem Charakter in neueren Erörterungen über Spracherlernung vorgebracht worden ist. Die einzigen Vorschläge, die für eine ernsthafte Untersuchung ausführlich genug sind, wurden innerhalb der taxonomischen Linguistik entwickelt. Nach den vorliegenden Untersuchungen dürfte es keinem vernünftigen Zweifel mehr unterliegen, daß die in der taxonomischen Linguistik studierten Methoden, ganz abgesehen von der Frage der Effektivität, aus inneren Gründen nicht zu den Systemen der Grammatikkenntnis führen können, die für den Sprecher einer Sprache angenommen werden müssen (Chomsky (1956), (1957), (1964); Postal (1962*b*), (1964*a*), (1964*c*); Katz und Postal (1964), § 5.5, und viele andere Publikationen bringen zu diesen Fragen Argumente, die unwiderlegbar zu sein scheinen und im Moment auch nicht bestritten werden). Allgemein scheint es mir daher berechtigt, die empiristischen Theorien des Spracherwerbs für widerlegbar anzusehen, soweit sie klar zum Ausdruck kommen, und daß darüber hinausgehende empiristische Spekulationen völlig leer und uninformativ sind. Auf der anderen Seite hat sich der rationalistische Weg, exemplifiziert in den neueren Arbeiten zur Theorie der Transformationsgrammatik, als recht fruchtbar erwiesen. Er scheint in guter Übereinstimmung mit dem zu stehen, was man über Sprache weiß, er macht zumindest gewisse Hypothesen über die Struktur des Systems der Spracherlernung zugänglich, die prinzipiell adäquat sind, und zwar in hinreichend umschriebener und interessanter Form, so daß das Problem der Effektivität zum erstenmal ernsthaft aufgeworfen werden kann.

Es ist möglich, nach anderen Wegen zur Überprüfung spezieller Hypothesen über einen Mechanismus der Spracherlernung zu suchen. Eine Theorie, die einem solchen Mechanismus gewisse linguistische Universalien zuschreibt als eine Eigenschaft, die unter geeigneten äußeren Bedingungen zu realisieren ist, impliziert, daß nur bestimmte Arten von Symbolsystemen von diesem Mechanismus erworben und als Sprachen benutzt werden können, während andere Systeme außerhalb seiner

Kapazität liegen müssen. Zweifellos lassen sich Systeme erfinden, die die formalen und substantiellen Bedingungen nicht erfüllen, die als vorläufige Universalien wie etwa in Jakobsons Theorie der distinktiven Merkmale oder in der Theorie der Transformationsgrammatik vorgeschlagen worden sind. Grundsätzlich kann man zu ermitteln versuchen, ob konstruierte Systeme, die diese Bedingungen verfehlen, für die Spracherlernung ungewöhnliche Schwierigkeiten bereiten und ob sie außerhalb des Bereichs liegen, auf den das Sprachlernsystem eingestellt ist. Ein konkretes Beispiel ergibt sich aus der Tatsache, daß aufgrund der Theorie der Transformationsgrammatik in Grammatiken nur ganz bestimmte formale Operationen mit Ketten vorkommen können – Operationen, die überdies keinerlei apriorische Rechtfertigung besitzen. Die zugelassenen Operationen können zum Beispiel keineswegs als die »einfachsten« oder »elementarsten« ausgewiesen werden, die sich ausdenken ließen. Vielmehr kommen Operationen, die generell als »elementar« betrachtet werden könnten, gar nicht in grammatischen Transformationen vor, während viele der tatsächlich auftretenden Operationen alles andere als elementar im allgemeinen Sinn sind. Insbesondere sind grammatische Transformationen »struktur-abhängig«, insofern sie Teilketten nur gemäß deren kategorialer Zuordnung manipulieren können. So kann man eine Transformation formulieren, die den Auxiliar-Komplex oder einen Teil von ihm links von einem vorangehenden Nominal-Komplex einfügt, unabhängig von der Länge oder der inneren Komplexität der Ketten, die zu diesen Kategorien gehören. Dagegen ist es unmöglich,

- eine so einfache Operation wie die Umkehrung einer beliebigen Kette (das heißt, die Ersetzung irgendeiner Kette $a_1 \ldots a_n$, in der jedes a_i ein einfaches Symbol ist, durch $a_n \ldots a_1$), oder
- die Vertauschung des $(2n-1)$ten Wortes mit dem $2n$-ten Wort an allen Stellen einer Kette von beliebiger Länge, oder
- die Einfügung eines Symbols in der Mitte einer Kette aus einer geraden Anzahl von Symbolen

als Transformation zu formulieren. Ebenso können viele »struktur-abhängige« Operationen nicht als Transformationen formuliert werden, wenn die Strukturanalysen, durch die Transformationen definiert werden, auf Boolesche (d. h. nur aussagenlogisch verbundene) Bedingungen über die *Analysierbarkeit (analyzability)* beschränkt sind, wie wir später vorschlagen werden. Ausgeschlossen ist damit zum Beispiel eine Operation, die das links außen stehende Anfangsglied einer Kette, die zu einer beliebigen Kategorie gehört, wiederholt (es sei denn, alle Kategorien der Grammatik würden in der Strukturanalyse aufgezählt), oder eine Operation, die ein Symbol wiederholt, das zu ebensoviel links außen wie rechts außen stehenden Kategorien gehört. Wer eine solche Theorie vorschlägt, behauptet demnach, daß, obwohl eine Sprache Fragesätze durch Permutation gewisser Kategorien formen kann (wie das Englische), keine Fragesätze durch Umkehrung der Wortfolge eines Satzes oder durch Vertauschung der gerad- und ungeradzahligen Wörter oder durch Einfügung einer Markierung in die Satzmitte gebildet werden können. Viele andere Prädikationen dieser Art, die alle nicht von vornherein offensichtlich sind, können aus einer expliziten, mit dem Sprachlernmodell innerlich verbundenen Theorie linguistischer Universalien abgeleitet werden. Erste Schritte zur Untersuchung dieses äußerst komplizierten, aber brennenden Problems haben Miller und Stein (1963) und Miller und Norman (1964) getan.

Wenn wir behaupten, daß ein System durch ein Sprachlernmodell, das menschliche Fähigkeiten reflektiert, nicht erlernbar ist, so schließen wir jedoch nicht aus, daß dieses System von einem Menschen auf andere Weise, etwa als Puzzlespiel oder intellektuelle Übung, bewältigt werden kann. Der Mechanismus zur Spracherlernung ist nur eine Komponente des Gesamtsystems intellektueller Strukturen, das bei der Problemlösung und Begriffsbildung ins Spiel kommt. Mit anderen Worten, die *faculté de langage* ist nur eine der psychischen Dispositionen. Man würde jedoch erwarten, daß es einen qualitativen Unterschied gibt in der Art und Weise, in der ein Organismus mit einem funktionalen Sprachlernsystem[32] Systeme, die sprachähnlich sind, und andere, die das nicht sind, aufnimmt und verarbeitet.

Es sollte ein zentrales Problem der experimentellen Psychologie sein, die internen cognitiven Fähigkeiten eines Organismus darzustellen und die Systeme von Haltungen sowie die Art der Verhaltensorganisation zu identifizieren, die ihm leicht zugänglich sind. Die Untersuchungen haben sich jedoch nicht in dieser Richtung entwickelt. Die Lerntheorie hat sich zum größten Teil auf ein marginales Thema konzentriert, nämlich auf das Problem gattungsunabhängiger Regularitäten beim Erwerb von Einheiten eines »Verhaltens-Repertoires« unter experimentell manipulierbaren Bedingungen. Folglich war ihre Aufmerksamkeit auf Aufgaben konzentriert, die äußerlich sind im Hinblick auf die cognitiven Fähigkeiten eines Organismus – auf Aufgaben, die nur auf Umwegen und indirekt und stückweise gelöst werden können. Im Verlauf dieser Arbeiten wurden gelegentlich Informationen über die Wirkung innerer cognitiver Strukturen und innerer Verhaltensorganisation auf das Erlernte gewonnen, sie standen jedoch – außerhalb der Verhaltensforschung – kaum im Zentrum ernsthaften Interesses. Die sporadischen Ausnahmen zu dieser Feststellung (so zum Beispiel die Diskussion über »instinktive Neigung« in Breland und Breland (1961)) sind ebenso vielversprechend wie zahlreiche ethologische Untersuchungen über niedere Organismen. Das allgemeine Problem und seine vielen Verzweigungen bleiben jedoch in einem primitiven Stadium.

Insgesamt ist die Situation bei der Untersuchung der Spracherlernung etwa diese: Wir haben gewisse Einsichten in den Charakter der generativen Grammatiken, die die »Ausgabe« eines Sprachlernmodells bilden müssen. Diese Einsichten zeigen klar, daß taxonomische Auffassungen von der Sprachstruktur unangemessen sind und daß die Kenntnis der grammatischen Struktur nicht entstehen kann durch die Anwendung schrittweiser, induktiver Operationen (Segmentierung, Klassifizierung, Substitutionsprozeduren, Ausfüllen vorgezeichneter

Plätze in gegebenen Rahmen, Assoziation usw.) – wie sie bisher in Linguistik, Psychologie oder Philosophie entwickelt worden sind. Andere empiristische Spekulationen ergeben nichts, was auch nur andeuten könnte, wie die innere Begrenztheit der bisher vorgeschlagenen und entwickelten Methoden zu überwinden wäre. Vor allem sind aus solchen Spekulationen keine Möglichkeiten erwachsen, mit denen man das Grundfaktum des normalen Gebrauchs der Sprache erklären oder wenigstens darstellen könnte, nämlich die Fähigkeit eines Sprechers, ganz spontan neue Sätze hervorzubringen und zu verstehen, die vorher gehörten weder in irgendeinem physikalisch definierten Sinn noch im Sinne irgendwelcher »Rahmen« und Klassen von Elementen ähnlich sind, noch mit früher gehörten durch Konditionierung assoziiert sind, noch aus ihnen ableitbar sind durch irgendeine Art von »Generalisierung«, die in der Psychologie oder Philosophie bekannt wäre. Die Spracherlernung beruht offenbar darauf, daß das Kind das erwirbt, was unter formalem Gesichtspunkt eine tiefe und abstrakte Theorie ist – eine generative Grammatik seiner Sprache – deren Begriffe und Prinzipien zum großen Teil nur entfernt und über lange und komplizierte Ketten unbewußter, quasi schlußfolgernder Schritte mit der Erfahrung verbunden sind. Betrachtet man den Charakter der zu erlernenden Grammatik, den geringen Umfang und die schlechte Beschaffenheit der zugänglichen Erfahrungsdaten, die überraschende Gleichförmigkeit der resultierenden Grammatiken und ihre Unabhängigkeit von Intelligenz, Motivation und emotionaler Verfassung in einem sehr breiten Variationsbereich, so bleibt wenig Hoffnung, daß von der Struktur der Sprache viel erlernt werden könnte durch einen Organismus, der keine Anfangsinformation über ihren allgemeinen Charakter besitzt.

Es ist im Augenblick unmöglich, über die vorgegebene, angeborene Struktur eine Annahme zu formulieren, die reichhaltig genug wäre, um die Tatsache zu erklären, daß Kenntnis der Grammatik aufgrund der Evidenz erlangt werden kann, die dem Lernenden zugänglich ist. Deshalb ist der empiristische Versuch zu zeigen, wie die Annahmen über ein Sprachlernmodell *auf ein begriffliches Minimum zu reduzieren sind*[33], völlig verfehlt. Das tatsächliche Problem ist die Entwicklung einer Hypothese über die Anfangsstruktur, die spezifisch genug ist, um der Spracherlernung Rechnung zu tragen, aber nicht so speziell, daß sie mit der bekannten Verschiedenartigkeit der Sprachen nicht vereinbar ist. Es ist unerheblich und lediglich von historischem Interesse, daß eine solche Hypothese offensichtlich nicht den Vorurteilen über das Lernen entspricht, die sich aus Jahrhunderten empiristischer Indoktrination ergeben. Diese Vorurteile sind nicht nur ganz unplausibel, sie finden auch keine Stütze in den Fakten und sind unvereinbar mit dem wenigen, was bekannt ist über die Art, in der Tiere oder Menschen eine »Theorie der sie umgebenden Welt« konstruieren.

Es ist einzusehen, warum die Auffassung, daß alle Kenntnis durch elementare Operationen wie Assoziation und »Generalisierung« allein den Sinneswahrnehmungen entnommen wird, im 18. Jahrhundert große Anziehungskraft gehabt haben muß im Kontext der Auseinandersetzungen um den wissenschaftlichen Naturalismus. Heute jedoch gibt es keinen Grund mehr, ernsthaft einer Vorstellung anzuhängen, die eine komplexe menschliche Errungenschaft insgesamt einigen Monaten (oder höchstens Jahren) individueller Erfahrung zuschreibt, statt den Jahrmillionen der Evolution oder statt den Prinzipien der Nervenorganisation, die womöglich noch tiefer in physikalischen Gesetzen begründet sind – eine Vorstellung, die darüber hinaus zu dem Schluß führen würde, daß der Mensch anscheinend einzigartig ist unter den Lebewesen durch die Art, in der er sich Kenntnis aneignet. Das ist besonders unplausibel im Hinblick auf die Sprache, also auf einen Aspekt der Welt des Kindes, der eine menschliche Hervorbringung ist und von dem man natürlich erwarten müßte, daß er die dem Menschen innewohnende Fähigkeit in ihrer internen Organisation spiegelt.

Kurzum: Die Struktur der einzelnen Sprachen kann weitgehend bestimmt sein durch Faktoren, die sich bewußter Kontrolle durch das Individuum entziehen und für die die Gesellschaft wenig Wahlfreiheit hat. Auf Grund der besten zur Zeit erreichbaren Information muß man annehmen, daß ein Kind ebensowenig umhin kann, eine bestimmte Art von Transformationsgrammatik zu konstruieren, um mit den Daten, auf die es stößt, fertig zu werden, wie es die Art und Weise dirigieren kann, in der es feste Körper wahrnimmt oder Linien und Winkel erfaßt. Es ist demnach sehr wohl möglich, daß die generellen Merkmale der Sprachstruktur nicht so sehr den Verlauf individueller Erfahrung, sondern vielmehr den allgemeinen Charakter der Fähigkeit, Kenntnisse zu erwerben, spiegeln – also im traditionellen Verständnis die angeborenen Ideen und Prinzipien. Mir scheint, daß die Klärung dieses Problems und die Verdeutlichung seiner vielen Facetten den interessantesten und wichtigsten Grund bilden für die Untersuchung beschreibungsadäquater Grammatiken und darüber hinaus die Formulierung und Rechtfertigung einer generellen Sprach-Theorie, die die Bedingung der Erklärungsadäquatheit erfüllt. Auf diesem Wege kann man hoffen, der traditionellen Ansicht, daß »die Prinzipien der Grammatik einen wichtigen und sehr merkwürdigen Teil der Philosophie über den menschlichen Verstand bilden« (Beattie (1788)), etwas an echter Substanz zu geben.

§ 9. Generative Kapazität und ihre linguistische Relevanz

Es dürfte nützlich sein, eine weitere methodologische Beobachtung in Zusammenhang mit den Themen der letzten Abschnitte festzuhalten. Ist eine deskriptive Theorie der Sprachstruktur[31] gegeben, dann läßt sich deren *schwache generative Kapazität* von ihrer *starken generativen Kapazität* folgendermaßen unterscheiden: Wir wollen sagen, daß das, was eine Grammatik *schwach generiert*, eine Menge von Sätzen ist, und das, was sie *stark generiert*, eine Menge von Struktur-Beschreibungen. (Es sei daran erinnert, daß jede Struktur-Beschreibung eindeutig einen Satz spezifiziert, aber nicht notwendig umgekehrt.) Dabei ist sowohl die schwache wie die starke Generierung durch die Prozedur f aus (12) (iv) = (13) (iv) = (14) (iv) determiniert. Angenommen, die linguistische Theorie T stellt die Klasse $G_1, G_2, \ldots$ von Grammatiken bereit, wobei G_i die Sprache L_i schwach, und das System von Struktur-Beschreibungen Σ_i stark generiert. Dann bildet die Klasse $\{L_1, L_2, \ldots\}$ die *schwache generative Kapazität* von T und die Klasse $\{\Sigma_1, \Sigma_2, \ldots\}$ die *starke generative Kapazität* von T.[35]

Das Studium der starken generativen Kapazität ist verbunden mit der Untersuchung der Beschreibungsadäquatheit im definierten Sinn. Eine Grammatik ist beschreibungsadäquat, wenn sie die richtige Menge von Struktur-Beschreibungen stark erzeugt. Eine Theorie ist beschreibungsadäquat, wenn ihre starke generative Kapazität das System von Struktur-Beschreibungen für jede natürliche Sprache umfaßt; andernfalls ist sie beschreibungsinadäquat. Eine empirisch begründete Inadäquatheit der starken generativen Kapazität zeigt demnach, daß eine Sprach-Theorie ernsthaft unzulänglich ist. Wir haben jedoch festgestellt, daß eine Sprach-Theorie, die empirisch im Hinblick auf die starke generative Kapazität adäquat ist, noch keineswegs von besonderem theoretischen Interesse sein muß, da die entscheidende Frage der Erklärungsadäquatheit über alle Betrachtungen zur starken generativen Kapazität hinausgeht.

Die Untersuchung der schwachen generativen Kapazität ist nur von sehr marginalem Interesse für die Linguistik. Sie ist wichtig nur in solchen Fällen, in denen eine vorgeschlagene Theorie sogar in ihrer schwachen generativen Kapazität versagt – in denen es also eine natürliche Sprache gibt, für die nicht einmal die *Sätze* durch irgendeine der von der Theorie erlaubten Grammatiken aufgezählt werden können. So ist zum Beispiel gezeigt worden, daß bestimmte recht elementare Theorien (besonders die Theorie der kontext-freien Formationsgrammatiken *(theory of context-free phrase-structure grammar)* und die noch schwächere Theorie der Grammatiken mit endlichen Zuständen *(finite state grammar)*) nicht einmal die schwache generative Kapazität haben, die für die Beschreibung der natürlichen Sprache nötig ist, und die demnach bei einer empirischen Überprüfung ihrer Adäquatheit auf besonders überraschende Weise versagen.[36] Aus dieser Beobachtung ergibt sich, daß die Sprach-Theorie, wenn sie zu einer angemesseneren Konzeption von grammatischer Struktur fortschreitet, Mechanismen zulassen muß, deren schwache generative Kapazität sich in verschiedenen Hinsichten von der dieser äußerst unzulänglichen Systeme unterscheidet.

Wichtig ist jedoch, daß nicht die Beschränkung in der schwachen generativen Kapazität der fundamentale Defekt dieser Systeme ist, vielmehr sind es ihre zahlreichen Inadäquatheiten in der starken generativen Kapazität. Postals Beweis, daß die Theorie der kontext-freien Grammatiken (einfache Formationsgrammatiken *(simple phrase-structure grammer))* in der schwachen generativen Kapazität versagt, waren mehr als ein halbes Dutzend Jahre mit Diskussionen über die starke generative Kapazität dieser Theorie vorausgegangen, die zwingend gezeigt haben, daß sie keine Beschreibungsadäquatheit erlangen kann. Weiterhin gelten diese Grenzen der starken generativen Kapazität auch für die Theorie der kontext-abhängigen Formationsgrammatiken (kontext-abhängigen PSG) *(context-sensitive phrase-structure grammar)*, die wahrscheinlich nicht in der schwachen generativen Kapazität versagen. Die Erörterung der schwachen generativen Kapazität kennzeichnet vermutlich nur einen sehr frühen und unreifen Zustand in der Untersuchung der generativen Grammatik. Fragen von wirklichem linguistischen Interesse entstehen erst, wenn starke generative Kapazität (Beschreibungsadäquatheit) und, was noch wichtiger ist, Erklärungsadäquatheit ins Zentrum der Diskussion gerückt werden.

Wir haben bereits vermerkt, daß der entscheidende Faktor in der Entwicklung einer wirklich adäquaten Theorie die Begrenzung der Klasse möglicher Grammatiken ist. Diese Begrenzung darf natürlich die empirischen Bedingungen für die starke (und, a fortiori, die schwache) generative Kapazität nicht verletzen. Weiterhin muß sie die Bedingung der Erklärungsadäquatheit erfüllbar machen, wenn ein geeignetes Bewertungsmaß entwickelt worden ist. Außerdem muß das Schema, das den Begriff »generative Grammatik« definiert, hinreichend strukturiert werden, so daß nur relativ wenige Hypothesen anhand des Bewertungsmaßes zu prüfen sind. Dabei sollten Hypothesen, die mit gegebenen Daten vereinbar sind, in ihrem Wert deutlich auseinanderzuhalten sein, so daß die Wahl zwischen ihnen relativ leicht ist. Diese Forderung der »Effektivität« (*«feasibility«)* ist die wichtigste empirische Bedingung für die Theorie, wenn die Bedingungen der Beschreibungs- und Erklärungsadäquatheit erst einmal erfüllt sind. Die Forderungen der Erklärungsadäquatheit und Effektivität müssen unbedingt im Auge behalten werden, wenn die schwache und die starke generative Kapazität als mathematische Fragen studiert werden. So lassen sich Hierarchien grammatischer Theorien konstruieren aufgrund der schwachen und der starken generativen Kapazität, aber es ist wichtig zu bedenken, daß diese Hierarchien *nicht* notwendig dem entsprechen, was die empirisch wichtigste Dimension für die Skalierung der Stärke einer Sprach-Theorie ausmacht. Diese Dimension muß vermutlich definiert werden aufgrund der Verteilung der Werte von Grammatiken, die mit gegebenen Daten verträglich sind. Innerhalb dieser empirisch ausschlaggebenden Dimension muß dann die »schwächste« Theorie, die noch empirisch adäquat ist, akzeptiert werden. Es ist denkbar, daß diese Theorie sich als außerordentlich stark erweist (vielleicht sogar als universell, das heißt, in ihrer generativen Kapazität äquivalent der Theorie der Turing-Maschinen)[37], wenn man sie in die Dimension der schwachen und sogar der starken generativen Kapazität einordnet. Daraus folgt aber nicht notwendig, daß sie innerhalb der Dimension, die letzten Endes wirklich empirische Bedeutung hat, sehr stark ist (und also ausgeschlossen werden muß).

Kurz gesagt: Das mathematische Studium formaler Eigenschaften von Grammatiken ist zweifellos ein aussagekräftiges

Gebiet der Linguistik. Einige Einsichten in Fragen von empirischem Interesse haben sich daraus bereits ergeben, und vermutlich werden sich in der Zukunft noch wesentlich tiefere Einsichten gewinnen lassen. Man muß sich jedoch darüber klar sein, daß die zur Zeit untersuchten Fragen vor allem dadurch bestimmt sind, daß sie mathematischer Untersuchung zugänglich sind; das aber darf keinesfalls mit ihrer empirischen Bedeutung verwechselt werden.

2 Kategorien und Relationen in der Syntax-Theorie

§ 1. Der Geltungsbereich der Basis

Wir wenden uns nun der Aufgabe zu, die Skizze über den Aufbau einer generativen Grammatik (Kap. 1, § 3) zu präzisieren und detaillierter auszuarbeiten. Fragen der Adäquatheit früherer Verfahrensweisen mit grammatischen Transformationen werden im folgenden Kapitel besprochen. Hier stehen zunächst nur die formalen Eigenschaften der Basis der syntaktischen Komponente zur Debatte. Aus diesem Grunde werden wir uns in erster Linie mit ganz einfachen Sätzen beschäftigen.
Die Ausarbeitung einer generativen Grammatik beginnt am günstigsten mit der sorgfältigen Analyse von Informationen, wie sie traditionellen Grammatiken entnommen werden können. Wenn wir dies als heuristisches Verfahren übernehmen, so können wir zunächst betrachten, was eine traditionelle Grammatik über einen einfachen englischen Satz wie

(1) sincerity may frighten the boy

zu sagen hat. Eine traditionelle Grammatik würde über diesen Satz etwa folgende Informationen anbieten:

(2) (i) Die Kette (1) ist ein Satz (S); *frighten the boy* ist ein Verbal-Komplex (Verbal-Phrase = VP); der aus dem Verb (V) *frighten* und dem Nominal-Komplex (Nominal-Phrase = NP) *the boy* besteht; *sincerity* ist gleichfalls eine NP: die NP *the boy* besteht aus dem Determinator (Det) *the*, auf den ein Nomen (N) folgt; die NP *sincerity* besteht lediglich aus einem N; weiterhin ist *the* ein Artikel (Art); *may* ein Hilfsverb (Auxiliar-Komplex = Aux) und zwar ein Modalverb (M).

(ii) Die NP *sincerity* fungiert als Subjekt des Satzes (1), die VP *frighten the boy* als Prädikat dieses Satzes; die NP *the boy* fungiert als Objekt der VP und das Verb *frighten* als deren Hauptverb; die grammatische Relation Subjekt – Verb besteht zwischen dem Paar (*sincerity*, *frighten*) und die grammatische Relation Verb – Objekt zwischen dem Paar (*frighten*, *the boy*).[1]

(iii) Das N *boy* ist ein Individuativum (*Count Noun*) (im Unterschied zu dem Kontinuativum (*Mass Noun*) *butter* und dem Abstraktum *sincerity*) und ein Appellativum (*Common Noun*) im Unterschied zu dem Eigennamen *John* und dem Pronomen *it*); es handelt sich weiterhin um ein belebtes Nomen (*Animate Noun*) (im Unterschied zu *book*) und um ein menschliches Nomen (*Human Noun*) (im Unterschied zu *bee*); *frighten* ist ein transitives Verb (im Unterschied zu *occur*), und zwar eines, das keine freie Objekt-Eliminierung gestattet (im Unterschied zu *read*, *eat*); es kann die Verlaufsform (*Progressive Aspect*) haben (im Unterschied zu *know*, *own*); es läßt abstrakte Subjekte zu (im Unterschied zu *eat*, *admire*) sowie menschliche Objekte (im Unterschied zu *read*, *wear*).

Mir scheint, daß die in (2) angeführte Information ohne Frage im wesentlichen richtig ist und in jeder Darstellung der Verwendung oder Aneignung der Sprache berücksichtigt werden muß. In den nächsten Abschnitten wird es hauptsächlich darum gehen, wie Information dieser Art in einer Struktur-Beschreibung formal dargeboten werden kann und wie solche Struktur-Beschreibungen durch ein System expliziter Regeln generiert werden können. Die nachfolgenden drei Unterkapitel (§§ 2.1, 2.2, 2.3) behandeln die Probleme, die sich jeweils aus (2) (i), (2) (ii) und (2) (iii) ergeben.

§ 2. Aspekte der Tiefenstruktur

§ 2.1. *Kategorisierung*

Die Bemerkungen in (2) (i) beziehen sich auf die Zerlegung der Kette (1) in zusammenhängende Teilketten, von denen jede einer bestimmten Kategorie zugeordnet wird. Informationen dieser Art können durch indizierte Klammerung von (1) repräsentiert werden oder – was äquivalent ist – durch ein Baum-Diagramm, wie in (3):

(3)

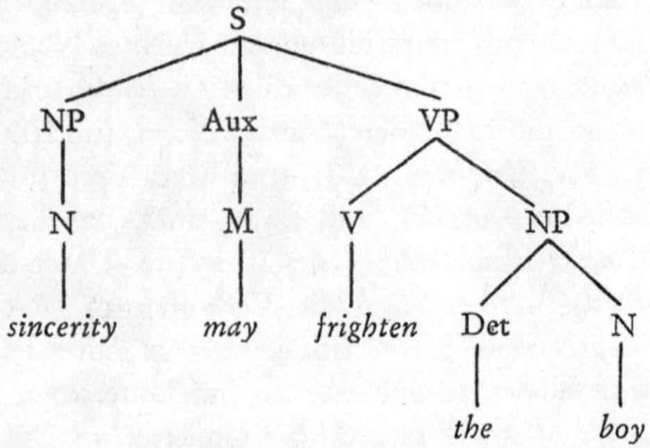

Die Interpretation eines solchen Diagramms ist unmittelbar einleuchtend. Sie wurde bereits an anderer Stelle mehrfach diskutiert. Nimmt man nun an, daß (1) eine primäre Kette ist, so kann die in (3) repräsentierte Struktur als erste Annäherung an ihren (Basis-) P-Marker (Formationsmarker; *Phrase-marker*) aufgefaßt werden.

Eine Grammatik, die einfache P-Marker wie (3) generiert, kann auf einem Vokabular von Symbolen aufgebaut werden, das sowohl Formative (*the*, *boy*, usw.) als auch *Kategoriensymbole* (S, NP, V, usw.) umfaßt. Die Formative können weiterhin unterteilt werden in *lexikalische* (*sincerity*, *boy*) und *grammatikalische* Einheiten (*Perfekt*, *Possessiv*, usw.; mit Ausnahme von *the*, das möglicherweise hierher gehört, erscheint jedoch keine dieser Einheiten in dem vereinfachten Beispiel, von dem wir ausgehen).

Es ergibt sich sogleich die Frage, welche Symbole für P-Marker benötigt werden. Mit anderen Worten, wir müssen fragen, ob die Formative und Kategoriensymbole, die in P-Markern Verwendung finden, von Einzelsprachen unabhängige Charakteristika haben oder ob sie lediglich bequeme, für eine bestimmte Grammatik spezifische mnemotechnische Etiketten sind.

Die Theorie der phonetischen distinktiven Merkmale, gekoppelt mit allen Bedingungen für die phonologische Repräsentation, besitzt im Hinblick auf die Wahl der lexikalischen Formative tatsächlich eine sprach-unabhängige Signifikanz. Gleichwohl ist es ein keineswegs triviales Problem, diese Tatsache in der Grammatik unterzubringen (oder die geeignete universelle Menge substantieller phonetischer Merkmale zu selektieren). Somit werde ich im folgenden voraussetzen, daß eine passende phonologische Theorie dieser Art gesichert ist und daß infolgedessen die lexikalischen Formative auf eine wohl-definierte Weise aus einer festgelegten universellen Menge ausgewählt werden.

Die Frage nach der substantiellen Repräsentation der grammatischen Formative und der Kategoriensymbole ist wesentlich auch die traditionelle Frage der Universal-Grammatik. Ich nehme an, daß auch diese Einheiten aus einem fixen universellen Vokabular ausgewählt werden, obgleich diese Annahme vorerst keinen besonderen Effekt auf die zur Diskussion stehenden Beschreibungen hat. Daß aber weitere eingehendere Studien zu diesem Problem wichtig und sinnvoll sind, steht ganz außer Zweifel. Man glaubt allgemein, solche Untersuchungen involvierten außersyntaktische Betrachtungen, deren Charakter derzeit nur unscharf zu erfassen sei. Das mag durchaus der Fall sein. Dennoch werde ich später einige generelle Definitionen vorschlagen, die für das Englische gelten, darüber hinaus jedoch auch für andere mir bekannte Sprachen.[2]

Der natürliche Mechanismus zur Generierung von P-Markern wie (3) ist ein System von Ersetzungsregeln (*rewriting rules*). Eine Ersetzungsregel hat die Form:

(4) $A \rightarrow Z/X - Y$

wobei *X* und *Y* (möglicherweise leere) Ketten von Symbolen sind, *A* ein einfaches Kategoriensymbol und *Z* eine nicht-leere Kette von Symbolen ist. Diese Regel wird so interpretiert: Die Kategorie *A* wird als die Kette *Z* realisiert, wenn sie in der Umgebung vorkommt, die zur Linken aus *X* und zur Rechten aus *Y* besteht. Die Anwendung der Ersetzungsregel (4) auf eine Kette ... *X A Y* ... überführt diese in die Kette ... *X Z Y* ... Innerhalb einer gegebenen Grammatik definieren wir: Eine Folge von Ketten ist eine *W-Derivation von V*, falls *W* die erste und *V* die letzte Kette in dieser Folge ist und jede Kette der Folge aus der vorhergehenden durch Anwendung einer Ersetzungsregel (nach einer noch anzugebenden Ordnungsbedingung) abgeleitet ist. Ist *V* eine Kette von Formativen, so sagen wir, die betreffende *W*-Derivation von *V* ist *abgeschlossen* (*terminated*). Wir nennen *V* eine Endkette (*terminal string*), wenn es eine # S #-Derivation von # *V* # gibt, wobei S ein ausgezeichnetes *Anfangssymbol* der Grammatik ist (das die Kategorie »Satz« repräsentiert) und # ein Grenzsymbol (*boundary symbol*) (das als grammatikalisches Formativ betrachtet wird). Wir konstruieren also die Derivation einer *Endkette,* indem wir die Ersetzungsregeln der Grammatik sukzessive anwenden. Dabei beginnen wir mit der Kette # S # und setzen die Prozedur fort, bis die letzte Kette der Derivation ausschließlich aus Formativen besteht und folglich keine Ersetzung mehr möglich ist. Wenn das System von Ersetzungsregeln einigen weiteren Bedingungen unterworfen wird[3], dann kann man leicht eine einfache Methode angeben, die einer Endkette auf der Grundlage ihrer Derivation einen eindeutigen, passenden P-Marker zuschreibt. Ein System von Ersetzungsregeln, das in geeigneter Weise eingeschränkt ist, kann somit als Teil einer generativen Grammatik fungieren.

Eine *ungeordnete* Menge von Ersetzungsregeln, die in der

hier nur ungefähr (anderswo genauer) beschriebenen Weise appliziert wird, heißt *Konstituentenstruktur-Grammatik* (*constituent structure grammar* oder *phrase structure grammar*; forthin PSG).*

Die Grammatik soll ferner *kontext-frei* (oder *einfach*) heißen, wenn in jeder Regel der Form (4) X und Y leer sind, so daß die Regeln unabhängig vom Kontext anwendbar sind. Wie bereits gesagt (p. 83 f., 259), wurden die formalen Eigenschaften von Konstituentenstruktur-Grammatiken (PSG) in den vergangenen Jahren recht ausführlich studiert. Es konnte gezeigt werden, daß fast alle nicht-transformationellen Syntax-Theorien, die in der modernen »reinen« oder angewandten Linguistik entwickelt wurden, zu diesem Typ gehören. Ein derartiges System liegt insbesondere den modernen taxonomischen (»strukturalistischen«) Grammatiken zugrunde, was klar zutage tritt, wenn man sie als explizite Systeme zur Darstellung grammatischer Informationen reformuliert (vgl. jedoch Anm. 30, Kap. 1). Die Inadäquatheit solcher Systeme als Grammatiken für natürliche Sprachen scheint mir ohne jeden Zweifel erwiesen[4], und ich werde diesen Gesichtspunkt hier nicht weiter behandeln.

Bestimmte Arten grammatischer Information werden anscheinend durch ein System von Ersetzungsregeln auf ganz natürliche Weise repräsentiert. Mithin dürfen wir schlußfolgern, daß Ersetzungsregeln zur Basis der syntaktischen Komponente gehören. Wir wollen weiter annehmen, daß diese Regeln in linearer Abfolge geordnet sind, und wir definieren als *sequentielle Derivation* eine Derivation, die durch eine Reihe von Regelanwendungen, unter Beibehaltung dieser Ordnung, gebildet wird. Angenommen, die Grammatik bestehe aus der Regelfolge $R_1, \ldots, R_n$ und die Folge $\# S \#, \# X_1 \#, \ldots, \# X_m \#$ sei eine Derivation der Endkette X_m. Damit dies eine sequentielle Derivation ist, muß gelten: Falls die Regel R_i an-

* In der deutschen Literatur zur generativen Grammatik sind bisher eine Reihe weiterer Übersetzungsvarianten aufgetaucht, die wir hier nur der Vollständigkeit halber aufzählen: *Phrasenstruktur-Grammatik, Wortkomplex-Struktur-Grammatik, Formationsgrammatik, Formationsteil* einer generativen Transformationsgrammatik. – Anm. d. Übers.

gewandt wurde, um die Zeile # X_j # aus der vorhergehenden Zeile zu bilden, darf keine Regel R_k (mit $k > i$) benutzt worden sein, um eine Zeile # X_l # (mit $l < j$) aus # X_{l-1} # zu bilden. Wir legen nun fest, daß nur sequentielle Derivationen durch die Folge von Regeln, die diesen Teil der Basis ausmachen, generiert werden.[5]

Man erhält einen P-Marker wie (3), wenn die Basis-Komponente etwa die nachstehende Folge von Ersetzungsregeln enthält:

(5) (I) S → NP⌒Aux⌒VP
VP → V⌒NP
NP → Det⌒N
NP → N
Det → *the*
Aux → M
(II) M → *may*
N → *sincerity*
N → *boy*
V → *frighten*

Die Regeln (5) reichen zwar aus, um (3) zu erzeugen, darüber hinaus aber generieren sie auch solche abweichenden Ketten wie *boy may frighten the sincerity*. Auf dieses Problem werden wir in § 2.3 näher eingehen.

Aus (5) wird eine natürliche Aufteilung ersichtlich in solche Regeln, die lexikalische Formative einführen (Klasse (II)), und die übrigen. Wir werden in § 2.3 sehen, daß es notwendig ist, diese Mengen zu unterscheiden und die lexikalischen Regeln einem besonderen Teilbereich der Basis der syntaktischen Komponente zuzuordnen.

So wird deutlich, wie die Information von (2) (i) formal zu repräsentieren ist und welche Arten von Regeln benötigt werden, um entsprechende Repräsentationen zu generieren.

§ 2.2. *Begriff der grammatischen Funktion*

Wir wenden uns nun (2) (ii) zu; dabei sehen wir sofort, daß die fraglichen Begriffe hier einen völlig anderen Status haben. Der Begriff »Subjekt« bezeichnet, im Unterschied zum Begriff »NP«, eine *grammatische Funktion* und nicht eine *grammatische Kategorie*. Es handelt sich – mit anderen Worten – um einen inhärent relationalen Begriff. Wir sagen nach traditionellem Sprachgebrauch, daß *sincerity* in (1) eine NP ist (und nicht, daß es die NP des Satzes ist); außerdem, daß es das *Subjekt des Satzes* ist (als Subjekt des Satzes fungiert). Wir sagen nicht einfach: Es ist ein Subjekt. Funktionale Begriffe wie »Subjekt«, »Prädikat« sind scharf von kategorialen Begriffen wie »Nominal-Komplex« (NP), »Verb« zu trennen. Die Unterscheidung darf nicht durch den zufälligen Gebrauch des gleichen Namens für Begriffe beider Bereiche verwischt werden. Man würde folglich nur Konfusion stiften, wollte man versuchen, die in (2) (ii) aufgeführte Information formal dadurch zu repräsentieren, daß man den P-Marker (3) zu dem von (6) ausbaut, wobei die notwendigen Ersetzungsregeln zu (5) (I) hinzugefügt werden müßten.

(6)

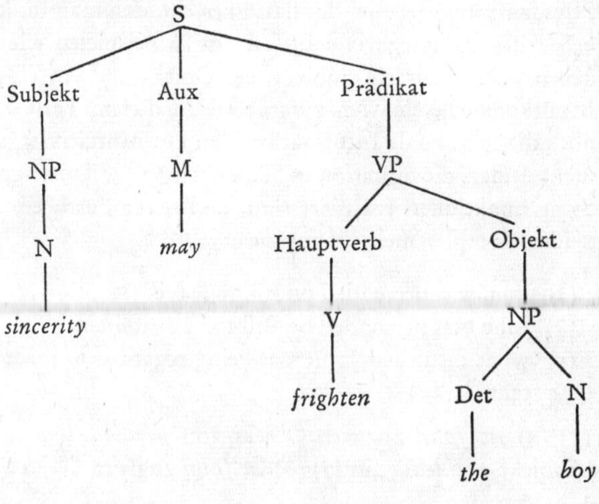

Dieser Versuch ist in zweifacher Hinsicht falsch. Auf der einen Seite vermengt er kategoriale und funktionale Begriffe, indem er beiden einen kategorialen Status zuschreibt und dadurch verfehlt, den relationalen Charakter funktionaler Begriffe auszudrücken. Auf der anderen Seite läßt er außer acht, daß sowohl der P-Marker (6) als auch die ihm zugrunde gelegte Grammatik redundant sind. Da die Begriffe Subjekt, Prädikat, Hauptverb und Objekt relational sind, werden sie bereits in dem P-Marker (3) repräsentiert, und sie einzuführen bedarf es keiner neuen Ersetzungsregeln. Es ist lediglich notwendig, den relationalen Charakter dieser Begriffe explizit zu machen, indem man »Subjekt-von« für das Englische als die Relation definiert, die zwischen der NP eines Satzes der Form NP⌒Aux⌒VP und dem ganzen Satz besteht[6], »Objekt-von« als die Relation zwischen der NP einer VP der Form V⌒NP und der ganzen VP, usw. Wir können generell sagen, daß jede Ersetzungsregel auf diese Weise eine Menge von grammatischen Relationen definiert, von denen nur einige (nämlich solche, die sich auf die »höhere Ebene« beziehen, also abstraktere grammatische Kategorien) in der Tradition mit expliziten Namen versehen wurden.

Der fundamentale Irrtum, der darin besteht, daß man funktionale Begriffe als kategoriale auffaßt, ist in Beispielen wie (6), in denen jeweils nur ein Subjekt, ein Objekt und ein Hauptverb vorkommen, ein wenig verdeckt. In diesem Falle kann nämlich die relationale Information vom Leser intuitiv ergänzt werden. Anders die Situation in Sätzen wie (7), wo viele grammatische Funktionen realisiert sind, und sogar durch ein und denselben Komplex mehrere zugleich:

(7) (*a*) John was persuaded by Bill to leave
(*b*) John was persuaded by Bill to be examined
(*c*) what disturbed John was being regarded as incompetent

In (7) (*a*) ist *John* zugleich Objekt-von *persuade* (*to leave*) und Subjekt-von *leave*; in (7) (*b*) ist *John* zugleich Objekt-von persuade *(to be examined)* und Objekt-von *examine;* in (7) *(c)* ist *John* gleichzeitig Objekt-von *disturb*, Objekt-von *regard* (*as incompetent*) und Subjekt-von der Prädikation *as incompetent*. Sowohl in (7) (*a*) als auch in (7) (*b*) ist *Bill* das (»logische«) Subjekt des Satzes und nicht etwa *John*. Letzteres ist das sogenannte »grammatische« Subjekt des Satzes, das heißt Subjekt im Hinblick auf die Oberflächenstruktur (vgl. Anm. 32). In Fällen wie diesen wird die Unmöglichkeit einer kategorialen Interpretation funktionaler Begriffe sofort deutlich; die Tiefenstruktur, in der die signifikanten grammatischen Funktionen repräsentiert sind, wird sich also entsprechend klar von der Oberflächenstruktur unterscheiden. Beispiele dieser Art liefern die primäre Motivierung und einiges an empirischer Rechtfertigung für die Theorie der Transformationsgrammatik. Das heißt, jeder Satz aus (7) hat eine Satzbasis, die aus einer Folge von Basis-P-Markern besteht, von denen jeder einen Teil der semantisch relevanten Information bezüglich der grammatischen Funktion repräsentiert.

Wenden wir uns nun der Hauptfrage zu, wie Information über grammatische Funktionen in expliziter und adäquater Weise dargeboten werden kann. Wir beschränken uns dabei auf Basis-P-Marker. Um ein einheitliches Verfahren zu entwickeln, wollen wir vorgehen wie folgt: Angenommen, wir haben eine Folge von Ersetzungsregeln wie (5), zu der auch Regel (8) gehört:

(8) $A \rightarrow X$

Mit dieser Regel ist jede grammatische Funktion

(9) $[B, A]$

verbunden, wobei B eine Kategorie ist und $X = Y\ B\ Z$, für beliebige Y, Z (die möglicherweise Null sind).[7] Für einen P-Marker der Endkette W gilt: die Teilkette U von W nimmt die grammatische Relation $[B, A]$ zur Teilkette V von W ein, wenn V von einem durch A bezeichneten Knoten dominiert wird, der $Y\ B\ Z$ direkt dominiert, und wenn U durch dieses Vorkommen von B dominiert wird.[8] Der betreffende P-Marker enthält somit die Teilkonfiguration (10).

(10)

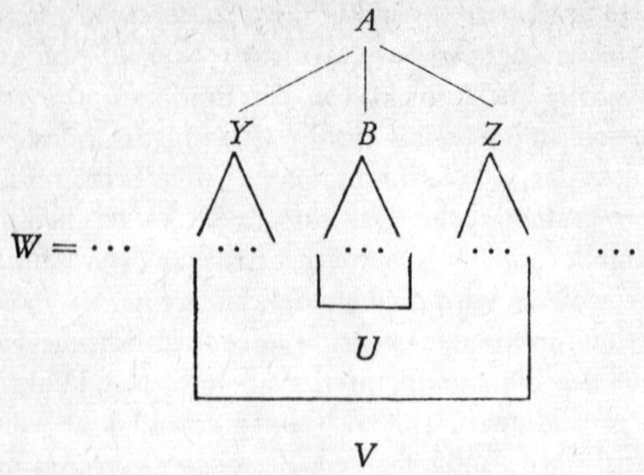

Wenn z. B. der P-Marker (3), generiert durch die Regeln (5) gegeben ist, so gelangen wir zu dem Ergebnis, daß *sincerity* die Relation [NP, S] zu *sincerity may frighten the boy* einnimmt, *frighten the boy* die Relation [VP, S] zu *sincerity may frighten the boy*, *the boy* die Relation [NP, VP] zu *frighten the boy*, und *frighten* die Relation [V, VP] zu *frighten the boy*. Wir wollen ferner die folgenden generellen Definitionen vorschlagen:

(11) (i) Subjekt-von: [NP, S]
(ii) Prädikat-von: [VP, S]
(iii) Direktes-Objekt-von: [NP, VP]
(iv) Hauptverb-von: [V, VP]

Wir können nun sagen, *sincerity* ist im Hinblick auf den durch die Regeln (5) generierten P-Marker (3) das Subjekt-von *sincerity may frighten the boy* und *frighten the boy* ist Prädikat-von diesem Satz: *the boy* ist Direktes-Objekt-von der VP *frighten the boy; frighten* ist ihr Hauptverb. Mit Hilfe dieser Definitionen ist die in der redundanten Repräsentation (6) angeführte Information direkt aus (3) ableitbar, das heißt aus der Grammatik (5) selbst. Diese Definitionen müssen zur allgemeinen Sprach-Theorie gezählt werden, mit anderen Worten, sie sind Bestandteil der generellen Prozedur, die auf der Grundlage einer gegebenen Grammatik einem Satz seine vollständige Struktur-Beschreibung zuordnet (Prozedur *f* aus (12) (iv), (13) (iv), (14) (iv) in § 6, Kapitel 1).

In Fällen wie (7) werden die grammatischen Funktionen ebenfalls direkt durch das System von Ersetzungsregeln, das die zugrunde liegenden Basis-P-Marker generiert, definiert, obgleich diese grammatischen Funktionen in den Konfigurationen der Oberflächenstrukturen in solchen Fällen nicht repräsentiert sind. Zum Beispiel enthält die Basis von (7) (*a*) (von Einzelheiten abgesehen) Basis-P-Marker für die Ketten *Bill persuaded John Satz, John left;* und diese Basis-P-Marker geben die semantisch relevante funktionale Information an, ebenso wie dies für (3) der Fall ist.

Man muß beachten, daß ein und dieselbe grammatische Funktion durch mehrere unterschiedliche Ersetzungsregeln der Basis definiert sein kann. Nehmen wir zum Beispiel an, eine Grammatik enthielte die Ersetzungsregeln

(12)	(i)	S → Adverbial⌒NP⌒Aux⌒VP	*(Naturally, John will leave)*
	(ii)	S → NP⌒Aux⌒VP	*(John will leave)*
	(iii)	VP → V⌒NP	*(examine Bill)*
	(iv)	VP → V	*(leave)*
	(v)	VP → V⌒NP⌒Satz	*(persuade Bill that John left)*
	(vi)	VP → Kopula⌒Prädikativ	*(be President)*
	(vii)	Prädikativ → N	*(President)*

dann wird Subjekt-von sowohl durch (i) als auch durch (ii) definiert, so daß *John* Subjekt-von den Sätzen bei (i) und (ii) ist; Objekt-von wird sowohl durch (iii) als auch durch (v) definiert, so daß *Bill* Objekt-von den VP ist, die für (iii) und (v) als Beispiel angeführt sind; Hauptverb-von wird definiert durch (iii), (iv) und (v), so daß *examine, leave, persuade* die Hauptverben in den angefügten Beispielen sind. »President« ist nicht das Objekt-von *John is President,* wenn die in (12) aufgeführten Regeln gelten. Definitionen dieser Art wurden in Kapitel 1, § 4 bei der Diskussion über *persuade* und *expect* vorausgesetzt.

Die generelle Signifikanz der Definition (11) beruht auf der Annahme, daß die Symbole S, NP, VP, N und V als grammatische Universalien charakterisiert worden sind. Auf diese Frage werden wir später noch zurückkommen. Immerhin ist es wahrscheinlich, daß diese Definitionen zu eng beschränkt sind, um generelle Explikationen für die bereits in der traditionellen Grammatik eigens benannten grammatischen Funktionen zu liefern. Die Definitionen setzen eine zu enge substantielle Spezifikation des Regelapparats der Grammatik voraus. Sie können in verschiedener Weise generalisiert werden, aber derzeit sehe ich keine starke empirische Motivierung für die eine oder andere Erweiterung oder Verfeinerung (vgl. aber § 2.3.4). Abgesehen von diesen Fragen ist es jedenfalls klar, daß Information über grammatische Funktionen des in (2) (ii) genannten Typs direkt von den Ersetzungsregeln der Basis abgeleitet werden kann, und zwar ohne jede Notwendigkeit für eine vorzunehmende *ad hoc*-Erweiterung und Ausarbeitung dieser Regeln, um eigens eine besondere Erwähnung grammatischer Funktionen hineinzubringen. Solche Erweiterungen haben – abgesehen von ihrer Redundanz – den Mangel, daß sie den relationalen Charakter der funktionalen Begriffe nicht in angemessener Weise ausdrücken. Sie sind somit in fast allen Fällen nutzlos.

Wir haben die in (2) (ii) gebotene Information noch nicht erschöpfend behandelt. Es bleibt, grammatische Relationen wie die zwischen *sincerity* und *frighten* (Subjekt – Verb) und zwischen *frighten* und *the boy* (Verb – Objekt) aus (1) zu definieren. Solche Relationen können sekundär auf der Grundlage der früher vorgeschlagenen funktionalen Begriffe definiert werden. Man kann zum Beispiel Subjekt – Verb als Relation zwischen dem Subjekt eines Satzes und dem Hauptverb des Prädikats dieses Satzes definieren, wobei Subjekt(-von), Hauptverb(-von) und Prädikat(-von) die Begriffe aus (11) sind: Verb – Objekt kann als Relation zwischen dem Hauptverb und dem Direkten Objekt einer VP definiert werden. Etwas fehlt jedoch noch in dieser Darstellung: Wir haben bislang keine

Grundlage, um die legitime, traditionell anerkannte grammatische Relation Subjekt – Verb von der irrelevanten Pseudo-Relation Subjekt – Objekt zu unterscheiden, die ebenso einfach mit diesem Verfahren definiert werden kann. Die traditionelle Grammatik scheint solche Relationen dort zu definieren, wo Selektionsbeschränkungen über dieses Kategorienpaar entscheiden. So ist die Wahl des Hauptverbs durch die Wahl des Subjekts und des Objekts determiniert, Subjekt und Objekt hingegen können generell unabhängig voneinander gewählt werden, und es gibt demzufolge zwischen den beiden keine grammatische Relation der besprochenen Art. Die Behandlung der Selektionsbeziehungen erfolgt in § 4.2. An dieser Stelle werden wir auch auf die grammatischen Relationen zurückkommen. Jedenfalls besteht kein Zweifel, daß hiermit nichts wesentlich Neues verbunden ist, nichts, was über die Regeln, die Ketten und P-Marker erzeugen, hinausreichte.

Zusammenfassend kann gesagt werden, daß eine Ausweitung des Systems von Ersetzungsregeln mit dem Ziel, Informationen der in (2) (ii) dargestellten Art in der Beschreibung unterzubringen, offenbar nicht notwendig ist. Mit Hilfe genereller Definitionen für die betreffenden relationalen Begriffe kann diese Information direkt aus den durch einfache Ersetzungsregeln wie (5) und (12) erzeugten P-Markern entnommen werden. Diese Information ist bereits im System der elementaren Ersetzungsregeln implizit enthalten. Repräsentationen wie (6) sowie neue oder besonders ausgestattete Ersetzungsregeln zu ihrer Erzeugung sind nicht notwendig, mehr noch, sie sind irreführend und unangemessen.

Für diese funktionalen Begriffe sind verschiedenartige Modifizierungen und Erweiterungen denkbar, wobei es wichtig ist, solche Abänderungen auch empirisch zu motivieren. Man kann die Charakterisierung beispielsweise durch einige Begriffe, die späterhin von Nutzen sein werden, präzisieren. Angenommen, wir haben eine Basis-Grammatik, bestehend aus einer Folge von Ersetzungsregeln, wobei (wie in (5)) lexikalische Regeln (vom Typ wie (5) (II)), die lexikalische Formative einführen, von den anderen Regeln klar unterschieden sind. Es wird sich später zeigen, daß diese Distinktion formal deutlich gekennzeichnet ist. Eine Kategorie, die auf der linken Seite einer lexikalischen Regel steht, wollen wir *lexikalische Kategorie (lexical category)* nennen. Eine lexikalische Kategorie oder eine Kategorie, die eine Kette ... *X* ... dominiert, wobei *X* eine lexikalische Kategorie ist, wollen wir eine *Hauptkategorie (major category)* nennen. In der Grammatik (5) sind demnach die Kategorien N, V und M lexikalische Kategorien[9], und alle Kategorien außer Det (möglicherweise auch M und Aux – vgl. Anm. 9) sind Hauptkategorien. Übereinstimmung mit dem traditionellen Gebrauch kann dadurch erreicht werden, daß man die funktionalen Begriffe auf Hauptkategorien beschränkt. Eine weitere Einschränkung wird im letzten Abschnitt von § 2.3.4 betrachtet.

§ 2.3. Syntaktische Merkmale

§ 2.3.1. Problemstellung

Die Darstellung der in (2) (iii) aufgeführten Art von Information wirft eine Reihe schwieriger und mißliebiger Fragen auf. Erstens ist keineswegs klar, in welchem Ausmaß diese Information in der syntaktischen Komponente überhaupt repräsentiert werden soll. Zweitens interessiert die Frage, ob und in welchem Maß semantische Überlegungen relevant sind für die Bestimmung solcher Subkategorisierungen, wie sie in (2) (iii) vorausgesetzt werden. Es handelt sich hierbei um ganz verschiedenartige Fragen, dennoch werden sie häufig vermengt. Nur insofern, als die betreffende Information genau dann in der syntaktischen Komponente der Grammatik dargestellt werden muß, wenn die Basis für solche Distinktionen rein syntaktisch ist, hängen die beiden Fragen zusammen. Wir können sie die Frage nach der *Darstellung* und die Frage nach der *Rechtfertigung* nennen.

Über die Rechtfertigung ist das Wenige schnell gesagt: Ein Linguist mit ernsthaften semantischen Ambitionen wird die Subkategorisierungsinformation nicht unanalysierter semantischer Intuition überantworten, sondern statt dessen lieber versuchen, die syntaktische Analyse bis zu dem Punkt voranzutreiben, wo sie solche Information liefern kann – zumal ein anderer Vorschlag, etwa für eine semantische Basis, auf der die notwendigen Unterscheidungen explizierbar sind, gegenwärtig nicht zur Verfügung steht. Ob dieser Versuch Erfolg haben wird, bleibt abzusehen.

Ich werde mich hier nur mit der Frage der *Darstellung* der in (2) (iii) angegebenen Art von Information befassen. Ich nehme durchweg an, daß die semantische Komponente einer generativen Grammatik, ebenso wie die phonologische Komponente, rein interpretativ ist. Daraus folgt, daß sämtliche in der semantischen Interpretation verwendete Information in der syntaktischen Komponente der Grammatik dargeboten werden muß (vgl. aber Kap. 4, § 1.2). Einige Probleme, die mit der Darstellung dieser Information verbunden sind, werden später noch angeführt.

Obgleich die Frage der Rechtfertigung von Subkategorisierungen, wie sie (2) (iii) enthält, hier nicht weiter diskutiert werden soll, kann es immerhin nützlich sein, sie kurz zu streifen. Es geht im wesentlichen um den Status von Ausdrükken wie

(13) (i) the boy may frighten sincerity
(ii) sincerity may admire the boy
(iii) John amazed the injustice of that decision
(iv) the boy elapsed
(v) the boy was abundant
(vi) the harvest was clever to agree
(vii) John is owning a house
(viii) the dog looks barking
(ix) John solved the pipe
(x) the book dispersed

Jedem, der die englische Sprache beherrscht, ist klar, daß diese Ausdrücke einen völlig anderen Status haben als Sätze wie

(14) (i) sincerity may frighten the boy (= (1))
(ii) the boy may admire sincerity
(iii) the injustice of that decision amazed John
(iv) a week elapsed
(v) the harvest was abundant
(vi) the boy was clever to agree
(vii) John owns a house
(viii) the dog looks terrifying
(ix) John solved the problem
(x) the boys dispersed

Der Unterschied, der zwischen (13) und (14) unstrittig besteht, muß in irgendeiner Weise von einer adäquaten Theorie der Interpretation von Sätzen (einer deskriptiv adäquaten Grammatik) berücksichtigt werden. Die in (13) angeführten Ausdrücke weichen in bestimmter Weise (nicht notwendig alle in derselben) von den Regeln der englischen Sprache ab.[10] Wenn sie überhaupt interpretierbar sind, dann sicher nicht in der gleichen Weise wie die entsprechenden Sätze in (14). Es scheint, daß ihnen vermöge bestimmter Analogien zu nicht-abweichenden Sätzen Interpretationen zugeschrieben werden.

Es gibt eindeutige Fälle für die Verletzung rein syntaktischer Regeln, vgl. etwa:

(15) (i) sincerity frighten may boy the
(ii) boy the frighten may sincerity

sowie Standardbeispiele rein semantischer (oder »pragmatischer«) Inkongruenz:

(16) (i) oculists are generally better trained than eye-doctors
(ii) both of John's parents are married to aunts of mine
(iii) I'm memorizing the score of the sonata I hope to compose some day
(iv) that ice cube that you finally managed to melt just shattered
(v) I knew you would come, but I was wrong

Die Beispiele in (13) haben jedoch den Charakter von Grenzfällen, und es ist weit weniger klar, wie ihr abweichender Status zu erklären ist. Mit anderen Worten, wir sind mit dem Problem konfrontiert, zu bestimmen, in welchem Maße Ergebnisse und Methoden der syntaktischen bzw. der semantischen Analyse zu erweitern sind, um Abweichung und Interpretation dieser Ausdrücke zu erklären. Sicherlich wird die Antwort nicht in allen Fällen gleich lauten, und gewiß werden rein semantische oder rein syntaktische Erwägungen in einigen Fällen nicht zum gewünschten Resultat führen. Man darf wahrlich nicht von vornherein davon ausgehen, syntaktische und semantische Erwägungen könnten säuberlich voneinander geschieden werden.

Mehrere Entwürfe für eine geeignete Subklassifizierung auf der Grundlage syntaktischer Erwägungen liegen vor. Sie verwenden den Begriff des »Grades der Grammatikalität«, skaliert auf verschiedenen Dimensionen. Einige konkrete Vorschläge bieten für die Subklassifizierung Techniken an, die auf distributionellen Ähnlichkeiten basieren. Obwohl diese Begriffe nur sehr provisorisch ausgearbeitet sind, scheinen sie mir einige Plausibilität zu besitzen.[11] Der bislang einzige Vorschlag, diese Unterscheidungen semantisch zu fundieren, geht davon aus, daß sie auf sprach-unabhängigen semantischen Entitäten beruhen, daß also eine Abweichung in jedem Falle der Verletzung bestimmter linguistischer Universalien, die die Form der semantischen Komponente einer jeden generativen Grammatik bestimmen, zuzuschreiben ist. Möglicherweise ist dies die richtige Antwort. Und es gibt außerdem keinen Grund, warum nicht auch eine Kombination der beiden unterschiedlich motivierten Verfahrensweisen erprobt werden sollte.

Auf jeden Fall müssen wir systematisch untersuchen, wie die Anwendung der für eindeutige Fälle geeigneten technischen Mechanismen und Methoden erweitert und vertieft werden kann, um eine Basis zu liefern für die Erklärung des Status solcher Ausdrücke wie in (13). Ferner gilt es zu erklären, wie ein idealer Hörer solche Sätze zu interpretieren versucht. Wo dies möglich ist, geschieht es wahrscheinlich auf der Grundlage von Analogien zu nicht-abweichenden Sätzen. Eine deskriptiv adäquate Grammatik muß solchen Erscheinungen Rechnung tragen durch die Struktur-Beschreibungen, die von der syntaktischen und der semantischen Komponente geliefert werden; und eine allgemeine Sprach-Theorie, die explanative Adäquatheit anstrebt, muß zeigen, wie sich eine solche Grammatik auf der Grundlage der dem Lernenden zur Verfügung stehenden Daten entwickeln kann. Vage und ungesicherte Behauptungen über die »semantische Grundlage der Syntax« tragen zum Verständnis dieser Probleme nicht bei.

Gehen wir nun von der Frage der Rechtfertigung zur Frage der Darstellung über. Wir müssen festlegen, auf welche Weise eine Grammatik Struktur-Beschreibungen bereitstellen kann, die den oben exemplifizierten Erscheinungen gerecht werden. A priori ist nicht zu entscheiden, ob die »Bürde der Darstellung« von der syntaktischen oder der semantischen Komponente der generativen Grammatik zu tragen ist. Fällt sie der syntaktischen Komponente zu, dann müssen wir diese so einrichten, daß sie den Sätzen aus (13) nicht direkt P-Marker zuordnet, sondern nur vermittels ihrer strukturellen Ähnlichkeiten mit solchen völlig wohlgeformten Sätzen wie (14). Das kann möglicherweise auf die in Anm. 11 beschriebene Weise geschehen. Die syntaktische Komponente muß dann mit Selektionsbeschränkungen operieren, die Kategorien wie »Belebtheit« und »Abstraktheit« erfordern, und (13) (i) zum Beispiel als eine Kette charakterisieren, die nur durch Suspendierung einiger dieser Beschränkungen erzeugt ist. Entschließen wir uns dagegen, der semantischen Komponente die Last der Darstellung dieser Fakten aufzubürden, so würde die syntaktische Komponente sowohl die Sätze in (14) als auch die in (13) erzeugen, ohne Distinktion hinsichtlich ihrer Grammatikalität. Die lexikalischen Einheiten müssen dann aber so spezifiziert sein, daß die Regeln der semantischen Komponente die Inkongruenz der in (13) angeführten Sätze und den Modus, nach dem sie (wenn überhaupt) interpretierbar sind, determinieren können. Wie dem auch sei, wir haben ein klar formuliertes Problem vor uns, und es bestehen aussichtsreiche Vorstellungen, wie man vorgehen muß, um es zu lösen. Ich will hier die Position einnehmen, auf die in Anm. 11 verwiesen wurde, und dafür plädieren, daß der Begriff »Grammatikalitätsskala« für die semantische Interpretation relevant ist, daß (13) und (14) durch syntaktische Regeln unterschieden werden müssen und daß den Sätzen in (13) nur durch Lockerung bestimmter syntaktischer Bedingungen P-Marker zugeordnet werden können. Später werde ich die genaue Stelle zu kennzeichnen versuchen, an der diese Entscheidung die Form der syntaktischen Komponente beeinflußt, und ich werde einige mögliche Alternativen kurz diskutieren.

§ 2.3.2. Einige formale Ähnlichkeiten zwischen Syntax und Phonologie

Wir befassen uns nun mit der Frage, wie Information der in (2) (iii) angegebenen Art durch explizite Regeln dargestellt werden kann. Dabei ist zu beachten, daß diese Information es mit *Subkategorisierung* zu tun hat, nicht mit »Verzweigung« (das heißt, nicht mit der Analyse einer Kategorie in eine Folge von Kategorien, die zum Beispiel vorgenommen wird, wenn S in NP⌢Aux⌢VP oder NP in Det⌢N zerlegt werden). Ferner scheinen nur solche Kategorien betroffen zu sein, die lexikalische Formative als Elemente haben. Wir beschäftigen uns also mit einem eng abgegrenzten Teil der grammatischen Struktur. Es ist wichtig, dies bei der Suche nach geeigneten Mitteln zur Darstellung solcher Fakten im Auge zu behalten.

Der scheinbar einleuchtendste Vorschlag zur Behandlung der Subkategorisierung geht von Ersetzungsregeln des in § 2.2 beschriebenen Typs aus. Diese Annahme wurde denn auch in den ersten Versuchen, generative Grammatiken zu formalisieren, vorausgesetzt (vgl. Chomsky (1951)[12], (1955), (1957)). In den Jahren 1957–58 jedoch hat Matthews in seinen Arbeiten zur generativen Grammatik des Deutschen geltend gemacht, daß diese Annahme nicht korrekt sei und daß Ersetzungsregeln (wie in § 2.2) keine geeignete Technik zur Behandlung der Subkategorisierung lexikalischer Kategorien bieten.[13] Die Schwierigkeit besteht darin, daß diese Subkategorisierung nicht streng hierarchisch ist, sondern eine Kreuz-Klassifizierung mit sich bringt. So sind zum Beispiel englische Nomina entweder Eigennamen (*John*, *Egypt*) oder Appellativa (*boy*, *book*) sowie entweder Menschlich (*John*, *boy*) oder Nicht-Menschlich (*Egypt*, *book*). Einige Regeln, zum Beispiel solche, die mit Det(erminatoren) zusammenhängen, beziehen sich auf die Unterscheidung zwischen Eigennamen und Appellativa, andere, zum Beispiel solche, die mit der Wahl von Relativpronomen zusammenhängen, auf die Unterscheidung von Menschlich/Nicht-Menschlich. Wenn die Subkategorisierung durch Ersetzungsregeln ausgedrückt wird, so muß eine der beiden Distinktionen dominant sein; die andere ist dann in der üblichen Weise nicht darstellbar. Entscheiden wir uns für Eigenname/Appellativum als übergeordnete Distinktion, so bekommen wir folgende Regeln

(17) N → Eigenname
N → Appellativum
Eigenname → Eigenname-Menschlich
Eigenname → Eigenname-Nicht-Menschlich
Appellativum → Appellativum-Menschlich
Appellativum → Appellativum-Nicht-Menschlich

wobei die Symbole »Eigenname-Menschlich«, »Eigenname-Nicht-Menschlich«, »Appellativum-Menschlich« und »Appellativum-Nicht-Menschlich« in keiner Beziehung zueinander stehen, sie sind ebenso verschieden voneinander wie die Symbole »Nomen«, »Verb«, »Adjektiv« und »Modalverb«. Obwohl wir innerhalb dieses Systems leicht eine Regel formulieren können, die sich nur auf Eigennamen oder nur auf Appellativa bezieht, muß eine Regel, die auf Menschen bezeichnende Nomina angewandt wird, mit Hilfe der untereinander beziehungslosen Kategorien Eigenname–Menschlich und Apellativum–Menschlich aufgestellt werden. Aus diesem Sachverhalt wird ersichtlich, daß hier eine wichtige Generalisierung unausgedrückt bleibt, denn diese Regel ist weder einfacher noch besser motiviert als beispielsweise eine Regel, die auf die nicht miteinander in Beziehung stehenden Kategorien Eigenname-Menschlich und Abstraktum anzuwenden ist. Mit fortschreitender Verfeinerung der Analyse erreichen Probleme dieser Art den Punkt, wo sie ernsthafte Inadäquatheiten einer Grammatik, die nur aus Ersetzungsregeln besteht, sichtbar machen. Aber diese Schwierigkeit läßt sich auch nicht überwinden (im Unterschied zu vielen anderen), wenn der Grammatik Transformationsregeln hinzugefügt werden.

Formal ist dieses Problem mit einem auf der phonologischen Ebene geläufigen identisch. Auch phonologische Einheiten sind in bezug auf phonologische Regeln kreuz-klassifiziert. Es gibt zum Beispiel Regeln, die sich auf stimmhafte Konsonanten [b], [z] beziehen, nicht jedoch auf stimmlose [p], [s], und es gibt andere Regeln, die sich auf Spiranten [s], [z], nicht aber auf Verschlußlaute [p], [b] beziehen usw. Deshalb ist es notwendig, phonologische Einheiten als Mengen von Merkmalen aufzufassen und die phonologische Komponente so aufzubauen, daß jede Regel auf alle Segmente anwendbar ist, die bestimmte Merkmale oder Merkmal-Konstellationen enthalten. Dieselbe Lösungsmethode bietet sich für das vorliegende syntaktische Problem an; wir werden sie nun entsprechend ausarbeiten.

Bevor wir uns mit der Verwendung von Merkmalen auf der syntaktischen Ebene befassen, geben wir einen kurzen Überblick über die Arbeitsweise der phonologischen Komponente (vgl. Halle (1959 *a*), (1959 *b*), (1962 *a*), (1964), wo diese Frage diskutiert wird). Jedes lexikalische Formativ wird als eine Folge von Segmenten repräsentiert, jedes Segment ist eine Menge von Merkmalen. Mit anderen Worten, jedes lexikalische Formativ wird als eine *Matrix distinktiver Merkmale* repräsentiert, deren Spalten für aufeinanderfolgende Segmente und deren Zeilen für bestimmte Merkmale stehen. Eine Eintragung in der *i*-ten Spalte und *j*-ten Zeile einer solchen Matrix gibt an, wie das *i*-te Segment im Hinblick auf das *j*-te Merkmal spezifiziert ist. Eine einzelne Eintragung kann anzeigen, daß das entsprechende Segment im Hinblick auf das gegebene Merkmal *unspezifiziert*, *positiv spezifiziert* oder *negativ spezifiziert* ist. Wir sagen: Zwei Segmente sind *distinkt*, wenn gilt, daß das eine Segment für ein Merkmal genau da positiv spezifiziert ist, wo das andere negativ spezifiziert ist, und allgemeiner ausgedrückt: Zwei Matrizen mit der gleichen Anzahl von Spalten sind distinkt, wenn das *i*-te Segment der einen vom *i*-ten Segment der anderen im angegebenen Sinne distinkt ist, für beliebige *i*.

Angenommen

(18) $A \rightarrow Z \,/\, X \text{ —— } Y$

sei eine phonologische Regel, wobei *A*, *Z*, *X* und *Y* Matrizen und *A* sowie *Z* Segmente (Matrizen mit genau einer Spalte) sind. Dies ist die typische Form einer phonologischen Regel. Wir sagen, daß die Regel (18) auf beliebige Ketten *W X' A' Y' V* anwendbar ist, wobei *X'*, *A'* und *Y'* Matrizen mit der gleichen Anzahl von Spalten wie jeweils *X*, *A*, *Y* sind und *X' A' Y'* nicht von *X A Y* distinkt ist (genauere Qualifizierungen sind notwendig, die uns hier aber nicht interessieren, vgl. Halle und Chomsky (1968)). Regel (18) überführt die Kette *W X' A'*, *Y' V* in die Kette *W X' Z' Y' V*, wobei *Z'* das Segment ist, das aus den Merkmal-Spezifikationen von Z zusammen mit allen Merkmal-Spezifikationen von *A'* für Merkmale, für die Z unspezifiziert ist, besteht.

Zur Illustration einiger dieser Begriffe möge folgende phonologische Regel dienen:

(19) [+ dauernd] → [+ stimmhaft] / —— [+ stimmhaft]

Diese Regel überführt [sm] in [zm], [fd] in [vd], [šg] in [žg] usw., läßt jedoch [st] oder [pd] zum Beispiel unberührt.[14] Diese Konventionen (die vereinfacht und generalisiert werden können) gestatten es, Regeln auf Klassen von Segmenten anzuwenden, die durch eine bestimmte Merkmal-Kombination spezifiziert sind, und von der Kreuz-Klassifizierung der Segmente Gebrauch zu machen, die durch die Merkmal-Repräsentation ermöglicht wird.

Diese Begriffe können ohne wesentliche Veränderungen für die Repräsentation lexikalischer Kategorien und ihrer Elemente übernommen werden. Sie ermöglichen eine ganz ungezwungene Lösung des Kreuz-Klassifizierungsproblems und tragen gleichzeitig zur generellen Einheitlichkeit der Grammatik-Theorie bei. Mit jedem lexikalischen Formativ ist eine Menge von *syntaktischen Merkmalen* verbunden (*boy* hat zum Beispiel die syntaktischen Merkmale [+Appellativum], [+Menschlich], usw.). Die Symbole für lexikalische Kategorien (N, V, usw.) werden durch Regeln in *komplexe Symbole* analysiert, wobei jedes komplexe Symbol eine Menge von spezifizierten syntaktischen Merkmalen ist, ebenso wie jedes phonologische Segment eine Menge spezifizierter phonologischer Merkmale ist. Wir können nun zum Beispiel folgende grammatischen Regeln haben:

(20) (i) N → [+N, ±Appellativum]
(ii) [+Appellativum] → [±Individuativum]
(iii) [+Individuativum] → [±Belebt]
(iv) [—Appellativum] → [±Belebt]
(v) [+Belebt] → [±Menschlich]
(vi) [—Individuativum] → [±Abstraktum]

Regel (20) (i) legt fest, daß das Symbol N in einer Zeile einer Derivation durch eines der beiden *komplexen Symbole* [+N, +Appellativum] oder [+N, —Appellativum] zu ersetzen ist. Die Regeln (20) (ii)–(20) (vi) operieren auf der Grundlage der Konventionen für phonologische Regeln. So legt Regel (20) (ii) fest, daß jedes komplexe Symbol Q, das bereits als [+Appellativum] spezifiziert ist, durch das komplexe Symbol zu ersetzen ist, das alle Merkmale von Q enthält sowie entweder die Spezifikation [+Individuativum] oder [—Individuativum]. Das gleiche gilt für die anderen Regeln, die auf komplexen Symbolen operieren.

Die Gesamtwirkung der Regeln von (20) kann durch das Verzweigungsdiagramm (21) dargestellt werden. In dieser Repräsentation ist jeder Knoten durch ein Merkmal bezeichnet, und die Kanten sind durch + oder — gekennzeichnet. Jedem maximalen Weg durch den Graph

(21)

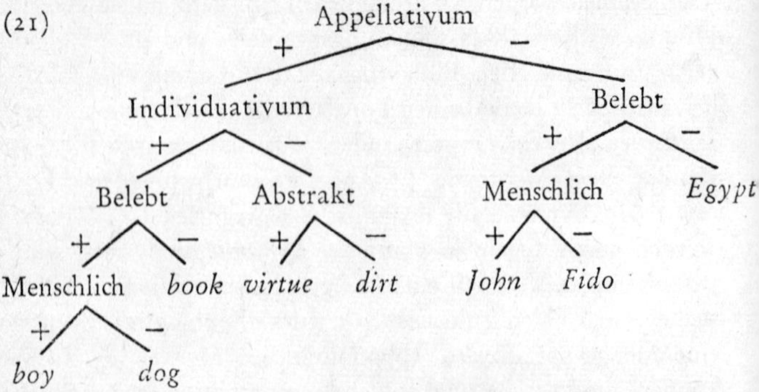

entspricht eine Kategorie lexikalischer Einheiten. Ein Element dieser Kategorie hat das Merkmal [αF] (α = + oder —) genau dann, wenn eine der Kanten, aus denen sich der Weg konstituiert, durch α gekennzeichnet ist und von einem durch F bezeichneten Knoten abzweigt. Entsprechende Elemente aus den durch (20) definierten Kategorien sind an den Endpunkten in (21) exemplifiziert.

Ein System von Regeln für komplexe Symbole muß nicht durch ein Verzweigungsdiagramm dieser Art repräsentierbar sein. Die empirisch realisierten und durch die Regeln in (20) definierten Kategorien werden zum Beispiel auch durch die Regeln (22) definiert, in diesem Falle ist jedoch kein Verzweigungsdiagramm möglich.

(22) (i) N → [+N, ±Belebt, ±App(ellativum)]*

(ii) [+App] → [±Ind(ividuativum)]

(iii) [—Ind] → $\begin{bmatrix}\text{±Abstr(aktum)}\\ \text{—Belebt}\end{bmatrix}$

(iv) [+Belebt] → [±Mensch(lich)]

* Die runden Klammern kennzeichnen die abgekürzte Form der Merkmalsbezeichnungen, wie sie forthin verwendet wird – Anm. d. Übers.

Würden wir Darstellbarkeit durch Verzweigungsdiagramme als eine formale Bedingung für diese Regeln postulieren, so wäre (22) ausgeschlossen. In diesem Falle könnten die Regeln ebenso in der Form (21) wie in der Form (20) repräsentiert werden. Wie immer wir uns entscheiden, mit solchen Regeln, die komplexe Symbole einführen und ausbauen, können wir die gesamte Menge der lexikalischen Kategorien erfassen.

§ 2.3.3. Allgemeine Struktur der Basis-Komponente

Wir modifizieren nun die oben präsentierte Beschreibung der Basis-Komponente (exemplifiziert in (5)). Zusätzlich zu solchen Ersetzungsregeln, die auf Kategoriensymbole angewandt werden und grundsätzlich Verzweigungen bewirken, benutzen wir Ersetzungsregeln wie in (20), die auf Symbole für lexikalische Kategorien angewandt werden und komplexe Symbole (= Mengen spezifizierter syntaktischer Merkmale) einführen oder auf ihnen operieren. Jetzt enthält die Grammatik keine Regeln des in (5) (II) angegebenen Typs, also keine Regeln, die zu lexikalischen Kategorien gehörige Formative einführen. Statt dessen enthält die Basis der Grammatik ein *Lexikon*, das einfach eine ungeordnete Liste aller lexikalischen Formative darstellt. Genauer gesagt ist das Lexikon eine Menge von *Lexikon-Eintragungen (lexical entries)*; jede Lexikon-Einheit ist ein Paar *(D, C)*, wobei *D* eine phonologische Matrix distinktiver Merkmale ist, die ein bestimmtes lexikalisches Formativ »buchstabiert« *(spell)*, und wobei *C* eine Auswahl spezifizierter syntaktischer Merkmale ist (ein komplexes Symbol).[15]
Das System der Ersetzungsregeln generiert nun Derivationen, deren letzte Kette aus grammatischen Formativen und komplexen Symbolen besteht. Eine solche Kette nennen wir *präterminale Kette (preterminal string)*. Eine *terminale Kette* (= Endkette) *(terminal string)* wird aus einer präterminalen gebildet durch Einsetzung eines lexikalischen Formativs gemäß der folgenden Lexikon-Regel *(lexical rule)*:

Wenn Q ein komplexes Symbol einer präterminalen Kette ist und wenn es eine Lexikon-Eintragung *(D, C)* gibt, wobei *C* von Q nicht distinkt ist, dann wird aus *C* und allen Merkmalen aus Q, die nicht in *C* enthalten sind, ein komplexes Symbol *E* gebildet, und Q kann durch *(D, E)* ersetzt werden.

Der grundlegende Begriff *ist ein*, der Ketten auf Kategorien bezieht (zum Beispiel in (3): *the boy* ist eine NP), wird nun in folgender Weise erweitert. Wir sagen, in der terminalen Kette, die durch Ersetzung des komplexen Symbols Q durch das Paar *(D, E)* gebildet wird, gilt: das Formativ *D ist ein* [α*F*] (oder: wird *dominiert von* [α*F*]), wenn [α*F*] Teil des komplexen Symbols *E* ist*, wobei α entweder ›+‹ oder ›—‹ und *F* ein Merkmal ist (vgl. jedoch Anm. 15). Wir erweitern außerdem

* Wir weichen bei der Formulierung der Lexikon-Regel vom Original ab – aus Gründen, die sogleich einleuchten, wenn wir die ursprüngliche Fassung zitieren (p. 84):

If Q is a complex symbol of a preterminal string and *(D, C)* is a lexical entry, where C is not distinct from Q, then Q can be replaced by *D*.

Das würde bedeuten, daß die Merkmale Q und C nur für den Vergleich zwischen komplexem Symbol und Lexikon-Eintragung notwendig wären, dann aber aus der Derivation verschwänden (»Q can be *replaced* by *D*«). Das kann unmöglich gemeint sein, denn sonst würde man nicht P-Marker der Form (27) (vgl. p. 116) erhalten können.

Daher schlagen wir vor, aus Q und *C* eine Vereinigungsmenge *E* zu bilden, die *zusammen* mit der phonologischen Matrix *D* das komplexe Symbol Q der präterminalen Kette ersetzt.

Daraus folgt dann eine weitere Abänderung des Originaltextes im Hinblick auf die Dominanz-Relation. Es heißt p. 84 weiter:

We say that in the terminal string formed by replacing the complex symbol Q by the formative *D* of the lexical entry *(D, C)*, the formative *D is an* [α*F*] (equivalently, *is dominated by* [α*F*]) if [α*F*] is part of the complex symbol Q or the complex symbol *C*, where α is either + or — and *F* is a feature.

Das würde bedeuten, daß *D* von Merkmalen dominiert wird, die im P-Marker gar nicht vorhanden sind, denn nach der oben zitierten Lexikon-Regel ersetzt *D* aus *(D, C)* das Q.

In unserer Version wird dieses Versehen korrigiert, außerdem wird die hier unmotiviert erscheinende Bedingung »if [α*F*] is part of the complex symbol Q or of the complex symbol C« durch die explizite Forderung nach Bildung einer Vereinigungsmenge verständlich gemacht.

Soweit sich der Originaltext in den folgenden Kapiteln auf die eben diskutierte Version der Lexikon-Regel bezieht, haben wir jeweils die entsprechenden Modifizierungen vorgenommen. Die vorgeschlagenen Veränderungen wurden von Noam Chomsky autorisiert. – Anm. d. Übers.

den Begriff »P-Marker«, dergestalt, daß der P-Marker einer terminalen Kette ebenfalls die neue Information enthält. Infolge dieser Erweiterung kann ein P-Marker natürlich nicht mehr durch ein Baum-Diagramm repräsentiert werden, da er nun eine zusätzliche »Dimension« auf der Ebene der Subkategorisierung besitzt.

Als konkretes Beispiel betrachten wir wiederum den Satz *sincerity may frighten the boy* (= (1)). Statt der Grammatik (5) haben wir jetzt eine Grammatik, die die Verzweigungsregeln (5) (I) enthält, die hier als (23) wiederholt werden, ferner die Subkategorisierungsregeln (20), hier aufgeführt als (24), sowie ein Lexikon mit den Eintragungen (25). Hier und im folgenden sind die kursiv gedruckten Einheiten als Matrizen phonologischer distinktiver Merkmale zu verstehen, d. h. als »Buchstabierungen« von Formativen.

(23) S → NP⁀Aux⁀VP
VP → V⁀NP
NP → Det⁀N
NP → N
Det → *the*
Aux → M

(24) (i) N → [+N, ±App]
(ii) [+App] → [±Ind]
(iii) [+Ind] → [±Belebt]
(iv) [—App] → [±Belebt]
(v) [+Belebt] → [±Mensch]
(vi) [—Ind] → [±Abstr]

(25) (*sincerity*, [+N, —Ind, +Abstr])
(*boy*, [+N, +App, +Ind, +Belebt, +Mensch])
(*may*, [+M])

Wir werden auf diese Regeln und Lexikon-Eintragungen ausführlicher zurückkommen, sie werden noch erheblich zu revidieren sein.

Diese Regeln gestatten es, die präterminale Kette (26) abzuleiten:

(26) [+N, — Ind, +Abstr]⌢M⌢Q⌢*the*⌢[+N, +App, +Ind, +Belebt, +Mensch]

wobei Q das komplexe Symbol ist, in das V durch Regeln analysiert wird, die wir eigens besprechen wollen. Die Lexikon-Regel (die, da sie generell ist, in keiner Grammatik vermerkt zu werden braucht, – mit anderen Worten, sie ist Teil der Definition des Begriffs »Derivation«) gestattet es, *sincerity* für das erste komplexe Symbol in (26) einzufügen und *boy* für das zweite, ferner, wie wir sehen werden, *frighten* für Q (und *may* für M, – vgl. in diesem Zusammenhang Anm. 9). Außer für *frighten* ist die Information über Satz (1), die in (2) gegeben wurde, nun durch den P-Marker explizit dargestellt, der durch die Grammatik, bestehend aus den Regeln (23), (24) und dem Lexikon (25), generiert wird. Wir können diesen P-Marker in folgender Form repräsentieren:

(27)

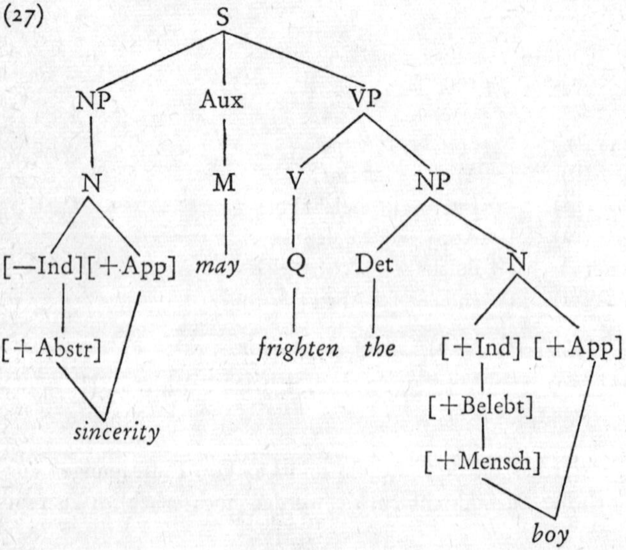

Wenn das Lexikon zusätzliche spezifische Informationen über die lexikalischen Einheiten enthält, die in (26) auftreten, dann erscheint diese Information ebenfalls im P-Marker, repräsentiert durch Merkmale, die im P-Marker in einer Position stehen, die einerseits durch die lexikalischen Kategorien N bzw. V dominiert wird und die andererseits das betreffende Formativ dominiert.

Ist dieser P-Marker gegeben, können wir die in (2) (i) und (2) (iii) enthaltenen Informationen, die die Zuordnung von Teilketten zu Kategorien betreffen, durch die Relation *ist ein* gewinnen. Die Information über die grammatischen Funktionen aus (2) (ii) ist aus dem P-Marker gemäß dem in § 2.2 beschriebenen Verfahren ableitbar.

In Kapitel 4, § 2 werden wir Fragen der passenden Formulierung lexikalischer Eintragungen genauer behandeln. Wir können jedoch schon jetzt sehen, daß die Trennung des Lexikons vom System der Ersetzungsregeln eine ganze Reihe von Vorteilen mit sich bringt. Viele der grammatischen Eigenschaften von Formativen können nun direkt im Lexikon durch die Zuordnung syntaktischer Merkmale zu lexikalischen Formativen spezifiziert werden; sie brauchen so überhaupt nicht mehr in den Ersetzungsregeln repräsentiert zu sein. Insbesondere können morphologische Eigenschaften der verschiedensten Art in dieser Weise behandelt werden – z. B. die Zugehörigkeit lexikalischer Einheiten zu Derivationsklassen (Deklinationsklassen, starke oder schwache Verben, nominalisierbare Adjektive usw.). Da viele solcher Eigenschaften für das Funktionieren der Regeln der Basis völlig irrelevant und darüber hinaus hochgradig idiosynkratisch sind, kann die Grammatik bedeutend vereinfacht werden, wenn sie aus den Ersetzungsregeln ausgeschlossen und bei den Lexikon-Eintragungen verzeichnet werden, wohin sie ihrer Natur nach auch gehören. Um auf (2) (iii) zurückzukommen: es ist zu beachten, daß es nun nicht mehr nötig ist, Ersetzungsregeln zu benutzen, um transitive Verben in solche, die normalerweise Objekt-Tilgung erlauben, und in solche, die es nicht tun, zu klassifizieren. Statt dessen werden sich die Lexikon-Eintragungen für *read*, *eat* einerseits und *frighten*, *keep* andererseits in der Spezifikation des syntaktischen Merkmals [Objekt-Tilgung], das in den Ersetzungsregeln überhaupt nicht erwähnt ist, unterscheiden. Die Transformationsregel, die Objekte tilgt, ist nun nur noch auf solche Wörter anwendbar, die bezüglich dieses Merkmals positiv spezifiziert sind, wobei diese Information nun im P-Marker der Ketten enthalten ist, in denen diese Wörter auftreten. Jeder Versuch, eine ins Detail gehende Grammatik zu konstruieren, wird bald zeigen, daß viele Formative einmalige oder nahezu einmalige grammatische Charakteristiken haben, so daß die Vereinfachung der Grammatik, die auf diese Weise erreicht werden kann, wesentlich sein wird.

Ganz allgemein gilt, daß alle Eigenschaften eines Formativs, die ihrem Wesen nach idiosynkratisch sind, im Lexikon spezifiziert werden.[16] Im einzelnen muß die Lexikon-Eintragung spezifizieren:

a) Aspekte der phonetischen Struktur, die nicht durch generelle Regeln prädiktabel sind (z. B. im Falle von *bee* muß die phonologische Matrix der Lexikon-Eintragung angeben, daß das erste Segment ein stimmhafter, labialer Verschlußlaut ist und das zweite ein vorderer, hoher Vokal, aber sie spezifiziert nicht den Grad der Aspiration des Verschlußlautes oder das Faktum, daß der Vokal stimmhaft, gespannt und ungerundet ist);[17]

b) Eigenschaften, die für das Funktionieren von Transformationsregeln relevant sind (vgl. das Beispiel aus dem vorhergehenden Absatz und viele andere);

c) Eigenschaften des Formativs, die für die semantische Interpretation relevant sind (d. h. Bestandteile der Wörterbuch-Definition);

d) lexikalische Merkmale, die die Positionen angeben, in die ein lexikalisches Formativ in eine präterminale Kette (durch die Lexikon-Regel) eingefügt werden kann.

Kurzum: die Lexikon-Eintragung enthält Informationen, die von der phonologischen und der semantischen Komponente der

Grammatik benötigt werden, sowie Informationen, die die richtige Plazierung von Lexikon-Eintragungen in Sätzen determinieren und damit implicite auch Grad und Art der Abweichung von Ketten, die nicht direkt generiert werden (vgl. oben § 2.3.1 und Kap. 4, § 1.1). Rein semantische lexikalische Merkmale konstituieren in einer gegebenen Grammatik eine wohldefinierte Menge. Ein Merkmal gehört zu dieser Menge genau dann, wenn es in der phonologischen oder syntaktischen Komponente keine Regel gibt, die sich auf das Merkmal bezieht. Das kann für die Theorie der semantischen Interpretation wichtig sein, vgl. Katz (1964 *b*).

Man muß beachten, daß das Basis-System streng genommen keine PSG (Konstituentenstruktur-Grammatik) mehr ist. Wie in § 2.3.1 unformal und ausführlicher in der dort zitierten Literatur beschrieben wurde, besteht eine PSG aus einer ungeordneten Menge von Ersetzungsregeln, und sie weist einer Kette eine strukturelle Beschreibung zu, die als Baum-Diagramm repräsentiert werden kann, dessen Knoten durch Symbole des Vokabulars bezeichnet werden. Diese Theorie formalisiert einen Begriff der Sprachstruktur, der subtantiell und interessant ist, und der für mindestens ein halbes Jahrhundert von Einfluß war: die »taxonomische« Ansicht nämlich, daß die syntaktische Struktur ausschließlich durch Operationen der Segmentierung und der Klassifizierung determiniert ist (siehe § 2.3.1, Postal (1964 *a*) und Chomsky (1964)). Wir sind natürlich schon von dieser Theorie abgewichen, als wir annahmen, daß die Ersetzungsregeln in einer vorgeschriebenen Abfolge angewandt werden, um eine begrenzte Menge von (Basis-)Ketten zu erzeugen, statt frei die Gesamtmenge von aktuellen Sätzen zu generieren. Diese Modifizierung brachte eine Einschränkung für die PSG. Mit der Einführung komplexer Symbole sind wir in einem weiteren Punkt radikal von dieser Theorie abgewichen; und die separate Behandlung des Lexikons, die soeben vorgeschlagen wurde, ist gleichfalls eine wesentliche Revision. Diese Modifikationen affizieren die starke generative Kapazität der Theorie. Es trifft nicht mehr zu, daß ein

P-Marker als ein indiziertes Baum-Diagramm repräsentiert werden kann, wo jede Knotenbezeichnung für eine Kategorie von Ketten steht. Weiterhin erlauben die Konventionen für den Gebrauch komplexer Symbole die Anwendung quasi-transformationeller Regeln in der Basis-Komponente.

Um sich zu verdeutlichen, weshalb das so ist, muß man beachten, daß eine Derivation, die nur Ersetzungsregeln enthält, einen strikt Markovschen Charakter hat. Das heißt, in einer Derivation, die aus aufeinanderfolgenden Zeilen $\sigma_1, \ldots, \sigma_n$ ($\sigma_1 = \# S \#$; $\sigma_n = \# a_1 \ldots a_k \#$, wobei jedes a_i ein terminales oder nicht-terminales Symbol des Vokabulars ist, auf dem die Grammatik basiert) besteht, sind die Regeln, die angewandt werden können, um die nächste Zeile σ_{n+1} zu bilden, unabhängig von $\sigma_1, \ldots, \sigma_{n-1}$ und hängen völlig von der Kette σ_n ab. Für eine grammatische Transformation ist es hingegen typisch, daß sie auf eine Kette *mit einer bestimmten Struktur-Beschreibung* angewandt wird. Somit hängt die Anwendung einer solchen Regel auf die letzte Zeile einer Derivation zum Teil von früheren Zeilen ab. Eine grammatische Transformation ist mit anderen Worten eine Regel, die auf P-Markern und nicht auf Ketten über dem terminalen und nicht-terminalen Vokabular der Grammatik operiert.

Gesetzt jedoch, wir nehmen indizierte Klammern in die Ketten der Derivation auf, und wir lassen die »Ersetzungsregeln« auf diese Symbole referieren. Wir erhalten dann eine Art Transformationsgrammatik unter völligem Verlust unserer Intuition über die Sprachstruktur, die die Entwicklung einer PSG motiviert hat. Tatsächlich bietet die Inkorporierung von Klammern in Ketten die geeignetste Grundlage für die Transformationsregeln der phonologischen Komponente (vgl. Halle und Chomsky (1960) und (1968); Chomsky und Miller (1963), § 6); das gilt jedoch nicht für die Transformationsregeln der syntaktischen Komponente, die keine »lokalen Transformationen« von der Art sind, die ausschließlich im Transformationszyklus in der Phonologie auftreten.[18] Aber mit der Einführung komplexer Symbole kann Information von früheren Derivationsstufen auf spätere übertragen werden, genau wie bei der Notation für Transformationsregeln, die es ermöglicht, indizierte Klammern in Zeilen einer Derivation zu übertragen. In gewissem Ausmaß können umfassende Operationen über Ketten in komplexe Kategoriensymbole kodiert werden und in Derivationen bis zum Punkt ihrer »Anwendung« transferiert werden. Folglich sind Regeln, die auf komplexe Symbole angewandt werden, ihrer Wirkung nach Transformationsregeln, und eine Grammatik, die komplexe Symbole verwendet, ist eine Art Tranformationsgrammatik und keine PSG. Es sei nebenbei bemerkt, daß die für den Gebrauch komplexer Symbole aufgestellten Konventionen keine Systeme mit größerer *schwacher* generativer Kapazität als PSG liefern, (selbst dann nicht, wenn geeignete Konventionen aufgestellt werden, die es erlauben, daß komplexe Symbole an jeder Stelle einer Derivation auftreten dürfen, und nicht nur in lexikalischen Kategorien – vgl. Anm. 4). Diese Tatsache hat natürlich keine Bedeutung für die Beobachtung, daß eine solche Theorie keine Version der Theorie der PSG mehr ist.

2.3.4. Kontext-sensitive Subkategorisierungsregeln

Wir haben bisher noch nicht untersucht, wie die Kategorie V in ein komplexes Symbol zu analysieren ist. Angenommen, wir haben die Grammatik (23) – (25). Wir müssen nun noch Regeln angeben, die feststellen, ob ein V transitiv ist oder nicht, u. ä.; und wir müssen ins Lexikon geeignete Eintragungen für einzelne verbale Formative einfügen. Es ist nicht einfach damit getan, daß man in die Grammatik, analog zu (24), die Regel (28) aufnimmt:

(28) V→ [+V, ±Progressiv, ±Transitiv, ±Abstraktes Subjekt, ±Belebtes Objekt]

Ein Vorkommen des Kategoriensymbols V kann in der Umgebung —— NP durch ein komplexes Symbol mit dem Merkmal

[+Transitiv] ersetzt werden. Ebenso kann das Verb bezüglich des Merkmals [Abstraktes Subjekt] positiv spezifiziert werden, wenn es in der Umgebung: [+Abstrakt] ... —— steht; und es kann für das Merkmal [Belebtes Objekt] positiv spezifiziert werden, wenn es in der Umgebung: —— ... [+Belebt] steht; das gilt für alle lexikalischen Merkmale, die mit der Feststellung von Kontext-Beschränkungen verbunden sind. Folglich müssen die Merkmale [Transitiv], [Abstraktes Subjekt], [Belebtes Objekt] durch Ersetzungsregeln eingeführt werden, die kontext-beschränkt sind, im Unterschied zu den kontext-freien Regeln (22), die Nomina subkategorisieren.[19]

Als eine erste Annäherung für die Analyse von V können wir Regeln der folgenden Art betrachten:

(29) (i) V→[+V, +Transitiv]/——NP
(ii) V→[+V, —Transitiv]/——#

(30) (i) [+V]→[+[+Abstr]-Subjekt]/
[+N, +Abstr] Aux——
(ii) [+V]→[+[—Abstr]-Subjekt]/
[+N, —Abstr] Aux——
(iii) [+V]→[+[+Belebt]-Objekt]/
——Det [+N, +Belebt]
(iv) [+V]→[+[—Belebt]-Objekt]/
——Det [+N, —Belebt]

Wir können nun die Standard-Konventionen für den Ausdruck von Generalisierungen im Falle kontext-sensitiver Ersetzungsregeln wie (4), (29), (30) (vgl. z. B. Chomsky (1957), Appendix; vgl. auch Kap. 1, § 7, wo die Rolle solcher Konventionen in der Sprach-Theorie diskutiert wird) einführen, insbesondere die Konvention, daß

(31) $$A \rightarrow Z / \left\{ \begin{matrix} X_1 \text{——} Y_1 \\ \cdot \\ \cdot \\ \cdot \\ X_n \text{——} Y_n \end{matrix} \right\}$$

eine Abkürzung ist für die Folge von Regeln:

(32) (i) $A \rightarrow Z / X_1 — Y_1$

$\cdot$

$\cdot$

$\cdot$

(n) $A \rightarrow Z / X_n — Y_n$

Diese Konventionen erlauben es uns, (29) und (30) als (33) und (34) zu reformulieren.

$$(33)\ \left.\begin{array}{l}\text{(i)}\\ \\ \text{(ii)}\end{array}\right\} V \rightarrow [+V, \left\{\begin{array}{l} +\text{Transitiv}]/—\text{NP} \\ \\ —\text{Transitiv}]/—\# \end{array}\right\}$$

$$(34)\ \left.\begin{array}{l}\text{(i)}\\ \\ \text{(ii)}\\ \\ \text{(iii)}\\ \\ \text{(iv)}\\ \\ \end{array}\right\} [+V] \rightarrow \left\{\begin{array}{l} [+[+\text{Abstr}]\text{-Subjekt}]/ \\ \qquad\qquad [+\text{N}, +\text{Abstr}]\ \text{Aux}— \\ [+[—\text{Abstr}]\text{-Subjekt}]/ \\ \qquad\qquad [+\text{N}, —\text{Abstr}]\ \text{Aux}— \\ [+[+\text{Belebt}]\text{-Objekt}]/ \\ \qquad\qquad —\text{Det}\ [+\text{N}, +\text{Belebt}] \\ [+[—\text{Belebt}]\text{-Objekt}]/ \\ \qquad\qquad —\text{Det}\ [+\text{N}, —\text{Belebt}] \end{array}\right\}$$

Es ist unmittelbar einsichtig, daß die Regeln (33) und (34), obwohl formal adäquat, sehr umständlich sind und wichtige Generalisierungen unausgedrückt lassen. Das wird noch deutlicher, wenn wir uns klarmachen, daß es neben (34) viele andere Regeln der gleichen Art gibt; und daß es neben (33) Regeln gibt, die verschiedene andere Subkategorien des Verbs spezifizieren, z. B. in solchen Umgebungen wie: — Adjektiv [z. B. *grow* (*old*), *feel* (*sad*)], — Prädikatsnomen [*become* (*president*)], — *like*⁀Prädikatsnomen [*look* (*like a nice person*), *act* (*like a fool*)], —S' [*think* (*that he will come*), *believe* (*it to be unlikely*)], wobei S' eine Variante eines Satzes ist, —NP⁀S' [*persuade* (*John that it is unlikely*)] usw. (wobei wir bestimmte Details weggelassen haben).

Wir sehen, daß das Schema für grammatische Beschreibungen, das wir bisher entwickelt haben, es noch nicht gestattet, die aktuellen Prozesse darzustellen, die bei der Determinierung der Form von Sätzen wirksam sind. Im vorliegenden Falle gibt es eine große Menge von Regeln (von denen (34) nur vier erwähnt), die dem Verb Merkmale des Subjekts und des Objekts zuschreiben, in etwa der Art, wie es gewöhnliche Kongruenzregeln in vielen Sprachen tun. Es gibt weiterhin viele Regeln (von denen (33) nur zwei enthält), die eine Subklassifizierung der Kategorie Verb bewirken mit Hilfe einer Menge von Umgebungen, in denen diese Kategorie auf der Stufe einer Derivation auftritt, auf der sie subkategorisiert werden soll. Diese Generalisierungen sind im Rahmen des Schemas für eine grammatische Deskription, das wir bisher entwickelt haben, nicht ausdrückbar, eine Inadäquatheit, die sich in der Redundanz und der Unübersichtlichkeit des Regelsystems zeigt, wofür (33) und (34) Beispiele sind.

Unser augenblickliches Problem wird deutlich sichtbar, wenn wir die Regeln (34) mit der hypothetischen Menge (35) vergleichen:

$$(35)\ \left.\begin{array}{l}\text{(i)}\\ \text{(ii)}\\ \text{(iii)}\\ \text{(iv)}\end{array}\right\}\ [+\text{V}] \rightarrow \left\{\begin{array}{l}[+F_1]/[+\text{N}, +\text{Abstr}]\ \text{Aux}— \\ [+F_2]/[+\text{N}, -\text{Abstr}]\ \text{Aux}— \\ [-F_1]/—\text{Det}\ [+\text{N}, +\text{Belebt}] \\ [-F_2]/—\text{Det}\ [+\text{N}, -\text{Belebt}]\end{array}\right\}$$

wobei F_1 und F_2 bestimmte syntaktische Merkmale sind. Regeln wie die in (34) selektieren das Verb systematisch im Hinblick auf die Wahl von Subjekt und Objekt, während die Regeln (35) die Subklassifizierung von Verben eher aufs Geratewohl nach der Wahl von Subjekt und Objekt bestimmen. Jedoch ist das System (34) in unserer augenblicklichen Darstellung nicht höher zu bewerten als (35), ja, es gilt sogar das Gegenteil, wenn die üblichen Notationskonventionen für die Bewertung dieser Systeme angewandt werden. Mit anderen Worten, die linguistisch signifikante Generalisierung, die (34) zugrunde liegt, ist in unserem gegenwärtigen Apparat nicht ausdrückbar. Er erweist sich somit als inadäquat (in diesem Falle auf der Ebene der Erklärungsadäquatheit).

Wenden wir uns nun der Frage zu, wie eine wirksame und informative Darstellung dieser Prozesse entwickelt werden kann.

Man muß sich klar machen, daß die Merkmalspezifikation [+Transitiv] als bloße Notation für Vorkommen in der Umgebung —— NP betrachtet werden kann. Eine ausdrucksvollere Notation wäre einfach das Symbol »——NP« selbst.[20] Generalisierend gestatten wir nun, daß einige Merkmale in der Form X——Y dargestellt werden können, wobei X und Y Ketten (auch leere) von Symbolen sind. Wir wollen transitive Verben betrachten als positiv spezifiziert für das Kontext-Merkmal [——NP], prä-adjektivische Verben *grow, feel* als positiv spezifiziert für das Kontext-Merkmal [——Adjektiv] usw. Wir erhalten dann eine generelle Subkategorisierungsregel mit dem Effekt, daß *ein Verb positiv spezifiziert ist im Hinblick auf das Merkmal, das mit dem Kontext, in dem es auftritt, verbunden ist.*

Wir führen somit die Notation

(36) $A \rightarrow X \frown \mathrm{CS} \frown Y / Z$——$W$

als eine Abkürzung für die Ersetzungsregel

(37) $A \rightarrow X \frown [+A, +Z$——$W] \frown Y / Z$——$W$

ein, wobei »CS« für »komplexes Symbol« steht. Wenn wir die Klammerkonvention anwenden, erhalten wir nun

(38) $$A \rightarrow X \frown \mathrm{CS} \frown Y / \left\{ \begin{matrix} Z_1 \text{——} W_1 \\ \cdot \\ \cdot \\ \cdot \\ \cdot \\ Z_n \text{——} W_n \end{matrix} \right\}$$

als eine Abkürzung für die Folge von Regeln

(39) $$\begin{matrix} A \rightarrow X \frown [+A, +Z_1 \text{——} W_1] \frown Y / Z_1 \text{——} W_1 \\ \cdot \qquad\qquad\qquad \cdot \\ \cdot \qquad\qquad\qquad \cdot \\ \cdot \qquad\qquad\qquad \cdot \\ A \rightarrow X \frown [+A, +Z_n \text{——} W_n] \frown Y / Z_n \text{——} W_n \end{matrix}$$

Die Notation, die in (35) eingeführt wurde, gestattet es uns, das Faktum auszudrücken, daß eine Menge von Umgebungen, in denen das Symbol *A* auftritt, eine entsprechende Subklassifizierung von *A* bewirkt, mit einer Untergliederung pro aufgestellten Kontext. Im Fall der Subklassifizierung des Verbs bekommen wir dann statt Regel (33) die Regel (40) als weitere Approximation:

(40)

$$V \rightarrow CS/\text{—} \left\{ \begin{array}{l} \text{NP} \\ \# \\ \text{Adj(ektiv)} \\ \text{Prädikatsnomen} \\ \textit{like}^\frown\text{Prädikatsnomen} \\ \text{Präpositionalkomplex*} \\ \textit{that}^\frown\text{S'} \\ \text{NP (of}^\frown\text{Det}^\frown\text{N) S'} \\ \text{etc.} \end{array} \right\}$$ [21]

Das Lexikon könnte nun Einheiten enthalten wie

(41) *eat*, [+V, +—NP]
elapse, [+V, +—#]
grow, [+V, +—NP, +—#, +—Adj]
become, [+V, +—Adj, +—Prädikatsnomen]
seem, [+V, +—Adj, +—*like*⁀Prädikatsnomen]
look, [+V, +—(PP)#,+ —Adj, +—*like*⁀Prädikatsnomen]
believe, [+V, +—NP, +—*that*⁀S']
persuade, [+V, +—NP, +—(*of*⁀Det⁀N)S']

usw.[22] Die Regeln (40), ergänzt durch das Lexikon (41), lassen Ausdrücke zu wie *John eats food, a week elapsed, John grew a beard, John grew, John grew sad, John became sad, John became president, John seems sad, John seems like a nice fellow, John looked, John looked at Bill, John looks sad, John looks like a nice fellow, John believes me, John believes that it is unlikely, John persuaded Bill that we should leave, John persuaded Bill of the necessity for us to leave.*

Man sieht, daß der systematische Gebrauch komplexer Symbole, mit einer geringfügigen Erweiterung der gebräuchlichen

* Im folgenden abgekürzt PP (*Prepositional-Phrase*)

Notationen, eine höchst einfache und informative Darstellung eines der grundlegenden Prozesse der Subklassifizierung ermöglicht.

Wir können die gleichen Notationskonventionen benutzen, um die Arten von Selektionsbeschränkungen auszudrücken, die in Regeln wie (34) dargestellt wurden, Regeln, die dem Verb Merkmale des Subjekts und des Objekts zuschreiben. So können wir (34) durch die Regeln ersetzen:

$$(42)\ \left.\begin{array}{l}\text{(i)}\\ \text{(ii)}\\ \text{(iii)}\\ \text{(iv)}\end{array}\right\}\ [+\mathrm{V}] \rightarrow \mathrm{CS}\ /\ \left\{\begin{array}{l}[+\,\text{Abstr}]\ \text{Aux} \text{—}\\ [-\,\text{Abstr}]\ \text{Aux} \text{—}\\ \text{—}\ \text{Det}\ [+\,\text{Belebt}]\\ \text{—}\ \text{Det}\ [-\,\text{Belebt}]\end{array}\right\}$$

wobei nun [[+ Abstr] Aux —] das Merkmal ist, das in (34) [+ [+ Abstr] — Subjekt] usw. genannt wurde. Die Notationskonvention (36) bis (37) verdeutlicht, inwiefern ein Regelsystem wie (34), im Gegensatz zu (35), linguistisch signifikante Generalisierungen ausdrückt.

Die Regeln in (40) und (42) analysieren eine Kategorie in ein komplexes Symbol nach der Umgebung, in der diese Kategorie auftritt. Die Regeln unterscheiden sich insofern, als in (40) die Umgebung durch Kategoriensymbole dargestellt wird, während in (42) die Umgebung in Form von syntaktischen Merkmalen angegeben wird. Solche Regeln wie (40), die ein Symbol nach einem kategorialen Kontext analysieren, will ich künftig *strikte Subkategorisierungsregeln* nennen. Regeln wie in (42), die ein Symbol (generell: ein komplexes Symbol) mit Hilfe syntaktischer Merkmale der Umgebungen, in denen es auftritt, analysieren, will ich *Selektionsregeln* nennen. Letztere drücken aus, was gewöhnlich »Selektionsbeschränkungen« *(»selectional restrictions«)* oder »Ko-Okkurrenz-Beschränkungen« *(»restrictions of co-occurrence«)* genannt wird. Wir werden später sehen, daß es wichtige syntaktische und semantische Unterschiede zwischen strikten Subkategorisierungsregeln und Selektionsregeln gibt, sowohl im Hinblick auf ihre Form als auch auf ihre Funktion, und daß diese Unterscheidung, die auf der

gegenwärtigen Stufe der Darstellung willkürlich erscheint, in Wirklichkeit sehr wichtig ist.
Sowohl für die strikten Subkategorisierungsregeln (40) als auch für die Selektionsregeln (42) gibt es profundere Generalisierungen, die noch nicht ausgedrückt sind. Betrachten wir zunächst (40). Diese Regelmenge bewirkt eine Kategorisierung des Symbols V mittels einer Menge von Umgebungen, in denen V auftritt. Sie drückt nicht das Faktum aus, daß *jede Umgebung, in der V innerhalb einer VP auftritt*, für die strikte Subkategorisierung von V relevant ist, und auch nicht das Faktum, daß *eine Umgebung, die nicht zur VP gehört*, für die strikte Subkategorisierung von V nicht relevant ist. Das Symbol VP dominiert in Derivationen, die durch Ersetzungsregeln der Basis generiert wurden, Ketten wie die folgenden:

(43)	(i)	V	*(elapse)*
	(ii)	V NP	*(bring the book)*
	(iii)	V NP *that*-S	*(persuade John that there was no hope)*
	(iv)	V PP	*(decide on a new course of action)*
	(v)	V PP PP	*(argue with John about the plan)*
	(vi)	V Adj	*(grow sad)*
	(vii)	V *like* Prädikatsnomen	*(feel like a new man)*
	(viii)	V NP PP	*(save the book for John)*
	(ix)	V NP PP PP	*(trade the bicycle to John for a tennis racket)*

usw. Zu jeder solchen Kette, die von VP dominiert wird, gibt es eine korrespondierende strikte Subkategorisierung von Verben. Andererseits werden Verben offensichtlich nicht nach Typen von Subjekt-NP oder Typen von Aux strikt subkategorisiert.[23] Diese Beobachtung legt es nahe, daß an einer bestimmten Stelle in der Folge von Basis-Regeln eine Regel einzuführen ist, die Verben in der folgenden Form strikt subkategorisiert:

(44) $V \rightarrow CS / \text{——} \alpha$, wobei α eine Kette ist, so daß gilt: $V\alpha$ ist eine VP

Das Regelschema (44) drückt die echte Generalisierung aus, die die strikte Kategorisierung von Verben durch Mengen syntaktischer Umgebungen, in denen V auftritt, determiniert.
Wir haben jetzt das Problem der Formulierung der Generalisierungen besprochen, die den strikten Subkategorisierungsregeln (40) tatsächlich zugrunde liegen, und wir haben unformal einen Apparat vorgeschlagen, der zu diesem Ergebnis führt. Betrachten wir nun die Selektionsregeln, aus denen (42) eine Auswahl bringt. Hier ist ebenfalls evident, daß es linguistisch signifikante Generalisierungen gibt, die in der vorliegenden Form der Regeln nicht ausgedrückt sind. So berücksichtigen die Regeln (42) nicht das Faktum, daß *jedes* syntaktische Merkmal des Subjekts und des Objekts – und nicht etwa nur bestimmte willkürlich gewählte Merkmale – eine entsprechende Klassifizierung des Verbs bewirkt.[24] Wiederum wird eine Erweiterung des Notationsapparates für die Formulierung von Regeln notwendig, damit das Bewertungsmaß korrekt funktionieren kann. In diesem Falle wird der natürlichste Weg, die zugrunde liegende Generalisierung zu formulieren, wohl der sein, der Regel-Schemata wie die folgenden benutzt:

(45) $[+V] \rightarrow CS / \left\{ \begin{array}{l} \alpha^\frown Aux \text{ ——} \\ \text{——} Det^\frown \alpha \end{array} \right\}$

wobei α ein N ist, eine Variable über spezifizierte Merkmale. Wir interpretieren dieses Schema als Abkürzung aller von (45) derivierbaren Regeln, indem wir α durch ein Symbol ersetzen, das die aufgestellte Bedingung erfüllt, nämlich die, von N dominiert zu sein. Die Regeln, die durch das Schema (45) abgekürzt werden, besagen einfach, daß jedes Merkmal des vorausgehenden und folgenden Nomens dem Verb zugewiesen wird und eine passende selektionale Subklassifizierung des Verbs bewirkt. Falls die Regel (45) in der Folge von Basisregeln nach den Regeln von (20) auftritt, dann determiniert jedes der lexikalischen Merkmale, die durch (20) eingeführt wurden, eine entsprechende Subklassifizierung des komplexen Symbols [+ V].

Die Regelschemata (44) und (45) beziehen sich auf Situationen, in denen ein Element (in diesem Falle das Verb) durch die Kontexte subkategorisiert wird, in welchen dieses Element auftritt, wobei alle diese Kontexte bestimmte syntaktische Bedingungen erfüllen. In jedem Falle würde aber eine wichtige Generalisierung verfehlt, wenn die relevanten Kontexte nur aufgezählt würden. Die Theorie der Grammatik würde dann das Faktum nicht ausdrücken, daß eine Grammatik offensichtlich höher zu bewerten ist, wenn die Subkategorisierung durch eine Menge von syntaktisch definierbaren Kontexten determiniert wird. Eine geeignete Bedeutung von »syntaktisch definierbar« wird durch die oben gegebenen Beispiele nahegelegt. Eine präzise Formulierung von »syntaktisch definierbar« kann innerhalb einer Transformationsgrammatik leicht angegeben werden.

Am Schluß von § 2.3.3 haben wir hervorgehoben, daß ein System von Ersetzungsregeln, das komplexe Symbole verwendet, keine PSG mehr ist (obwohl es von einer solchen Grammatik in bezug auf die schwache generative Kapazität nicht abweicht); statt dessen ist es besser als eine Art von Transformationsgrammatik zu betrachten. Die Regelschemata (44) und (45) nehmen den Charakter von Transformationsregeln noch deutlicher an. Regeln dieses Typs sind im wesentlichen von der Form

(46) $A \rightarrow \mathrm{CS} \,/\, X$—$Y$,
wobei $X\ A\ Y$ als $Z_1, \ldots Z_n$

analysierbar ist, und der Ausdruck »X ist analysierbar als $Y_1, \ldots Y_n$« bedeutet, daß X in $X = X_1 \ldots X_n$ so segmentiert werden kann, daß X_i von Y_i im P-Marker der betreffenden Derivation dominiert wird. Analysierbarkeit in diesem Sinne ist die grundlegende Eigenschaft, auf der die Theorie der Transformationsgrammatik entwickelt wurde (vgl. Chomsky (1955), (1956) und viele andere Arbeiten). Wir können zum Beispiel die betreffenden Regeln durch Verwendung indizierter Klammern (indem wir annehmen, diese seien in der Derivation von Stufe zu Stufe weiter transferiert worden) darstellen oder indem wir zulassen, daß komplexe Symbole an beliebigen Stellen einer Derivation auftreten (nicht nur bei lexikalischen Kategorien), wobei gewisse Merkmale auf die »Nachkommen« eines bestimmten Kategoriensymbols übertragen wurden etwa in der Art des Systems von Matthews, auf das in Anmerkung 13 verwiesen wurde, oder durch verschiedene ähnliche Verfahren.[25]

Die Basis-Komponente der Grammatik enthält also neben dem Lexikon:

(i) Ersetzungsregeln, die Verzweigungen bewirken und die nur kategoriale (nicht-komplexe) Symbole benutzen,

(ii) Regelschemata, die außer bei Kontextangaben nur lexikalische Kategorien enthalten und die komplexe Symbole benutzen.

Die Regeln des Typs (i) sind gewöhnliche Formationsregeln, die Regeln in (ii) aber sind Transformationsregeln einer elementaren Art. Man kann sich übrigens vorstellen, daß selbst die Regeln (i) zum Teil durch Schemata ersetzt werden, die die Grenzen von Formationsregeln bezüglich der starken generativen Kapazität überschreiten (vgl. z. B. Chomsky und Miller (1963), p. 298; Chomsky und Schützenberger (1963), p. 133, wo solche Operationen wie Koordination innerhalb eines solchen Rahmens diskutiert werden), oder durch lokale Transformationen (vgl. Anm. 18). Kurzum: es ist deutlich geworden, daß es ein Fehler war, anzunehmen, die Basis-Komponente einer Transformationsgrammatik sei streng auf ein System von PSG-Regeln zu beschränken, obgleich ein solches System als Teil dieser Komponente eine fundamentale Rolle spielt. Seine Rolle ist faktisch die der Definition der grammatischen Funktionen und der grammatischen Beziehungen, die in der Tiefenstruktur existieren und die deshalb die semantische Interpretation eines Satzes determinieren.

Die deskriptive Kraft der Basis-Komponente wird durch die Zulassung von Transformationsregeln sehr vergrößert, und

folglich ist es wichtig zu prüfen, wie ihre Verwendung eingeschränkt werden kann, das heißt zu prüfen, in welchem Maße die Möglichkeit, solche Systeme zu benutzen, tatsächlich empirisch motiviert ist. Von den angeführten Beispielen ausgehend scheint es, daß da wirklich starke Beschränkungen existieren. So bezieht sich die strikte Subkategorisierung von V nur auf Umgebungen, die von dem Symbol VP dominiert werden, und es gibt außerdem offensichtliche Beschränkungen, die mit der Verwendung von Selektionsregeln verbunden sind, wir kommen darauf in § 4.2 zurück. Lassen wir dieses Problem im Moment einmal beiseite und wenden uns wieder der Untersuchung der strikten Subkategorisierungsregeln zu.
Das Symbol V wird von Regeln der Form: VP → V ... eingeführt, und die von VP dominierten Umgebungen bestimmen die strikte Subkategorisierung von Verben. Wir können also die folgende generelle Bedingung an strikte Subkategorisierungsregeln stellen. Jede dieser Regeln muß die Form (47) haben:

(47) $A \rightarrow CS / \alpha \text{---} \beta$
wobei $\alpha A \beta$ ein σ ist,

wobei weiterhin σ *ein Kategoriensymbol ist, das auf der linken Seite der Regel* $\sigma \rightarrow \ldots A \ldots$ *erscheint, die A einführt.* Somit ist (47) – reformuliert im Rahmen der Theorie der grammatischen Transformationen – eine »lokale Transformation«. Vgl. Anm. 18. Die kursiv gedruckte Bedingung garantiert außerdem, daß die Transformation »streng lokal fixiert« (*»strictly local«*) im Sinne von Anm. 18 ist. Wenn dies als eine allgemeine Bedingung für die Form der Grammatik akzeptiert wird, so können strikte Subkategorisierungsregeln einfach in der folgenden Form angegeben werden:

(48) $A \rightarrow CS$

Der Rest wird durch Konvention automatisch ergänzt. Mit anderen Worten, die einzige Charakteristik dieser Regeln, die explizit in der Grammatik angeführt werden muß, ist ihre Position in der Abfolge der grammatischen Regeln. Diese Posi-

tion fixiert die Menge von Umgebungen, die die Subkategorisierung determinieren.
Nehmen wir an, die Regel, die Nomina in die Grammatik einführt, sei im wesentlichen folgende:

(49) NP → (Det) N (S′)

In diesem Falle können wir eine strikte Subkategorisierung von Nomen in die folgenden Kategorien erwarten: [Det —— S′], [Det ——], [—— S′] und [——]. Die Notationskonventionen für Merkmale, die oben eingeführt wurden, sind hier weitergeführt. Die Kategorie [Det —— S′] ist die Kategorie von Nomen, die Satzkomplemente haben (z. B. »the *idea* that he might succeed«, »the *fact* that he was guilty«, »the *opportunity* for him to leave«, »the *habit* of working hard« – der zuletzt genannte Satz enthält ein Satzkomplement mit einem obligatorisch getilgten Subjekt). Die Kategorie [Det ——] ist einfach die Kategorie der Appellativa. Die Kategorie [——] ist die Kategorie der Eigennamen, d. h. die Kategorie der Namen ohne Det (oder, im Falle von »The Hague«, »The Nile«, mit einem festen Det, das besser als Teil des Nomens selbst aufgefaßt werden kann, denn als Teil eines frei und unabhängig selektierten Determinationssystems).[26] Wenn das zutrifft, so ist die Distinktion Eigenname: Appellativum strikt subkategorial, und sie fällt nicht mit den anderen Merkmalen, die in (20) eingeführt wurden, zusammen. Die Kategorie [—— S′] ist nicht in einer so klaren Weise wie die anderen realisiert. Vielleicht sollte man diese Kategorie zur Darstellung von »zitiert Kontexte« benutzen und vor allem für das impersonale *it* solcher Sätze wie »it strikes me that he had no choice«, »it surprised me that he left«, »it is obvious that the attempt must fail«, die von zugrunde liegenden Ketten mit NP der Form: *it*ˆSatz abgeleitet sind, wobei das Satzkomplement entwedere durch Transformation von *it* getrennt ist (wie in den angeführten Beispielen) oder durch eine streng lokal fixierte Transformation nach der in Anm. 18 beschriebenen Weise für *it* substituiert wird.

Um wieder zur Verb-Subkategorisierung zurückzukehren: Es ist eine weitere Konsequenz der Annahme solcher generellen Bedingungen, wie sie oben im Zusammenhang mit (47) vorgeschlagen wurden, hervorzuheben. Bekanntlich können bei Verb-PP-Konstruktionen mehrere Grade der »Kohäsion« zwischen Verb und angeschlossener PP unterschieden werden. Z. B. in solch mehrdeutigen Konstruktionen wie:

(50) he decided on the boat,

was bedeuten kann »he chose the boat« oder »he made his decision while on the boat«. Beides tritt auf in:

(51) he decided on the boat on the train,

d. h. »he chose the boat while on the train«. Die zweite PP in (51) ist nur ein Lokaladverbial, das, ebenso wie ein Temporaladverbial, keine besondere Verbindung mit dem Verb hat, sondern die ganze VP oder den ganzen Satz modifiziert. Sie kann dem Satz fakultativ vorangestellt werden, obgleich die erste PP von (51), die enger zum Verb steht, dies nicht kann; das heißt, der Satz »on the train, he decided« ist eindeutig. Es gibt viele andere Beispiele derselben Art: »he worked at the office« und »he worked at the job«, »he laughed at ten o'clock« und »he laughed at the clown«, »he ran after dinner« und »he ran after John« usw. Einerseits treten Temporal- und Lokaladverbiale völlig frei mit unterschiedlichen Typen von VP zusammen auf, andererseits stehen viele Typen von PP in viel engerer Beziehung zum Verb. Diese Beobachtung legt es nahe, die ersten Regeln der Basis etwas zu modifizieren; wir ersetzen sie durch (52):

(52) (i) $\text{S} \rightarrow \text{NP}^\frown\text{Prädikatskomplex}$

(ii) $\text{Prädikatskomplex} \rightarrow \text{Aux}^\frown\text{VP (Lokal) (Temporal)}$

$$\text{(iii) VP} \rightarrow \left\{ \begin{array}{ll} \textit{be} & \text{Prädikativ} \\ \text{V} & \left\{ \begin{array}{l} \text{(NP) (PP) (PP) (Art und Weise)} \\ \text{Adj} \\ \text{S'} \\ \textit{(like)}\ \text{Prädikatsnomen} \end{array} \right\} \end{array} \right\}$$

$$\text{(iv)}\quad PP \rightarrow \begin{Bmatrix} \text{Richtung} \\ \text{Dauer} \\ \text{Lokal} \\ \text{Frequenz} \\ \text{usw.} \end{Bmatrix}$$

$$\text{(v)}\quad V \rightarrow CS$$

Die für komplexe Symbole geltenden Konventionen interpretieren (v) als Regel, die Verben strikt subkategorisiert im Hinblick auf alle Kontexte, die im zweiten Teil von Regel (iii) und in Regel (iv) eingeführt wurden.

Daraus folgt dann, daß Verben bezüglich der PP subkategorisiert werden, die durch (52) (iii) eingeführt wurden, nicht jedoch bezüglich solcher, die durch (52) (ii) abgeleitet wurden, nämlich Lokal- und Temporaladverbiale, die mit dem gesamten Prädikatskomplex verbunden sind, und die zum Teil enger mit Aux assoziiert sein können (vgl. Anm. 23), oder mit Satz-Adverbialen, die in der zugrunde liegenden Struktur die Gestalt eines »Prä-Satzes« haben. Verben werden somit durch Verb-Komplemente subkategorisiert, jedoch nicht durch VP-Komplemente. Daß das im wesentlichen zutrifft, geht klar aus den angegebenen Beispielen hervor. Es soll noch einmal illustriert werden: Wir bekommen in Verbindung mit den vier Typen von Adverbialen, die in (52) (iv) angeführt wurden, Komplexe wie (53), nicht aber solche wie (54):[27]

(53) dash – into the room (V – Richtung)
last – for three hours (V – Dauer)
remain – in England (V – Lokal)
win – three times a week (V – Frequenz)

(54) dash – in England
last – three times a week
remain – into the room
win – for three hours

Ebenso sind die kursiv gedruckten Komplexe in folgenden Sätzen von dem Typ, der eine Subkategorisierung des Verbs bewirkt: »he argued *with John (about politics)*«, »he aimed (the gun) *at John*«, »he talked *about Greece*«, »he ran *after John*«,

»he decided *on a new course of action*«, usw. Dagegen spielen die hervorgehobenen Komplexe in den Sätzen »John died *in England*«, »John played Othello *in England*«, »John always runs *after dinner*«, usw. keine Rolle bei der Subkategorisierung der Verben, da sie von einer Regel eingeführt werden (nämlich (52) (ii)), deren links stehendes Symbol das Verb nicht direkt dominiert.

Eine ähnliche Funktion haben die anderen in (52) (iii) eingeführten Kontexte bei der strikten Subkategorisierung von Verben. So hat auch das Adverbial der Art und Weise einen Einfluß auf die Subkategorisierung des Verbs. Generell können Verben Adverbiale der Art und Weise frei wählen, es gibt jedoch einige, für die das nicht zutrifft, z. B. *resemble, have, marry* (im Sinne von »John married Mary«, nicht »the preacher married John and Mary«, wo das Adverbial der Art und Weise frei gewählt ist), *fit* (im Sinne von »the suit fits me«, nicht »the tailor fitted me«, wo Adverbiale der Art und Weise frei sind), *cost, weigh* (im Sinne von »the car weighed two tons«, nicht »John weighed the letter«, wo das Adverbial der Art und Weise frei ist), und so weiter. Verben, die Adverbiale der Art und Weise nicht frei wählen, hat Lees »middle Verbs« genannt (Lees (1960*a*) p. 8), und er hat festgestellt, daß dies charakteristisch Verben mit nachfolgenden NP sind, die die Passiv-Transformation nicht durchlaufen können. So haben wir nicht »John is resembled by Bill«, »a good book is had by John«, »John was married by Mary«, »I am fitted by the suit«, »ten dollars is cost by this book«, »two tons is weighed by this car« usw., obwohl natürlich »John was married by Mary« akzeptabel ist im Sinne von »John was married by the preacher«, und es gibt »I was fitted by the tailor«, »the letter was weighed by John«, usw.[28]

Diese Beobachtungen legen es nahe, daß Adverbiale der Art und Weise als eine ihrer möglichen Realisierungen ein »Quasi-Symbol« (*»dummy symbol«*)* haben, das anzeigt, daß die Passiv-Trans-

* Wird in der deutschen Literatur auch mit »Platzhalter«, »Kulissensymbol«, »leeres Symbol« übersetzt – Anm. d. Übers.

haben die Regel (55) als Ersetzungsregel in der Basis und können die Passiv-Transformation so formulieren, daß sie auf Ketten der Form (56) angewandt wird. Mit Hilfe einer elementaren Transformation wird die erste NP für das Quasi-Element *Passiv* substituiert und die zweite NP an die Stelle der ersten NP plaziert:

(55) Art und Weise → *by*⁀*Passiv*

(56) NP — Aux — V — ... — NP — ... — *by*⁀*Passiv* — ...

wobei ... links außen in (56) eine weitere Spezifizierung erfordert, es kann z. B. nicht NP enthalten.

Diese Formulierung hat mehrere Vorteile gegenüber der in früheren Arbeiten über die Transformationsgrammatik verwandten (z. B. Chomsky (1957)). Vor allem berücksichtigt sie automatisch die Beschränkung der Passivisierung auf solche Verben, die Adverbiale der Art und Weise frei annehmen können. Das heißt, ein Verb kann nur dann in der Umgebung (56) auftreten und so die Passiv-Transformation durchlaufen, wenn es im Lexikon in bezug auf das strikte Subkategorisierungsmerkmal [—NP⁀Art und Weise] positiv spezifiziert ist; in diesem Falle verbindet es sich auch frei mit Adverbialen der Art und Weise. Zweitens ist es mit dieser Formulierung möglich, den abgeleiteten P-Marker des Passivsatzes durch die Regeln für Substitutionstransformationen darzustellen. Aufgrund dieser Lösung kann eine *ad hoc*-Regel für die abgeleitete Konstituenten-Struktur, die einzig und allein durch die Passivkonstruktion motiviert wäre (vgl. Chomsky (1957), p. 73–74), vermieden werden. Drittens ist es möglich, Pseudo-Passive wie »the bed was slept in«, »the new course of action was agreed on«, »John is looked up to by everyone«, usw. durch eine geringfügige Generalisierung der gewöhnlichen Passiv-Transformation zu erklären. Tatsächlich läßt das Schema (56) bereits diese Passivtypen zu. So erfüllt »everyone looks up to John by *Passiv*« die Bedingung (56), mit *John* als zweiter NP; es wird in »John is looked up to by everyone« überführt durch die gleiche elementare Transformation, die »John was seen by everyone« aus »everyone saw John« bildet. In der früheren Formulierung (vgl. Chomsky (1955), Kapitel IX) war es notwendig, Pseudo-Passive durch eine besondere Transformation zu behandeln. Der Grund ist, daß V von (56) auf transitive Verben beschränkt sein mußte, damit für die gewöhnliche Passiv-Transformation die »middle Verbs« *have, resemble,* usw. ausgeschlossen sind. Wenn aber – wie soeben vorgeschlagen – die Passivisierung durch ein Adverbial der Art und Weise determiniert wird, dann ist V in (56) auf keine Subkategorie beschränkt, es kann ein transitives, aber auch ein intransitives Verb sein. So werden »John is looked up to« und »John was seen« durch die gleiche Regel gebildet, ungeachtet der Tatsache, daß nur im zuletzt genannten Falle »John« das direkte Objekt der Tiefenstruktur ist. Es ist jedoch zu beachten, daß ein von (52) (ii) eingeführtes Adverbial nicht der Passiv-Transformation unterworfen ist, wie sie durch (56) definiert wurde, denn es *folgt* dem Adverbial *by⁀Passiv.* Das trägt der Tatsache Rechnung, daß es den Satz gibt: »this job is being worked at quite seriously« aus »unspezifiziertes Subjekt is working at this job quite seriously«, wobei »at this job« ein Verb-Komplement ist, das durch (52) (iii) eingeführt wird, aber nicht den Satz: »the office is being worked at« aus »unspezifiziertes Subjekt is working at the office«, wo die Konstruktion »at the office« ein VP-Komplement ist, das durch (52) (ii) eingeführt wird und deshalb dem Adverbial der Art und Weise folgt. Ebenso ist möglich: »the boat was decided on« im Sinne von »he chose the boat«, aber nicht im Sinne von »he decided while on the boat«. Der Passiv-Satz, der (50) entspricht, ist also nicht ambig, obwohl (50) selbst mehrdeutig ist. In ähnlicher Weise kann eine Reihe weiterer Fakten erklärt werden.

Die Tatsache, daß wir auf diese Weise die Nicht-Ambiguität von »the boat was decided on by John« gegenüber der Ambiguität von »John decided on the boat« wie auch viele ähnliche Beispiele erklären können, liefert eine indirekte Rechtfertigung für den Vorschlag (vgl. p. 132), daß die Regeln der strikten Subkategorisierung auf streng lokal fixierte Transformationen zu beschränken sind. Es ist an dieser Stelle vielleicht interessant, die Argumente, warum dies so sein muß, noch einmal zu überdenken. Durch das Prinzip der »streng lokal fixierten Subkategorisierung« wissen wir, daß bestimmte Kategorien innerhalb, andere außerhalb der VP vorkommen müssen. Eine dieser obligatorisch innerhalb der VP befindlichen Elemente ist die Markierung für die Passiv-Bildung, da diese die strikte Subkategorisierung des Verbs beeinflußt. Außerdem ist diese Markierung an die Anwesenheit des Adverbials der Art und Weise geknüpft, das dem Prinzip der streng lokal fixierten Subkategorisierung zufolge ebenfalls innerhalb der VP auftreten muß. Da die Passiv-Transformation mit dem Struktur-Index (56) formuliert werden muß, unterliegen folglich NPs in VP-Komplementen nicht einer »Pseudo-Passivierung«, während NPs in V-Komplementen dieser Operation unterworfen werden können. Das heißt im einzelnen: wenn »on the boat« in dem Satz »John decided on the boat« (mit der Interpretation »John chose the boat«) ein V-Komplement ist, unterliegt es der Pseudo-Passivierung durch die Passiv-Transformation; wenn aber »on the boat« in dem Satz »John decided on the boat« (in der Bedeutung »John decided while he was on the boat«, oder äquivalent »on the boat, John decided«) ein VP-Komplement ist, unterliegt es der Pseudo-Passivierung nicht, weil es die Bedingung (56) nicht erfüllt. Aus der Beobachtung, daß »the boat was decided on by John« nicht ambig ist und nur bedeuten kann, daß John das Boot wählte, schließen wir, daß die Prämisse dieses Arguments, die Annahme nämlich, daß strikte Subkategorisierung auf streng lokal fixierte Transformation beschränkt ist, empirisch bestätigt wird.

Die veränderte Analyse (52) verlangt, daß die in § 2.2 (vgl. (11)) vorgeschlagenen Definitionen für funktionale Begriffe etwas verändert werden. So könnten wir den Begriff »Prädikat (-von)« etwa als [Prädikatskomplex, S] und nicht als [VP, S] definieren. Diese veränderte Formulierung der Regeln illustriert im übrigen eine andere Eigenschaft der traditionellen funktionalen Begriffe. Wir beobachteten in § 2.2, daß diese Begriffe nur für das, was wir »Hauptkategorien« nannten, definiert sind. Ferner scheint es zuzutreffen, daß sie nur für solche »Hauptkategorien« *A* definiert sind, die in Regeln der Form $X \rightarrow \ldots A \ldots B \ldots$ oder $X \rightarrow \ldots B \ldots A \ldots$ auftreten, wobei *B* ebenfalls eine Hauptkategorie ist. Das ergibt sich ganz zwanglos, wenn man den relationalen Charakter dieser Begriffe berücksichtigt.

§ 3. Ein illustratives Fragment der Basis-Komponente

Um die Diskussion zusammenzufassen, kehren wir zum Ausgangsproblem, wie es in § 1 formuliert wurde, zurück. Es gilt, strukturelle Information der in § 1, Punkt (2) exemplifizierten Art in einer Menge von Regeln darzustellen, um die grundlegenden sprachlichen Prozesse, die dabei im Spiele sind, präzis zum Ausdruck zu bringen.

Betrachten wir nun eine generative Grammatik mit einer Basis-Komponente, die unter anderem die Regeln und Regel-Schemata (57) und das Lexikon (58) enthält:

(57) (i) $\text{S} \rightarrow \text{NP}^\frown\text{Prädikatskomplex}$

(ii) $\text{Prädikatskomplex} \rightarrow \text{Aux}^\frown\text{VP (Lokal) (Temporal)}$

(iii) $$\text{VP} \rightarrow \left\{ \begin{array}{l} \text{Kopula}^\frown\text{Prädikativ} \\ \text{V} \left\{ \begin{array}{l} \text{(NP) (PP) (PP) (Art und Weise)} \\ \text{S}' \\ \text{Prädikativ} \end{array} \right\} \end{array} \right\}$$

(iv) $$\text{Prädikativ} \rightarrow \left\{ \begin{array}{l} \text{Adj} \\ (\textit{like})\ \text{Prädikatsnomen} \end{array} \right\}$$

(v) $$\text{PP} \rightarrow \left\{ \begin{array}{l} \text{Richtung} \\ \text{Dauer} \\ \text{Lokal} \\ \text{Frequenz} \\ \text{usw.} \end{array} \right\}$$

(vi) $\text{V} \rightarrow \text{CS}$

(vii) $\text{NP} \rightarrow \text{(Det) N (S}')$

(viii) $\text{N} \rightarrow \text{CS}$

(ix) $[+\text{Det}—] \rightarrow [\pm\text{Ind}]$

(x) [+Ind] → [±Belebt]
(xi) [+N, + —] → [±Belebt]
(xii) [+Belebt] → [±Mensch]
(xiii) [—Ind] → [±Abstr]
(xiv) [+V] → CS / α⌒Aux — (Det⌒β)
(xv) Adj → CS / α . . . —
} wobei gilt: α ist ein N und β ist ein N
(xvi) Aux → Tempus (M) (Aspekt)
(xvii) Det → (Prä-Artikel⌒*of*) Artikel (Post-Artikel)
(xviii) Artikel → [±Def(init)]

(58) (*sincerity*, [+N, +Det —, —Ind, +Abstr, . . .])
(*boy*, [+N, +Det —, +Ind, +Belebt, +Mensch, . . .])
(*frighten*, [+V, + — NP, + [+Abstr] Aux — Det [+Belebt], +Objekt-Tilgung, . . .])
(*may*, [+M, . . .])

Dieses Regelsystem generiert den P-Marker (59):

(59)
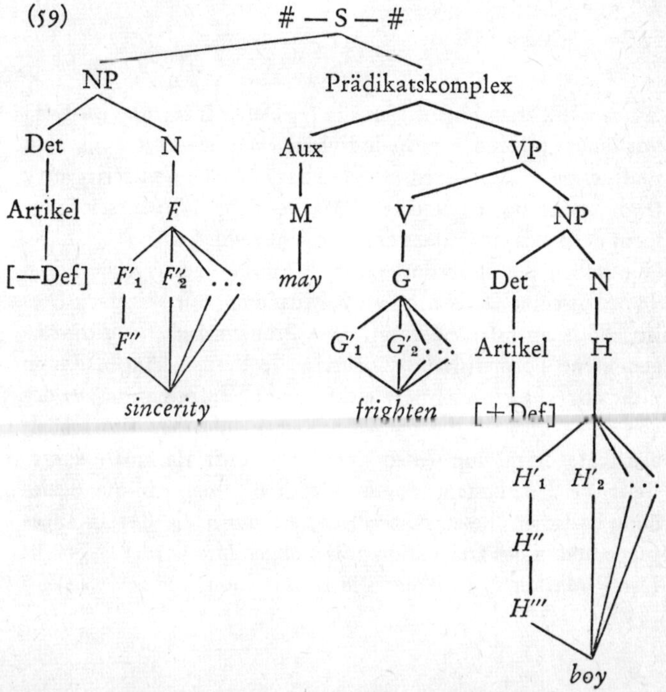

$F = [+\text{Det}—] = \text{App}$
$F'_1 = [—\text{Ind}]$
.
.
.
$F'' = [+\text{Abstr}]$

$G = [+ — \text{NP}] = \text{Transitiv}$
$G'_1 = [+ [+\text{Abstr}]\ \text{Aux} — \text{Det}\ [+\text{Belebt}]]$
$G'_2 = [+\text{Objekt-Tilgung}]$
.
.
.

$H = [+\text{Det} —] = F$
$H'_1 = [+\text{Ind}] = —F'_1$
.
.
.
$H'' = [+\text{Belebt}]$
$H''' = [+\text{Mensch}]$

Wenn wir Regeln hinzufügen, die [+Def] als *the* und [—Def] vor einem folgenden nicht-individuativen Substantiv als Null realisieren, so derivieren wir den Satz aus § 1 »sincerity may frighten the boy« mit dem P-Marker (59). NB: dieses Fragment der Basis ist »sequentiell« im Sinne von § 2.1.

Wir haben die Prozedur, einen P-Marker des erforderlichen Typs aus einer Derivation zu konstruieren, nur skizziert. Dies ist jedoch ein relativ geringfügiges Problem betreffend die angemessene Formalisierung, prinzipielle Fragen hängen davon nicht ab. (59) repräsentiert nicht nur alle Information aus der »ist-ein«-Relation, die zwischen Ketten und den dazugehörigen Kategorien, von denen jetzt viele durch Merkmale dargestellt werden, besteht, sondern auch die hierarchische Beziehung zwischen diesen Kategorien, die durch die Regeln angegeben und in der Derivation präzis abgebildet wird.

Der P-Marker (59) liefert alle Information, wie sie in (2) (i) und (2) (iii) aufgeführt wurde. Die Information über die funktionalen Begriffe aus (2) (ii) ist, wie wir gesehen haben, ebenfalls aus diesem P-Marker ablesbar. Wenn die bisher beschriebene Analyse korrekt ist, dann bringt sie mit dem soeben vorgeführten Apparat das zum Ausdruck, was implizit in den unformalen Aussagen der traditionellen Grammatik, die in (2) zusammengefaßt sind, enthalten ist. Eine Ausnahme gibt es dabei, auf die wir im nächsten Abschnitt eingehen.

Es ist zu beachten, daß weder das Lexikon (58) noch der P-Marker (59) voll spezifiziert sind. Durch »...« ist sowohl in (59) als auch im Lexikon (58) angedeutet, daß weitere Strukturangaben notwendig sind. Es ist klar, daß es noch mehr syntaktische Merkmale gibt, die anzuführen sind. Wir haben auch weder in (58) noch in (59) semantische Merkmale angegeben. Zum Teil ist klar, wie diese Lücken ausgefüllt werden können, aber es wäre ein ernstes Versehen, wollte man annehmen, daß es sich hier im großen und ganzen nur um den Nachtrag von Details handele.

Das Lexikon (58) bedarf eines abschließenden Kommentars. Wenn eine Lexikon-Eintragung *(D, C)* existiert, wobei *D* eine Matrix phonologischer Merkmale und *C* eine Menge syntaktischer Merkmale ist, dann erlaubt die Lexikon-Regel die Substitution in der auf p. 114 beschriebenen Weise in bezug auf jedes komplexe Symbol *K*, dessen Merkmalbestand von *C* nicht distinkt ist. Demzufolge muß eine Lexikon-Eintragung negativ spezifiziert werden für Merkmale, die Kontexte angeben, in denen die lexikalische Einheit nicht auftreten kann. So muß in (58) *boy* als [—V] spezifiziert werden, um es von der Position von *frighten* in »sincerity may frighten the boy« auszuschließen, und *frighten* muß nicht nur als [—N] spezifiziert werden, um es von der Position von *boy* in diesem Satz fernzuhalten, sondern es muß auch für das Merkmal [——Adj] negativ spezifiziert werden, um es von der Position von *turn* in »his hair turned gray« auszuschließen usw. Diese negativen Spezifikationen wurden in (58) nicht angegeben.

Wir können dieses Problem durch zusätzliche Konventionen

lösen, die für die Basis-Komponente gelten. Erstens können wir annehmen, daß eine Basis-Regel, die die lexikalische Kategorie *A* in ein komplexes Symbol analysiert, automatisch das Merkmal [+*A*] als Element dieses komplexen Symbols einführt (siehe (20), § 2.3.2).

Zweitens können wir annehmen, daß jede Lexikon-Eintragung entsprechend der Komponente automatisch das Merkmal [—*A*] für jede lexikalische Kategorie *A* enthält, wenn diese nicht explizit mit dem Merkmal [+*A*] versehen ist. So enthält in (58) die Eintragung für *boy* [—V], [—Adj], [—M] (vgl. Anmerkung 9).[29]

Drittens können wir für Merkmale, die durch strikte Subkategorisierungsregeln oder durch Selektionsregeln eingeführt wurden (wir nennen sie künftig »Kontext-Merkmale«), eine der folgenden Konventionen annehmen:

(i) führe im Lexikon nur die Merkmale auf, die Umgebungen angeben, in denen das betreffende Element *nicht stehen kann* (und nicht wie in (58) diejenigen Merkmale, die Umgebungen entsprechen, in denen es auftreten *kann);*

(ii) führe nur die Merkmale auf, die Umgebungen entsprechen, in denen das Element auftreten *kann* wie in (58) (in beiden Fällen, in (i) und in (ii), fügen wir die Konvention hinzu, daß ein Element für jedes Kontext-Merkmal, das nicht in seiner Lexikon-Eintragung erwähnt ist, eine entgegengesetzte Spezifikation enthält);

(iii) übernimm (i) für strikte Subkategorisierungsmerkmale und (ii) für Selektionsmerkmale;

(iv) übernimm (ii) für strikte Subkategorisierungsmerkmale und (i) für Selektionsmerkmale. In jedem Falle wird die Distinktheitsforderung der Lexikon-Regel nun Elemente in bestimmten Kontexten ausschließen und in anderen zulassen.

Diese Konventionen verkörpern alternative empirische Hypothesen in bezug auf die Bewertung der Grammatik. So ist (i) korrekt, wenn die am höchsten bewertete Grammatik diejenige ist, in der die Distribution der Elemente den wenigsten Beschränkungen unterliegt, und (ii) ist korrekt, wenn die am höchsten bewertete Grammatik die ist, in der die Distribution der Elemente am meisten eingeschränkt ist (ähnlich (iii) und (iv)). Gegenwärtig habe ich keine überzeugenden Beispiele, die es gestatteten, eine dieser Annahmen den übrigen vorzuziehen, ich halte es daher für besser, diese Frage offen zu lassen. Wir kommen in Kapitel 4 auf das Problem kurz zurück.

§ 4. Typen von Basis-Regeln

§ 4.1. Zusammenfassung

Das Fragment aus § 3 illustriert die Arten von Regeln, die offensichtlich in der Basis-Komponente auftreten. Eine grundsätzliche Unterscheidung ist zwischen den Ersetzungsregeln (57) und dem Lexikon (58) zu machen. Die Lexikon-Regel braucht in der Grammatik nicht angeführt zu werden, da sie universell und folglich Bestandteil der Grammatik-Theorie ist. Sie hat denselben Status wie die Prinzipien, die zum Beispiel »Derivation« mit Hilfe eines Systems von Ersetzungsregeln definieren, also den Status einer Konvention über die Interpretation der Grammatik, nicht den einer Regel der Grammatik. Im Rahmen der Begriffe aus Kapitel 1, § 6 können wir sagen, daß die Lexikon-Regel ein Teil der generellen, sprach-unabhängigen Definition der Funktion f aus (14) (iv) dort ist.
Innerhalb der Ersetzungsregeln der Basis-Komponente lassen sich *Verzweigungsregeln* (*branching rules*) wie (i), (ii), (iii), (iv), (v), (vii), (xvi), (xvii), von *Subkategorisierungsregeln* unterscheiden, die den übrigen Teil von (57) bilden. Alle Ersetzungsregeln haben die Form

(60) $A \rightarrow Z / X —— W$

Die Verzweigungsregeln sind die Regeln der Form (60), in denen weder A noch Z irgendwelche komplexen Symbole enthält. Eine Verzweigungsregel analysiert demnach ein Kategoriensymbol (*category symbol*) *A* in eine Kette von (einem oder mehreren) Symbolen, die entweder terminale oder nichtterminale Kategoriensymbole sind. Eine Subkategorisierungsregel andererseits führt syntaktische Merkmale ein und bildet bzw. erweitert dadurch ein komplexes Symbol. Bisher haben wir die Subkategorisierungsregeln auf lexikalische Kategorien beschränkt. Wir haben insbesondere keine Regeln der Form (60) zugelassen, in denen *A* ein komplexes Symbol und *Z* ein terminales oder Kategoriensymbol oder eine Kette von mehr als einem Symbol ist. Diese Beschränkung mag etwas zu streng sein, wir müssen sie vermutlich etwas abschwächen. Vgl. Kapitel 4, § 2. Diese beiden Regelmengen (Verzweigungs- und Subkategorisierungsregeln) sind nicht durch eine Anwendungsordnung aufeinander bezogen. Wenn aber einmal eine Subkategorisierungsregel auf ein bestimmtes Kategoriensymbol σ angewandt worden ist, kann keine Verzweigungsregel mehr auf irgendeins der von σ abgeleiteten Symbole angewandt werden.

Verzweigungsregeln und Subkategorisierungsregeln können *kontext-frei* (*context-free*) sein (wie z. B. alle Verzweigungsregeln in (57) und die Regeln (x), (xi), (xii), (xiii), (xviii), dort), *oder kontext-sensitiv (context-sensitive)* (wie etwa (vi), (viii) (xiv), (xv)). (57) enthält demnach k e i n e kontext-sensitiven Verzweigungsregeln. Darüber hinaus sind die kontext-sensitiven Subkategorisierungsregeln im Prinzip streng lokal fixierte Transformationsregeln (vgl. p. 132). Auf diese wichtigen Feststellungen kommen wir in Kapitel 3 zurück.

Innerhalb der kontext-sensitiven Subkategorisierungsregeln haben wir weiterhin zwei wichtige Untertypen unterschieden, nämlich strikte Subkategorisierungsregeln (wie etwa (57) (viii)), die eine lexikalische Kategorie durch die sie umgebenden Kategoriensymbole subkategorisieren, und *Selektionsregeln* (wie etwa (57) (xiv) und (57) (xv)), die eine lexikalische Kategorie subkategorisieren in bezug auf syntaktische Merkmale, die an markierten Positionen des Satzes erscheinen.

Wir haben festgestellt, daß Subkategorisierungsregeln auf

Verzweigungsregeln innerhalb der Regel-Sequenz der Basis folgen können, daß aber, wenn einmal eine Subkategorisierungsregel angewandt worden ist, um ein komplexes Symbol Σ zu bilden, später keine Verzweigungsregel mehr auf Σ angewandt werden kann (vgl. aber Kapitel 4, § 2). Die gleiche Beziehung besteht wohl auch zwischen strikten Subkategorisierungsregeln und Selektionsregeln: sie können in der Basis-Komponente verstreut sein, aber wenn einmal eine Selektionsregel angewandt worden ist, um das komplexe Symbol Σ zu bilden, kann Σ durch keine strikte Subkategorisierungsregel mehr weiterentwickelt werden. Mindestens geben die Beispiele, die ich betrachtet habe, diesen Anschein. Und möglicherweise sollte dies als zusätzliche generelle Bedingung für die Basis aufgestellt werden.

§ 4.2. Selektionsregeln und grammatische Relationen

Wir wollen sagen, daß eine Selektionsregel wie (57) (xiv) oder (57) (xv) eine *Selektionsbeziehung* (*selectional relation*) zwischen zwei Positionen in einem Satz definiert, so zum Beispiel im Fall von (57) (xiv) zwischen der Position des Verbs und der des unmittelbar vorausgehenden oder folgenden Nomens. Solche Selektionsbeziehungen determinieren grammatische Relationen, in einer der Bedeutungen dieses überlieferten Terminus. Wir haben früher festgestellt, daß der in § 2.2 definierte Begriff der grammatischen Funktion noch nicht dazu führt, daß solchen Paaren wie *sincerity, frighten* die Subjekt-Verb-Relation und *frighten, boy* die Verb-Objekt-Relation in *sincerity may frighten the boy* (= (1)) zugeordnet wird. Die jetzt vorgeschlagene Definition der grammatischen Relation würde diese Feststellungen unter der Voraussetzung der Grammatik (57), (58) erfassen. Der gleiche Begriff der grammatischen Relation hätte allerdings auch auf der Grundlage der Kern-Konstituenten (*heads*) von Hauptkategorien (vgl. § 2.2) definiert werden können, aber die Definition anhand von Selektionsbeschränkungen scheint natürlicher und vermeidet die auf Seite 101 erwähnte Schwierigkeit. Mit der nun gegebenen Definition des Begriffs haben wir die Analyse der unformalen grammatischen Angaben aus (2) in § 1 abgeschlossen.[30]

Wir betrachten nun die Selektionsregeln (57) (xiv), (57) (xv), die die Wahl des Verbs und Adjektivs beschränken aufgrund der freien Wahl bestimmter Merkmale des Nomens (in diesem Fall des Subjekts und des Objekts). Angenommen, wir würden statt dessen das Verb durch eine kontext-freie Regel subkategorisieren und nachfolgend Selektionsregeln verwenden, um die Subkategorisierung von Subjekt und Objekt zu determinieren. Wir könnten dann etwa folgende Regel aufstellen:

(61) V→ [+V, + [+Abstr]-Subjekt,
+[+Belebt]-Objekt][31]

Daraus würden wir dann das komplexe Symbol

(62) [+V, +[+Abstr]-Subjekt,
+[+Belebt]-Objekt]

erhalten, dem eine Lexikon-Einheit wie *frighten* zugeordnet werden kann, die im Lexikon so markiert ist, daß sie abstraktes Subjekt und belebtes Objekt zuläßt. Wir müssen nun eine kontext-sensitive Selektionsregel aufstellen, um die Wahl von Subjekt und Objekt zu determinieren, so wie wir in (57) eine entsprechende Regel angegeben haben, um die Wahl des Verbs anhand von Subjekt und Objekt zu bestimmen. Wir würden demnach Regeln erhalten wie

(63) $\text{N} \rightarrow \text{CS}/ \begin{Bmatrix} \text{—Aux}+\alpha \\ \alpha+\text{Det—} \end{Bmatrix}$ wobei gilt: α ist ein V

Diese Regeln würden dann dem Subjekt und dem Objekt Merkmale des Verbs zuordnen, genauso wie (57) (xiv) Merkmale von Subjekt und Objekt auf das Verb übertragen hat. Wenn wir nun ein Verb wie (62) haben, dann müßte das Subjekt die Merkmale

(64) [vor-+[+Abstr]-Subjekt, vor-+[+Belebt]-Objekt]

erhalten, das Objekt die Merkmale

(65) [nach-+[+Abstr]-Subjekt, nach-+[+Belebt]-Objekt]

erhalten. Das Merkmal [vor-+[+Belebt]-Objekt] ist aber offensichtlich irrelevant für die Wahl des Subjektnomens, und das Merkmal [nach-+[+Abstr]-Subjekt] spielt keine Rolle bei der Wahl des Objektnomens. Viel ernster als das ist jedoch die Tatsache, daß ein Nomen im Lexikon genau dann mit dem Merkmal [vor-*X*-Subjekt] *markiert* werden muß, wenn es das Merkmal [nach-*X*-Objekt] enthält, wobei *X* irgendein Merkmal ist. Das heißt, die Wahl von Elementen für die Position »Subjekt eines Verbs mit belebtem Subjekt« ist die gleiche wie die von Elementen für die Position »Objekt eines Verbs mit belebtem Objekt«. Belebte Nomina erscheinen in beiden Positionen. Zugleich aber steht das Merkmal [Belebt] für Nomina nicht mehr zur Verfügung, sondern nur die Merkmale [vor-+[+Belebt]-Subjekt] und [nach-+[+Belebt]-Objekt]. Folglich müßte eine Fülle von Regeln vollständig *ad hoc* in die Grammatik aufgenommen werden, um einem Nomen mit dem Merkmal [vor-*X*-Subjekt] auch das Merkmal [nach-*X*-Objekt] für jedes Merkmal *X* zuzuordnen, und umgekehrt. Weiterhin sind für jedes *X* die Merkmale [vor-*X*-Subjekt], [nach-*X*-Objekt] einzelne Symbole, und auf die Tatsache, daß *X* in beiden vorkommt, kann durch eine Regel der Grammatik nicht Bezug genommen werden (es sei denn, wir komplizieren den Mechanismus noch weiter, indem wir zulassen, daß die Merkmale selbst wieder aus Merkmalen zusammengesetzt sind).

Insgesamt würde die Entscheidung, die komplexen Symbole von Verben unabhängig zu analysieren und die Nomina durch eine Selektionsregel vom Verb ausgehend zu bestimmen, zu einer ganz beträchtlichen Komplizierung der Grammatik führen. Die Probleme vermehren sich, wenn wir auch die unabhängigen Nomen-Adjektiv-Selektionsregeln in Betracht ziehen. Auf ganz ähnliche Weise können wir die Möglichkeit ausschließen, daß zwar das Subjekt das Verb selektiert, aber das Verb das Objekt.

Es zeigt sich also, daß innerhalb des bisher entwickelten Rahmens eine Alternative dazu, Verben anhand von Nomina zu selektieren anstatt umgekehrt, nicht besteht. (Mit ähnlichen

Argumenten muß die Selektion von Nomina anhand von Adjektiven ausgeschlossen werden.) Weiterhin scheint dieser Rahmen optimal zu sein, da er nicht mehr Hilfsmittel enthält, als es die linguistischen Fakten tatsächlich verlangen. Es ist denkbar, daß sich ähnliche Argumente für jede Sprache ergeben würden. Falls das zutrifft, ist es möglich, einen weiteren Schritt im Hinblick auf eine generelle Charakterisierung der Kategorien Nomen, Verb, Adjektiv usw. zu tun (vgl. §§ 2.1, 2.2).

In § 2.2 habe ich die Begriffe »lexikalische Kategorie« und »Hauptkategorie« definiert, den letzteren als lexikalische Kategorie oder als Kategorie, die eine Kette dominiert, die eine lexikalische Kategorie enthält. Angenommen, daß wir von den lexikalischen Kategorien diejenige als *Nomen* bezeichnen, die *selektional dominant* ist in dem Sinn, daß ihre Merkmalzusammensetzung durch eine kontext-freie Subkategorisierungsregel bestimmt wird und daß ihre Merkmale durch Selektionsregeln auf andere lexikalische Kategorien übertragen werden. Unter den Hauptkategorien, die bei der Analyse von *Satz* eingeführt werden, benennen wir unter dieser Voraussetzung nun diejenige mit NP, die als ... N ... analysiert wird. Eine Hauptkategorie, die direkt ... NP ... dominiert, können wir als VP bezeichnen, und eine, die direkt VP dominiert, als Prädikats-Komplex. V können wir auf verschiedene Weise definieren – zum Beispiel als diejenige lexikalische Kategorie *X*, die in einer direkt von NP dominierten Kette ... *X* ... NP ... oder ... NP ... *X* ... vorkommt (mit der Annahme, daß es nur ein solches *X* geben kann), oder als diejenige lexikalische Kategorie, die ihre Merkmale durch eine Selektionsregel erhalten kann, die zwei oder mehr N einbezieht (wenn Transitivität eine universell realisierte Kategorie ist). Man könnte nun weiter gehen und versuchen, andere lexikalische, Haupt- und Nebenkategorien mit generellen Mitteln zu definieren. In dem Maß, in dem das möglich ist, ist es uns dann auch gelungen, eine substantielle Bestimmung der in § 2.2 diskutierten funktionalen Begriffe zu finden.

Natürlich ist diese Charakterisierung in keiner Weise als endgültig zu verstehen. Der Grund wurde bereits in Anm. 2 angegeben. Es wäre kein prinzipielles Problem, diese Definitionen in der einen oder anderen Weise zu präzisieren oder zu verallgemeinern, und viele formale Eigenschaften der Grammatik könnten dabei in Betracht gezogen werden. Die Schwierigkeit ist nur, daß es im Augenblick keine starke empirische Begründung für den einen oder anderen Vorschlag gibt, der in dieser Richtung gemacht werden könnte. Das ist eine Folge der Tatsache, daß es so wenige Grammatiken gibt, die – und sei es als Teilskizze – eine explizite Charakterisierung des Bereichs der Sätze und Struktur-Beschreibungen anstreben, das heißt: Es gibt zu wenig generative Grammatiken. Wenn mehr explizite grammatische Beschreibungen dieser Art verfügbar sind, wird es zweifellos möglich sein, empirische Begründungen für verschiedene Verfeinerungen und Revidierungen dieser hier so locker skizzierten Vorschläge zu finden und vielleicht eine substantielle Charakterisierung für das universelle Vokabular zu geben, aus dem grammatische Beschreibungen aufgebaut werden. Es gibt jedoch keinen Grund, von vornherein die traditionelle Auffassung zu verwerfen, daß eine solche substantielle Charakterisierung letztlich auf semantische Konzepte der einen oder anderen Art Bezug nehmen muß.

Wie in §§ 2.1–2.2, so wird auch hier deutlich, daß der Versuch, universelle Kategorien zu charakterisieren, wesentlich davon abhängt, daß die Basis der syntaktischen Komponente allein noch nicht den Gesamtbereich der Sätze explizit charakterisiert, sondern nur eine stark eingeschränkte Menge elementarer Strukturen, aus denen die aktuellen Sätze durch Transformationsregeln konstruiert werden.[32] Die Basis-P-Marker können dabei als die grundlegenden Inhaltskomplexe aufgefaßt werden, aus denen die semantischen Interpretationen aktueller Sätze aufgebaut werden.[33] Deshalb dürfte die Feststellung nicht überraschend sein, daß die semantisch bedeutsamen Funktionsbegriffe (die grammatischen Relationen) in den Basis-Strukturen, und nur in diesen, direkt repräsentiert sind; und es ist außerdem ganz natürlich anzunehmen, daß formale Eigenschaften der Basis den Rahmen für die Charakterisierung universeller Kategorien bilden.

Um das zu behaupten, muß man annehmen, daß ein großer Teil der Struktur der Basis allen Sprachen gemeinsam ist. So wird es auch möglich, eine traditionelle Auffassung zu formulieren, deren Anfänge wiederum mindestens bis zur *Grammaire générale et raisonnée* (Lancelot *et al.*, (1660)) zurückverfolgt werden können. In dem Maß, wie relevante Fakten zur Zeit überhaupt zugänglich sind, ist es nicht unwahrscheinlich, daß diese Ansicht zutrifft. Soweit Aspekte der Basis-Struktur nicht für eine einzelne Sprache spezifisch sind, müssen sie nicht in der Grammatik dieser Sprache konstatiert werden. Sie sind statt dessen in die allgemeine Sprach-Theorie aufzunehmen als ein Teil der Definition des Begriffs »menschliche Sprache«. Traditionell gesprochen gehören sie zur Form der Sprache im allgemeinen, nicht zur Form einzelner Sprachen, und sie spiegeln damit vermutlich eher das, was der Verstand an Voraussetzungen zur Spracherlernung mitbringt, als das, was er bei der Ausführung dieser Aufgabe entdeckt (oder erfindet). Es ist demnach möglich, daß die hier vorgeschlagene Behandlung der Basis-Regeln, wenigstens zu einem gewissen Teil, ebensowenig zur Grammatik des Englischen gehört wie die Definition der Begriffe »Ableitung« oder »Transformation«. Vgl. §§ 6 und 8 von Kapitel 1.

Es besteht weithin die Ansicht, daß moderne linguistische und anthropologische Forschungen die Lehren der klassischen Universal-Grammatik zwingend widerlegt haben, doch scheint mir diese Behauptung weit übertrieben. Neuere Arbeiten haben in der Tat eine außerordentliche Verschiedenartigkeit in den Oberflächenstrukturen der Sprachen nachgewiesen. Da sie sich jedoch nicht mit dem Studium von Tiefenstrukturen befaßt haben, ist auch nicht versucht worden, eine entsprechende Verschiedenartigkeit der zugrunde liegenden Strukturen zu belegen, und tatsächlich scheinen die von der modernen Linguistik zusammengetragenen Fakten nichts derartiges nahezulegen. Daß Sprachen sich in ihrer Oberflächenstruktur sehr bedeutend voneinander unterscheiden, würde die Theoretiker, die die traditionelle Universal-Grammatik entwickelt haben, kaum überrascht haben. Seit den Anfängen dieser Bestrebungen in der *Grammaire générale et raisonnée* ist betont worden, daß die Tiefenstrukturen, für die Universalität in Anspruch genommen worden ist, ganz verschieden von den aktuell in Erscheinung tretenden Oberflächenstrukturen sein können. Es gibt folglich keinen Grund, gleichförmige Oberflächenstrukturen zu erwarten, und die Entdeckungen der modernen Linguistik sind also nicht unvereinbar mit den Hypothesen der Universal-Grammatiker. Sofern die Aufmerksamkeit auf Oberflächenstrukturen beschränkt bleibt, kann man höchstens die Aufdeckung statistischer Tendenzen wie die von Greenberg (1963) demonstrierten erwarten.

Im Zusammenhang mit der Selektionsregel (57) (xiv) haben wir nun eine Möglichkeit definitiv ausgeschlossen, nämlich daß das Subjekt oder das Objekt durch unabhängige oder teilweise unabhängige Wahl des Verbs selektiert wird. Nicht ganz so einfach ist die Frage, ob diese Regel, die ich hier als (66) in weniger abgekürzter Form wiederholen will, der alternativen Möglichkeit (67) vorzuziehen ist.

$$(66)\ \left.\begin{array}{l}\text{(i)}\\ \text{(ii)}\end{array}\right\}[+V]\rightarrow CS\,/\left\{\begin{array}{l}\alpha^\frown Aux\text{—}^\frown\beta\\ \alpha^\frown Aux\text{—}\end{array}\right\}$$

$$(67)\ \left.\begin{array}{l}\text{(i)}\\ \text{(ii)}\end{array}\right\}[+V]\rightarrow CS\,/\left\{\begin{array}{l}\alpha^\frown Aux\text{—}\\ \text{—}Det^\frown\beta\end{array}\right\}$$

Die Bewertungskriterien, die bisher vorgeschlagen worden sind (vgl. z. B. Chomsky (1955), Kap. 3), bieten keine Möglichkeit, zwischen ihnen zu wählen. In Übereinstimmung mit den üblichen Konventionen für obligatorische Anwendung von Ersetzungsregeln (vgl. *ebenda*) ordnet (66) (i) transitiven und (66) (ii) intransitiven Verben bestimmte Merkmale zu. Andererseits ordnet (67) (i) allen Verben ein Merkmal für die Subjektselektion zu, und (67) (ii) weist transitiven Verben ein Merkmal der Objektselektion zu. Wählen wir (66), so muß die Lexikon-Eintragung *frighten* für das Merkmal [[+Abstr]

Aux—Det [+Belebt]] positiv spezifiziert werden; wählen wir (67), muß es für die zwei Merkmale [[+Abstr] Aux—] und [—Det [+Belebt]] positiv markiert werden. Es mag zunächst scheinen, daß das kaum mehr als eine terminologische Frage ist, aber wie in vielen solchen Fällen versteht sie sich keineswegs von selbst. Betrachten wir etwa die folgenden Kontexte:

(68) (i) he — the platoon
(ii) his decision to resign his commission — the platoon
(iii) his decision to resign his commission — our respect

In (68) (i) können wir das Verb *command* einsetzen (zur Vereinfachung der Darstellung vernachlässige ich Fragen der Wahl von Aux). In (68) (iii) kann ebenfalls *command* auftreten, aber in einem anderen, wenn auch verwandten Sinn. In (68) (ii) ist *command* unmöglich, aber wir könnten zum Beispiel *baffle* einsetzen, das auch in (68) (i), jedoch nicht in (68) (iii) erscheinen kann. Wenn wir die Alternative (67) wählen, ist das Verb *command* positiv spezifiziert für die Merkmale [[+Belebt] Aux—], [—Det ([+Belebt]], [[+Abstr] Aux—] und [—Det [+Abstr]]. Das heißt, es muß so spezifiziert sein, daß es entweder ein belebtes oder ein abstraktes Nomen als Subjekt oder als Objekt zuläßt. Diese Angabe kann aber nicht die Abhängigkeit zwischen Subjekt und Objekt ausdrücken, die sich aus der Abweichung (*deviance*) von (68) (ii) ergibt, wenn *command* in diesen Kontext eingesetzt wird. Wählen wir dagegen (66), dann ist *command* für die Merkmale [[+Belebt] Aux — Det [+Belebt]] und [[+Abstr] Aux — Det [+Abstr]] positiv spezifiziert, aber nicht für [[+Abstr] Aux — Det [+Belebt]]. Damit wäre *command* wie gewünscht vom Kontext (66) (ii) ausgeschlossen. Aus Gründen dieser Art habe ich mich in der skizzierten Grammatik für die Alternative (66) entschieden. Es muß aber hinzugefügt werden, daß die Gründe für diese Entscheidung ziemlich schwach sind, da eine wesentliche Frage – wie nämlich Lexikon-Einheiten mit einer Kollektion verschiedener, aber verwandter syntaktischer und semantischer Merkmale zu behandeln sind – noch lange nicht beantwortet ist. Und bisher konnte ich keine eindringlicheren Beispiele finden.

Es mag zunächst scheinen, als ob sich bei Verben, für die die Wahl von Subjekt und Objekt unabhängig voneinander ist, aus der Entscheidung für (66) und gegen (67) eine gewisse Redundanz ergibt. Es muß jedoch auch in diesen Fällen die gleiche Zahl von Merkmalen im Lexikon vermerkt werden. Mit der Wahl von (66) scheinen die Merkmale in gewissem Sinn »komplizierter« zu werden, doch das ist nur eine Mißdeutung des Notationssystems. Man muß sich nur erinnern, daß die Schreibweise [+Belebt] Aux —— Det [Abstr] zum Beispiel ein einzelnes Symbol ist, das in unserem Rahmen ein spezielles lexikalisches Merkmal bezeichnet.

Diese Bemerkung schöpft die Frage keineswegs aus. Weitere Erörterungen finden sich in Kapitel 3 und 4.

§ 4.3. Weitere Bemerkungen über Subkategorisierungsregeln

Wir haben innerhalb der Basis unterschieden zwischen Verzweigungsregeln und Subkategorisierungsregeln und zwischen kontext-freien und kontext-sensitiven Regeln. Die kontextsensitiven Subkategorisierungsregeln sind weiter unterteilt in strikte Subkategorisierungsregeln und Selektionsregeln. Diese Regeln führen Kontext-Merkmale ein, während die kontextfreien Subkategorisierungsregeln inhärente Merkmale einführen. Man könnte als Alternative dazu vorschlagen, daß die Subkategorisierungsregeln aus dem System der Ersetzungsregeln ganz eliminiert und faktisch dem Lexikon zugewiesen werden. Das ist in der Tat eine praktikable Lösung.

Wir wollen annehmen, daß die Basis in zwei Teile gegliedert ist, in eine *kategoriale* Komponente und in ein *Lexikon*. Die kategoriale Komponente besteht nur aus Verzweigungsregeln, die wahrscheinlich alle kontext-frei sind (vgl. Kap. 3). In unserem Fall würden die Verzweigungsregeln von (57) die kategoriale Komponente der Basis dieses Fragments der englischen Grammatik bilden. Die primäre Rolle der kategorialen Komponente besteht faktisch darin, die grundlegenden grammatischen Relationen zu definieren, die in der Tiefenstruktur der Sprache fungieren. Wie oben erwähnt, ist es sehr wohl möglich, daß die Form der kategorialen Komponente weitgehend bestimmt ist durch die universellen Bedingungen, die den Begriff »menschliche Sprache« definieren.

Die Subkategorisierungsregeln können dem Lexikon der Basis auf folgende Weise eingegliedert werden. Zunächst können die kontext-freien Subkategorisierungsregeln (z. B. (57) (ix) bis (xii)) als syntaktische Redundanz-Regeln betrachtet werden. Betrachten wir nun die Regeln, die Kontext-Merkmale einführen. Diese Regeln wählen bestimmte Umgebungen aus, in denen ein Symbol erscheint, und ordnen ihnen entsprechende Kontext-Merkmale zu. Eine Lexikon-Eintragung kann in diesen Positionen eingesetzt werden, wenn ihre Kontext-Merkmale mit denen des Symbols, für das sie substituiert wird, übereinstimmen. Die Kontext-Merkmale müssen also offensichtlich in den Lexikon-Einheiten erscheinen. Die Regeln aber, die Kontext-Merkmale in komplexe Symbole einführen, können eingespart werden durch eine passende Umformulierung der Lexikon-Regel, das heißt der Regel, die Lexikon-Einheiten in Derivationen einführt (vgl. p. 156). Statt diese als kontextfreie Regel zu formulieren, die durch Vergleich komplexer Symbole operiert, können wir sie in eine kontext-beschränkte Regel verwandeln, indem wir die Konventionen ändern. Angenommen, wir haben eine Lexikon-Eintragung (*D*, *C*), in der *D* eine Matrix von phonologischen Merkmalen und *C* ein komplexes Symbol ist, das das Merkmal $[+ X — Y]$ enthält. Wir hatten zunächst angenommen, daß die Lexikon-Regel erlaubt, das Symbol Q der präterminalen Kette $\varphi Q \psi$ durch (*D*, *E*) zu ersetzen, falls Q nicht distinkt von *C* ist. Angenommen, wir fordern nun zusätzlich, daß Q im vorliegenden Fall tatsächlich im Rahmen $X — Y$ erscheint. Das heißt, daß $\varphi Q \psi =$

$\varphi_1 \varphi_2 Q \psi_1 \psi_2$, wobei φ_2 von X und ψ_1 von Y im P-Marker von $\varphi Q \psi$ dominiert wird. Diese Konvention kann präzis formuliert werden mit Hilfe des Begriffs Analysierbarkeit, auf dem die Transformationstheorie aufgebaut ist.

Wir eliminieren nun alle kontext-sensitiven Subkategorisierungsregeln aus der Grammatik und stützen uns, um den gleichen Effekt zu erzielen, auf die Formulierung lexikalischer Merkmale zusammen mit dem eben aufgestellten Prinzip. Unsere früheren Bedingungen für die Subkategorisierungsregeln (vgl. § 2.3.4) werden nun Bedingungen für die Arten von Kontext-Merkmalen, die in Lexikon-Eintragungen erscheinen können. So müssen die strikten Subkategorisierungsmerkmale für ein Element (*item*) der Kategorie *A* die Umgebungen (*frames*) umfassen, die zusammen mit *A* die Konstituente *B* bilden, von der *A* unmittelbar dominiert wird; und die Selektionsmerkmale müssen die lexikalischen Kategorien enthalten, die die Kern-Konstituenten (*heads*) von Komplexen sind, die in den früher skizzierten grammatischen Beziehungen stehen.

Damit haben wir keine Subkategorisierungsregeln in der kategorialen Komponente der Basis mehr. Durch die Verzweigungsregeln wird eine präterminale Kette erzeugt, und Lexikon-Einheiten für die lexikalischen Kategorien einer präterminalen Kette werden entsprechend dem eben aufgestellten Prinzip eingesetzt. Diese Formulierung macht den Sinn sehr deutlich, in dem unser Gebrauch von komplexen Symbolen ein Mittel zur Einführung von Transformationsregeln in die Basis-Komponente war. Nehmen wir deshalb – wegen der einheitlichen Spezifizierung von Transformationsregeln – die zusätzliche Konvention an, daß die kategoriale Komponente einer Regel $A \rightarrow \Delta$ für jede lexikalische Kategorie *A* enthält, wobei Δ ein fixiertes »Quasi-Symbol« (*»dummy symbol«*) ist. Dann erzeugen die Regeln der kategorialen Komponente P-Marker von Ketten, die aus mehrfachem Vorkommen von Δ (Markierungen für die Positionen von lexikalischen Kategorien) und grammatischen Formativen bestehen. Eine lexikalische Eintragung hat die Form (*D*, *C*), in der *D* eine phonologische

Matrix und *C* ein komplexes Symbol ist. Das komplexe Symbol *C* enthält inhärente und Kontext-Merkmale. Dieses Merkmalssystem *C* läßt sich direkt zum Strukturindex *I* einer Substitutionstransformation umformulieren. Diese Transformation substituiert (*D*, *C*) (das nun als komplexes Symbol betrachtet wird – vgl. Anm. 15) für ein bestimmtes Vorkommen von Δ im P-Marker *K*, wenn *K* die Bedingung *I* erfüllt, die eine aussagenlogische Verknüpfung von Bedingungen für die Analysierbarkeit von *K* (*a Boolean condition in terms of Analyzability*) im üblichen Sinn der Transformationsgrammatik ist. Soweit es sich um strikte Subkategorisierung handelt, ist die Substitutionstransformation außerdem streng lokal fixiert im Sinn von Anm. 18.

Die kategorische Komponente kann damit sehr gut eine kontext-freie Konstituentenstrukturgrammatik *(simple phrase structure grammar)* mit reduziertem Endvokabular *(terminal vocabulary)* sein, das heißt, mit der Überführung aller lexikalischen Einheiten in das eine Symbol Δ. Das Lexikon besteht aus Eintragungen, die mit bestimmten Substitutionstransformationen verbunden sind. Diese führen lexikalische Einheiten in Ketten ein, die von der kategorialen Komponente erzeugt werden. Alle Kontext-Beschränkungen in der Basis werden von diesen Transformationsregeln des Lexikons erfaßt. Die kategoriale Komponente hat das System von grammatischen Relationen zu definieren und die Ordnung der Elemente in der Tiefenstruktur zu bestimmen.

Diese Art, die Basis-Komponente zu entwickeln, ist nicht ganz äquivalent mit der zuvor dargestellten. Der frühere Vorschlag war in verschiedener Hinsicht stärker beschränkt. In beiden Formulierungen sind die Kontext-Merkmale (Strukturindizes von Substitutionstransformationen), die im Lexikon erscheinen können, durch die früher diskutierten Bedingungen für strikte Subkategorisierungsregeln und Selektionsregeln begrenzt. Aber in der früheren Formulierung mit Subkategorisierungsregeln in der Form von Ersetzungsregeln gibt es eine weitere Beschränkung. Die Einordnung der Ersetzungsregel $A \rightarrow CS$

führt zu einer zusätzlichen Begrenzung der Klasse der verfügbaren Kontext-Merkmale. Das in § 4.2 im Zusammenhang mit den Beispielen (66)–(68) diskutierte Problem entsteht in der neuen Formulierung ebenfalls nicht. Wegen der größeren Flexibilität, die sie erlaubt, können bestimmte Verben in bezug auf die Subjekt- und Objekt-Selektion beschränkt werden, andere in bezug auf die Subjekt-Selektion, wieder andere in bezug auf die Objekt-Selektion. Es ist eine interessante Frage, ob die größere Flexibilität, die diese Lösung erlaubt, tatsächlich irgendwo notwendig ist. Wenn ja, dann ist sie die zu bevorzugende Formulierung der Theorie der Basis. Wenn nicht, dann ist die andere Formulierung, die auf einer Lexikon-Regel auf der Grundlage der Distinktheits-Bedingung *(distinctness condition)* beruht, vorzuziehen. Wir werden auf diese Frage in Kapitel 4 zurückkommen.

§ 4.4. Die Rolle der Kategorienregeln (categorial rules)

Wir haben die *kategoriale Komponente* definiert als das System von Ersetzungsregeln der Basis, das heißt, das System von Basis-Regeln abzüglich des Lexikons und der Subkategorisierungsregeln, die wir für den Augenblick als zum Lexikon gehörig betrachten wollen. Die Regeln der kategorialen Komponente erfüllen zwei völlig getrennte Funktionen: Sie definieren das System der grammatischen Relationen, und sie determinieren die Reihenfolge der Elemente in der Tiefenstruktur. Mindestens die erste dieser beiden Funktionen scheint von diesen Regeln auf sehr allgemeine und vielleicht universelle Weise erfüllt zu werden. Die Transformationsregeln bilden Tiefenstrukturen auf Oberflächenstrukturen ab und ordnen gegebenenfalls Elemente im Verlauf dieser Operation auf verschiedene Weise um.

Es ist mehrfach vorgeschlagen worden, diese zwei Funktionen der kategorialen Komponente schärfer zu trennen und die zweite womöglich ganz zu eliminieren. Das ist beispielsweise der Gehalt der Vorschläge hinsichtlich der Natur der syntaktischen Struktur, die sich bei Curry (1961) und Šaumjan und Soboleva (1963) finden.[34] Sie schlagen im wesentlichen vor, daß anstelle von Regeln wie (69) die kategoriale Komponente die entsprechenden Regeln (70) enthalten sollte, in denen die Elemente auf der rechten Seite statt einer Kette eine Menge bilden:

(69) $S \rightarrow NP^\frown VP$
$VP \rightarrow V^\frown NP$

(70) $S \rightarrow \{NP, VP\}$
$VP \rightarrow \{V, NP\}$

In (70) wird den Elementen auf der rechten Seite der Regel keine Reihenfolge zugeordnet; es gilt demnach $\{NP, VP\} = \{VP, NP\}$, trotz der Ungleichheit: $NP^\frown VP \neq VP^\frown NP$. Für die Definition grammatischer Relationen können die Regeln (70) in genau der gleichen Weise benutzt werden, die für Regeln der Form (69) angegeben wurde. Die Regeln (69) enthalten mehr Information als die entsprechenden Regeln (70), da sie nicht nur ein abstraktes System grammatischer Relationen definieren, sondern den Elementen auch eine abstrakte, zugrunde liegende Reihenfolge zuordnen. Der P-Marker, der durch Regeln wie (69) erzeugt wird, kann durch ein Baum-Diagramm mit indizierten Knoten und indizierten Kanten repräsentiert werden; der P-Marker, der durch Regeln wie (70) erzeugt wird, kann als Baum-Diagramm mit indizierten Knoten und nicht-indizierten Kanten dargestellt werden.

Die Vertreter von *Mengen-Systemen (set-systems)* der Form (70) haben behauptet, solche Systeme seien »abstrakter« als *Verkettungssysteme (concatenation-systems)* wie (69) und könnten zu einer Untersuchung von grammatischen Relationen führen – ohne Berücksichtigung der Reihenfolge, die doch lediglich ein Phänomen der Oberflächenstruktur sei. Die größere Abstraktheit von Mengensystemen, soweit sie grammatische Relationen betrifft, ist eine Legende. So sind die durch (70) definierten grammatischen Relationen weder mehr noch weniger »abstrakt« oder »reihenfolge-unabhängig« als die durch (69) definierten; tatsächlich sind die Systeme von grammatischen Relationen, die dabei definiert werden, in beiden Fällen identisch. Es läßt sich nicht a priori entscheiden, welche Theorie korrekt ist; das Problem muß empirisch gelöst werden, und die zur Zeit erreichbare Evidenz spricht unvergleichlich mehr zugunsten von Verkettungssystemen als von Mengensystemen für den Aufbau der kategorialen Komponente. Keiner der Autoren, die ein Mengensystem vorschlagen, hat angegeben, wie die zugrunde liegenden abstrakten, ungeordneten Strukturen in konkrete Ketten mit Oberflächenstrukturen umgeformt werden. Das Problem, dieser Theorie zu einer empirischen Begründung zu verhelfen, ist demnach noch gar nicht ins Auge gefaßt worden.

Der Vorschlag, die kategoriale Komponente als ein Mengensystem darzustellen, involviert vermutlich die Auffassung, daß in einer Menge von syntaktisch aufeinander bezogenen Strukturen mit einem einzigen Netzwerk grammatischer Relationen (zum Beispiel »for us to please John is difficult«, »it is difficult for us to please John«, »to please John is difficult for us« oder »John is difficult for us to please«) jedes Element direkt auf die zugrunde liegende abstrakte Repräsentation bezogen ist und daß es innerhalb dieser Menge von Strukturen keine Organisation, das heißt: keine Reihenfolge der Ableitung, gibt. Tatsächlich finden sich aber, wenn man den Versuch unternimmt, solche Strukturen zu erfassen, immer sehr triftige Gründe für eine interne Organisation der Menge und eine inhärente Ordnung in der Ableitung ihrer Elemente. Weiterhin hat sich regelmäßig herausgestellt, daß verschiedene Mengen in der gleichen Sprache zur *selben Entscheidung* für die abstrakte, zugrunde liegende Reihenfolge der Elemente führen. Es scheint daher, daß ein Mengensystem wie (70) durch zwei Mengen von Regeln ergänzt werden muß. Die erste Menge ordnet den Elementen des zugrunde liegenden, ungeordneten P-Markers eine Reihenfolge zu, das heißt, sie indiziert die Kanten der Baum-Diagramme, die diese Strukturen repräsentieren. Die zweite Regelmenge besteht aus grammatischen Transformationen, die der Reihe nach angewandt werden, um in der üblichen Weise die Oberflächenstrukturen zu erzeugen. Die erste Regelmenge verwandelt einfach ein Mengensystem in ein Verkettungssystem. Sie stellt die Basis-P-Marker bereit, die für die Anwendung der Folgen von Transformationen erforderlich sind, die schließlich die Oberflächenstrukturen formieren. Es gibt keinerlei Anhaltspunkte für die Annahme, daß einer dieser Schritte im Falle natürlicher Sprachen erübrigt werden könnte. Folglich gibt es zur Zeit auch keinen Grund, das Mengensystem für eine mögliche Theorie der grammatischen Struktur zu halten.

Das Phänomen der sogenannten »freien Wortfolge« ist in diesem Zusammenhang mitunter als relevant betrachtet worden, aber soweit ich sehen kann, hat es gar nichts damit zu tun. Angenommen, daß für irgendeine Sprache jede Permutation der Wörter jedes Satzes einen grammatischen Satz ergäbe, der wirklich eine Paraphrase des Originals ist. In diesem Fall wäre das Mengensystem bei weitem besser geeignet für die kategoriale Komponente der Grammatik dieser Sprache. Es wären keine grammatischen Transformationen nötig, und die Regel für die Realisierung der zugrunde liegenden abstrakten Repräsentationen wäre außerordentlich einfach. Aber es gibt keine bekannte Sprache, die auch nur entfernt dieser Beschreibung ähnelte. In jeder bekannten Sprache sind die Beschränkungen der Reihenfolge sehr streng, folglich sind Regeln für die Realisierung der abstrakten Strukturen notwendig. Solange solche Regeln nicht in irgendeiner Form behandelt werden, kann das Mengensystem einfach nicht ernsthaft als Grammatik-Theorie betrachtet werden.

Trotzdem ist die freie Wortfolge ein wichtiges und interessantes Phänomen, dem viel zu wenig Aufmerksamkeit gewidmet worden ist. Zunächst muß betont werden, daß grammatische Transformationen offenbar kein geeignetes Mittel sind, um den ganzen Bereich möglicher stilistischer Inversionen darzustellen. Es scheint vielmehr verschiedene grundlegende

Generalisierungen zu geben, die festlegen, wann eine solche Umordnung erlaubt ist, und was ihre semantischen Funktionen sind. Zum einen erlauben Sprachen mit reicher Flexion stilistische Umgruppierung in viel größerem Maß als Sprachen mit spärlicher Flexion. Die Gründe sind offensichtlich. Zum anderen erlauben aber auch flexionsreiche Sprachen offenbar dann keine Umordnung, wenn sie zu Mehrdeutigkeiten führt. So wird anscheinend ein deutscher Satz wie *»Die Mutter sieht die Tochter«*, in dem die Flexion nicht ausreicht, um die grammatischen Funktionen anzugeben, regelmäßig so interpretiert, daß *»Die Mutter«* das Subjekt ist (außer bei kontrastivem Akzent, der die Interpretation als Subjekt oder als Objekt ermöglicht). Das gleiche scheint für andere Sprachen zu gelten, und zwar so unterschiedliche wie Russisch (vgl. Peškovskij (1956) p. 42) und Mohawk. In letzterem enthält das Verb Affixe, die auf das Subjekt und Objekt verweisen; wo deren Zuordnung aber doppeldeutig ist, wird – bei normaler Intonation – die NP in Anfangsstellung als Subjekt aufgefaßt (diese Information verdanke ich Paul Postal). Wenn diese Beobachtung universell gilt, dann legt sie die Verallgemeinerung nahe, daß in jeder Sprache stilistische Inversion von »Hauptkonstituenten« (in einem noch zu definierenden Sinn) zulässig ist bis zur Grenze der Doppeldeutigkeit, das heißt, bis zu dem Punkt, an dem eine Struktur entsteht, die durch die grammatischen Regeln auch unabhängig auf anderem Weg hätte erzeugt werden können. (Als Spezialfall würde sich dabei ergeben, daß flektierende Sprachen Umordnungen in viel größerem Maß zulassen als nichtflektierende.) Irgendein Prinzip dieser Art scheint gültig zu sein, und es kann nicht im Rahmen der Transformationstheorie formuliert werden.

Die Regeln für stilistische Umordnungen sind generell sehr verschieden von den grammatischen Transformationen, die ja viel tiefer in das grammatische System eingebettet sind.[35] Man könnte durchaus den Standpunkt vertreten, daß die ersteren nicht so sehr Regeln der Grammatik, sondern vielmehr Regeln der Sprachverwendung *(rules of performance)* sind (vgl. §§ 1, 2 in Kapitel 1). Wie dem auch sei: Selbst wenn es sich hier zweifellos um ein interessantes Phänomen handelt, so hat es doch für den Augenblick keinen Einfluß auf die Theorie grammatischer Struktur.

3 Tiefenstrukturen und grammatische Transformationen

Wir wollen provisorisch die in Kapitel 2, § 4.3 skizzierte Theorie der Basis-Komponente übernehmen und weiterhin das Fragment aus Kapitel 2, § 3 – mit passenden Modifikationen, die Subkategorisierungsregeln aus der kategorialen Komponente der Basis ausschließen – als Beispiel für eine Grammatik benutzen.

Die Basis erzeugt nun Basis-P-Marker. In Kapitel 1, § 1, haben wir die Basis eines Satzes definiert als die Folge von Basis-P-Markern, die ihm zugrunde liegt. Die Satz-Basis wird auf den Satz abgebildet durch die Transformationsregeln, die in diesem Prozeß dem Satz weiterhin einen abgeleiteten P-Marker (und letztlich eine Oberflächenstruktur) zuordnen.

Betrachten wir, um konkret zu sein, eine Basis-Komponente, die die P-Marker (1)–(3) erzeugt.[1] Der Basis-P-Marker (3), mit einer anderen Wahl von Aux, würde die Satz-Basis für

(1)

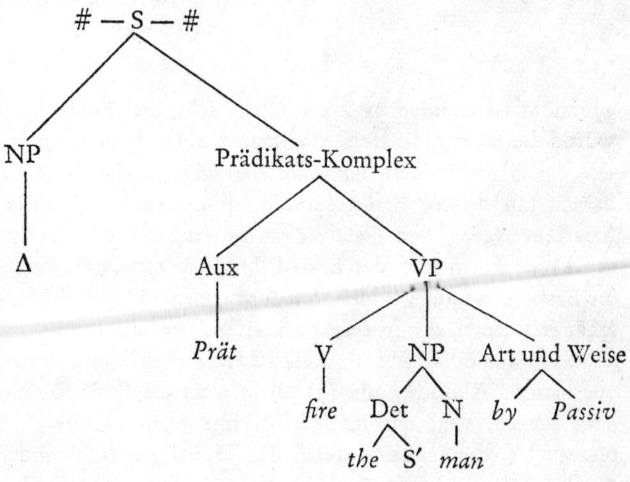

(2)

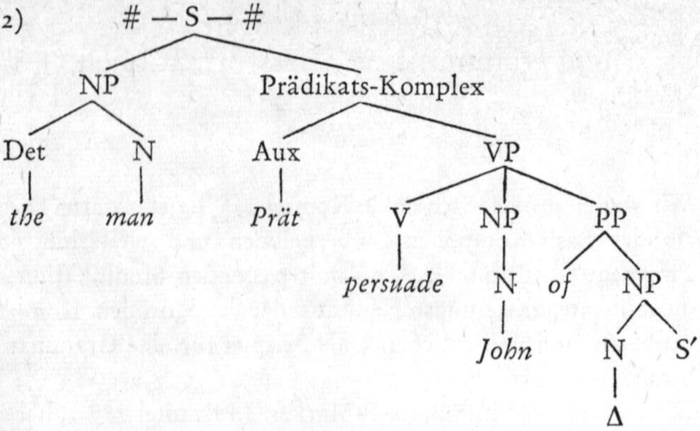

(3)

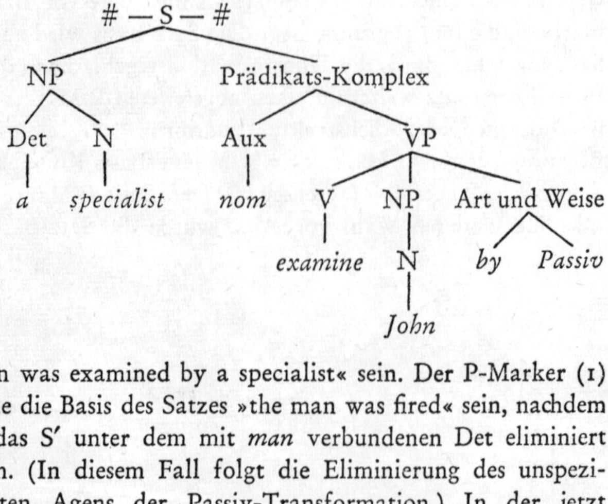

»John was examined by a specialist« sein. Der P-Marker (1) würde die Basis des Satzes »the man was fired« sein, nachdem wir das S′ unter dem mit *man* verbundenen Det eliminiert haben. (In diesem Fall folgt die Eliminierung des unspezifizierten Agens der Passiv-Transformation.) In der jetzt gegebenen Form muß der Basis-P-Marker (1) jedoch, wenn er die Basis eines Satzes bilden soll, durch einen anderen P-Marker ergänzt werden, der in transformierter Form die Position von S′ in (1) ausfüllen und als Relativsatz dienen kann, der *man* qualifiziert. Ähnlich kann (2) allein nicht als Basis für einen Satz dienen, weil das im Verb-Komplement *(Verbal Complement)* erscheinende S′ durch das Transform eines anderen

P-Markers ersetzt werden muß. Insgesamt jedoch ist die Folge der P-Marker (1), (2), (3) die Basis des wohlgeformten Satzes

(4) the man who persuaded John to be examined by a specialist was fired

Die »Transformationsgeschichte« *(»transformational history«)*, durch die (4) von seiner Basis abgeleitet wird, kann durch das Diagramm (5) dargestellt werden.

(5)

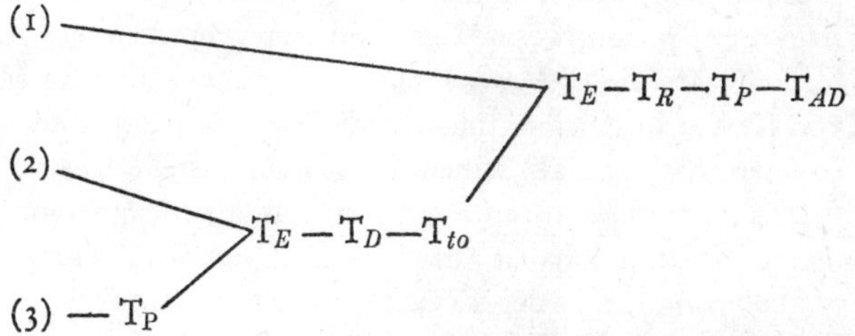

Das ist folgendermaßen zu interpretieren: Zuerst wird die Passiv-Transformation T_P auf den Basis-P-Marker (3) angewandt; deren Resultat wird durch eine generalisierte (d. h. auf zwei P-Markern operierende *(double base)*) Substitutionstransformation T_E anstelle von S′ in den Basis-P-Marker (2) eingebettet, wodurch ein P-Marker für »the man persuaded John of Δ John *nom* be examined by a specialist« entsteht; auf diesen wird zuerst T_D angewandt, die die wiederholte NP »John« eliminiert, und dann T_{to}, die »of Δ *nom* durch »to« ersetzt, wodurch ein P-Marker für »the man persuaded John to be examined by a specialist« entsteht; dieser wird als nächstes durch T_E in der Position von S′ in (1) eingebettet; darauf wird die Relativsatz-Transformation T_R angewandt, die den eingebetteten Satz mit dem folgenden N permutiert und das wiederholte »the man« durch »who« ersetzt mit dem P-Marker für »Δ fired the man who persuaded John to be examined by a specialist by *Passiv*« als Resultat; auf diesen wird schließlich die Passiv-Tranformation und die Agens-Eliminierung T_{AD} angewandt, so daß (4) entsteht.

Bei dieser Beschreibung habe ich einige Transformationen ausgelassen, die notwendig sind, um die korrekte Form von (4) zu erhalten, sowie einige andere Details, die aber mehr oder weniger gut bekannt sind. Ihre Berücksichtigung würde nichts für die Diskussion Relevantes verändern.

Das Diagramm (5) ist eine unformale Repräsentation eines *Transformationsmarkers (T-Markers)*. Es repräsentiert die transformationelle Struktur der Äußerung (5) in sehr ähnlicher Weise wie ein Formationsmarker (P-Marker) die Formationsstruktur *(phrase structure)* einer Endkette repräsentiert. Streng formal wäre ein T-Marker zu repräsentieren als eine Menge von Ketten in einem Alphabet, das aus Basis-P-Markern und Transformationen als seinen Elementen besteht, ebenso, wie P-Marker formal zu repräsentieren sind als Mengen von Ketten in einem Alphabet, das aus Endsymbolen, Kategoriensymbolen und, mit der Erweiterung der vorangehenden Abschnitte, spezifizierten Merkmalen besteht.[2]

Die Tiefenstruktur einer Äußerung ist durch einen T-Marker, der ihre Satz-Basis enthält, vollständig gegeben. Die Oberflächenstruktur des Satzes ist der abgeleitete P-Marker, der als Ausgabe der im T-Marker repräsentierten Operationen zustande kommt. Die Basis des Satzes ist die Folge von Basis-P-Markern, die die Endpunkte des Baum-Diagramms bilden (die links stehenden Knoten in (5)). Wenn T-Marker repräsentiert werden wie in (5), dann entsprechen die Verzweigungspunkte generalisierten Transformationen, die einen Konstituentensatz (den unteren Zweig) an einer vorgezeichneten Position in einen Matrixsatz (den oberen Zweig) einbetten.

Ein theoretischer Apparat dieser Art liegt im wesentlichen den in den vergangenen zehn Jahren erschienenen Arbeiten auf der Basis der generativen Transformationsgrammatik zugrunde. Im Verlauf dieser Arbeiten sind jedoch verschiedene wichtige Punkte sichtbar geworden, die eine etwas eingeschränktere und begrifflich einfachere Transformationstheorie angemessen erscheinen lassen.

Zunächst wurde gezeigt, daß viele der fakultativen einfachen

Transformationen *(optional singulary transformations)* aus Chomsky (1955), (1957), (1962) umformuliert werden müssen zu obligatorischen Transformationen, deren Anwendung auf eine Kette durch die An- oder Abwesenheit eines bestimmten Markers in dieser Kette determiniert wird. Das ist von Lees (1960*a*) für die Negationstransformation und von Klima (persönliche Mitteilung) für die Fragetransformation ungefähr gleichzeitig bemerkt worden. Das gleiche gilt, wie in § 2.3.4 von Kapitel 2 festgestellt, auch für die Passiv-Transformation. Katz und Postal (1964) haben diese Beobachtungen erweitert und sie als generelles Prinzip formuliert, daß nämlich *der einzige Beitrag der Transformationen zur semantischen Interpretation das Aufeinanderbeziehen von P-Markern ist* (d. h. die Kombination semantischer Interpretationen von bereits interpretierten P-Markern auf festgelegte Weise).[3] Daraus folgt dann, daß Transformationen keine bedeutungstragenden Elemente einführen können (noch können sie, nach der in Anm. 1 erwähnten Bedingung, lexikalische Einheiten eliminieren, die nicht wiederentdeckbar *(recoverable)** sind). Katz und Postal haben diese Bemerkungen auch auf Einbettungstransformationen erweitert und den Schluß gezogen, daß das Transform eines Satzes, das in einen Matrixsatz Σ eingebettet wird, ein Quasi-Symbol in Σ ersetzen muß. (In der vorangehenden Diskussion haben wir, unter Aufnahme dieses Vorschlags, S′ als dieses Platzhalter-Symbol verwendet. Die gleiche Annahme ist implicite auch in Fillmore (1963) enthalten.)
Katz und Postal haben bewiesen, daß das eben aufgestellte Prinzip die Theorie der semantischen Komponente bedeutend vereinfacht, da die semantische Interpretation nun unabhängig von allen Aspekten des T-Markers ist, soweit es nicht um Information darüber geht, wie die Basis-Strukturen aufeinander bezogen sind. Sie konnten auch zeigen, daß in einer großen Zahl von Fällen, in denen dieses generelle Prinzip in der syntaktischen Beschreibung nicht erfüllt war, die Beschreibung

* Für *recoverable* sind u. a. auch »wiederauffindbar«, »rückführbar« und »rekonstruierbar« als deutsche Äquivalente gebräuchlich. – Anm. d. Übers.

aus innersyntaktischen Gründen tatsächlich unkorrekt war. Das Prinzip scheint demnach sehr plausibel zu sein.

Zweitens erlaubt die Theorie der T-Marker einen sehr großen Spielraum bezüglich der Ordnung von Transformationen. Die Grammatik muß deshalb unter dieser Voraussetzung Regeln enthalten, die die möglichen T-Marker erzeugen durch die Aufstellung von Bedingungen, die diese Objekte erfüllen müssen, um wohlgeformt zu sein (das, was Lees (1960*a*) »Verkehrsregeln« *(»traffic rules«)* nennt).[4] Diese Regeln können die Ordnung von Transformationen als obligatorisch, oder als obligatorisch in bezug auf bestimmte Kontexte kennzeichnen, indem sie fordern, daß sie an genau angegebenen Positionen in T-Markern erscheinen. Nur wenige der Möglichkeiten, die durch diese generelle Theorie zugelassen wären, sind jedoch mit linguistischem Material überzeugend realisiert worden. Insbesondere sind keine Fälle von Anordnung innerhalb der generalisierten Transformationen bekannt, obgleich solche Ordnung durch die Theorie der T-Marker zugelassen wäre. Weiterhin gibt es keine wirklich überzeugenden Fälle von einfachen Transformationen, die auf einen Matrixsatz angewandt werden müssen, bevor ein Satz-Transform in ihm eingebettet wird, obwohl auch das, der Theorie zufolge, eine Möglichkeit wäre.[5] Andererseits gibt es viele Beispiele von geordneten einfachen Transformationen, und viele Beispiele von einfachen Transformationen, die auf einen Konstituentensatz angewandt werden müssen, bevor er eingebettet wird, oder auf einen Matrixsatz nach der Einbettung eines Konstituentensatzes in ihn. Das Diagramm (5) ist demnach typisch für die Art von Struktur, die tatsächlich in T-Markern vorgefunden worden ist.

Kurzum: Die zur Zeit zugänglichen Beschreibungen legen die folgenden Beschränkungen für die Ordnung von Transformationen nahe. Die einfachen Transformationen sind linear (vielleicht auch nur partiell) geordnet. Sie können auf eine Konstituentenstruktur angewandt werden, bevor diese eingebettet wird, oder auf eine Matrixstruktur und die dahin eingebettete Konstituentenstruktur, nachdem diese eingebettet worden ist. Es gibt keinen Grund dafür, den generalisierten Transformationen eine äußere *(extrinsic)* Ordnung aufzuerlegen.[6] Diese Beobachtungen ermöglichen eine Vereinfachung der Theorie der Transformationsgrammatik. Zunächst eliminieren wir die Begriffe »generalisierte Transformation« und »Transformationsmarker«.[7] In den Ersetzungsregeln der Basis (genauer, in ihrer kategorialen Komponente) wird die Kette # S # an allen den Stellen eingeführt, an denen wir in unseren Beispielen das Symbol S′ angenommen haben. Mit anderen Worten: Wo immer ein Basis-P-Marker eine Position enthält, in die ein Satz-Transform einzuführen ist, füllen wir diese Position mit der Kette # S # aus, die dann Derivationen einleitet. Wir lassen nun zu, daß die Basis-Regeln unter Beibehaltung ihrer linearen Ordnung zyklisch angewandt werden. Sie werden also zum Beispiel nach der Erzeugung von (1), mit # S # anstelle von S′, auf das neue Vorkommen von # S # in der Endkette der durch (1) repräsentierten Derivation erneut angewandt. Aus diesem Vorkommen von # S # können die Basis-Regeln die durch (2) repräsentierte Derivation erzeugen, wobei wiederum # S # das Vorkommen von S′ in (2) ersetzt. Auf dieses Vorkommen von # S # können die Basis-Regeln wiederum angewandt werden, und man erhält die durch (3) dargestellte Ableitung. Auf diese Weise erzeugen die Basis-Regeln den *generalisierten P-Marker,* der sich aus (1), (2), (3) ergibt, wenn man S′ in (1) durch (2) und S′ in (2) durch (3) ersetzt.

Wir haben somit die Theorie der Basis revidiert, indem wir # S # auf der rechten Seite von Verzweigungsregeln zugelassen haben, wo vorher nur das Platzhalter-Symbol S′ auftreten konnte, und indem wir die erneute Anwendung der Regeln (unter Beibehaltung ihrer Ordnung) auf diese neueingeführten Vorkommen von # S # erlaubt haben. Ein auf diese Weise gebildeter P-Marker enthält alle Basis-P-Marker, die die Basis eines Satzes konstituieren, aber er enthält zugleich mehr Information als die Satz-Basis im alten Sinn, da er auch explizit angibt, wie diese Basis-P-Marker ineinander eingebettet sind.

Das heißt, der generalisierte P-Marker enthält sowohl alle Information, die in der Basis eines Satzes enthalten ist, wie auch die, die sich aus den generalisierten Einbettungstransformationen ergibt.[8]

Zusätzlich zu den so modifizierten Regeln der Basis enthält die Grammatik eine lineare Folge von Transformationen. Diese werden in der folgenden Weise zyklisch auf generalisierte P-Marker angewandt: Zuerst werden die Transformationen auf den am tiefsten eingebetteten Basis-P-Marker angewandt, zum Beispiel auf (3) in dem generalisierten P-Marker, der sich in der beschriebenen Weise durch Einbettung von (3) in (2) und (2) in (1) ergibt. Nachdem die Folge von Transformationen auf alle diese Basis-P-Marker angewandt worden ist, wird die Operation wiederholt mit einer durch S dominierten Konfiguration, in der diese Basis-P-Marker eingebettet sind (also mit (2) im gleichen Beispiel), und so weiter, bis schließlich die Regelfolge auf die Konfiguration angewandt wird, die von dem Anfangssymbol S für den ganzen generalisierten P-Marker dominiert wird (auf 1) in unserem Beispiel). Im Fall von (1) bis (3) ist der Effekt dieser Konvention genau das, was im T-Marker (5) beschrieben ist: Einfache Transformationen werden auf Konstituentensätze vor der Einbettung und auf Matrixsätze nach der Einbettung angewandt. Die Einbettung selbst wird nun durch die Verzweigungsregeln der Basis statt durch generalisierte Transformationen vorgenommen. Tatsächlich haben wir die speziellen Eigenschaften des T-Markers (5) umgewandelt in generelle Eigenschaften der möglichen transformationellen Ableitung. Die Grammatik besteht nun aus einer Basis und einer linearen Folge einfacher Transformationen, die in der eben beschriebenen Weise angewandt werden. Die Ordnungsprinzipien, die durch die Theorie der T-Marker zugelassen, aber offensichtlich niemals gebraucht werden, sind nun prinzipiell ausgeschlossen. Der Begriff des T-Markers ebenso wie der der generalisierten Transformation verschwindet. Die Basis-Regeln formen generalisierte P-Marker, die genau die in der Basis und den generalisierten Transformationen der früheren Version enthaltene Information liefern. Nach dem oben (p. 169) diskutierten Prinzip von Katz und Postal ist es aber genau diese Information, die für die semantische Interpretation relevant ist. Wir können deshalb einen generalisierten P-Marker im eben definierten Sinn als die durch die syntaktische Komponente erzeugte Tiefenstruktur betrachten.

Die syntaktische Komponente besteht damit aus einer Basis, die Tiefenstrukturen erzeugt, und einem Transformationsteil, der diese in Oberflächenstrukturen abbildet. Die Tiefenstruktur eines Satzes geht in die semantische Komponente zur semantischen Interpretation, seine Oberflächenstruktur wird durch die phonologische Komponente der phonetischen Interpretation unterworfen. Im Endeffekt bezieht eine Grammatik dann eine semantische Interpretation auf eine phonetische Repräsentation – das heißt, sie gibt an, wie ein Satz zu interpretieren ist. Diese Beziehung wird vermittelt durch die syntaktische Komponente, die den einzigen »kreativen« Teil der Grammatik bildet.

Die Verzweigungsregeln der Basis (das heißt, ihre kategoriale Komponente) definieren grammatische Funktionen und grammatische Relationen und determinieren eine abstrakte, zugrunde liegende Reihenfolge (vgl. § 4.4, Kapitel 2); das Lexikon charakterisiert die individuellen Eigenschaften der einzelnen lexikalischen Einheiten, die in angegebene Positionen in Basis-P-Marker eingesetzt werden. Wenn wir demnach »Tiefenstrukturen« als »von der Basis-Komponente erzeugte Strukturen« definieren, so nehmen wir damit letzten Endes auch an, daß die semantische Interpretation eines Satzes nur von seinen lexikalischen Einheiten *(lexical items)* und den grammatischen Funktionen und Relationen abhängt, die in der zugrunde liegenden Struktur, in der sie auftreten, repräsentiert sind.[9] Das ist die fundamentale Idee, die von Anfang an die Motivierung für die Transformationsgrammatik war (vgl. Anm. 33, Kap. 2). Ihre erste relativ klare Formulierung hat sie in Katz und Fodor (1963) gefunden, und eine verbesserte

Version, im Rahmen der dort vorgeschlagenen und oben kurz diskutierten modifizierten Syntax-Theorie, findet sich bei Katz und Postal (1964). Die eben vorgeschlagene Formulierung spitzt die Idee noch weiter zu, sie erlaubt in der Tat eine weitere Vereinfachung der von Katz und Postal (1964) dargestellten Theorie der semantischen Interpretation, da weder T-Marker noch generalisierte Transformationen noch auch die ihnen entsprechenden »Projektionsregeln« künftighin berücksichtigt werden müssen. Diese Formulierung scheint eine natürliche Generalisierung und Zusammenfassung der eben skizzierten Entwicklung der letzten Jahre zu sein.

In dieser Auffassung ist eine Hauptfunktion der Transformationsregeln die Überführung einer abstrakten Tiefenstruktur, die den Inhalt eines Satzes ausdrückt, in eine ziemlich konkrete Oberflächenstruktur, die seine Form angibt.[10] Einige mögliche Gründe für solch eine Organisation der Grammatik werden im Rahmen der Perzeptionsmechanismen von Miller und Chomsky (1963), § 2.2 erwogen. In diesem Zusammenhang ist es interessant, daß die Grammatiken von den »künstlichen Sprachen« der Logik und der Programmierungstheorie offenbar ohne Ausnahme in allen wesentlichen Punkten einfache PSG *(simple phrase structure grammars)* sind.

Betrachtet man die rekursive Eigenschaft der Grammatik genauer, so zeigt sich, daß wir nun folgende Modifizierung der Transformationstheorie eingeführt haben: In der früheren Version der Theorie war die Rekursivität eine Eigenschaft der Transformationskomponente, insbesondere der generalisierten Transformationen und der Regeln für die Formierung von T-Markern. Jetzt ist die Rekursivität ein Merkmal der Basis-Komponente, genauer der Regeln, die das Anfangssymbol S an bestimmten Stellen in Ketten von Kategoriensymbolen einführen. Andere rekursive Regeln gibt es offensichtlich in der Basis nicht.[11] Die Transformationskomponente ist rein interpretativ.

Es ist erwähnenswert, daß wir mit dieser Formulierung der Theorie der Transformationsgrammatik zu einer Auffassung von linguistischer Struktur zurückgekehrt sind, durch die die Ursprünge moderner Syntax-Theorie markiert werden, zu einer Auffassung nämlich, die bereits in der *Grammaire générale et raisonnée* entwickelt wurde.[12]

Ein zusätzlicher Punkt muß in Zusammenhang mit dem Begriff »Tiefenstruktur« hervorgehoben werden. Wenn die Basis-Regeln aus einem Vorkommen von S, das in einen generalisierten P-Marker eingebettet ist, einen Satz erzeugen, können sie nicht den Kontext berücksichtigen, in dem dieses S erscheint. Wir könnten zum Beispiel statt des generalisierten P-Markers *M*, bestehend aus (1)–(3) (wobei (3) in (2) eingebettet ist und das Ganze in (1), ebensogut den generalisierten P-Marker *M'* konstruiert haben, der aus (1), *K* und (3) besteht, wobei *K* ein P-Marker ist, der sich von (2) nur dadurch unterscheidet, daß *man* in (2) durch *Boy* in *K* ersetzt ist. Nun erhalten wir jedoch in dem Stadium der Ableitung, in dem die Relativsatz-Transformation (T_R in (5)) auf *K* mit dem darin eingebetteten P-Marker (3) angewandt werden müßte, nicht die Kette (6), sondern (7):

(6) Δ fired the man (# the man persuaded John to be examined by a specialist #) by *Passiv*

(7) Δ fired the man (# the boy persuaded John to be examined by a specialist #) by *Passiv*

Die Kette (6) (mit ihrem P-Marker) hat die Form, die die Anwendung der Relativsatz-Transformation mit der Ersetzung von »the man« durch »who« erlaubt, da die Bedingung der Identität der beiden Nomen erfüllt ist, so daß sich eine wiederentdeckbare *(recoverable)* Eliminierung (vgl. Anm. 1) ergibt. Im Fall (7) jedoch wird die Transformation blockiert. Die NP »the boy« kann wegen der generellen Bedingung, daß nur wiederentdeckbare Eliminierungen zugelassen sind, nicht getilgt werden – das heißt, die Identitätsbedingung der Transformation ist nicht erfüllt.[13] Das ist aber genau, was wir wünschen, denn der generalisierte P-Marker aus (1), *K*, (3) ergibt offensichtlich nicht die semantische Interpretation von (4), was aber der Fall sein müßte, wenn die Anwendung der Relativsatz-Transformation in diesem Fall erlaubt wäre. In Wirklichkeit ist der generalisierte P-Marker aus (1), *K*, (3), obgleich durch die Basis-Regeln erzeugt, keine Tiefenstruktur für irgendeine Oberflächenstruktur.

Wir können diese Beobachtung im vorliegenden Fall präzisieren, indem wir die Relativsatz-Transformation so definieren, daß sie das Grenzsymbol # eliminiert, wenn sie angewandt wird. Dann bleibt das Symbol in der Kette stehen, wenn ihre Anwendung blockiert ist. Und wir können nun die Konvention aufstellen, daß eine wohlgeformte Oberflächenstruktur keine internen Vorkommen von # enthält. Solche Vorkommen zeigen an, daß gewisse Transformationen, die angewandt werden müßten, blockiert waren. Gleiche (oder ähnliche) formale Mittel können in einer Reihe anderer Fälle benutzt werden.

Lassen wir Fragen der Formalisierung beiseite, so zeigt sich jedenfalls, daß nicht alle von der Basis erzeugten generalisierten P-Marker wirklichen Sätzen zugrunde liegen und somit als Tiefenstrukturen fungieren. Was ist demnach der Test, der entscheidet, ob ein generalisierter P-Marker die Tiefenstruktur irgendeines Satzes ist? Die Antwort ist sehr einfach. Die Transformationsregeln bilden genau solch einen Test, und es gibt im allgemeinen keinen einfacheren. Ein generalisierter P-Marker M_T ist genau dann die dem Satz S mit der Oberflächenstruktur M_O zugrunde liegende Tiefenstruktur, wenn die Transformationsregeln M_O aus M_T ableiten. Die Oberflächenstruktur M_O von S ist wohlgeformt, wenn S keine Symbole enthält, die die Blockierung obligatorischer Transformationen anzeigen. Eine Tiefenstruktur ist ein generalisierter P-Marker, der einer wohlgeformten Oberflächenstruktur zugrunde liegt. Der durch eine Transformationsgrammatik definierte Grundbegriff ist demnach: *Tiefenstruktur* M_T *liegt der wohlgeformten Oberflächenstruktur* M_O *zugrunde*. Der Begriff »Tiefenstruktur« selbst ist eine Ableitung davon. Die Transformationsregeln wirken als »Filter«, der nur bestimmten generalisierten P-Markern gestattet, als Tiefenstrukturen zu fungieren.

Diese Filterfunktion der Transformationskomponente ist kein völlig neuer Zug, der spezifisch ist für die Version der Transformationsgrammatik, die wir gerade entwickeln. Tatsächlich war er auch der früheren Version eigen, obwohl er in ihrer Darstellung niemals diskutiert worden ist. So könnte eine Folge von Basis-P-Markern ausgewählt worden sein, die nicht als Basis für irgendeinen Satz dienen kann; weiterhin würde sicherlich jedes System von Regeln für die Erzeugung von T-Markern gewisse Strukturen zulassen, die nicht als T-Marker in Frage kommen, weil sie Widersprüche und Blockierungen enthalten, die bei der Ausführung der von ihnen repräsentierten Instruktionen entstehen. In der gegenwärtigen Version ist diese Filterfunktion lediglich deutlicher zum Vorschein gebracht.

In § 4.3 von Kapitel 2 haben wir vorgeschlagen:

(*a*) daß die Distributionsbeschränkungen von Lexikon-Einheiten durch Kontext-Merkmale determiniert werden, die in den Lexikon-Eintragungen eingeführt werden, und

(*b*) daß diese Kontext-Merkmale zu betrachten sind als Definition bestimmter Substitutionstransformationen.

Strikte Subkategorisierungs- und Selektionsbeschränkungen lexikalischer Einheiten sind damit durch Transformationsregeln definiert, die mit diesen Einheiten verbunden sind. Wir haben nun festgestellt, daß die Transformationsregeln auch die Distributionsbeschränkungen für Basis-P-Marker determinieren müssen. Somit können die kategorialen Regeln, die eine unendliche Menge generalisierter P-Marker erzeugen, offensichtlich kontext-frei sein, während alle Distributionsbeschränkungen, sowohl für Basis-P-Marker wie für Lexikon-Eintragungen, durch (einfache) Transformationen bestimmt werden.

Eine solche Beschreibung der Form der syntaktischen Komponente mag befremdlich erscheinen, wenn man die generativen Regeln als Modell für die aktuelle Konstruktion von Sätzen durch den Sprecher betrachtet. So scheint es absurd, anzunehmen, daß der Sprecher zuerst mit Hilfe der Basis-Regeln einen generalisierten P-Marker bildet und ihn dann auf seine

Wohlgeformtheit testet, indem er Transformationsregeln anwendet, um zu sehen, ob er am Ende einen wohlgeformten Satz ergibt. Aber diese Absurdität ist einfach eine Folge der tieferen Absurdität, ein System von generativen Regeln Punkt für Punkt als Modell für die Konstruktion eines Satzes durch einen Sprecher zu betrachten. Betrachten wir den einfacheren Fall einer PSG ohne Transformationen (zum Beispiel die Grammatik einer Programmierungssprache, der elementaren Arithmetik oder eines kleinen Ausschnitts aus dem Englischen, der in dieser Form beschrieben werden könnte). Es wäre natürlich absurd anzunehmen, daß der »Sprecher« einer solchen Sprache, wenn er eine »Äußerung« formuliert, zuerst die Hauptkategorien auswählt, dann die Kategorien, in die diese analysiert werden, und so weiter, und schließlich, am Ende des Prozesses, die Wörter oder Symbole wählt, die er zu gebrauchen beabsichtigt (indem er nun entscheidet, worüber er sprechen wird). Würde man sich eine generative Grammatik in dieser Weise vorstellen, so nähme man sie als ein Modell der Sprachverwendung (*performance)*, nicht der Sprachkompetenz, und würde so ihr Wesen völlig mißverstehen. Man kann Modelle der Sprachverwendung studieren, die generative Grammatiken enthalten, und es sind in solchen Untersuchungen gewisse Ergebnisse erzielt worden.[14] Aber eine generative Grammatik als solche ist ebensowenig ein Modell des Sprechers, wie sie ein Modell des Hörers ist. Sie kann vielmehr nur, wie wiederholt betont worden ist, als Charakterisierung der inneren, unreflektierten Kenntnis oder Kompetenz, die der aktuellen Sprachverwendung zugrunde liegt, betrachtet werden.

Die Basis-Regeln und die Transformationen legen gewisse Bedingungen fest, die eine Struktur erfüllen muß, wenn sie als Tiefenstruktur dienen soll, die den semantischen Gehalt eines wohlgeformten Satzes ausdrückt. Wenn eine Grammatik vorliegt, die eine Basis- und eine Transformationskomponente enthält, lassen sich ungezählte Verfahren für die Konstruktion von Tiefenstrukturen entwickeln. Sie werden variieren in der Effektivität und im Grad, in dem sie die Möglichkeiten ausschöpfen oder an Probleme des Produzierens und Verstehens von Sprechakten angepaßt werden können. Eine dieser konstruktiven Prozeduren wäre die, unter Berücksichtigung der Ordnung durch die Basis-Regeln zu gehen und dabei einen generalisierten P-Marker *M* zu erzeugen, und dann (wiederum unter Berücksichtigung der Ordnung) durch die Transformationsregeln, um aus *M* die Oberflächenstruktur *M'* zu erzeugen. Wenn *M'* wohlgeformt ist, war *M* eine Tiefenstruktur; andernfalls nicht. Alle Tiefenstrukturen können auf diese Weise aufgezählt werden, ebenso wie sie, unter Voraussetzung der Grammatik, auf verschiedene andere Weisen aufgezählt werden können. Die Grammatik definiert, wie früher bemerkt, die Relation »die Tiefenstruktur *M* liegt der wohlgeformten Oberflächenstruktur *M'* des Satzes S zugrunde« und abgeleitet davon die Begriffe »*M* ist eine Tiefenstruktur«, »*M'* ist eine wohlgeformte Oberflächenstruktur«, »S ist ein wohlgeformter Satz« und viele andere, wie etwa »S ist strukturell doppeldeutig *(ambiguous)*«, »S und S' sind Umschreibungen voneinander *(paraphrases)*«, »S ist wegen der Verletzung der Regel *R* oder der Bedingung *B* ein abweichender Satz«. Die Grammatik selbst enthält keine erkennbare Prozedur für die Auffindung der Tiefenstruktur eines gegebenen Satzes oder für das Produzieren eines bestimmten Satzes, ebenso wie sie keine Prozedur für die Auffindung einer Umschreibung für einen gegebenen Satz enthält. Sie gibt lediglich eine präzise Definition dieser Aufgaben. In ein Sprachverwendungsmodell muß zweifellos eine Grammatik inkorporiert werden; es darf aber nicht mit einer Grammatik verwechselt werden. Wenn dieser Punkt einmal klar ist, wird die Filterfunktion von Transformationen nicht mehr Überraschung oder Unverständnis auslösen.

Insgesamt haben wir nunmehr die folgende Grammatikform vorgeschlagen: Eine Grammatik enthält eine syntaktische, eine semantische und eine phonologische Komponente. Die beiden letzteren sind rein interpretativ, sie spielen keine Rolle bei der rekursiven Erzeugung von Satzstrukturen. Die syntaktische Komponente besteht aus einer Basis und einer Transformationskomponente. Die Basis wiederum besteht aus einer kategorialen Teilkomponente und einem Lexikon. Die Basis erzeugt Tiefenstrukturen. Eine Tiefenstruktur wird in die semantische Komponente eingegeben und erhält eine semantische Interpretation; durch Transformationsregeln wird sie auf eine Oberflächenstruktur abgebildet, die durch die phonologische Komponente eine phonetische Interpretation erhält. So ordnet die Grammatik Signalen semantische Interpretationen zu; vermittelt wird diese Zuordnung durch die rekursiven Regeln der syntaktischen Komponente.

Die kategoriale Subkomponente der Basis besteht aus einer Folge kontext-freier Ersetzungsregeln. Diese Regeln definieren im wesentlichen ein System grammatischer Relationen, die die semantische Interpretation determinieren, und spezifizieren eine abstrakte, zugrunde liegende Reihenfolge der Elemente, die das Funktionieren der Transformationsregeln ermöglicht. Die Regeln der Basis dürften zum großen Teil universell sein und damit genau genommen nicht Teil einzelner Grammatiken; es könnte auch so sein, daß die Wahl von Basis-Regeln, obgleich teilweise frei, universellen Beschränkungen für die grammatischen Funktionen, die definiert werden, unterliegt. Ebenso werden die Kategoriensymbole, die in den Basis-Regeln erscheinen, aus einem festen, universellen Alphabet gewählt, ja die Symbolwahl kann sogar weitgehend oder vielleicht vollständig durch die formale Rolle bestimmt sein, die ein Symbol im System der Basis-Regeln spielt. Die infinite generative Kapazität der Grammatik ergibt sich aus einer besonderen formalen Eigenschaft dieser kategorialen Regeln: sie können das Anfangssymbol S in einer Zeile einer Ableitung einführen. Auf diese Weise können die Ersetzungsregeln praktisch Basis-P-Marker in andere Basis-P-Marker einfügen, und dieser Prozeß kann ohne Begrenzung wiederholt werden.

Das Lexikon besteht aus einer ungeordneten Menge von Lexikon-Eintragungen und bestimmten Redundanz-Regeln. Jede Lexikon-Eintragung ist eine Menge von Merkmalen (vgl. aber Anm. 15 von Kapitel 2). Von diesen sind einige einer besonderen, universellen Menge phonologischer Merkmale (dem System distinktiver Merkmale) entnommen. Die Menge phonologischer Merkmale in einer lexikalischen Eintragung kann abgesondert und repräsentiert werden als phonologische Matrix, die dann in der Relation »ist ein« zu jedem der angegegebenen syntaktischen Merkmale in der Lexikon-Eintragung steht. Einige der Merkmale schließlich sind semantische Merkmale, die vermutlich ebenfalls einem universellen »Alphabet« entnommen sind, über das aber zur Zeit wenig bekannt und somit hier nichts weiter zu sagen ist. Wir nennen ein Merkmal »semantisch«, wenn es in keiner syntaktischen Regel erscheint, und berühren damit die Frage, ob in der Syntax Semantik involviert ist.[15] Die Redundanzregeln des Lexikons ergänzen und spezifizieren Merkmale, wo das aufgrund einer generellen Regel möglich ist. Die lexikalischen Eintragungen umfassen damit die Gesamtmenge von Irregularitäten einer Sprache.

Wir können die Ableitung eines generalisierten P-Markers konstruieren, indem wir die kategorialen Regeln in der angegebenen Reihenfolge, beginnend mit S, anwenden und die Anwendung dann bei jedem neuen Vorkommen von S, das im Lauf der Ableitung eingeführt wird, wiederholen. Auf diese Weise leiten wir eine präterminale Kette ab, die zu einem generalisierten P-Marker wird, wenn lexikalische Eintragungen eingesetzt werden in Übereinstimmung mit den Transformationsregeln, die durch die zu diesen Lexikon-Eintragungen gehörigen Kontext-Merkmale spezifiziert sind. Die Basis der syntaktischen Komponente erzeugt so eine unendliche Menge generalisierter P-Marker.

Die transformationelle Teilkomponente besteht aus einer Folge einfacher Transformationen. Jede Transformation ist durch einen Struktur-Index, der eine Boolesche Bedingung für die Analysierbarkeit ist, und eine Folge von Elementartransformationen vollständig definiert. Der Begriff »analysierbar« ist bestimmt durch die Relation »ist ein«, die wiederum durch die Ersetzungsregeln der Basis und durch das Lexikon definiert ist. Transformationen können demnach auf spezifizierte syntaktische Merkmale Bezug nehmen, als wären es Kategorien. Tatsächlich müssen auch solche Transformationen vorgesehen werden, die syntaktische Merkmale spezifizieren und einfügen können, wir wollen jedoch diese Modifizierung der Theorie der Transformationsgrammatik hier nicht weiter erörtern (vgl. Kap. 4, § 2). Wenn ein generalisierter P-Marker gegeben ist, konstruieren wir eine transformationelle Ableitung, indem wir die Folge der Transformationsregeln der Reihe nach anwenden, und zwar »von unten an aufwärts« – das heißt, indem wir die Regelfolge auf eine gegebene Konfiguration nur anwenden, wenn wir sie bereits auf alle in diese Konfiguration eingebetteten Basis-P-Marker angewandt haben. Wenn keine dieser Transformationen blockiert wird, gelangen wir auf diesem Wege zu einer wohlgeformten Oberflächenstruktur. In diesem, und nur in diesem Fall bildet der generalisierte P-Marker, auf den die Transformationen angewandt worden sind, eine Tiefenstruktur, nämlich die des Satzes S, der als Endkette in der abgeleiteten Oberflächenstruktur erscheint. Diese Tiefenstruktur drückt den semantischen Inhalt von S aus, während die Oberflächenstruktur von S dessen phonetische Form determiniert.

Die interpretativen Komponenten der Grammatik haben uns hier nicht beschäftigt. Soweit Einzelheiten ihrer Struktur ausgearbeitet worden sind, scheinen sie auf ähnliche Weise zu funktionieren. Die phonologische Komponente besteht aus einer Folge von Regeln, die auf eine Oberflächenstruktur in dem Baum-Diagramm, durch das sie dargestellt wird, »von unten an aufwärts« anzuwenden sind. Das heißt, diese Regeln werden zyklisch zuerst auf die kleinsten Elemente (die Formative) angewandt, dann auf die Konstituenten, deren Teile sie sind (wobei unter einer Konstituente eines P-Markers ein von einem einzelnen Kategoriensymbol dominiertes Teilstück seiner Endkette zu verstehen ist), dann auf die Konstituenten, deren Teile die abgearbeiteten Einheiten sind, und so fort, bis der maximale Geltungsbereich der phonologischen Prozesse erreicht ist. (Vgl. Chomsky, Halle, Lukoff (1956); Halle und Chomsky

(1960); (1968); Chomsky (1962*b*); Chomsky und Miller (1963).) Auf diesem Weg entsteht eine phonetische Repräsentation des gesamten Satzes, ausgehend von den vorgegebenen abstrakten phonologischen Eigenschaften seiner Formative und den in der Oberflächenstruktur repräsentierten Kategorien.

In ziemlich ähnlicher Weise operieren die Projektionsregeln der semantischen Komponente auf der von der Basis erzeugten Tiefenstruktur und ordnen jeder Konstituente eine semantische Interpretation (eine »Lesung« *(reading)*) zu, und zwar auf der Grundlage der ihren Teilen zugeordneten Lesungen (letztlich also der vorgegebenen semantischen Eigenschaften der Formative) und der in der Tiefenstruktur repräsentierten Kategorien und grammatischen Relationen. (Vgl. Katz und Fodor (1963); Katz und Postal (1964) und andere in der Bibliographie aufgeführte Arbeiten von Katz.) Soweit grammatische Kategorien und Relationen unabhängig von Einzelsprachen beschrieben werden können, dürfte es möglich sein, universelle Projektionsregeln zu finden, die demzufolge nicht als Teil einer speziellen Grammatik aufgeführt werden müssen.

In der gesamten bisherigen Diskussion haben wir die Theorie der grammatischen Transformationen so vorausgesetzt, wie sie in den zitierten Arbeiten dargestellt ist; es ist aber nicht unwichtig zu erwähnen, daß diese Theorie offensichtlich auch in verschiedener Hinsicht vereinfacht werden kann. Erstens ist es anscheinend möglich, Permutationen aus der Menge der Elementartransformationen zugunsten von Substitutionen, Eliminierungen und Adjunktionen auszuschließen. Das heißt, abgeleitete P-Marker, die durch Permutationen entstehen, dürften kaum zusätzlich zu den durch die ande[illegible] Elementartransformationen entstehenden erforderlich sein. Die Ausschließung von Permutationen aus der Grundmenge würde aber die Theorie der abgeleiteten Konstituentenstruktur bedeutend vereinfachen.[16] Zweitens können die Strukturanalysen, die den Anwendungsbereich *(domain)* von Transformationen determinieren, vermutlich auf Boolesche (d. h. aussagenlogisch verbundene) Bedingungen für die Analysierbarkeit begrenzt werden.

Das heißt, Quantifikatoren können zugunsten einer generellen Konvention über Eliminierungen ausgeschlossen werden (vgl. Anm. 13). Trifft das zu, dann erhalten wir eine wesentliche zusätzliche Einschränkung für die Theorie der Transformationen.

Der letzte Punkt erfordert weitere Verdeutlichung. Wir werden ihn hier kurz erörtern und dann in Kapitel 4, § 2.2 zu der Frage zurückkehren. Wir schlagen die folgende Konvention vor, um die Rekonstruierbarkeit einer Eliminierung zu garantieren: Eine Eliminierungsoperation kann entweder nur ein leeres Element tilgen, oder ein ausdrücklich im Struktur-Index erwähntes Formativ (zum Beispiel *you* in Imperativen), oder den ausgezeichneten Repräsentanten einer Kategorie (so sind z. B. die *wh*-Fragetransformationen, die NP tilgen, auf Indefinitpronomina beschränkt – vgl. Chomsky (1964), § 2.2), oder ein Element, das anderwärts im Satz in einer festgelegten Position repräsentiert ist. Um den letzten Fall besser zu verdeutlichen, wollen wir eine *Löschungs-Transformation (erasure transformation)* einführen, die einen Term *X* ihrer passenden Analyse *(proper analysis)* für einen Term *Y* der passenden Analyse substituiert (wobei *X* erhalten bleibt) und dann dieses neue Vorkommen von *X*, durch das *Y* ersetzt worden ist, eliminiert. Wenn wir also zum Beispiel bei der früher diskutierten Relativierung (p. 166 f.) die folgende Kette haben

(8) $\overbrace{\text{the man}}^{1}$ — $\overbrace{\text{[\# } wh\text{-}}^{2}$ — $\overbrace{\text{the man}}^{3}$ — $\overbrace{\text{had been fired \#]}}^{4}$
$\underbrace{\text{returned to work}}$

dann kann die Relativsatz-Transformation als eine Löschungsoperation formuliert werden, die das erste Element *X* der passenden Analyse für den dritten Term *Y* substituiert und in diesem Prozeß den letzteren[17] löscht. Unter Verzicht auf Einzelheiten der Formalisierung, die innerhalb der generellen Theorie der Transformationen unproblematisch sind, können wir kurz sagen, daß die Löschungsoperation in einem solchen Fall *den Term X benutzt, um Y zu eliminieren.* Und wir wollen verlangen, daß eine Löschungsoperation den Term *X* genau dann benutzen kann, um *Y* zu eliminieren, wenn *X* und *Y* identisch sind. Den genauen Charakter der Relation, die zwischen *X* und *Y* bestehen muß, werden wir ausführlicher in Kapitel 4, p. 222 f. untersuchen.

Als zusätzliche Illustration wollen wir noch die Reflexivierungsoperation betrachten (vgl. Lees und Klima (1963)). Es ist oft festgestellt worden, daß in Sätzen wie »John hurt John« oder »the boy hurt the boy« die zwei phonetisch identischen NP notwendig als Bezeichnung für verschiedene Objekte interpretiert werden; sollen sie gleiche Objekte bezeichnen, dann ist Reflexivierung der zweiten NP notwendig (das gleiche gilt für die Pronominalisierung). Es sind verschiedene Versuche gemacht worden, diesem Sachverhalt in der syntaktischen Komponente Rechnung zu tragen, aber keiner ist sehr überzeugend gewesen. Nun, da wir über lexikalische Merkmale verfügen, können wir einen neuen Lösungsvorschlag erörtern. Angenommen, bestimmte lexikalische Einheiten sind als »Referenz-Träger« *(»referential«)* gekennzeichnet, und jedem Vorkommen einer solchen Einheit wird eine Markierung, etwa eine Ziffer, als Merkmal zugeordnet.[18] Die Reflexivierungsregel kann nun formuliert werden als eine Löschungsoperation, die eine NP benutzt, um eine andere zu eliminieren. Wie bei der Relativsatz-Transformation (vgl. Anm. 17) hinterläßt die Löschung einen Rest, vor allem das Merkmal [±Mensch], und führt das phonetische Element *self* neu ein. So wird bei der Anwendung auf »I hurt I« die erste NP benutzt, um die zweite zu eliminieren, so daß schließlich »I hurt myself« entsteht. Auf Grund der Rekonstruierbarkeitsbedingung für die Eliminierung kann die Reflexivierungsregel jedoch nur angewandt werden, wenn die Zahlen, die den beiden Einheiten zugeordnet sind, übereinstimmen. Das gleiche gilt für die Pronominalisierung. Die semantische Komponente interpretiert dann zwei referentielle Einheiten als Bezeichnungen desselben Objekts, wenn sie strikt identisch sind, das heißt wenn sie in der Tiefen-

struktur durch die gleiche Ziffer gekennzeichnet worden sind. In vielen Fällen ergibt das die richtige Lösung, es bleiben aber interessante Fälle, wenn die Referenz-Einheiten im Plural stehen. Außerdem ergeben sich natürlich Probleme bei einer genauen Bestimmung des Begriffs »referentiell«.
Übrigens kann die Reflexivierung nicht in allen Fällen vorgenommen werden (wohl aber die Pronominalisierung), auch dann, wenn die beiden Nomina strikt identisch sind, also das gleiche Objekt bezeichnen. So gibt es neben »I aimed it at myself« auch »I kept it near me«, und so weiter. Im zweiten Satz ist das wiederholte Nomen, im Unterschied zum ersten Satz, Teil eines Satz-Komplements zum Verb. Demnach hat »I kept it near me« eine Tiefenstruktur der Form »I–kept–it–# S #«, wobei S den Satz »it is near me« dominiert. »I aimed it at myself« hingegen hat eine Tiefenstruktur der Form »I – aimed–it–at me« (es gibt keinen zugrunde liegenden Satz »it is at me«). Die Reflexivierungsregel kann nicht auf ein wiederholtes N angewandt werden, das von einem Vorkommen von S dominiert wird, das nicht zugleich das »vorausgehende« Vorkommen von N dominiert. Diese besondere Feststellung über das Englische läßt sich vermutlich aus einer allgemeineren Bedingung für Tranformationen ableiten. Es kann nämlich kein morphologisches Material (in diesem Fall *self*) in eine durch S dominierte Konfiguration eingeführt werden, wenn der Zyklus von Transformationsregeln bereits vollständig auf diese Konfiguration angewandt worden ist (obwohl durchaus noch Einheiten aus einer solchen Konstituente einer größeren »Matrixstruktur« im nächsten Transformationszyklus herausgezogen werden können). Es gibt einige Beispiele, die dieser Analyse – aus Gründen, die ich nicht verstehe – zu widersprechen scheinen (so etwa »I pushed it away from me«, »I drew it toward me«), aber sie erfaßt eine große Zahl von überzeugenden Fällen, und durch die Unterscheidung, die sie zwischen oberflächlich analogen Fällen macht, die nur darin voneinander abweichen, daß nur der eine, aber nicht der andere einen unabhängig existierenden, eingebetteten Satz enthält,

liefert sie eine interessante Bestätigung für die Theorie der Transformationsgrammatik.
Zurück zum Hauptthema: wir können offensichtlich eine grammatische Transformation definieren durch einen »Struktur-Index«, der eine Boolesche Bedingung für die Analysierbarkeit ist, und eine Folge von Elementartransformationen, die einer Grundmenge von Substitutionen, Eliminierungen und Adjunktionen entnommen ist. Diese scheinen weiterhin größere, wiederholte Einheiten zu bilden, (zum Beispiel Substitutions-Eliminierungen, Löschungen), und die Begrenzungen für ihre Anwendung können durch generelle Konventionen der eben erwähnten Art gegeben werden. Wenn das richtig ist, dann werden die formalen Eigenschaften der Transformationstheorie relativ klar und ziemlich einfach, und es wird möglich, abstrakte Untersuchungen anzustellen in einer Form, die in der Vergangenheit nicht möglich war.

4 Einige offene Probleme

§ 1. Die Grenzen zwischen Syntax und Semantik

§ 1.1. *Grammatikalitätsgrade*

Es ist ganz offensichtlich, daß die gegenwärtigen Theorien der Syntax und der Semantik fragmentarisch und provisorisch sind, und daß sie offene Fragen von grundlegender Art enthalten. Außerdem gibt es für die einzelnen Sprachen nur sehr fragmentarische grammatische Beschreibungen, so daß es für viele Fragen, die die Fakten betreffen, keine befriedigende Antwort gibt. Deshalb kann das Problem, das der Titel dieses Abschnitts ankündigt, vorerst nur Quelle für Spekulationen sein. Der Modus, in dem in den vorangehenden Kapiteln die Frage des richtigen Gleichgewichts zwischen Syntax und Semantik behandelt wurde, bedarf einiger weiterer Erörterungen.

Die Unterscheidung zwischen den Merkmalen der strikten Subkategorisierung und den Selektionsmerkmalen, die formal gut definiert ist, scheint mit einem wichtigen Unterschied im Sprachgebrauch eng zu korrelieren. Jedes dieser Kontext-Merkmale ist mit einer Regel verbunden, die Lexikon-Eintragungen mit diesem Merkmal auf bestimmte Kontexte beschränkt.[1] Durch Verletzung der Regel können wir in jedem Fall einen abweichenden Satz konstruieren. So sind in § 3 des Kapitels 2 die Verben durch strikte Subkategorisierung in Intransitiva, Transitiva, Verben mit obligatorischer Adjektiv-Ergänzung und Verben mit folgendem Objektsatz usw. eingeteilt. In diesen Fällen ergibt die Verletzung der Regel Ketten wie:

(1) (i) John found sad
(ii) John elapsed that Bill will come
(iii) John compelled
(iv) John became Bill to leave
(v) John persuaded great authority to Bill

Die Verletzung der Selektionsregeln aber würde Beispiele der folgenden Art ergeben

(2) (i) colorless green ideas sleep furiously
(ii) golf plays John
(iii) the boy may frighten sincerity
(iv) misery loves company
(v) they perform their leisure with diligence

(Vgl. § 2.3.1 in Kap. 2.) Es ist klar, daß Ketten, die wie (1) Regeln der strikten Subkategorisierung durchbrechen, und Ketten, die wie (2) gegen Selektionsregeln verstoßen, abweichend sind. Man muß ihnen – eine Aufgabe, deren Schwierigkeit und Dringlichkeit von Fall zu Fall verschieden ist – eine Interpretation irgendwie unterschieben, während bei so tadellos wohlgeformten Sätzen wie (3) davon keine Rede sein kann; die Interpretation ergibt sich regulär und zwanglos.

(3) (i) revolutionary new ideas appear infrequently
(ii) John plays golf
(iii) sincerity may frighten the boy
(iv) John loves company
(v) they perform their duty with diligence

Es kommt hinzu, daß die Art der in (2) illustrierten Abweichung von der in (1) sehr verschieden ist. Sätze, die Selektionsregeln durchbrechen, können oft metaphorisch interpretiert werden (u. a. als Personifizierung – vgl. Bloomfield (1963)) oder als Anspielung dieser oder jener Art, wenn ein geeigneter, mehr oder weniger komplizierter Kontext zur Verfügung steht. Diese Sätze werden also offensichtlich in direkter Analogie zu solchen wohlgeformten Sätzen interpretiert, die den fraglichen Selektionsregeln genügen. Wäre man gezwungen, Sätzen eine Interpretation zuzuschreiben, die wie in (1) die Regeln der strikten Subkategorisierung durchbrechen, würde man allerdings ganz anders verfahren.

Diese Beispiele sind, wie ich glaube, typisch für eine ziemlich umfangreiche Klasse von Fällen. Eine deskriptiv adäquate Grammatik sollte alle diese Unterscheidungen auf formaler Basis vornehmen, und eine Grammatik vom gerade beschriebenen Typ scheint das, mindestens bis zu einem gewissen Grad, auch zu tun. Sie unterscheidet völlig wohlgeformte Sätze wie (3) von den Sätzen in (1) und (2), die nicht direkt von einem System grammatischer Regeln erzeugt werden. Außerdem trennt sie die Sätze von (1), die durch Lockerung der strikten Subkategorisierungsregeln erzeugt sind, von solchen Sätzen wie (2), die zustande kommen, wenn Selektionsregeln abgeschwächt werden. So sind mehrere Schritte nötig, um eine aussagekräftige Theorie des »Grammatikalitätsgrades« zu entwickeln.[2]

Sätze, die von Selektionsregeln abweichen, die lexikalische Merkmale »höherer Stufe« wie z.B. [Ind] betreffen, sind anscheinend viel weniger akzeptabel und viel schwerer zu interpretieren als solche, bei denen Merkmale »niederer Stufe«, etwa [Mensch], betroffen sind. Zugleich ist zu beachten, daß nicht alle Regeln, die syntaktische Merkmale der unteren Stufe betreffen, Abweichungen so leicht vertragen wie die Selektionsregeln, die es mit diesen Merkmalen zu tun haben.[3] So ergeben sich die beiden Sätze

(4) (i) the book who you read was a best seller
    (ii) who you met is John

aus der Mißachtung von Regeln, die das Merkmal [Mensch] betreffen. Sie sind aber völlig unakzeptabel – obwohl ihnen natürlich leicht und zweifellos auch in einheitlicher Weise eine Interpretation unterlegt werden kann. Sie unterscheiden sich sowohl im Grad der Akzeptabilität wie in der Art der Interpretation absolut von Sätzen, die sich bei Verstößen gegen Selektionsregeln mit dem Merkmal [Mensch] ergeben. Wie man die Selektionsregeln auch behandeln mag: es besteht kein Zweifel, daß solche Merkmale wie [Mensch] eine Rolle in rein syntaktischen Regeln spielen (weil die Beispiele von (4) ganz sicher nur aus rein syntaktischen Gründen auszuschließen sind).

Ähnlich verhält es sich mit dem Selektionsmerkmal [[+Abstr] ...—... [+Belebt]], das solchen Verben wie *frighten, amuse, charm, ...* zugeschrieben wird. Dieses Merkmal ist in Regeln enthalten, die so unverletzbar sind wie diejenigen, die Sätze wie *the book which you read was a best seller* und *what you found was my book* ermöglichen, (4) aber ausschließen. Einheiten, die für dieses Merkmal positiv spezifiziert sind, können in der Position reiner Adjektiva erscheinen, so daß sich Sätze ergeben wie *a very frightening (amusing, charming, ...) person suddenly appeared*, aber z. B. nicht

(5) (i) a very walking person appeared
(ii) a very hitting person appeared

Diese Sätze sind – wie die von (4) – unmittelbar und vielleicht auch eindeutig interpretierbar, sie sind aber offensichtlich sehr viel stärker ungrammatisch – in dem hier zu explizierenden intuitiven Sinn – als die Beispiele für Verletzungen von Selektionsregeln, die oben angegeben sind. Es scheint also, daß dieses zur Selektion eingeführte Kontext-Merkmal auch in Regeln enthalten ist, die nicht ohne ernsthafte Einbuße an Grammatikalität verletzt werden können.[4]

Beispiele wie (4) und (5) stützen damit zwei wichtige Beobachtungen. Erstens: Merkmale wie [Mensch] und [[+Abstr] ...—... [+Belebt]] spielen eine Rolle für das Funktionieren der syntaktischen Komponente, gleichgültig, wie eng der Begriff Syntax gefaßt wird, solange zugegeben wird, daß (4) und (5) syntaktisch abweichend sind. Der besondere Charakter der Beispiele von (2) ist nicht der Tatsache zuzuschreiben, daß diese Sätze Regeln mit Merkmalen »niederer Stufe« verletzen, sondern der Tatsache, daß es sich bei den verletzten Regeln um Selektionsregeln handelt. Zweitens: aus Beispielen wie (4) und (5) erhellt, daß der Begriff »Grammatikalität« zumindest nicht einfach auf »Interpretierbarkeit« (Leichtigkeit, Eindeutigkeit oder Einheitlichkeit der Interpretation) bezogen werden kann. Es gibt Sätze wie (4) und (5), die eindeutig und einheitlich direkt interpretiert werden können, obwohl sie paradigmatische Beispiele für Abweichungen von der Wohlgeformtheit sind. Andererseits gibt es auch völlig wohlgeformte Sätze, die sich nur sehr schwierig interpretieren lassen und die eine Vielzahl möglicherweise unvereinbarer Interpretationen erlauben. Allgemeiner: der intuitive Begriff der grammatischen Wohlgeformtheit ist keineswegs einfach, und seine angemessene Erklärung schließt theoretische Konstrukte von sehr abstraktem Charakter ein, ebenso gilt, daß mehrere verschiedenartige Faktoren bestimmen, ob und wie ein Satz interpretierbar ist.

Die Versuche, wenigstens einer Dimension des Grammatikalitätsgrades eine präzise Definition zu geben, die in den Angaben von Anm. 2 beschrieben werden, sind viel plausibler, wenn sie auf die Frage der Verletzung von Selektionsregeln eingeschränkt werden, als wenn man sie auf den ganzen Bereich von Beispielen für Abweichungen von der Wohlgeformtheit ausdehnt. Wenn wir diesem Hinweis folgen, könnten wir sogar den Schluß ziehen, daß die *einzige* Funktion der Selektionsregeln darin besteht, eine Hierarchie der Abweichung von der Grammatikalität für eine bestimmte Menge von Sätzen aufzustellen, für Sätze nämlich, die bei einer sonst unveränderten Grammatik durch selektionale Beschränkungen generiert werden können.

Man hat zu beachten, daß die Regeln der Grammatik die Merkmale, die ein komplexes Symbol in einem P-Marker konstituieren, einer partiellen Ordnung hinsichtlich der Dominanz unterwerfen. Nehmen wir etwa das P-Marker-Beispiel (59) in Kap. 2 und das Formativ *frighten:* hier liegt ein komplexes Symbol vor, das unter anderem aus den Merkmalen [+V, + —— NP, +[+Abstr] ...——... [+Belebt]] besteht. Die Regeln der Grammatik stellen, wie (59) zeigt, die Dominanz-Ordnung [+V], [+——NP], [+[+Abstr] ...——... [+Belebt]] auf. Mit Hilfe dieser Ordnung können wir den *Grad der Abweichung* einer Kette definieren, die sich aus der Einsetzung einer Lexikon-Einheit in die Position von *frighten* in diesem P-Marker ergibt. Die Abweichung ist um so größer, je höher in der Dominanz-Hierarchie das Merkmal steht, auf das sich die durchbrochene Regel bezieht. Im gegebenen Beispiel würde somit die Abweichung am größten sein, wenn die für *frighten* eingesetzte Einheit ein Nicht-Verb wäre; sie wäre weniger groß, wenn es sich zwar um ein Verb, aber um ein Intransitivum handeln würde; und sie wäre noch geringer, wäre es ein transitives Verb, das kein abstraktes Subjekt zuläßt. Dann erhielte man für die Abweichung folgende Rangordnung:

(6) (i) sincerity may virtue the boy
(ii) sincerity may elapse the boy
(iii) sincerity may admire the boy

Dies scheint eine natürliche Explikation für wenigstens einen Sinn des Terminus »Abweichung« zu ergeben. In diesem Zusammenhang vergleiche man die Vorschläge in den Angaben aus Anm. 2, die das Format der Kategorie, innerhalb derer eine Substitution stattfindet, als entscheidend für den Grammatikalitätsgrad (das Ausmaß der syntaktischen Abweichung) einer Kette betrachten.

Am Ende von § 4.1, Kap. 2, wurde ausgeführt, daß die durch Regeln der strikten Subkategorisierung eingeführten Merkmale diejenigen Merkmale dominieren, die durch Selektionsregeln eingeführt werden; und in demselben Abschnitt wurde weiter bemerkt, daß alle lexikalischen Merkmale von den Symbolen für lexikalische Kategorien dominiert werden. Weiter wiegt Abweichung von Selektionsregeln mit Merkmalen höherer Stufe allem Anschein nach schwerer als Abweichung von Selektionsregeln, die sich auf Merkmale niederer Stufen beziehen. Diese Beobachtungen zusammengenommen ergeben eine recht natürliche Definition für den »Abweichungsgrad«, wie sie hier vorgeschlagen worden ist. Wenn die Unterscheidung zwischen Regeln der strikten Subkategorisierung und Selektionsregeln, die weiter oben angemerkt wurde, allgemeingültig ist, können wir auf der Skala der Abweichungen drei verschiedene Haupttypen einteilen. Typen nämlich, die sich ergeben aus

(i) Verletzung einer lexikalischen Kategorie (wie (6) (i));
(ii) Verstoß gegen ein Merkmal der strikten Subkategorisierung (wie (6) (ii) und (1)); und
(iii) Verstoß gegen ein Selektionsmerkmal (wie (6) (iii) und (2))

Außerdem gibt es, wenigstens innerhalb des dritten Typs, weitere Unterteilungen. Natürlich gibt es viele andere Typen, wie etwa (4) und (5)[5], was nicht verwundert, schließlich gibt es vielerlei Regeln, die verletzt werden können.

Selektionsregeln spielen innerhalb der Grammatik eine marginale Rolle, obwohl die Merkmale, mit denen sie operieren, in viele rein syntaktische Prozesse einbezogen sein können (vgl. (4), (5)). Man könnte deshalb vorschlagen, die Selektionsregeln aus der Syntax herauszunehmen und ihre Funktion von der semantischen Komponente übernehmen zu lassen. Diese Veränderung würde nicht sehr tief in die oben beschriebene Struktur der Grammatik eingreifen. Die Merkmale, die von Selektionsregeln verwendet und eingeführt werden, würden natürlich auch in den entsprechenden Lexikon-Eintragungen auftreten. Das heißt, *boy* würde als [+Mensch] und *frighten* als zulässig für abstraktes Subjekt und belebtes Objekt spezifiziert werden usw. Wenn wir weiterhin ein Merkmal aus der Lexikon-Eintragung dann ein »syntaktisches Merkmal« nennen, wenn es in rein syntaktischen Regeln vorkommt, dann sind solche Merkmale der Lexikon-Eintragung syntaktische und nicht semantische Merkmale (vgl. die Diskussion von (4) und (5)). Dennoch wird die Grammatik gemäß diesem Vorschlag selbst solche Sätze wie (2) als syntaktisch wohlgeformte Sätze direkt generieren – natürlich aber nicht die von (1). Die syntaktische Komponente der Grammatik würde, mit anderen Worten, dann auf diesen unteren Rängen der Abweichung keine Hierarchie des Grammatikalitätsgrades aufbauen. Diese Aufgabe hätte nun die semantische Komponente zu übernehmen.

Wir wollen ferner annehmen, daß die semantische Komponente ein Interpretationsmechanismus ist, der auf Projektionsregeln des oben im Anschluß an Katz, Fodor und Postal diskutierten Typs beruht. Die Projektionsregeln müssen nun so eingerichtet werden, daß sie Konflikte im Merkmalsbestand zwischen grammatisch verbundenen lexikalischen Einheiten, allgemeiner gesagt, zwischen grammatisch verbundenen Konstituenten der Basis-Ketten entdecken und interpretieren. Die frühere Diskussion der Abweichung, besonders auch die des »Abweichungsgrades«, kann mit geringen Veränderungen übernommen werden. Dasselbe gilt für die Bemerkungen über die Dominanz in der Selektion zwischen Nomen – Verb und Nomen – Adjektiv. Leicht umformuliert haben dieselben Argumente auch bei revidiertem Aufbau der Grammatik Gültigkeit.

In § 4.3, Kap. 2, haben wir zwei alternative Vorschläge für das Operieren mit Kontext-Merkmalen diskutiert. Der erste bestand darin, sie durch Ersetzungsregeln einzuführen, und die Lexikon-Einheiten beim Zusammentreffen nicht-distinkter komplexer Symbole in die Derivationen einsetzen zu lassen (wie in Kap. 2, § 3). Der zweite Vorschlag bestand darin, die Kontext-Merkmale des Lexikons anzusetzen zur Bestimmung gewisser Substitutionstransformationen, die Lexikon-Einheiten einsetzen, was – wie dort angemerkt – keineswegs eine bloße Negationsfrage ist.

In bezug auf die Selektionsregeln bleiben somit zwei Fragen offen:

(i) Gehören sie zur syntaktischen oder zur semantischen Komponente?

(ii) Sind sie Ersetzungsregeln, die komplexe Symbole einführen, oder Substitutionstransformationen?

Ohne Anspruch auf erschöpfende Untersuchung will ich nun kurz einige Überlegungen anstellen, die hierfür relevant sind. Angenommen, wir hätten nach § 3, Kap. 2, die Selektionsmerkmale durch Ersetzungsregeln einzuführen. Dabei ist zu beachten, daß sich die Selektionsregeln darin von den Regeln der strikten Subkategorisierung unterscheiden, daß sie typischerweise irrelevante Symbole enthalten, die zwischen den Einheiten stehen, auf die sie sich beziehen. Die Regel (57) (xiv) aus Kap. 2 ist in dieser Hinsicht für Selektionsregeln charakteristisch, insofern sie auf die irrelevanten Einheiten *Aux* und *Det* Bezug nimmt. Sie ist nur in der Einfachheit dieser Elemente untypisch. Daß es hierbei um mehr als bloße Notation geht, zeigt (57) (xv) aus Kap. 2, wo dem attributiven Adjektiv des Prädikats Merkmale des Subjekts zugeschrieben werden. So wie diese Regeln formuliert sind, würden dem Adjektiv in den Sätzen

(7) the boy is sad

(8) the boy grew sad

tatsächlich verschiedene Merkmale zugeschrieben werden. Im Fall von (7) würde dem Adjektiv das Merkmal [[+Mensch] Aux⌒*be*—] durch Regel (57) (xv), Kap. 2 zugeschrieben werden, während es in (8) das Merkmal [[+Mensch] Aux [+] —] oder etwas dieser Art erhielte.[6] Diese Merkmale haben in unserer Betrachtungsweise nichts miteinander gemein, obwohl sie in Wirklichkeit dieselbe Menge von Lexikon-Einheiten identifizieren. Das ist ein ebenso ernster Mangel wie der, den man in einer Grammatik findet, die eine besondere Unterscheidung zwischen einem belebten Subjekt und einem belebten Objekt trifft usw. (s. p. 196). Wir können dem abhelfen und zugleich die Bezugnahme auf die irrelevanten, störenden Kontexte in den Selektionsregeln beseitigen, indem wir für diese Regeln die folgende Konvention festlegen. Angenommen wir haben das Regelschema

(9) $A \rightarrow CS/[\alpha] \ldots — \ldots [\beta]$

wobei [α] und [β] spezifizierte Merkmale oder gleich null sind, aber eins von beiden nicht-null sein muß.[7] Wir halten (9) für *anwendbar* auf jede Kette

(10) *XWAVY*

wobei $X = [\alpha, \ldots]$, $Y = [\beta, \ldots]$,[8] $W \neq W_1 [\alpha, \ldots] W_2$ (oder gleich null ist) und wo $V \neq V_1 [\beta, \ldots] V_2$ (oder gleich null) ist. Das Ergebnis der Anwendung von (9) auf (10) ist die Kette

(11) *XWBVY*

wobei *B* das komplexe Symbol ist, das die Merkmale von *A* (oder [+*A*], falls nämlich *A* ein Kategoriensymbol ist) zusätzlich zu jedem kontextuellen Merkmal [+φ——ψ] enthält, wobei $X = [\varphi, \ldots]$ und $Y = [\psi, \ldots]$. (Der Leser wird bemerkt haben, daß der Begriff der »Anwendbarkeit« und die Konventionen für komplexe Symbole bis auf die Bedingungen für *W* und *V* unverändert geblieben sind.) Damit ist gesagt, daß die Regel (9) *A* alle kontextuellen Merkmale [+φ——ψ] zuschreibt, wobei [φ] ein lexikalisches Merkmal des nächsten links von *A* stehenden komplexen Symbols mit dem Merkmal [α] ist und [ψ] ein lexikalisches Merkmal des nächsten rechts von *A* stehenden komplexen Symbols mit dem Merkmal [β] ist. Im einzelnen würden wir den Regeln (57) (xiv) und (57) (xv) jetzt die Form (12) bzw. (13) geben:

(12) [+V] → CS/[+N] . . . —— (. . . [+N])

(13) Adjektiv → CS/[+N] . . . ——

Diese Regeln würden nun die Wirkung haben, daß etwa *frighten* das Merkmal [+[+Abstr] —— [+Belebt]] erhielte und *sad* sowohl im Fall (7) wie im Fall (8) das Merkmal [+[+Mensch] ——]. So kann man es vermeiden, irrelevante störende Symbole in den Kontextangaben zu erwähnen, und, was wichtiger ist, wir können den Defekt, daß doppelte Merkmale zugeordnet werden wie in (7) und (8), beseitigen.

Innerhalb des anderen Systems, das Substitutionstransformationen einschließt, muß eine analoge Konvention aufgestellt werden. In diesem Fall braucht man nur die Bedingung für *W* und *V* von (10) anzugeben. Diese Bedingung kann man aber nicht direkt in der Form eines Booleschen Struktur-Index für Transformationen angeben. Diese Tatsache, die an sich gar nicht so wichtig ist, könnte als ein Hinweis dafür gelten, daß ein System mit Ersetzungsregeln vorzuziehen ist.[9]

Wichtiger sind bestimmte Fragen der Interpretation, die von einigem Belang für die Form der Selektionsregeln und ihre Plazierung in der Grammatik sind.[10] Man betrachte einen so typischen Fall einer Verletzung von Selektionsregeln wie

(14) John frightened sincerity

Dies ist ein abweichender Satz, der durch Aufhebung der Beschränkung von *frighten* auf belebte direkte Objekte zustande kommt. Es gibt aber auch Umgebungen, in denen die Beschränkung verletzt werden kann, ohne daß sich daraus Unnatürlichkeit ergibt. So z. B. in

(15) (i) it is nonsense to speak of (there is no such activity as) frightening sincerity
(ii) sincerity is not the sort of thing that can be frightened
(iii) one can(not) frighten sincerity

Es ist klar, daß eine deskriptiv adäquate Grammatik anzeigen muß, daß (14) abweichend ist (wie im Fall der Beispiele von (2)) und daß dies für die Beispiele von (15) nicht gilt. Es gibt verschiedene Wege, dieses Problem anzupacken.

Wenn man annimmt, daß die Selektionsregeln in der Syntax enthalten sind, dann werden (14) und (15) von der Grammatik nur indirekt (im Sinne von Anm. 2) erzeugt. Sie werden mit P-Markern generiert, die erkennen lassen, daß sie in bestimmter Hinsicht von der Grammatikalität abweichen. Da sich (14) aber dennoch von (15) in der »Abweichung« von dem intuitiv zu Erwartenden unterscheidet, entspricht dieser intuitive Begriff nicht der Grammatikalität. Diese ist vielmehr eine Eigenschaft, die durch das Zusammenwirken von syntaktischer und semantischer Komponente bestimmt wird. Die Projektionsregeln der semantischen Komponente und die Lexikon-Eintragungen für solche Wörter wie *nonsense* und *speak* müssen so angelegt werden, daß, obwohl die Konstituente *frighten sincerity* der generalisierten P-Marker von (15) (i)–(iii) als semantisch inkongruent markiert ist, die Unverträglichkeit durch die Lesungen der sie dominierenden Konstituente aufgehoben wird. Dadurch erhalten die Sätze (15) (aber nicht (14)) letzten Endes eine nicht-abweichende Interpretation.[11] Dies erscheint mir ganz und gar nicht als unnatürliche oder untragbare Konsequenz. Es ist kaum überraschend, daß ein intuitiver Begriff wie »Abweichung« nur expliziert werden kann mit Hilfe theoretischer Konstrukte verschiedener Art, die für sich genommen keine direkte und einheitliche intuitive Interpretation haben. Zur weiteren Stützung dieser Schlußfolgerung könnte man die Tatsache heranziehen, daß sogar Regeln der strikten Subkategorisierung offensichtlich verletzt werden können, ohne daß sich daraus notwendigerweise semantische Unverträglichkeit ergibt, wie etwa in

(16) (i) it is nonsense to speak of (there is no such activity as) elapsing a book
(ii) elapsing a book is not an activity that can be performed
(iii) one cannot elapse a book

Auch hier könnte man ganz plausibel darauf bestehen, daß Basis-Ketten, die beachtlich von der Grammatikalität abweichen, trotzdem Konstituenten von Sätzen sind, die nicht-abweichende Interpretationen erhalten, und zwar kraft der semantischen Eigenschaften bestimmter Lexikon-Einheiten und bestimmter Konstruktionen. Um die Behauptung, daß Grammatikalität auf keinen Fall mit dem intuitiven Begriff von »Abweichung« zusammenfällt, noch weiter zu stützen, kann man als Beweis völlig grammatische Ketten anführen, die aus nicht-syntaktischen Gründen inkorrekt sind (vgl. z. B. (16) in § 2.3, Kap. 2).

Beispiele wie (15) sind demnach kein besonders starkes Argument für die Entfernung der Selektionsregeln aus der syntaktischen Komponente und für die Übernahme ihrer Funktionen durch die interpretativen semantischen Regeln. Wenn man den zuletzt genannten Weg trotzdem einschlägt, dann werden (14) und (15) von den syntaktischen Regeln direkt generiert, und mindestens in Fällen wie diesen wird die Beziehung zwischen Grammatikalität und intuitiv bewerteter Abweichung viel enger sein. Dies könnte man als begrenztes Argument zugunsten der Entscheidung anführen, die Selektionsregeln aus der syntaktischen Komponente herauszunehmen und die Theorie der semantischen Komponente so zu modifizieren, daß sie in der Lage ist, diese Phänomene in ihren Wirkungsbereich aufzunehmen.

Wir haben die Möglichkeit erwogen, die Funktion der Selektionsregeln auf die semantische Komponente zu übertragen. Andererseits könnte man auch fragen, ob die Funktionen der semantischen Komponente, wie sie weiter oben dargestellt sind, nicht *in toto* von den generativen syntaktischen Regeln übernommen werden sollten. Genauer noch könnte man fragen, ob der Zyklus der Interpretationsregeln, die den höheren Knoten (den umfangreicheren Konstituenten) des zugrunde liegenden generalisierten P-Markers Lesungen zuordnen, nicht vor einigen der syntaktischen Regeln anwendbar sein sollte, so daß die Unterscheidung zwischen den beiden Komponenten im Endeffekt wegfällt. Diese Auffassung, die man keineswegs a priori zurückweisen kann, wird von Bever und Rosenbaum (in Vorbereitung) untersucht, die zeigen, daß bei ihrer Annahme die interne Einrichtung der syntaktischen Komponente in verschiedener Hinsicht wesentlich verändert werden muß.

Aus dieser fragmentarischen und vorläufigen Diskussion wird klar, daß die Beziehungen zwischen semantischen und syntaktischen Regeln ein keineswegs erledigtes Thema sind und daß es ein ganzes Spektrum von Möglichkeiten gibt, die ernsthaft geprüft werden sollten. Der Zugang, den ich in Kap. 2, § 3 gewählt habe, ist ein konservativer Kompromiß zwischen dem Versuch, die semantischen Regeln gänzlich in die syntaktische Komponente einzubauen, und dem Versuch, die semantische Komponente so auszuarbeiten, daß sie die Funktion der Selektionsregeln übernimmt. Es liegt auf der Hand, daß eine tiefere Einsicht in diese Fragen ein viel intensiveres Studium der semantischen Interpretationsregeln voraussetzt, als es bisher unternommen werden konnte. Die Arbeit in den allerletzten Jahren hat, so glaube ich, die Grundlagen für diese Art von empirischen Untersuchungen geschaffen. Es gibt ein allgemeines theoretisches Gerüst, das teilweise empirische Abstützung erhalten hat. Innerhalb dieses Systems ist es möglich, bestimmte hinreichend klare Fragen zu formulieren, und es ist auch ziemlich klar, welche Art von empirischem Beweismaterial relevant wäre, um sie zu entscheiden. Man kann alternative Positionen formulieren, aber gegenwärtig ist jede von ihnen notwendig provisorisch.

Ganz allgemein sollte man nicht erwarten, daß man in der Lage ist, ein ausgedehntes und kompliziertes Gebiet genau einzugrenzen, bevor es gründlich durchforscht ist. Eine Entscheidung über die Grenzziehung zwischen Syntax und Semantik ist – falls es überhaupt eine gibt – nicht Vorbedingung für theoretische und deskriptive Studien über syntaktische und semantische Regeln. Im Gegenteil, das Problem der Abgrenzung wird so lange offen bleiben müssen, bis wir für diese Gebiete ein weitaus tieferes Verständnis, als es uns heute möglich ist, erlangt haben. Genau dasselbe kann man über die Grenze sagen, die semantische Systeme von Systemen von Kenntnissen und Überzeugungen *(belief)* trennt. Daß sich diese Systeme in einer bislang unaufgeklärten Weise wechselseitig durchdringen, ist seit langem bekannt. Ein hinreichendes Verständnis dieses Bereichs kann man schwerlich erreichen, bevor nicht profunde Analysen der semantischen Regeln einerseits und der Systeme von Kenntnissen und Überzeugungen andererseits verfügbar sind. Kurzum: Man kann vorerst nur isolierte Beispiele innerhalb eines theoretischen Vakuums diskutieren. Daher sollte es auch nicht überraschen, wenn dabei nichts Endgültiges herauskommt.

§ 1.3. *Einige zusätzliche Probleme der Semantik-Theorie*

Die Diskussion über die Beziehung zwischen Syntax und Semantik muß in einem wesentlichen Punkt präzisiert werden. Ich habe die semantische Komponente als ein System von Regeln beschrieben, die den Konstituenten von P-Markern Lesungen zuordnen, als ein System, das darüber hinaus keine innere Struktur besitzt. Eine solche Beschreibung ist aber kaum ausreichend. Vor allem besteht kein Zweifel, daß das System der »Wörterbuch-Definitionen« nicht so atomistisch ist, wie es diese Darstellung voraussetzt.

Was die Wörterbuch-Definitionen betrifft, so sind zwei Hauptprobleme zu erforschen. Zunächst ist es wichtig, die universellen sprachunabhängigen Beschränkungen über den semantischen Merkmalen zu bestimmen – das System der möglichen Begriffe, in traditioneller Ausdrucksweise. Der Begriff »Lexikon-Eintragung« selbst setzt eine Art festgelegten, universellen Vokabulars voraus, mit dessen Hilfe diese Objekte charakterisiert werden, ganz so, wie der Begriff »phonetische Repräsentation« eine Art universeller phonetischer Theorie voraussetzt. Es ist sicher unsere Unkenntnis der relevanten psychologischen und physiologischen Fakten, die dem weit verbreiteten Glauben zugrunde liegt, daß es für das System der »erfaßbaren Begriffe« (*»attainable concepts«*) kaum eine oder keine Apriori-Struktur gibt.

Es scheint weiter, ganz abgesehen von der Frage der universellen Beschränkungen, offensichtlich, daß in jedem gegebenen Sprachsystem die Lexikon-Eintragungen innersemantische Beziehungen eingehen, die viel systematischer sind, als es aus dem bisher darüber Gesagten hervorgeht. Wir könnten den Terminus »Feldeigenschaften« (»field properties«) benützen, um diese zweifellos bedeutsame, aber kaum verstandene Seite einer deskriptiven semantischen Theorie zu bezeichnen.[12] Man betrachte z. B. Adjektive, die sich in einem Referenzbereich gegenseitig ausschließen, etwa die Farbwörter. Solche »Antonym-Mengen« (Katz (1964*b*)) liefern ein einfaches Beispiel einer Feldeigenschaft, die mit Hilfe separater Lexikon-Eintragungen nicht natürlich beschreibbar ist, obwohl sie doch offensichtlich bei der semantischen Interpretation eine Rolle spielen. Oder man betrachte die »Haben«-Relation, die bei Bever und Rosenbaum (in Vorbereitung) diskutiert wird. Es gibt

(17) (i) the man has an arm
(ii) the arm has a finger
(iii) the finger has a cut

aber nicht:

(18) (i) the arm has a man
(ii) the finger has an arm
(iii) the cut has a finger

(es sei denn, sie treten, was hier irrelevant ist, als mögliche elliptische Varianten ganz anderer Konstruktionen auf, wie in »the finger has an arm attached to it«, »the arm has a man on it« usw.). Diese Beispiele illustrieren außerdem Bedeutungsbeziehungen, nicht Tatsachenbeziehungen. Es gibt demzufolge keinen grammatischen Einwand gegen »the aunt has a kidney«, wogegen »the kidney has an aunt« weder falsch noch unmöglich, wohl aber sinnlos wäre mit der gerade angeführten irrelevanten Ausnahme. In diesem Fall liegt eine Hierarchie von Termen mit systematischen Relationen vor, die wiederum nicht in natürlicher Weise in einem System von unabhängigen lexikalischen Eintragungen beschreibbar ist. Andere Systeme dieser Art kann man leicht finden, und sie machen es wahrscheinlich, daß ein Teil der semantischen Komponente einer Grammatik in der außerhalb des Lexikons liegenden Charakterisierung der Feldeigenschaften bestehen muß. Es handelt sich hier um ein Kernproblem, das aber bisher kaum innerhalb eines allgemeinen Rahmens untersucht wurde, obwohl mehrere wertvolle Studien über einige seiner Aspekte existieren (s. Anm. 12). Man könnte außerdem den Versuch machen, die »Abweichung« im intuitiven Sinn mit dem »Grammatikalitätsgrad« im technischen Sinne zu verknüpfen, indem man solche Beispiele wie (18) (i) – (iii) von der direkten Erzeugung (s. Anm. 1) ausschließt. Die Folgen einer solchen Entscheidung sind nicht leicht abzusehen.

Wir können hier wiederum nicht mehr tun als Probleme sichtbar machen und die Tatsache unterstreichen, daß es viele unbeantwortete prinzipielle Fragen gibt, die sehr wohl die Formulierung sogar der Teile der Grammatik-Theorie berühren könnten, die im Moment ziemlich gesichert erscheinen.

Schließlich ist es wichtig, von den vielen anderen Problemen Kenntnis zu haben, denen sich eine Theorie der semantischen Interpretation von der im vorangegangenen diskutierten Art stellen muß. Klar ist, wie Katz und Fodor betont haben, daß die Bedeutung eines Satzes auf der Bedeutung seiner elementaren Bestandteile und dem Modus ihrer Kombination beruht. Ebenso ist es klar, daß die Art der Kombination, die durch die Oberflächen-IC-Struktur gegeben ist, im allgemeinen nahezu völlig irrelevant für die semantische Interpretation ist, während die grammatischen Beziehungen, die in der abstrakten Tiefenstruktur ausgedrückt sind, häufig gerade die sind, die die Bedeutung des Satzes bestimmen. Vgl. z. B. Kap. 1, § 4 und Kap. 2, § 2.2. Trotzdem gibt es Fälle, die auf die Notwendigkeit eines Begriffs von grammatischer Funktion und grammatischer Relation hinweisen, der noch abstrakter als alles das ist, was bisher in einigermaßen systematischer Weise entwickelt worden ist. Man vergleiche z. B. die folgenden Satzpaare:

(19) (i) John strikes me as pompous – I regard John as pompous
(ii) I liked the play – the play pleased me
(iii) John bought the book from Bill – Bill sold the book to John
(iv) John struck Bill – Bill received a blow at the hands of John

Es ist klar, daß in diesen Fällen eine Bedeutungsbeziehung vorliegt, die einer Paraphrase nahekommt. Sie ist aber nicht durch Transformationen ausdrückbar, wie z. B. die in den folgenden Fällen:

(20) (i) John is easy for us to please – it is easy for us to please John
(ii) It was yesterday that he came – he came yesterday

Im Fall von (20) sind die Tiefenstrukturen der Satzpaare identisch in allen Aspekten, die für die semantische Interpretation, wie sie hier betrachtet wird, relevant sind. Somit wird die transformative Analyse der (kognitiven) Synonymie gerecht. Das scheint jedoch im Fall (19) nicht zu gelten. So würden bei (19) (i) z. B. die Tiefenstrukturen in beiden Sätzen zwar zeigen, daß »pompous« »John« modifiziert, sie würden aber nicht die Beziehungen der beiden Nomina zum Verb ausdrücken, die – in einem nicht genau angebbaren Sinne – die semantisch bedeutsamsten sind. So ist in gewisser Hinsicht die Beziehung von »John« zu »strike« dieselbe wie die von »John« zu »regard«, und die Beziehung von »strike« zu »me« ist dieselbe wie die von »regard« zu »I«. Wir haben keinen Mechanismus, um den Tatbestand einer solchen Bedeutungsbeziehung mittels lexikalischer Merkmale oder grammatischer Beziehungen der Tiefenstruktur auszudrücken und angemessen so zu beschreiben.[13]
Es scheint daher, daß es außer den Begriffen der Oberflächenstruktur (wie z. B. »grammatisches Subjekt«) und der Tiefenstruktur (wie z. B. »logisches Subjekt«) einen noch abstrakteren Begriff von »semantischer Funktion« geben muß, der noch nicht aufgeklärt ist. Es bieten sich verschiedene formale Apparate an, diese Fakten auszudrücken, das generelle Problem aber scheint mir nicht trivial zu sein.
Viele verwandte Probleme sind zur Sprache gekommen in der ausführlichen Diskussion der Unterscheidung zwischen dem »grammatischen« Subjekt und Prädikat eines Satzes und seinem »logischen« oder »psychologischen« Subjekt und Prädikat (vgl. Paul (1886); Jespersen (1924); Wilson (1926)). Cook Wilson, um nur einen zu erwähnen, behauptet ((1926), p. 119 f.):

»... wenn, angenommen, von Elastizität die Rede ist und wenn gefragt wurde, welche Stoffe diese Eigenschaft der Elastizität besitzen, dann gilt für die Feststellung ›Glas ist elastisch‹, daß ›*Glas*‹ ... nicht mehr Subjekt ist, und weiter, daß die Art von Betonung, die auf ›elastisch‹ fiele, wenn ›Glas‹ Subjekt wäre, nun auf ›Glas‹ übergeht. Somit ist in der Feststellung ›*Glas* ist elastisch‹ ›Glas‹, das den Akzent trägt, das einzige Wort, das sich auf die als neu angenommene Tatsache hinsichtlich der Elastizität bezieht, nämlich: daß sie bei Glas vorkommt ... und daher ... müßte ›Glas‹ das Prädikat sein ... Demzufolge wäre nun ein und dieselbe sprachliche Form unterschiedlich zu analysieren, je nachdem, ob die entsprechenden Wörter Antworten auf die eine Frage sind oder auf die andere«, und allgemein gesagt, »sind Subjekt und Prädikat nicht notwendigerweise *Wörter* innerhalb des Satzes, ja noch nicht einmal etwas, das durch Wörter im Satz bezeichnet wird.«*

Welches Gewicht solche Beobachtungen auch immer haben mögen, es scheint, daß sie außerhalb der Reichweite einer jeden vorhandenen Theorie der Sprach-Struktur oder des Sprach-Gebrauchs liegen.
Um diese höchst vorläufige Diskussion abzubrechen, möchte ich nur noch feststellen, daß die syntaktische und die semantische Struktur natürlicher Sprachen offensichtlich vieles enthält, was entweder den Fakten oder den Prinzipien nach mysteriös ist, und daß jeder Versuch, die Grenzen dieser Bereiche zu bestimmen, mit Sicherheit nur ein Provisorium sein kann.

§ 2. Die Struktur des Lexikons

§ 2.1. *Redundanz*

Das Lexikon wurde oben einfach als Menge von Lexikon-Eintragungen beschrieben, von denen jede aus einer Matrix *D* von distinktiven Merkmalen und einem komplexen Symbol *C* besteht, wobei das letztere eine Menge von verschiedenartigen Merkmalen ist (syntaktische und semantische Merkmale, Merkmale, die gewisse Einheiten bestimmten phonologischen Regeln entziehen; usw.).[14] Wir haben gerade gesehen, daß diese Beschreibung hinsichtlich der semantischen Merkmale zu stark

* Original-Zitate im Anhang – Anm. d. Übers.

vereinfacht ist, und daß innerhalb des Lexikons mehr Struktur nötig ist, um die Feldeigenschaften zu erfassen. In § 3, Kap. 2 haben wir betont, daß verschiedene allgemeine Konventionen angegeben werden können, die eine bedeutende Vereinfachung für die Lexikon-Eintragungen möglich machen.

Um diese Vereinfachung der Lexikon-Eintragungen noch etwas näher zu untersuchen, wollen wir, um konkret zu bleiben, an jedem Punkt, an dem wir in der Diskussion alternative Möglichkeiten vermerkt haben, die der Betrachtung wert schienen, eine spezielle Wahl treffen. So wollen wir insbesondere annehmen, daß sich die passende Methode für die Einsetzung von Lexikon-Einheiten als generelle Regel darstellt, die die Lexikon-Eintragung *(D,C)* in eine Position ... Q ... (Q ist ein durch Ersetzungsregeln entwickeltes komplexes Symbol) eines P-Markers einsetzt, wenn *C* im technischen Sinne der Merkmal-Theorie nicht-distinkt von Q ist. Wir akzeptieren also versuchsweise die Methode von Kap. 2, § 3, und nicht die in Kap. 2, § 4.3 vorgeschlagene. Wir nehmen weiter an, daß eine Grammatik dann höher bewertet wird, wenn die Lexikon-Eintragungen nur wenige positiv spezifizierte Merkmale der strikten Subkategorisierung und viele positiv spezifizierte Selektionsmerkmale enthalten. Versuchsweise übernehmen wir also (iv) von p. 144.[15] Die folgende Diskussion ist zwar von diesen Entscheidungen betroffen, es entstehen aber stets analoge Probleme, gleichviel welche der vorgeschlagenen Alternativen gewählt wird.

Wir haben somit die folgenden Konventionen angenommen:

(21) (i) Nur positiv spezifizierte Merkmale der strikten Subkategorisierung und nur negativ spezifizierte Selektionsmerkmale erscheinen in den Lexikon-Eintragungen explizit, die übrigen werden durch die Hilfskonvention (ii) eingeführt.

(ii) Wenn die Lexikon-Eintragung *(D,C)* für das Kontext-Merkmal [φ—ψ] keine ausdrückliche Merkmalsspezifikation [αφ—ψ] (wobei α = + bei einem

Merkmal der strikten Subkategorisierung und α = — bei einem Selektionsmerkmal) besitzt, so ist ihr das spezifizierte Merkmal [—αφ——ψ] zuzuschreiben.

Wir haben auch (in Kap. 2, § 3) hervorgehoben, daß eine zu (21) (ii) analoge Konvention für die Merkmale aufgestellt werden kann, die den lexikalischen Kategorien entsprechen. Gemäß diesen Konventionen könnten wir die Lexikon-Eintragung für *frighten* (vgl. (58) von Kap. 2) einfach wie folgt angeben:

(22) (*frighten*, [+V,+ —NP, —[+N] — [—Belebt],...)

Die Konventionen führen ein:
- die Kategorienmerkmale [—N], [—Adj], [—M];
- die Merkmale der strikten Subkategorisierung [— —], [— — NP⌒#⌒S⌒#],...;
- die Selektionsmerkmale [+[+N] — [+Belebt]], [+[+N] — [+Mensch]]....

Demzufolge wird *frighten* durch (22) und die Konventionen als Verb spezifiziert, aber nicht als Nomen, Adjektiv oder Modalverb; als einsetzbar in den Kontext *sincerity* — *John*, aber nicht *sincerity* —[16] oder *sincerity* — *justice*.[17]
Wir können dann weiter eine geeignete Konvention entwikkeln, um die lexikalische Repräsentation von Einheiten mit inhärenten Merkmalen zu vereinfachen, wenn diese Merkmale nicht einer Kreuzklassifizierung unterliegen, sondern hierarchisch geordnet sind. Wir wollen die Sequenz von spezifizierten Merkmalen ($[\alpha_1 F_1], \ldots, [\alpha_n F_n]$) ($\alpha_i$ = + oder —) als eine *hierarchische Folge hinsichtlich der Grammatik G* bezeichnen, wenn $[\alpha_i F_i]$ das einzige spezifizierte Merkmal ist, das $[\alpha_{i+1} F_{i+1}]$, für jedes i < *n*, in *G* direkt dominiert. So haben wir z. B. in der als Illustration gedachten Grammatik (57) von Kap. 2 die hierarchischen Sequenzen

(23) (i) ([+ Belebt], [± Mensch])
(ii) ([+ N], [+ App], [— Ind], [± Abstr])
(iii) ([+ N], [± App])[18]

Wo solche Verhältnisse bestehen, kann man sie benutzen, um die Lexikon-Eintragungen durch die folgende Konvention zu vereinfachen:[19]

(24) Angenommen ($[\alpha_1 F_1], \ldots, [\alpha_n F_n]$) ist eine maximale hierarchische Folge in der Grammatik G und (D, C) ist eine Lexikon-Eintragung in G, und G enthält $[\alpha_n F_n]$. Dann wird C automatisch zu C' erweitert, das C zusammen mit allen spezifizierten Merkmalen $[\alpha_i F_i]$ enthält, für jedes i mit $1 \leqq i < n$.

Durch die Anwendung dieser Konvention können wir die Lexikon-Eintragung für *boy* in (58) aus Kap. 2 wie folgt vereinfachen:

(25) (*boy*, [+ App. + Mensch, + Ind. . . .])

Denn die Merkmale [+ N], [+ Belebt] sind jetzt prädiktabel.[20]

Wir wollen sagen, daß das Merkmal $[\alpha F]$ in der Grammatik G lexikalisch determiniert ist, wenn es eine hierarchische Folge ($[+ K], \ldots, [\alpha F]$) bezüglich G gibt, wobei K eine lexikalische Kategorie und ($\alpha = +$ oder —). Das bedeutet: wenn (D, C) eine Lexikon-Eintragung ist und C $[\alpha F]$ enthält, dann ist (D, C) notwendig ein Element der lexikalischen Kategorie K bezüglich dieser Eintragung, und es ist kraft Konvention (24) unnötig, $[+ K]$ in C zu vermerken. In dem Grammatik-Fragment (57), (58) aus Kap. 2, § 3 enthält jede Lexikon-Eintragung lexikalisch determinierte Merkmale. Man braucht daher im Lexikon von (58) für keine Einheit die lexikalische Kategorie anzugeben. Wenn jede Lexikon-Eintragung lexikalisch determinierte Merkmale enthält, was ganz plausibel scheint, dann brauchen die Merkmale $[+ C]$ und $[- C]$, wenn C eine lexikalische Kategorie ist, im Lexikon nirgends explizit erwähnt zu werden.

Bisher haben wir nur die universellen Notationskonventionen betrachtet, die der Lexikon-Repräsentation zugrunde liegen. Es gibt aber außerdem auch viele sprachspezifische Redundanzen. So kann z. B. jedes Verb im Englischen, das ein direktes

Objekt und ein darauffolgendes Adverbial der Art und Weise haben kann, auch mit dem direkten Objekt allein auftreten, aber nicht umgekehrt.[21] Die Regeln für die strikte Subkategorisierung in der Grammatik-Skizze in § 2, Kap. 2, haben u. a. für Verben die Merkmale [— NP] und [— NP⌒Art und Weise] eingeführt. Nach der eben gemachten Beobachtung sehen wir, daß eine Lexikon-Einheit, wenn sie im Lexikon für [+ — NP⌒Art und Weise] spezifiziert ist, auch für [+— NP] spezifiziert ist, wenn auch nicht notwendig umgekehrt. *Read* z. B. wird für beide Merkmale positiv spezifiziert sein, aber *resemble* und *cost* werden positiv für [— NP] und negativ für [— NP⌒Art und Weise] spezifiziert sein, weil wir die Sätze »he read the book (carefully, with great enthusiasm)«, »John resembled his father« haben können, nicht aber »John resembled his father carefully (with great enthusiasm)« usw. Auch hier liegt wieder eine Redundanz im Lexikon vor und eine wichtige Generalisierung, die in der Grammatik noch nicht ausgedrückt ist. Was offenbar nötig ist, ist die folgende Regel:

(26) [+ — NP⌒Art und Weise] → [+ — NP]

Sie wird so interpretiert: Wenn (D, C) eine Lexikon-Eintragung ist mit der Matrix D von distinktiven Merkmalen und dem komplexen Symbol **C**, das [+ — NP⌒Art und Weise] enthält, dann wird C durch C' ersetzt, das jedes spezifizierte Merkmal $[\alpha F]$ von C, wobei $F \neq$ [— NP], und außerdem das spezifizierte Merkmal [+ — NP] enthält.

Man kann die Regel (26) noch weiter generalisieren. Dasselbe gilt auch für intransitive Verben: wenn sie ein Adverbial der Art und Weise annehmen können, dann stets fakultativ. Wir brauchen also eine Konvention, die es zuläßt, daß eine Variable über Ketten in der generalisierten Form von Regel (26) erscheint. Diese Konvention erlaubt es uns, bestimmte Merkmale auszunutzen. Wenn wir φ als eine Variable für Ketten benutzen, dann können wir die Regel so angeben:

(27) [+— φ⌒Art und Weise]→ [+— φ]

Das ist zu interpretieren wie folgt: Wähle erstens eine konstante Kette als φ aus; zweitens interpretiere das Ergebnis in der im Zusammenhang mit (26) beschriebenen Weise.

Ebenso zweckmäßig könnte eine Konvention sein, die es erlaubt, (27) als kontext-sensitive Regel zu formulieren, oder an eine Bedingung anzufügen, sofern dies durch die Basis-Regeln definierbar ist.

Wir wollen annehmen, daß die Regel (27) vor den Konventionen (21) und (24) angewendet wird. Dann werden solche Wörter wie *walk* und *hit* in dieser Form in das Lexikon aufgenommen:

(28) (i) (*walk*, [+ —— Art und Weise, ...])
(ii) (*hit*, [+ —— NP⌒Art und Weise, ...])

Durch Regel (27) und danach durch Konvention (21) werden die Eintragungen automatisch erweitert zu

(29) (i) *walk*, [+ —— Art und Weise, + ——, — —— NP⌒Art und Weise, — ——NP, ...])
(ii) (*hit*, [+ —— NP⌒Art und Weise, + —— NP, —— —— Art und Weise, — ——, ...])

Walk kann also mit oder ohne Adverbial der Art und Weise erscheinen, darf aber kein direktes Objekt haben, und *hit* kann mit oder ohne Adverbial der Art und Weise erscheinen, aber nur mit direktem Objekt.

Regeln wie (27), (28) stehen in enger Analogie zu den phonologischen Regeln, die Halle (1959*a*), (1959*b*) »Morphemstruktur-Regeln« genannt hat und die ich hier, nach einem Vorschlag von ihm, *phonologische Redundanz-Regeln* nenne. Diese Regeln explizieren das Faktum, daß bestimmte phonologische Merkmalsspezifikationen unter Vorgabe von anderen prädiktabel sind. So muß im Englischen in einer Anfangssequenz #*KK* das erste ein [s] sein, wenn das zweite *K* ein echter Konsonant, d. h. weder eine Liquida noch ein Gleitlaut ist. Wenn der zweite Konsonant eine Liquida ist, muß der erste ein Hemmlaut sein, usw. Die phonologischen Redundanz-Regeln, die diese Tatsachen formulieren, haben genau die Form von (26) und werden in derselben Weise interpretiert, außer daß die betreffenden Merkmale phonologisch und nicht syntaktisch sind, folglich hat die Generalisierung zu (27) kein Analogon. Wir werden die analogen syntaktischen Regeln (26), (27) als *syntaktische Redundanz-Regeln* bezeichnen. Die Redundanz-Regeln, phonologische wie syntaktische, konstatieren allgemeine Eigenschaften aller Lexikon-Einheiten und machen daher Merkmalsspezifikationen in Lexikon-Einheiten da überflüssig, wo diese nicht idiosynkratisch sind.

Man beachte, daß zwischen den *Konventionen* (21), (24) und den *syntaktischen Redundanz-Regeln* (26), (27) ein Unterschied zu machen ist, obwohl beide dazu dienen, redundante Spezifikationen aus dem Lexikon zu eliminieren. Die erstgenannten sind universell und brauchen daher in der Grammatik nicht eigens angegeben zu werden. Sie gehören zu der Prozedur der Interpretation von Grammatiken (zu der Funktion *f* aus (12) (iv) bis (14) (iv) in Kap. 1, § 6). Die letzteren jedoch sind Besonderheiten einer gegebenen Sprache und müssen deshalb in der Grammatik verzeichnet werden.[22] Ich habe versucht, das dadurch hervorzuheben, daß ich die ersteren »Konventionen« und die letzteren »Regeln« genannt habe.

Wenn eine Lexikoneintragung (*D*, *C*) gegeben ist, liefern die phonologischen Redundanz-Regeln eine vollständigere Spezifikation von *D*, und die syntaktischen Redundanz-Regeln liefern eine solche von *C*. Bis dahin sind die beiden Systeme analog. Es gibt jedoch auch einen wichtigen Unterschied zwischen ihnen. Um das zu verstehen, muß man einen Aspekt des Systems der phonologischen Redundanz-Regeln betrachten, der nicht immer voll gewürdigt worden ist. Es ist seit langem bekannt, daß es Regeln gibt, die gewisse phonologische Merkmalsspezifikationen mit Hilfe bereits vorhandener anderer prädizieren, und es gibt viele deskriptive Studien, die Tabellen oder Regeln der einen oder anderen Art angeben, um die Menge der »phonologisch zulässigen Folgen«, der »möglichen Silben« usw. zu spezifizieren. Halle ist es gelungen, statt einer bloßen Wiederholung der Tatsache, daß es solche Beschränkungen gibt, eine theoretische Basis zu erarbeiten, von der aus eine Regelmenge gegenüber einer anderen selektiert werden kann, um die genannten Beschränkungen zu determinieren. Er hat gezeigt, daß eine generelle und unabhängig motivierte Bewertungsprozedur in der Phonologie (nämlich die Minimalisierung der Merkmalsspezifikation) eine solche Basis abgibt. Das heißt, durch Anwendung dieses Kriteriums wird ein System von phonologischen Redundanz-Regeln ausgewählt, das den Begriff »phonologisch zulässig« so definiert, daß er in den entscheidenden Fällen den uns bekannten Fakten gerecht wird.[23] Halle konnte so für »phonologische Zulässigkeit« statt einer bloßen Beschreibung eine Erklärung vorschlagen – mit anderen Worten: er lieferte statt einer *ad hoc*-Tabelle oder Liste eine generelle, von Einzelsprachen unabhängige Definition der Begriffe »zufällige Lücke« (wie z. B. /blik/ im Englischen) und »systematische Lücke« (wie z. B. /bnik/ im Englischen). Die eigentliche Funktion der phonologischen Redundanz-Regeln ist es, die Klasse der phonologisch zulässigen (wenn auch vielleicht nicht auftretenden) Sequenzen in einer theoretisch begründeten Weise zu bestimmen. In dem Maß, wie sie das leisten, stützen sie empirisch die linguistische Theorie, die Halles Bewertungsprozedur enthält, und bestätigen das System von Beschränkungen im Bereich der phonologischen Regeln, das von dieser Prozedur vorausgesetzt wird. Es gibt aber kein wirklich überzeugendes Analogon zum Begriff der »phonologischen Zulässigkeit« bei den syntaktischen Redundanz-Regeln. Folglich bleibt es offen, ob sie an Signifikanz den phonologischen Redundanz-Regeln gleichkommen.

Diese Beobachtung regt dazu an, auf der syntaktischen Ebene ein Analogon zu der Unterscheidung zwischen zufälligen und systematischen Lücken zu suchen. Und von einem rein formalen Gesichtspunkt aus betrachtet, treffen die syntaktischen Redundanz-Regeln auch eine Unterscheidung zwischen »möglicher, aber nicht auftretender Lexikon-Eintragung« und »unmöglicher Lexikon-Eintragung«, genau wie das die phonologischen Redundanz-Regeln tun. In beiden Fällen sehen die

Redundanz-Regeln allgemeine Beschränkungen für alle Lexikon-Eintragungen vor (möglich und unmöglich gilt hier im Hinblick auf eine einzelne Sprache; insoweit nämlich, als die Redundanz-Regeln keine universellen Konventionen sind). Aber im allgemeinen werden keineswegs alle Möglichkeiten im Lexikon tatsächlich auch realisiert. Man muß zeigen, daß diese formale Dreiteilung in »vorkommend«, »möglich, aber nicht vorkommend« und »unmöglich« in der Syntax ebenso bedeutsam ist wie in der Phonologie. Zu zeigen ist, daß die möglichen aber nicht belegten Lexikon-Eintragungen den Status von »zufälligen semantischen Lücken« haben, in dem Sinne, daß sie Lexikon-Einheiten entsprechen, die in der Sprache zwar nicht eigens vorgesehen sind, die aber im Prinzip ohne Veränderung des generellen semantischen Systems, innerhalb dessen die Sprache fungiert, von ihr adoptiert werden können. Ich habe gegenwärtig keine wirklich befriedigenden Beispiele.[24] Das Problem ist aber ziemlich klar und verdient es, untersucht zu werden.

Das Studium der syntaktischen Redundanz-Regeln ist in sich ein umfangreiches Thema, aber statt weitere Beispiele anzufügen, möchte ich kurz einige Probleme erörtern, die sich bei dem Versuch ergeben, morphologische Prozesse in dem hier skizzierten Rahmen zu behandeln.

§ 2.2. *Morphologische Prozesse*

Es ist nützlich, zwei Arten der Behandlung der Flexionsmorphologie zu vergleichen: nämlich die traditionelle Methode der Paradigmen und die deskriptivistische Methode der Morphem-Analyse. Das Englische ist zu arm an Flexion, so daß man daran diesen Unterschied kaum illustrieren kann; wenden wir uns deshalb deutschen Beispielen zu. In einer traditionellen Grammatik würde ein einzelnes Vorkommen eines Nomens durch seinen Platz innerhalb eines Systems von Paradigmen beschrieben werden – definiert durch gewisse Flexionskategorien: nämlich die Kategorien von Genus, Numerus, Kasus und Deklinationstyp. Jede dieser Kategorien konstituiert eine gesonderte »Dimension« des Paradigmas, und jedes Wort hat einen speziellen »Wert« *(»value«)* innerhalb einer jeden solchen unabhängigen Dimension.[25] So würde das Wort *Brüder* innerhalb der NP *der Brüder* als Maskulinum, Plural, Genetiv und als Angehöriger einer bestimmten Deklinationsklasse (wie *Vater, Mutter* usw.) charakterisiert werden.

Die paradigmatische Beschreibung können wir unmittelbar in Form syntaktischer Merkmale wiedergeben. Wenn wir jede der Dimensionen des Paradigmensystems als ein vielwertiges Merkmal betrachten, dessen Spezifikationen nicht + und — sind, sondern etwa ganze Zahlen, die per conventionem mit den traditionellen Bezeichnungen verbunden sind,[26] dann können wir den P-Marker des Satzes ... *der Brüder* ... so darstellen, daß er die Subkonfiguration (30) enthält.

(30)

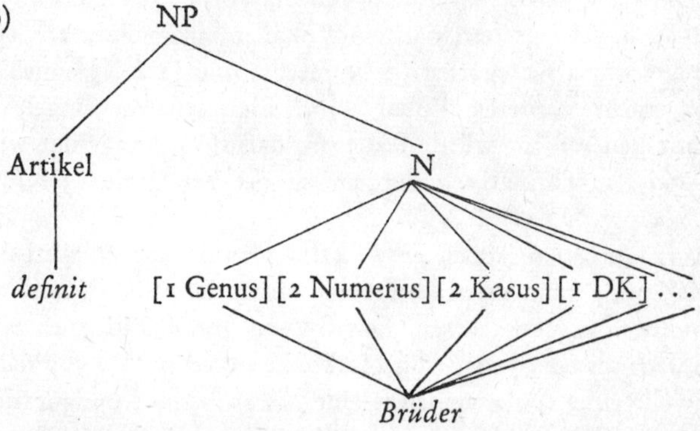

Demnach gibt es, verbunden mit diesem Vorkommen von *Brüder*, eine Merkmalsmatrix, die anzeigt, daß dieses Formativ den Kategorien [1 Genus], [2 Numerus], [2 Kasus] und [1 DK] (und außerdem vielen anderen, die in (30) nur durch ... angedeutet sind) zugeordnet wird. Man beachte, daß die spezifizierten Merkmale [1 Genus] und [1 DK] für das Formativ *inhärent* sind (d. h. sie sind Teil des komplexen Symbols *C* der

Lexikon-Eintragung (*Bruder*, *C*)), während [2 Numerus] und [2 Kasus] durch grammatische Regeln eingeführt werden. Vermutlich wird das spezifizierte Merkmal [2 Numerus] durch eine kontext-freie Basis-Regel für Nomina eingeführt,[27] und das spezifizierte Merkmal [2 Kasus] wird durch eine Regel eingeführt, die überhaupt nicht zur Basis-Subkomponente der Syntax, sondern zu ihrem Transformationsteil gehört (vgl. Anm. 35, Kap. 2). Wenn das so ist, dann ist als einziges von diesen Merkmalen [2 Numerus] ein Merkmal des präterminalen Symbols, für das *Bruder* von der Lexikon-Regel eingesetzt wird, und alle außer [2 Kasus] erscheinen in der Endkette, die durch die Basis-Regeln erzeugt wird. Übrigens könnte die Spezifikation [1 DK] durch eine Redundanz-Regel eingeführt werden, die in diesem Fall sowohl phonologische wie sonstige lexikalische Merkmale berücksichtigen würde. Auf (30) kann dann eine Regel der (interpretativen) phonologischen Komponente operieren und die Form *Brüder* erbringen. Diese Regel legt fest, daß ein Vokal in einem Formativ, das zugleich den Kategorien [2 Numerus] und [1 DK] angehört, zu einem vorderen Vokal wird. Eine separate Regel, die ganz generell ist, würde festlegen, daß /(V)n/ angefügt wird, wenn das Formativ außerdem zu der Kategorie [3 Kasus] gehört.

Kurz gesagt: die oben entwickelte Theorie der syntaktischen Merkmale kann die traditionelle paradigmatische Behandlung unmittelbar übernehmen. Das System von Paradigmen wird einfach als ein System von Merkmalen beschrieben, von denen jeweils eines (oder vielleicht eine hierarchische Konfiguration) einer der Dimensionen entspricht, die das Paradigmensystem definieren. Interpretative phonologische Regeln, einige davon sehr speziell, andere von beachtlicher Generalität, operieren sodann auf der phonologischen Matrix der Lexikon-Eintragung und ergeben schließlich eine phonetische Matrix. Wo diese Merkmale nicht völlig unabhängig sind, wie z. B. dann, wenn der Deklinationstyp vom Genus abhängt, oder wo sie teilweise durch andere Aspekte des Formativs bestimmt sind, werden Redundanz-Regeln der oben diskutierten Art angewandt.

Die für die moderne Sprachwissenschaft charakteristische Methode der Analyse unterscheidet sich stark von dem traditionellen Verfahren, das wir eben in unseren Termen reformuliert haben. Statt der traditionellen Kategorien (oder Merkmale) würde dieses Verfahren Morpheme ansetzen. *Brüder* in (30) würde in einer durchgängig konsistenten »Item-and-arrangement«-Grammatik vielleicht wie (31) dargestellt:

(31) $\textit{Bruder} \frown \textit{DK}_1 \frown \textit{Maskulinum} \frown \textit{Plural} \frown \textit{Genetiv}$

wobei jedes dieser Elemente als ein besonderes Morphem betrachtet wird und $\textit{DK}_1$ eine Art »Klassenmarker« wäre.[28] Es würden dann Regeln angegeben, die (31) in eine Phonem-Sequenz überführen.

Repräsentationen wie (31) sind unhandlich für eine Grammatik, die auf Ersetzungsregeln oder auf Transformationen beruht. Dafür gibt es mehrere Gründe. Zunächst werden viele dieser »Morpheme« nicht phonetisch realisiert. Sie müssen deshalb in den jeweiligen Kontexten als Zéro-Elemente betrachtet werden. Für jeden dieser Fälle muß es eine besondere kontextbeschränkte Regel geben, die festlegt, daß das fragliche Morphem phonetisch gleich null ist. Diese umfangreiche Menge von Regeln ist jedoch gänzlich überflüssig und kann bei der alternativen Lösung, der paradigmatischen Analyse, einfach wegfallen. Man vergleiche die Regeln, die für die paradigmatische Analyse von (30) mit denen, die für die Morphem-Analyse von (31) vorzusehen sind. Im Falle (31) wenden wir zuerst eine Regel an, die besagt, daß der Vokal zu einem vorderen wird in der Umgebung: —— $\textit{DK}_1$ . . . *Plural* . . ., wobei die fragliche Einheit ein Nomen ist. Für (30) heißt die entsprechende Regel, daß der Vokal zu einem vorderen Vokal wird, wenn die jeweilige Einheit die Merkmale [1 DK] und [2 Numerus] hat. Bei der Morphem-Analyse kommen aber noch weitere Regeln hinzu, die besagen, daß in Kontexten wie (31) alle vier Flexionsmorpheme phonetisch gleich null sind. Bei der Merkmalsanalyse

(30) ist es einfach nicht nötig, überhaupt Regeln anzugeben für das Faktum, daß bestimmte Merkmale phonetisch nicht realisiert werden, ebensowenig wie wir eine Regel dafür angeben, daß [+ N] phonetisch nicht realisiert wird.[29]

Allgemeiner gesagt führt sowohl der oft suppletive Charakter der Flexionsmorpheme wie auch die Tatsache, daß (wie im Beispiel) der Effekt der Flexionskategorien partiell oder ganz intern bleiben kann, zu mühseligen und umständlichen Formulierungen, wenn sich die Regeln auf Repräsentationen wie (31) beziehen. In der paradigmatischen Formulierung jedoch verursachen Suppletion und interne Veränderung keine besonderen Schwierigkeiten. Bei morphemischen Repräsentationen muß man außerdem in vielen grammatischen Regeln auf irrelevante Morpheme Bezug nehmen. Im Fall (31) z. B. muß die Regel, die den Vokal in einen vorderen Vokal umwandelt, auf das Morphem *Maskulinum* referieren, und das ist bei Kongruenz-Regeln die normale Situation. In der paradigmatischen Repräsentation aber braucht man sich auf diese Elemente, die nicht Teile der Endkette sind, überhaupt nur in den Regeln zu beziehen, für die sie relevant sind. Schließlich denke man noch daran, daß die Reihenfolge der Morpheme oft ganz willkürlich ist, während bei der paradigmatischen Behandlung, wo die Merkmale ungeordnet sind, diese Willkür vermieden wird.

Ich sehe keinen kompensierenden Vorteil auf der Seite der deskriptivistischen Neuanalyse der traditionellen paradigmatischen Formulierungen in Form von Morphem-Sequenzen. Sie scheint daher eine wenig durchdachte theoretische Neuerung zu sein.

Innerhalb unseres theoretischen Rahmens ist sowohl die paradigmatische Analyse mit Hilfe von Merkmalen wie die Analyse in Morphem-Sequenzen ausführbar, welche von beiden auch immer die optimale und generellste Beschreibung bestimmter Aspekte des syntaktischen oder des phonologischen Systems gestatten mag. Es scheint jedoch, daß bei Flexionssystemen die paradigmatische Analyse viele Vorteile hat und daher vorzuziehen ist. Allerdings kann es Fälle geben, wo ein Kompromiß geschlossen werden sollte.[30] Es ist schwierig, Endgültiges auszusagen, weil es bislang so wenige Versuche gegeben hat, präzise und theoretisch fundierte Beschreibungen von Flexionssystemen zu liefern, die für die hier anstehenden theoretischen Fragen Gewicht hätten.[31]

Wenn wir jetzt annehmen, daß die paradigmatische Lösung die richtige ist, dann folgt, daß wir zulassen müssen, daß die Transformationskomponente Regeln enthält zur Änderung und Erweiterung der Merkmal-Matrizen, die eine Lexikon-Einheit konstituieren. So muß z. B. das Merkmal (oder die Merkmale) des Kasus im allgemeinen durch Regeln spezifiziert werden, die erst angewandt werden, nachdem schon viele Transformationsregeln wirksam geworden sind (vgl. Anm. 35 in Kap. 2). Ebenso ist es klar, daß die Kongruenz-Regeln zur Transformationskomponente gehören (vgl. dazu Postal (1964*a*), p. 43 f.), und weiter, daß diese Regeln in die P-Marker spezifizierte Merkmale einfügen, die in einzelne Formative eingehen und deren phonologische Matrizen dominieren. Im Fall (30) z. B. muß die Grammatik Kongruenz-Regeln enthalten, die dem Artikel alle Merkmalsspezifikationen für [Genus], [Numerus] und [Kasus] desjenigen Nomens zuschreiben, das der Artikel modifiziert. Wir müssen also eine Regel haben, die in der Form

$$\text{(32) Artikel} \rightarrow \begin{bmatrix} \alpha\ \text{Genus} \\ \beta\ \text{Numerus} \\ \gamma\ \text{Kasus} \end{bmatrix} / \text{—} \ldots \begin{bmatrix} +\text{N} \\ \alpha\ \text{Genus} \\ \beta\ \text{Numerus} \\ \gamma\ \text{Kasus} \end{bmatrix}$$

erscheinen könnte, wobei Artikel ... N eine NP sein muß.

Die Regel besagt, daß in einer Kette, die als (*X*, Artikel, *Y*, *N*, *Z*) analysierbar ist, wobei zweites plus drittes plus viertes Element eine NP bilden, dem zweiten Element die Kategorien [α Genus], [β Numerus] und [γ Kasus] zugeordnet werden, wenn das vierte Element diese Kategorien aufweist; α, β, γ sind Variablen im Bereich der ganzen Zahlen. Diese Regel behauptet also, daß der Artikel in Genus, Numerus und Kasus mit seinem Nomen kongruiert. Genau gesagt schreibt die Regel

(32) dem Formativ *Definit*[32] in (30) die Merkmale [1 Genus], [2 Numerus] und [2 Kasus] zu. Dieses Formativ würde mit dieser Kategorisierung durch phonologische Regeln in /der/ umgewandelt.

Die Regel (32) ist eine Transformationsregel der üblichen Art, außer daß sie, anstatt nur nicht-lexikalische Formative einzuführen, spezifizierte Merkmale einführt. Die Merkmale spielen also bezüglich der Operationsweise der Transformationsregeln eine Rolle, die zwischen der von Formativen und der von wirklichen Kategorien liegt, was ganz natürlich ist. Es liegt keine besondere Schwierigkeit darin, die Theorie der Transformationen so zu erweitern, daß sie die Formulierung von Regeln wie (32) erlaubt, die für die traditionellen Kongruenz-Regeln eine angemessene Formulierung ermöglichen. Wenn wir die Merkmale als konstituierende Elemente der Formative ansehen, so schreiben diese Transformationsregeln nach einem bestimmten beschränkten Modus Endsymbole um.

In formaler Hinsicht sind Kongruenz-Regeln wie (32) ganz analog den Assimilationsregeln der phonologischen Komponente. Im Englischen, wie in vielen anderen Sprachen, werden z. B. Nasale vor Verschlußlauten neutralisiert, so daß die Wörter *limp, lint, link, send, ring* in den Lexikon-Eintragungen als /liNp/, /liNt/, /liNk/, /seNd/, /riNg/ zu repräsentieren sind, wobei /N/ = [+ nasal], die übrigen Symbole sind ebenfalls Abkürzungen für gewisse Mengen von phonologischen Merkmalen. Der Nasal wird hinsichtlich der Merkmale [dunkel] und [kompakt] den folgenden Konsonanten angeglichen, so daß sich die Regel

$$(33)\ [+\ \text{nasal}] \rightarrow \begin{bmatrix} \alpha\ \text{dunkel} \\ \\ \beta\ \text{kompakt} \end{bmatrix} / \;\text{—}\; \begin{bmatrix} +\ \text{konsonantisch} \\ \alpha\ \text{dunkel} \\ \beta\ \text{kompakt} \end{bmatrix}$$

ergibt, die nach Art von Regel (32) interpretiert wird.[33] Regel (33) behauptet also, daß zu einem [+ nasal] die Merkmale [α dunkel] und [β kompakt] hinzugefügt werden, wenn [+ nasal] vor einem Konsonanten mit [α dunkel] und [β kompakt] steht, wobei α, β Variable aus dem Bereich {+, —} sind. Mit anderen Worten, sie besagt, daß vor Labialen der Nasal /m/, vor Dentalen /n/ und vor Velaren /ŋ/ ist, wobei der stimmhafte Velar in gewissen Positionen ausfällt, so daß sich /siŋ #/ ergibt usw. Ich habe in (33) nicht die vollständige Beschreibung des erforderlichen Kontexts gegeben.

In Regel (32) sind die eingefügten Merkmale offensichtlich die einzigen, die mit der nicht-lexikalischen Einheit *Definit* verbunden sind (vgl. aber Anm. 32). Andere Kongruenz-Regeln erweitern eine schon vorhandene Merkmalmatrix – z. B. die Regel, die einem attributiven Adjektiv Merkmale des Nomens zuschreibt. Das letztere hat als Lexikon-Einheit eine eigene unabhängige Merkmalmatrix, die durch die Kongruenz-Regel erweitert wird. Das Adjektiv wird durch eine Transformation in die prä-nominale Position gebracht; seine Merkmale schließen sowohl die inhärenten (die in seiner Lexikon-Eintragung vermerkt sind) wie auch diejenigen Merkmale ein, die mit dem komplexen Symbol assoziiert sind, das es durch Anwendung der Lexikon-Regel ersetzt.

Wir sehen, daß das traditionelle Verfahren zur Beschreibung von Flexionssystemen innerhalb des Rahmens, den wir aufgebaut haben, ganz leicht formalisiert werden kann. Weiterhin erscheint dies als der natürlichste Weg zur Behandlung von Flexionssystemen.

Bevor ich mich dem sehr viel verwirrenderen Komplex der Derivationsmorphologie zuwende, möchte ich noch einige Probleme erwähnen, die sich ergeben, wenn die Flexionsmerkmale mehr im Detail untersucht werden. Wir haben eine Lexikon-Einheit als eine Menge von phonologischen, semantischen und syntaktischen Merkmalen betrachtet. Eine Lexikon-Einheit kann, wenn sie in einen P-Marker eingesetzt wird, außer ihren im Lexikon verzeichneten Merkmalen weitere Merkmale aufnehmen. Wenn wir uns für die in § 3 von Kap. 2 beschriebene Methode der Einsetzung entscheiden, dann können der Lexikon-Eintragung Kontext-Merkmale hinzugefügt werden, über diejenigen hinaus, die sie schon besitzt; außerdem, und ganz unabhängig davon, sind Merkmale wie [α Numerus] inhärent im P-Marker enthalten und nicht in der Lexikon-Einheit, wie wir gerade beobachtet haben. Sie werden erst dann Bestandteil des Formativs, wenn dieses in den P-Marker eingesetzt ist. Die Merkmale, die mit der Kasus-Dimension zusammenhängen, werden dem Formativ erst durch ziemlich späte Transformationen angefügt (weil der Kasus oft von bestimmten Aspekten der Oberflächen-, nicht aber der Tiefenstruktur abhängig ist; vgl. aber Anm. 35, Kap. 2), und bestimmte Merkmale, die (wie das Genus) dem Nomen inhärent sind, werden Verben oder Adjektiven erst durch Transformationen zugeschrieben. Wir haben angenommen, daß diese verschiedenen Operationen die Menge der Merkmale, die das Formativ ausmachen, einfach erweitern. Wenn wir diese Annahme konsequent weiterführen, ergeben sich jedoch verschiedene Probleme.

An verschiedenen Stellen (Kap. 3, Anm. 1 und 13, außerdem p. 184) haben wir erwähnt, daß Tilgungen *(deletions)* rekonstruierbar *(recoverable)* sein müssen; wir haben vorgeschlagen, diese Bedingung durch die folgende Konvention hinsichtlich der sogenannten »Löschungstransformationen« *(»erasure transformations«)* auszudrücken: Eine Löschungstransformation kann nur dann den Term *X* ihrer passenden Analyse verwenden, um den Term *Y* der passenden Analyse zu beseitigen, wenn *X* und *Y* identisch sind. Bei Lexikon-Einheiten kann unter »Identität« die strikte Identität des Merkmalbestandes verstanden werden.

In einigen Fällen hat diese Entscheidung genau die richtigen Konsequenzen. Man betrachte z. B. den Fall der Relativierungstransformation, der weiter oben (p. 184) diskutiert wurde. Ebensowenig wie der generalisierte P-Marker für die Kette »I saw the [# the man was clever #] boy« eine Tiefenstruktur ist, die irgendeiner wohlgeformten Oberflächenstruktur zugrunde liegt, und daher auch nicht die semantische Interpretation irgendeines Satzes hergibt (vgl. p. 175–76)), liegt auch der generalisierte P-Marker für »I saw the [# the boys were clever #] boy« einem Satz zugrunde. Und zwar deshalb, weil das Element *boys*, das das Merkmal [+ Plural] enthält, mit dem Element *boy* (mit [— Plural]) nicht identisch ist, so wie das Element *man* nicht mit *boy* identisch ist. Daher ist die Relativisierung in keinem der beiden Fälle erlaubt.

Aber nicht immer ergeben sich so glatte Lösungen. Man betrachte die Regeln, die Komparativ-Konstruktionen verschiedener Art liefern, etwa in Sätzen wie

(34) John is more clever than Bill

Hier wird der Satz unter Beachtung früherer Konventionen aus der zugrunde liegenden Tiefenstruktur (35) gebildet.

(35)

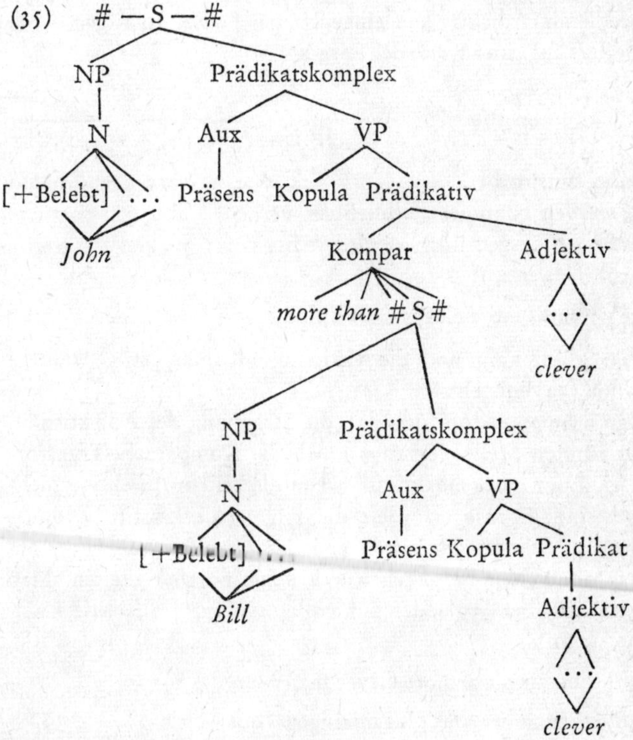

Die Merkmale der lexikalischen Formative von (35) sind nicht explizit angegeben, sondern durch ... angedeutet. Um (34) von (35) in der oben beschriebenen Weise abzuleiten, werden die Transformationsregeln zuerst auf den zuunterst eingebetteten Basis-P-Marker angewandt, d. h. auf den von »Bill is clever«. Sodann werden sie erneut auf die gesamte Konfiguration von (35) angewandt. An diesem Punkt hat (35), bei Weglassung verschiedener Feinheiten die Endkette:

(36) John is more than [# Bill is clever #] clever

Die Komparativ-Transformation, die als nächste angewandt wird, kann als eine Löschungsoperation formuliert werden, die das Adjektiv des Matrix-Satzes verwendet, um das entsprechende Adjektiv des eingebetteten Satzes zu tilgen.[34] Sie operiert auf einer Kette der Form:

$$(37)\ \overbrace{\text{NP}}^{1} - \overbrace{\text{is}}^{2} - \overbrace{\ldots}^{3} - \overbrace{\ldots\ \#\ \text{NP is}}^{4} - \overbrace{\text{Adjektiv}\ \#}^{5} - \overbrace{\text{Adjektiv}}^{6}$$

Dabei entspricht ... – ... *as – as*, *more – than* usw.; 5 und # werden eliminiert. Schließlich werden 4 und 6 permutiert (technisch ausgedrückt: 4 wird rechts von 6 plaziert, 4 gestrichen). Das ergibt:

(38) John is more clever than Bill is

Zum Schluß kann noch die wiederholte Kopula getilgt werden, so daß (34) entsteht.

Man erinnere sich jedoch, daß die Streichung des Adjektivs an der fünften Stelle von (37) durch die Komparativ-Transformation nur dann möglich ist, wenn die beiden Adjektiva identisch sind. Ebenso erfordert die Tilgung der zweiten Kopula in (38) Identität der ersten und der zweiten. Wenn (34) aus (35) abzuleiten ist, ergeben sich keine Schwierigkeiten. Man betrachte aber (39) oder das völlig analoge französische Beispiel (40):

(39) these men are more clever than Mary

(40) ces hommes sont plus intelligents que Marie

Im Fall (39) ist die Streichung des Adjektivs ohne weiteres möglich, die Streichungskonvention würde aber die Streichung der Kopula verhindern, weil sie im eingebetteten Satz das Merkmal [—Plural], im Matrix-Satz das Merkmal [+Plural] hat. Im Fall von (40) würde außerdem die Streichung des Adjektivs blockiert sein, weil es sich in Genus und Numerus vom Adjektiv des Matrix-Satzes unterscheidet.
Diese Beobachtungen lassen vermuten, daß es womöglich falsch ist, ein Formativ nur als Menge von Merkmalen zu betrachten, von denen einige inhärent sind und andere durch Transformation und infolge der Einsetzung in einen P-Marker hinzukommen. Insbesondere machen es Beispiele wie die vorangehenden wahrscheinlich, daß die Merkmale, die ein Formativ durch Kongruenz-Transformationen erhält, nicht im gleichen Sinne Teil des Formativs sind wie die inhärenten Merkmale oder die, die das Formativ aufnimmt, wenn es in einen P-Marker eintritt. Im Fall der Relativ-Transformation ist also der Plural des Nomens (ein Merkmal, das das Nomen aufnimmt, wenn es in den P-Marker eingeht) ein Merkmal, das bei der Entscheidung über die Identität mit einem anderen Nomen, wie wir gesehen haben, in Betracht gezogen werden muß. Bei den Adjektiven jedoch, bei der Kopula und bei den Verben, die an ähnlichen Regeln beteiligt sind, werden die Flexionsmerkmale, die durch Kongruenz-Transformationen eingefügt sind, bei der Entscheidung, ob eine vorliegende Einheit mit einer anderen strikt identisch ist, offensichtlich nicht in Betracht gezogen.[35]
Dieser Schluß wird weiterhin bestätigt durch Beispiele wie:

(41) (i) John is a more clever man than Bill
(ii) *The Golden Notebook* is as intricate a novel as *Tristram Shandy*
(iii) I know several more successfull lawyers than Bill

Es ist klar, daß die Tiefenstrukturen dieser drei Sätze die Basis-P-Marker enthalten müssen, die »Bill is a man« bzw. »*Tristram Shandy* is a novel« bzw. »Bill is a lawyer« zugrunde liegen. Beispiel (41) (iii) impliziert also, daß Bill Rechtsanwalt ist;

ähnlich kann man in (41) (i) »Bill« nicht durch »Mary« ersetzen.[36] Die Sätze (41) (i) und (41) (ii) geben keine Probleme auf. Betrachten wir aber (41) (iii). Wie auch immer die Transformationsregeln wirklich formuliert sind, es ist klar, daß wir in der zugrunde liegenden Struktur »successful« und »a lawyer« als Prädikate von »Bill« tilgen. Die Streichung von »a lawyer« ist nur im Rahmen der früher diskutierten Identitätsbedingung erlaubt, die Kette aber, mit der »a lawyer« verglichen wird, ist nicht »a lawyer«, sondern ihre Pluralform »lawyers«[37] aus der Basiskette »I know several [# S #] lawyers«. Hier liegt also ein Fall vor, wo der Plural des Nomens nicht als eine für die Streichungsoperation entscheidende Eigenschaft betrachtet wird, im Gegensatz zu dem früher erörterten Fall der Relativ-Transformation, wo eine Distinktion im Plural-Merkmal ausreichte, um die Streichung zu blockieren. Der wesentliche Unterschied besteht offensichtlich darin, daß im vorliegenden Fall die fragliche NP in der Position des Prädikativs steht und ihren Numerus daher nicht (wie in dem in Verbindung mit der Relativierung diskutierten Beispiel) inhärent mitbringt, sondern erst durch eine Kongruenz-Transformation erhält. Demnach können wir nicht haben »They are a lawyer«, »Bill is several lawyers« usw. Solche Fakten zeigen, daß Prädikatsnomina hinsichtlich des Numerus neutral sein müssen. Daher liegt der Numerusunterschied zwischen den kursiven NP in »I know *several lawyers*« und »Bill is *a lawyer*« auf derselben Ebene wie der Numerus- und Genusunterschied zwischen den kursiven Adjektiven in »ces hommes sont *intelligents*« und »Marie est *intelligente*« (vgl. (40)). In beiden Fällen stammen die sich widersprechenden Merkmale aus Kongruenz-Transformationen.

Diese Beispiele legen zwei Schlußfolgerungen nahe.

Erstens: Merkmale, die durch Transformation in lexikalische Formative eingeführt werden, bleiben bei der Entscheidung, ob Streichung erlaubt ist oder nicht, unberücksichtigt. Ein Formativ muß also als Paar von Merkmalmengen betrachtet werden, wobei die eine aus Merkmalen besteht, die der Lexikon-

Einheit oder ihrer Einsetzungsstelle inhärieren; das andere Element des Paars aber umfaßt die transformativ eingeführten Merkmale. Nur die erste Menge wird bei der Entscheidung über die Zulässigkeit einer Streichung in der oben beschriebenen Weise berücksichtigt.

Zweitens: Entscheidend für die Zulässigkeit einer Streichung ist nicht Identität, sondern vielmehr Nicht-Distinktheit im Sinne der Theorie der distinktiven Merkmale (vgl. Kap. 2, § 2.3.2). Betrachten wir wiederum den Fall »I know several lawyers« – »Bill is a lawyer«. Das Prädikatsnomen des zweiten Satzes ist in der Basis-Struktur nicht singularisch. Es ist vielmehr unspezifiziert hinsichtlich des Numerus, genauso wie in den lexikalischen Repräsentationen der Formative *king*, *find*, *lamp* usw. der Nasal hinsichtlich der Artikulationsstelle unspezifiziert ist. Das Prädikatsnomen ist daher nicht *identisch mit* dem entsprechenden nominalen Element in »I know several lawyers«, sondern nicht-distinkt von ihm; und das Beispiel zeigt, daß dies ausreicht, um die Streichung zuzulassen.[38]

Es ist zu beachten, daß die Analyse eines Formativs als Paar von Merkmalmengen in den Regeln der Grammatik in keiner Weise eigens beschrieben oder erwähnt werden muß, weil sie augenscheinlich durch eine allgemeine Konvention über die Form der Grammatik bestimmt ist. Mit anderen Worten, wir schlagen versuchsweise vor, sie als linguistisches Universale zu betrachten, zugegebenermaßen mit schwacher Evidenz (siehe jedoch Anm. 2 aus Kap. 2). Wenn der Vorschlag richtig ist, dann ist die Analyse der Formative, die wir im Auge haben, eine generelle Bedingung für das Funktionieren der Löschungstransformationen. Die einzige Alternative zu dem hier eingebrachten Vorschlag besteht wohl in der Revision der weiter oben diskutierten Bedingungen für die Reihenfolge, in der die Transformationen anzuwenden sind. Ob dies effektiver ist, weiß ich nicht; auf jeden Fall scheint mir der eben erörterte Vorschlag der günstigere zu sein.

Alles in allem sind wir nun zu der Schlußfolgerung gelangt, daß Nicht-Distinktheit, nicht aber strikte Identität bei der

Streichung eine Rolle spielt, und weiter, daß nur diejenigen Merkmale eines Formativs, die entweder der Lexikon-Eintragung oder ihrer Einsetzungsstelle im Satz inhärieren, als entscheidend für die Nicht-Distinktheit zu betrachten sind. Formal ausgedrückt: Ein Formativ muß als ein Paar von Merkmalmengen betrachtet werden, wobei das eine Element aus den »inhärenten« Merkmalen der Lexikon-Eintragung oder ihrer Position im Satz besteht, das andere aus den »nicht-inhärenten«, durch Transformation eingeführten Merkmalen. Das allgemeine Prinzip für Löschungsoperationen lautet demnach:

Ein Term X der passenden Analyse kann genau dann zur Streichung eines Terms Y der passenden Analyse benutzt werden, wenn der inhärente Teil des Formativs X vom inhärenten Teil des Formativs Y nicht distinkt ist.

Diese Entscheidung ergibt sich ganz zwanglos. Die ursprüngliche Intuition, die diese Bedingung motiviert hat, war, daß Streichungen in einem bestimmten Sinne rekonstruierbar sein sollten; die nicht-inhärenten Merkmale des Formativs sind nur genau diejenigen, die durch den Kontext festgelegt werden, so daß sie auch bei Streichung rekonstruierbar sind. Ebenso natürlich ist es, die Operation auf Nicht-Distinktheit statt auf Identität aufzubauen, weil die unspezifizierten Merkmale in den zugrunde liegenden Strukturen (wie etwa Numerus in Prädikativ-Position) auch keinen unabhängigen Beitrag zur Interpretation des Satzes liefern. Insofern, als sie durch Operationen eingeführt werden, die dem Charakter nach Redundanz-Regeln sind und eigentlich bloß den Kontext reflektieren. Diese Merkmale sind rekonstruierbar in dem Sinn, daß der Kontext, der sie determiniert, auch nach der Streichung der fraglichen Einheit immer noch innerhalb der Kette präsent ist. Die kursiv gedruckte Bedingung formalisiert somit die »Rekonstruierbarkeit von Streichungen« in einem recht plausiblen Sinne.

Betrachten wir nun noch einen letzten Komplex von Fragen, die mit den Komparativ-Transformationen zusammenhängen. Es sei vorausgesetzt, daß wir uns für die in § 3 von Kap. 2 vorgeschlagene, auf Nicht-Distinktheit beruhende Methode der

Einsetzung entscheiden, und nicht für die aus § 4.3 von Kap. 2. Dann sind im P-Marker (35) in jedem Vorkommen des Adjektivs *clever* solche Merkmale wie [nach: Belebt], d. h. [+ [+ Belebt]——] enthalten, die durch Selektionsregeln der Basis-Komponente (in diesem Fall durch (57) (xv), Kap. 2, jetzt revidiert als (13), Kap. 4) eingeführt werden. Wir müssen selbstverständlich auch solche Sätze wie »John is heavier than this rock« zulassen. In diesem Fall muß *heavy* das Merkmal [nach: Belebt] und das Merkmal [nach: Unbelebt] im eingebetteten Satz des entsprechenden P-Markers haben. Dieser P-Marker wäre mit (35) identisch, außer daß jedes Auftreten von *clever* in (35) durch *heavy* ersetzt ist, und daß *Bill* mit den Merkmalen [+ Belebt], . . ., durch *the rock* mit den zu *rock* gehörigen Merkmalen [— Belebt], . . ., ersetzt ist. Die zwei Vorkommen von *heavy*, die verglichen werden, wenn wir versuchen, die Komparativ-Transformation anzuwenden, unterscheiden sich also in der Merkmalzusammensetzung. Das eine enthält das Merkmal [nach: Belebt], das andere das Merkmal [nach: Unbelebt]. Wie die Dinge liegen, macht dieser Unterschied in der Merkmalzusammensetzung die beiden Einheiten nicht voneinander distinkt im technischen Sinn der Merkmal-Theorie, denn es trifft nicht zu, daß das eine als [+*F*], das andere als [—*F*] für dasselbe Merkmal [*F*] spezifiziert ist. Außerdem wäre es ganz natürlich, diese Kontext-Merkmale des Adjektivs als nicht-inhärent im Sinn des vorangehenden Abschnittes zu betrachten. Deshalb ist die Streichung zulässig.

Es gibt jedoch eine Klasse von Beispielen, die vermuten läßt, daß in bestimmten Fällen ein Unterschied in der Zusammensetzung der Formative in bezug auf Merkmale wie [nach: Belebt] ausreichen kann, um die Streichung zu blockieren. Betrachten wir Sätze wie

(42) (i) John is as sad as the book he read yesterday
(ii) he exploits his employees more than the opportunity to please
(iii) is Brazil as independent as the continuum hypothesis?

Diese Sätze sind natürlich abweichend und müssen in einer deskriptiv adäquaten Grammatik entsprechend gekennzeichnet werden. In jedem Fall aber unterscheiden sich die gestrichenen Einheiten bezüglich der Selektionsmerkmale von den Einheiten, mit denen sie verglichen werden. So ist *sad* [nach: Belebt] im Matrixsatz von (42) (i) und [nach: Unbelebt] im eingebetteten Satz, und dies könnte als der Faktor betrachtet werden, der die Transformation sperrt und die Streichung verhindert. Die einzige Alternative bestünde in diesen Fällen in der Annahme, daß es sich bei jedem der Beispiele von (42) um jeweils zwei homonyme Lexikon-Einheiten handelt.[39] Wenn wir aber Beispiele dieser Art ins Spiel bringen, rühren wir an Probleme der Homonymie und des Anwendungsbereichs für eine Bedeutung. All dies liegt derzeit noch völlig im Dunkeln, so daß man keinerlei tragfähige Schlüsse ziehen kann.

§ 2.3. Wortbildungsprozesse

Die Prozesse der Wortbildung geben jeder Art von generativer (d. h. expliziter) Grammatik sehr viel ernsthaftere Probleme auf als die Flexionssysteme. Das kommt daher, daß sie ihrem Wesen nach sporadisch und nur quasi-produktiv sind. Wir werden kurz einige Beispiele betrachten, ohne jedoch zu einer befriedigenden Behandlungsweise für die entstehenden Probleme zu gelangen.

Wo die Wortbildungsprozesse wirklich produktiv sind, bringen sie keine ernsthaften Schwierigkeiten. So etwa die Nominalisierungstransformation des Typs, der Sätze wie »their destruction of the property ...«, »their refusal to participate ...« usw. bildet. Die Wörter *destruction, refusal* usw. werden als solche nicht ins Lexikon eingetragen. Dagegen sind *destroy* und *refuse* im Lexikon mit einer Merkmalsspezifikation verzeichnet, die ihre phonetische Form bestimmt, die sie aufgrund phonologischer Regeln annehmen, wenn sie in nominalisierten Sätzen erscheinen. Eine Nominalisierungstransformation wird auf der geeigneten Stufe der Derivation auf einen generalisierten P-Marker angewandt, der die von S dominierte Konfiguration[40] *they destroy the property* enthält und schließlich den P-Marker (43) ergibt. Irrelevante Details sind weggelassen,[41] $F_1, \ldots, F_m$, $G_1, \ldots, G_n$ stehen für spezifizierte Merkmale.

(43)

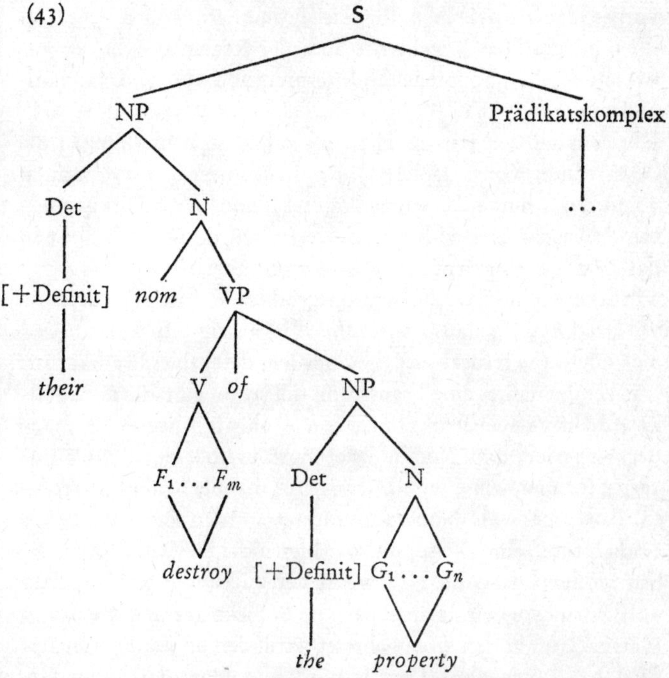

Es ist keineswegs so klar, ob *destruction* oder *refusal* in »their destruction of the property ...«, »their refusal to come ...« überhaupt als Nomina betrachtet werden sollten, obwohl *refusal* in »their refusal surprised me«, das teilweise von der Kette abgeleitet ist, die »they refuse« zugrunde liegt, ein Nomen ist. Andererseits könnte man sagen, daß der nominalisierte Prädikatskomplex als Ganzes die Position von N besetzt. Jedenfalls aber werden phonologische Regeln bestimmen, daß *nom⌢de-*

stroy zu *destruction* und *nom⁀refuse* zu *refusal* wird usw.[42] Diese Regeln müssen natürlich, um die gewünschte Wirkung zu haben, die inhärenten Merkmale berücksichtigen, die diesen Einheiten in den Lexikon-Eintragungen assoziiert sind, nämlich die Merkmale, die bestimmen, welche Form von *nom* die entsprechenden Einheiten realisieren. Bei solchen Fällen ist der vorgeschlagene Rahmen für die Formulierung der syntaktischen generativen Regeln wie auch der Regeln für die semantische und die phonologische Interpretation voll und ganz angemessen.

Übrigens müssen wir im Hinblick auf diese Bemerkungen die Beschreibung von Beispiel (1), Kap. 2 (»sincerity may frighten John«), das durch das ganze Kapitel hindurch als Diskussionsbasis diente, nun revidieren. *Sincerity* würde nämlich nicht in das Lexikon eingetragen werden, wohl aber *sincere. Sincerity* wird durch eine Transformation gebildet und ist ein »defektives Prädikat«, genauso wie *refusal* in »their refusal surprised me« oder »the refusal surprised me« ein defektives Prädikat ist. Das besagt, daß es eine Transformationsregel gibt, die auf »NP-ist-Adjektiv«-Konstruktionen wie »John is sincere (of manner)« operiert und Nominalisierungen ergibt wie »John's sincerity (of manner)«, wo »sincerity (of manner)« ähnlich »refusal (to come)« als Nomen betrachtet werden kann. *Sincerity* erscheint auf eine Weise, die wir hier nicht im Detail beschreiben wollen, als volle NP, wenn der zugrunde liegende Satz »NP-is-sincere« ein unspezifiziertes Subjekt hat und wenn der Matrix-Satz, in den er eingebettet wird, den unbestimmten Artikel hat. Auch ohne Details wird hier klar, daß – im Gegensatz zu früheren Annahmen – *sincerity* nicht durch die Lexikon-Regel in den Satz (1), Kap. 2 eingeführt wird. So erscheint selbst dieser einfache Satz als Resultat transformationeller Umgestaltung einer komplexen Satz-Basis.

Betrachten wir nun quasi-produktive Prozesse, wie sie etwa an der Bildung solcher Wörter wie *horror, horrid, horrify; terror (*terrid), terrify; candor, candid, (*candify);* oder *telegram, phonograph, gramophone* usw. beteiligt sind, oder auch solche

Wörter wie *frighten* in Beispiel (1) von Kap. 2. In diesen Fällen gibt es nicht wie für *sincerity*, *destruction* usw. einigermaßen generelle Regeln, die die abgeleiteten Einheiten erzeugen. Es scheint daher, daß diese Einheiten direkt ins Lexikon eingetragen werden müssen. Das aber ist eine recht unglückliche Schlußfolgerung, weil es auf der Hand liegt, daß es sowohl unter dem Gesichtspunkt der semantischen wie unter dem der phonologischen Interpretation wichtig ist, eine Repräsentation der internen Struktur dieser Wörter zu haben. Ihre Bedeutung ist offensichtlich bis zu einem gewissen Grad prädiktabel (oder zumindest abgrenzbar) aufgrund der semantischen Eigenschaften der in ihnen enthaltenen Morpheme, und man kann leicht zeigen, daß diesen Einheiten eine interne Struktur zugeschrieben werden muß, wenn die phonologischen Regeln zur Formung ihrer phonetischen Repräsentationen angemessen anwendbar sein sollen (vgl. die Diskussion des Transformationszyklus für das Englische bei Halle und Chomsky (1960), Chomsky (1962 *b*), Chomsky und Miller (1963) und für detailliertere Angaben Halle und Chomsky (1968)).

Dieses Dilemma ist typisch für eine umfangreiche Klasse von Beispielen mit verschiedenem Produktivitätsgrad, und es ist in keiner Weise klar, wie es aufzulösen ist, oder ob überhaupt irgendeine Lösung gefunden werden kann, die nicht *ad-hoc* nur wirksam ist.[43] Vielleicht muß man die Lücken zumindest in einigen dieser Fälle als zufällig betrachten und in die Grammatik übergenerelle Regeln aufnehmen, die sowohl nicht-auftretende wie wirklich vorhandene Fälle zulassen. Andererseits könnte es notwendig werden, die Theorie des Lexikons so zu erweitern, daß statt der einfachen bereits beschriebenen Anwendung der Lexikon-Regel eine Art »interner Kalkulation« (*»internal computation«*) zugelassen wird. *Telegraph*, *horrify*, *frighten* könnten dann als

(44) (i) (*tele*$\frown$*Stamm*$_1$, [F_1 . . .])
(ii) (Stamm$_2$$\frown$*ify*, [$G_1$, . . .])
(iii) (Stamm$_3$$\frown$*en*, [$H_1$, . . .])

ins Lexikon aufgenommen werden. Diese Einheiten würden mit Hilfe der generellen Lexikon-Regel in Ketten eingesetzt. Außerdem würde das Lexikon die Einheiten

(45) (i) (*graph*, [+Stamm$_1$, . . .])
(ii) (*horr*, [+Stamm$_2$, . . .])
(iii) (*fright*, [+Stamm$_3$, . . .])

enthalten, die ihrerseits in Ketten eingesetzt würden, die gebildet wurden durch vorherige Einsetzung ausgewählter Einheiten aus (44) in präterminale Ketten. Es kann verschiedene Schichten einer solchen Erweiterung der Basis-Derivationen innerhalb des Lexikons geben, wenn es sich um morphologisch komplexe Formen handelt.

Die Regel, die solche Kategorien wie *Stamm$_i$* durch Einheiten aus (45) ersetzt, muß jedoch mit Bedacht formuliert werden. Es gibt Kontext-Beschränkungen für solche Ersetzungen, die spezifiziert werden müssen, weil diese Prozesse nur marginal produktiv sind. So kann *Stamm*$_1$ im Kontext *tele* — durch *graph*, *scope*, *phone* ersetzt werden, aber nicht durch *scope* oder *phone* im Kontext *phono* —. Dasselbe gilt in den übrigen Fällen. Von größerem Gewicht ist, daß solche Erweiterungen der Basis-Ableitungen innerhalb des Lexikons im allgemeinen auch von der Merkmalzusammensetzung der analysierten Einheit abhängen. So kann *Stamm*$_3$ im Kontext — *en* nur dann in *fright* umgeschrieben werden, wenn die Merkmale H_1, H_2, . . . von (44) (iii) anzeigen, daß es sich um ein reines Transitivum handelt, das nur belebte Objekte haben kann usw. Man muß, mit anderen Worten, die Tatsache beachten, daß *frighten* kein Verb des Typs wie *redden* oder *soften* ist. Das ist nur möglich bei Berücksichtigung des Merkmal-Bestandes in den nur teilweise spezifizierten Lexikon-Eintragungen von (44) und der Merkmalzusammensetzung der Einheiten von (45), die die in den Einheiten von (44) erscheinenden Kategorien ersetzen. Mir ist völlig unklar, wie solche Regeln genau formuliert werden sollten. Es wäre möglich, die Beschränkungen vollständig durch Merkmalspezifikationen in (44) und (45) zu bestimmen und sich auf mehrfache Anwendung der Lexikon-Regel zu stützen, um die Einheiten in passender Weise einzusetzen. Es könnte andererseits besser sein, im Lexikon kontext-sensitive Ersetzungsregeln zuzulassen, um diese Ausdehnung der Basis-Ableitungen zu erreichen. Die vorher genannte Alternative ist natürlich vorzuziehen, weil sie die Struktur des Lexikons nicht affiziert. In dieser Version wäre das Lexikon lediglich eine Liste von Eintragungen, und die jetzt mehrfach anwendbare Lexikon-Regel würde die einzige Regel sein, die Lexikon-Eintragungen betrifft. Ich weiß aber nicht, ob sich dieses Verfahren auch noch als effektiv erweist, wenn es im Detail verfolgt wird.

In den eben diskutierten Beispielen liegt, welche Methode für die Ausdehnung von Basis-Derivationen man auch wählen mag, ein komplexes Symbol vor, das eine Sequenz von Symbolen dominiert. Es gibt offenbar, bei der wesentlichen Verstärkung der linguistischen Theorie und angesichts der entsprechenden Reduktion ihres Interesses und ihrer Wichtigkeit, die eine solche Weiterentwicklung eintrüge, keine empirische Motivierung dafür, zuzulassen, daß komplexe Symbole oberhalb der Ebene der lexikalischen Kategorien auftreten. Die Beschränkung der komplexen Symbole auf lexikalische Kategorien impliziert, daß kein komplexes Symbol innerhalb der kategorialen Komponente eine Verzweigungskonfiguration dominiert. Jetzt aber liegen Gründe vor, die dafür sprechen, daß innerhalb eines Wortes Verzweigung in einer Konfiguration, die von einem komplexen Symbol dominiert wird, zugelassen sein muß.[44]

Angesichts solcher Beispiele mag es notwendig sein, die Forderung (p. 146 f.) zu mildern, derzufolge innerhalb des Dominanzbereichs eines komplexen Symbols Verzweigung nicht zulässig ist. Diese Beschränkung scheint nur oberhalb der Wortebene zu gelten. Bei dieser Festlegung bleibt jedoch die Beschränkung der komplexen Symbole auf lexikalische Kategorien erhalten.

Für mehrere dieser Beispiele bieten sich alternative Analysen an. Im Falle solcher Wörter wie *frighten* könnte man in einer zugrunde liegenden kausativen Konstruktion eine Rechtfertigung für eine kausale Analyse suchen. Danach wäre »it frightens John« von der Struktur abzuleiten, die »it makes John afraid« zugrunde liegt, diese wiederum ergäbe sich aus der abstrakten Struktur »it makes S«, wobei S »John is afraid« dominiert. Adjektive hätte man dann im Lexikon in zwei Klassen einzuteilen, je nachdem, ob sie dieser Transformation unterworfen sind oder nicht. *Afraid, red, soft* würden dabei zu der einen Kategorie gehören, *happy, green, tender* zu der anderen. Es ist begreiflich, daß wir weiter gehen könnten, um auch solche Wörter wie *wizen* oder *chasten* auf eine ähnliche Grundlage hin zu analysieren, wobei das zugrunde liegende Adjektiv im Lexikon so markiert wäre, daß es den transformativen Prozeß durchlaufen muß. Im Fall von *chasten* müßte die zugrunde liegende Form lexikalisch unterschieden werden von dem homonymen Adjektiv, das zur Klasse derjenigen Adjektive gehört, die dem fraglichen transformativen Prozeß nicht unterliegen. Eine solche Analyse könnte auf viele andere Formen übertragen werden, z. B. auf Verben wie *enrage, clarify*. Sie könnte sogar noch weiter ausgedehnt werden, um solche Wörter wie *drop, grow,* zu erfassen, die in Anm. 15, Kap. 2 erörtert werden, wo wir festgestellt hatten, daß die intransitiven Vorkommen nicht von zugrunde liegenden Transitiva aus ableitbar sind. Eine allgemeine »Kausativ«-Transformation könnte es erlauben, »he dropped the ball«, »he grows corn« usw. von einer zugrunde liegenden Struktur der Form »he caused S« abzuleiten, wobei S die Struktur ist, die »the ball drops«, »corn grows« usw. zugrunde liegt. Zugunsten einer generellen »kausativen« Operation zur Bewältigung dieser und anderer Fälle könnte eine Reihe von syntaktischen Argumenten angeführt werden. Zweifellos müssen Einheiten bezüglich der Transformationen, die auf sie angewandt werden, lexikalisch spezifiziert werden. Dies ist besonders einleuchtend, wenn man die phonologischen Regeln betrachtet, gilt aber für syntaktische Prozesse nicht. Ein großer Teil der lexikalischen Struktur ist weiter nichts als eine Klassifizierung durch das System der phonologischen und syntaktischen Regeln. Postal hat außerdem vorgeschlagen, daß es eine generelle Analyse der Lexikon-Einheiten bezüglich jeder Regel *R* geben müsse, eine Klassifizierung in solche Einheiten, die *R* unterworfen werden müssen, in solche, die *R* unterworfen werden können, und in solche, die *R* nicht unterworfen werden dürfen. Er hat einige Konsequenzen dieser Annahme untersucht. Ich erwähne diese Möglichkeiten nur, um deutlich zu machen, daß viele relativ wenig untersuchte Verfahren übrig bleiben, um die Probleme zu behandeln, die sich ergeben, wenn die Struktur eines Lexikons ernsthaft studiert wird.

Jenseits der Wortebene fehlt es nicht an Problemen, die denen der Derivationsmorphologie ähneln. Betrachten wir etwa Ausdrücke wie »take for granted«, die im Englischen massenhaft vorkommen. Unter semantischem und distributivem Gesichtspunkt scheint diese Phrase eine einzige Lexikon-Einheit zu sein, und sie muß deshalb als solche ins Lexikon eingetragen werden und dort eine einheitliche Menge von syntaktischen und semantischen Merkmalen erhalten. Auf der anderen Seite zeigt ihr Verhalten in semantischen und in morphologischen Prozessen, daß es sich um eine Art von Verb-Komplement-Konstruktion handelt. Auch hier liegt eine Lexikon-Einheit mit reicher interner Struktur vor. In einem phraseologischen Ausdruck wie »take offense at« ist das Problem noch dringlicher. Distributive wie semantische Überlegungen lassen auch hier vermuten, daß es sich um *eine* Lexikon-Einheit handelt, es lassen sich aber bestimmte Transformationen auf diese Phrase so anwenden, als ob »offense« eine normale NP wäre. (Vgl.: (»I didn't think that any offense would be taken at that remark«.) Verb-Partikel-Konstruktionen bieten ebenfalls eine Vielzahl von ähnlichen Problemen. Bis zu einem gewissen Grad ist die Partikel ein ziemlich freies »adverbiales« Element, wie in »I brought the book (in, out, up, down)«. Oft aber ist die Verb-Partikel-Konstruktion sowohl distributiv wie semantisch eine einheitliche Lexikon-Eintragung (etwa »look up«, »bring off«, »look over«). In allen Fällen ist jedoch die syntaktische Struktur offenbar gleich, was die Möglichkeit betrifft, bestimmte Transformationsregeln anzuwenden. Ich sehe gegenwärtig keinen Weg, für diese generell anstehende Frage eine völlig befriedigende Behandlung vorzuschlagen.[45]

Die Verb-Partikel-Konstruktionen »look up (the record)«, »bring in (the book)« usw. sind natürlich nicht mit den gänzlich anderen Konstruktionen zu verwechseln, die in Kap. 2, § 2.3.4 diskutiert wurden. Dort stellten wir fest, daß bestimmte Verben in einer engen Konstruktionsbeziehung zu bestimmten Adverbialen stehen (z. B. »decide on the boat« im Sinne von »chose the boat«). Solche Konstruktionen aus Verb und Adverbial unterscheiden sich stark von anderen (wie z. B. »decide (while) on the boat«), die eine viel weniger enge Beziehung zwischen Verb und Adverbial enthalten. In den festverbundenen Konstruktionen ist die Wahl der Partikel durch die Wahl des Verbs eng eingeschränkt oder sogar auf eine einzige festgelegt (vgl. » argue with X about Y«). In der Lexikon-Eintragung solcher Wörter wie *decide*, *argue* ist deshalb anzugeben, daß sie nur bestimmte Partikel bei sich haben können, aber keine anderen, so wie das in den Wörterbüchern im allgemeinen geschieht. Diese Information kann auf verschiedene Weise repräsentiert werden. Die eine Möglichkeit besteht darin, das Adverbial frei zu entwickeln und ein Kontext-Merkmal für das Verb einzutragen, für *decide* z. B. das Merkmal [— *on*⁀NP], für *argue* das Merkmal [—*with*⁀NP⁀*about*⁀NP]. Gleichviel, welche der in Kap. 2, § 4.3 beschriebenen Methoden der Lexikon-Einsetzung angewandt wird, die fraglichen Verben können jetzt nur in die erlaubten Positionen eingesetzt werden, und die resultierenden P-Marker haben die für weitere Regeln erforderliche Struktur. Eine zweite Möglichkeit besteht darin, das Adverb frei zu entwickeln, die Lexikon-Eintragung aber als eine Folge von Formativen anzugeben, ähnlich wie im Falle von *telescope, take for granted* usw. Wir erhalten dann Eintragungen wie *decide # on, argue (#about) (#with)* usw. Verbunden mit diesen Lexikon-Eintragungen wäre dann eine Löschungstransformation, die die Partikeln der Lexikon-Einheiten

mit Hilfe der frei generierten Partikeln der PP tilgen würde. Bei dieser Alternative stützt man sich auf die Filter-Wirkung der Transformationen, um die richtige Einsetzung in wohlgeformte Tiefenstrukturen zu garantieren; die richtig gebildeten P-Marker leitet man wiederum dann ab, wenn erfolgreiche Lexikon-Einsetzung stattfindet. Eine dritte Möglichkeit bestünde darin, die Lexikon-Einheiten in der eben vorgeschlagenen Weise einzutragen und die Adverbiale mit einem Δ-Element in der Position der Präposition abzuleiten. Dann wären die Partikeln aus der Lexikon-Eintragung durch eine Substitutionstransformation zu verteilen. Wiederum würden sich dieselben P-Marker ergeben. Es gibt noch jedoch weitere Möglichkeiten.
Dieselben Wahlmöglichkeiten hat man auch bei den Verb-Partikel-Konstruktionen. In diesem Fall aber muß der P-Marker, der sich aus der Lexikon-Einsetzung und den damit verbundenen Operationen ergibt, anders sein als der für Konstruktionen aus Verb und Adverbial, weil die späteren Regeln in den beiden Fällen in sehr verschiedener Weise angewandt werden.
Ich sehe gegenwärtig kaum eine Grundlage für eine Wahl zwischen diesen Alternativen. Solange exaktere Kriterien nicht verfügbar sind, kann man sie nur als Notationsvarianten betrachten.
Offensichtlich erschöpft diese Diskussion keineswegs die Komplexität und die Verschiedenartigkeit der Bereiche, die sich bisher einer systematischen und aufhellenden Beschreibung widersetzen. Möglicherweise stoßen wir – wie es bei einem so komplexen System wie einer natürlichen Sprache nicht anders zu erwarten ist – hier an den Saum von Randfällen, wo es eine sinnvolle Systematisierung halt nicht geben kann. Es ist jedoch noch viel zu früh, diesen Schluß zu wagen, und selbst dann, wenn er gerechtfertigt wäre, müßten wir uns die Aufgabe stellen, alles zu erfassen, was es in dieser Domäne an Regularitäten niederen Grades gibt. Jedenfalls sind die Fragen, die wir hier berührt haben, bisher nicht in ernsthafter Weise durch Behandlung innerhalb des Rahmens einer expliziten grammatischen Theorie aufgeklärt worden. Gegenwärtig kann man kaum

über eine rein taxonomische Anordnung der Daten hinausgehen. Ob diese Begrenzung in der Natur der Sache liegt, oder ob es einer profunderen Analyse gelingen wird, einiges aus diesem Knäuel zu entwirren, bleibt eine offene Frage.

Anmerkungen

Kapitel 1

1 Wenn wir in dieser Weise den traditionellen Mentalismus anerkennen, so bedeutet das nicht, daß wir Bloomfields dichotomische Scheidung in »Mentalismus« und »Mechanismus« übernehmen. Mentalistische Linguistik heißt nichts weiter als theoretische Linguistik, die Daten aus der Sprachverwendung (neben anderen Daten, z. B. solchen aus der Introspektion) benutzt, um die Sprach-Kompetenz zu bestimmen, wobei letztere als der primäre Untersuchungsgegenstand zu verstehen ist. Ein Vertreter des Mentalismus – in diesem traditionellen Sinn – benötigt keinerlei Annahmen über die mögliche physiologische Basis der mentalen Realität, die er untersucht. Insbesondere braucht er die Existenz einer solchen Basis gar nicht abzustreiten. So ist man geneigt anzunehmen, daß es gerade die mentalistischen Studien sind, die letztlich den größten Wert für die Erforschung neurophysiologischer Mechanismen besitzen, weil nur sie sich um die abstrakte Bestimmung der Eigenschaften bemühen, die solche Mechanismen aufweisen, und um die Funktionen, die sie ausüben müssen.
Tatsächlich ist die Entscheidung Mentalismus oder Antimentalismus in der Linguistik offenbar nur eine Sache der Zielstellung und der Interessen, nicht aber eine Frage von wahr oder falsch, Sinn oder Unsinn. Bei dieser ziemlich nutzlosen Kontroverse sind wenigstens drei Punkte strittig:
(a) Dualismus – gibt es Regeln, die der Sprachverwendung zugrunde liegen und durch ein nicht-materielles Medium repräsentiert werden?
(b) Behaviorismus – schöpfen die Daten aus der Sprachverwendung den Bereich dessen aus, was linguistisch interessant ist, oder hat es ein Linguist auch mit anderen Fakten zu tun, vor allem mit solchen, die den dem Verhalten zugrunde liegenden Systemen angehören?
(c) Introspektionismus – soll man von introspektiv gewonnenen Daten Gebrauch machen beim Versuch, die Eigenschaften dieser zugrunde liegenden Systeme zu bestimmen?
Gegen die dualistische Position hat Bloomfield wenig stichhaltig polemisiert. Der behavioristische Standpunkt bedarf gar keiner Diskussion, er ist lediglich Ausdruck mangelnden Interesses an Theorie und Explikation. Dies wird z. B. in Twaddels Kritik (1935) der Sapirschen mentalistischen Phonologie deutlich, wo

Auskünfte und Kommentare von Informanten als Beweismaterial für die psychologische Realität eines bestimmten abstrakten Systems phonologischer Elemente benutzt werden. Für Twaddel ist dieses Unternehmen witzlos, weil er sich ausschließlich für das Verhalten selbst interessiert, »das für den Sprachforscher bereits verfügbar ist, wenn auch in weniger konzentrierter Form«. Dieser Mangel an Interesse für eine linguistische Theorie drückt sich ganz typisch in dem Vorschlag aus, den Terminus »Theorie« auf »Gesamtheit von Daten« einzuschränken (so in Twaddels Aufsatz oder, um ein jüngeres Beispiel zu nehmen, in Dixon (1963), obwohl hier die Diskussion von »Theorien« hinlänglich vage ist, um auch andere Interpretationen für das, was der Autor gemeint haben könnte, zuzulassen). Dieses Desinteresse an theoretischen Fragen wurde begünstigt durch bestimmte Ideen (z. B. strikten Operationalismus oder Überbewertung der Verifikation), die in der positivistischen Wissenschaftsphilosophie für kurze Zeit erwogen, später aber, in den frühen dreißiger Jahren nämlich, verworfen wurden. Jedenfalls bringt *(b)* keine wesentliche Fragestellung. Das Problem *(c)* entsteht nur dann, wenn die behavioristischen Beschränkungen unter *(b)* abgelehnt werden. Wenn man aus Gründen methodologischer Reinheit den Grundsatz verficht, daß introspektive Urteile des Informanten (d.h. oft des Linguisten selbst) außer acht zu lassen seien, so heißt das, das Studium der Sprache gegenwärtig zu äußerster Sterilität zu verdammen. Man kann sich schwer vorstellen, welche möglichen Motive dafür angegeben werden können. Wir kommen später noch darauf zurück. Eine Diskussion dieser Frage findet sich in Katz (1964 *c*).

2 Dies wurde jüngst von einigen europäischen Linguisten abgeleugnet (z. B. Dixon (1963), Uhlenbeck (1963), (1964)). Jedoch geben sie keine Begründungen für ihre Skepsis gegenüber der traditionellen Grammatik. Was immer an Evidenz heute verfügbar ist, scheint mir zu zeigen, daß die traditionellen Ansichten im großen und ganzen, so weit wie sie gehen, grundsätzlich korrekt sind und daß die vorgeschlagenen Neuerungen völlig unberechtigt sind. Nehmen wir z. B. Uhlenbecks Vorschlag, daß die Konstituentenanalyse von »the man saw the boy« zu lauten hätte *[the man saw] [the boy]*, ein Vorschlag, der dazu führen würde, auch für die folgenden Sätze die Konstituenten wie angezeigt zu zerlegen: *[the man put] [it into the box]*, *[the man aimed] [it at John]*, *[the man persuaded] [Bill that it was unlikely]* usw. Es gibt viele Überlegungen, die für die Festlegung der Konstituentenstruktur wichtig sind (vgl. Anm. 7). Meines Wissens bestätigen sie ausnahmslos die traditionelle Analyse gegenüber diesem Vorschlag,

für den als einziges Argument angeführt werden kann, daß er das Ergebnis einer »rein linguistischen Analyse« sei. Vergleiche dazu Uhlenbeck (1964) und die dort gebrachte Diskussion. Dixons Einwände gegen die traditionelle Grammatik können hier nicht weiter diskutiert werden, da er weder eine Alternative anbietet noch Argumente beibringt, außer der richtigen aber unwichtigen Feststellung, daß seine Einwände »von professionellen Linguisten lange Zeit verdammt wurden«.

3 Weiterhin scheint mir, daß die Perzeption der Sprache auch am besten innerhalb dieses Rahmens zu untersuchen ist. Vergleiche etwa Halle und Stevens (1962).

4 Tests, die einen brauchbaren Begriff dieser Art determinieren, wurden an mehreren Stellen beschrieben, z. B. Miller und Isard (1963).

5 Diese Charakteristiken sind gleichermaßen vage und die darin enthaltenen Vorstellungen undeutlich. Der Begriff »mit höherer Wahrscheinlichkeit hervorgebracht« gilt mitunter als »objektiver« und besser definierbar als andere. Dies beruht auf der Annahme, daß es eine klar anzugebende Bedeutung gibt für den Begriff »Wahrscheinlichkeit eines Satzes« oder »Wahrscheinlichkeit eines Satztyps«. In Wirklichkeit sind diese Begriffe jedoch nur dann objektiv, wenn die Wahrscheinlichkeit auf einer Schätzung der relativen Häufigkeit beruht und wenn Satztyp verstanden wird als »Sequenz von Wort- oder Morphemklassen«. Weiterhin, falls dieser Begriff überhaupt irgendeine Signifikanz haben soll, dann dürfen in diesen Klassen nur äußerst wenige und wechselseitig substituierbare Elemente enthalten sein, sonst würden nicht-akzeptable und nicht-grammatische Sätze ebenso »wahrscheinlich« und akzeptabel wie grammatische sein. Aber selbst wenn – wie oben angenommen – »Wahrscheinlichkeit eines Satz(typs)« klar definiert ist, so bleibt dies ein recht nutzloser Begriff, weil beinahe alle hochgradig akzeptierbaren Sätze (im intuitiven Sinn des Wortes) Wahrscheinlichkeiten besitzen, die empirisch von Null nicht zu unterscheiden sind und zu ebenso charakterisierbaren Satztypen gehören. So gesehen sind die akzeptierbaren oder grammatischen Sätze (bzw. Satztypen) nicht wahrscheinlicher als die anderen, in irgendeinem objektiven Sinne. Das gilt auch, wenn wir nicht einfach »Wahrscheinlichkeit« sondern »Wahrscheinlichkeit im Hinblick auf eine gegebene Situation« betrachten – solange »Situation« nur durch beobachtbare physikalische Eigenschaften spezifiziert wird und nicht durch mentalistische Konstrukte. Es ist bemerkens-

wert, daß Linguisten, die von hartgesottenen objektiven Untersuchungen über den Gebrauch von Sätzen in realen Situationen sprechen, dann, wenn es ans Zitieren von Beispielen geht, die »Situation« ausnahmslos in mentalistischen Termen beschreiben. So etwa Dixon ((1963) p. 101), wo innerhalb des einzigen illustrativen Beispiels im ganzen Buch ein Satz beschrieben wird, der seine Bedeutung aus der Situation »British Culture« gewinnt. Die britische Kultur als »eine Situation« zu beschreiben, ist zunächst einmal ein kategorischer Fehler; weiter, sie als ein aus beobachteten Verhaltensweisen abstrahiertes *pattern* zu betrachten, das somit in rein physikalischen Termen zu beschreiben wäre, zeugt von einem völligen Mißverständnis dessen, was von anthropologischen Forschungen vernünftigerweise zu erwarten ist. Zur weiteren Diskussion verweisen wir auf Katz und Fodor (1964).

6 Daß dies zutrifft, wird auch durch mehrere, im Moment noch nicht überprüfte Beobachtungen bestärkt. So wird in Chomsky und Miller ((1963), p. 286) das folgende Beispiel zitiert: »anyone who feels that if so many more students whom we haven't actually admitted are sitting in on the course than ones we have that the room had to be changed, then probably auditors will have to be excluded, is likely to agree that the curriculum needs revision.« Der Satz enthält – neben Abhängigkeiten, die über das Prinzip der Einschachtelung hinausgehen – sechs eingeschachtelte Abhängigkeiten ohne Selbst-Einbettung. Obwohl nicht gerade ein Musterbeispiel erlesenen Stils, scheint der Satz ziemlich gut verständlich zu sein und auf der Skala der Akzeptabilität nicht ganz unten zu rangieren. Im Vergleich dazu scheint Selbst-Einbettung zweiten oder dritten Grades die Akzeptabilität weit mehr zu beeinträchtigen. Die Sache ist es wert, genauer untersucht zu werden, denn ein positives Ergebnis im Hinblick auf (4) (ii) würde zu Schlüssen über die Organisation des Gedächtnisses führen, die nicht ohne weiteres auf der Hand liegen.

7 Es wurde bisweilen argumentiert, daß die herkömmlichen koordinierten Strukturen notwendig rechts-kursiv (Yngve (1960)) oder links-rekursiv (Harman (1963), p. 613, Regel 3 (i)) seien. Diese Konklusionen scheinen mir gleichermaßen unannehmbar. So scheint mir die Annahme (nach Harman), daß der Komplex »a tall, young, handsome, intelligent man« die Struktur [[[[*tall young*] *handsome*] *intelligent*] *man*] habe, nicht mehr gerechtfertigt als die Annahme einer Struktur [*tall* [*young* [*handsome* [*intelligent man*]]]]. Es gibt tatsächlich keine grammatische Motivierung für irgendeine interne Struktur, und die Annahme, daß eine

solche Struktur nicht vorliegt, wird auch aus Gründen der Akzeptabilität gestützt – durch äußerst schwache und plausible Annahmen über die Organisation des Gedächtnisses. Es gibt jedoch Fälle, wo eine weitergehende Strukturierung berechtigt sein kann, z. B. [*intelligent* [*young man*]] oder etwa [*YOUNG* [*intelligent man*]] mit Kontrastakzent auf »young«, aber die Frage ist, ob dies immer notwendig ist.

Dasselbe gilt auch für einen ganz anderen Typ von Adjektiv-Substantiv-Konstruktion, wie er in Komplexen der Art »all the young, old, and middle-aged voters« auftritt. Ornan (1964) bringt eine interessante Diskussion dieser verschiedenen Arten von Modifikationsrelationen. Auch in diesem Beispiel gibt es weder für die Struktur [[*young, old*] and *middle-aged*] noch für [*young* [*old and middle-aged*]] irgendeine Rechtfertigung.

Auch ist es gewiß unmöglich, wie Yngve anzunehmen, daß der Komplex »John, Mary, and their two children« die Struktur [*John*] [[*Mary*] [*and their two children*]] hat, so daß »John« mit »Mary and their two children« koordiniert ist, wobei das letzte wiederum in die Konjunkte »Mary« und »their two children« analysiert wird. Aber dies widerspricht völlig dem Sinn. Sagen wirs noch einmal: Koordinationen *können* diese Struktur haben (also etwa »John, as well as Mary and her child«), aber es ist gewiß falsch zu postulieren, daß sie diese Struktur haben *müssen*.

In diesen Fällen stützen alle bekannten syntaktischen, semantischen, phonetischen und perzeptiven Argumente gemeinsam die traditionelle Ansicht, daß diese Konstruktionen typisch koordinativ, d. h. mehrfach-verzweigend sind. Dies ist übrigens die schwächste Annahme. Wer darüber hinaus zusätzliche Struktur postuliert, muß Beweise dafür erst beibringen. Es gibt verschiedene Möglichkeiten, die Zuordnung der Konstituentenstruktur zu rechtfertigen. Wollte man etwa in einem Beispiel wie »all (none) of the blue, green, red, and (or) yellow pennants« argumentieren, daß »blue, green, red« eine Konstituente ist (d. h. daß die Struktur links-verzweigt), oder daß »green, red, and (or) yellow« eine Konstituente ist (daß also die Struktur rechts-verzweigt), dann hätte man zu zeigen

- daß diese Analysen für irgendeine grammatische Regel erforderlich sind,
- daß die postulierten intermediären Konstituenten eine semantische Interpretation erhalten müssen,
- daß sie eine phonetische Kontur definieren,
- daß es perzeptive Gründe für die Analyse gibt

oder irgend etwas dieser Art. In diesem Fall und in allen übrigen hier angedeuteten Fällen können die Behauptungen über eine interne Struktur falsifiziert werden. So etwa kann »old and middle-aged« in »young, old, and middle-aged voters« keine semantische Interpretation zugeordnet werden, dasselbe gilt für »green, red, or yellow« in »none of the blue, green, red, or yellow pennants« oder für »Mary and their two children« in »John, Mary, and their two children«. Die phonetischen Regeln schließen explizit eine solche Konstituentenanalyse aus. Es gibt auch keine grammatischen Regeln, die solche Analysen erforderten, und es gibt auch keine perzeptiven oder andersgearteten Argumente, um sie zu stützen. So scheint es denn schwierig zu sein, irgendeinen Grund für die Ablehnung der traditionellen Analyse zu finden und auf zusätzliche intermediäre Kategorisierung in solchen Fällen zu bestehen.

8 Yngve hat ((1960) und in verschiedenen anderen Aufsätzen) eine andere Theorie vorgeschlagen, um bestimmten Beobachtungen wie jenen aus (4) Rechnung zu tragen. Über die offensichtliche Bedingung der Endlichkeit des Gedächtnisses hinaus nimmt seine Theorie an, daß die Ordnung in der Generierung identisch ist mit der Ordnung der Hervorbringung beim Sprechvorgang, daß also der Sprecher und der Hörer Sätze »von oben nach unten« produzieren, d. h. sie entscheiden zuerst über die Hauptstrukturen, dann über deren Substruktur usw., wobei sie die Wahl der lexikalischen Einheiten bis zum Ende des Prozesses aufschieben. Unter dieser hochgradig restriktiven zusätzlichen Annahme ist das oben genannte optimale Perzeptionsmodell nicht mehr konstruierbar, und links-Verzweigung, mehrfach-Verzweigung sowie Einschachtelung und Selbst-Einbettung tragen zur »Tiefe« im Yngveschen Sinne und damit zur Nicht-Akzeptabilität bei. Um diese Hypothese abzustützen, müßte man zeigen

(a) daß sie von Anfang an einige Plausibilität besitzt,

(b) daß links-Verzweigung und mehrfach-Verzweigung tatsächlich genauso die Nicht-Akzeptabilität fördern wie Einschachtelung und Selbst-Einbettung.

Was *(a)* betrifft, so sehe ich überhaupt nichts Plausibles in der Annahme, daß der Sprecher gleichförmig Satztypen selektieren muß, dann Subkategorien zu bestimmen hat, usw., um schließlich auf der letzten Stufe zu entscheiden, worüber er eigentlich sprechen will; oder daß andererseits der Hörer stets erst alle Entscheidungen auf den höheren Ebenen trifft, bevor er irgendeine Analyse auf den niederen Ebenen anstellt. Zu *(b)* ist zu sagen, daß hier die Hypothese durch keinerlei Evidenzen abgestützt wird. Alle Beispiele, die Yngve anführt, enthalten Einschachtelung und Selbst-Einbettung und sind dadurch für die Hypothese irrelevant.

weil die Nicht-Akzeptierbarkeit in diesem Fall allein aus der Annahme der Endlichkeit des Gedächtnisses resultiert – ohne die zusätzliche Annahme einer Analyse »von oben nach unten« bei Sprecher und Hörer. Außerdem widerspricht diese Hypothese der Beobachtung (4) (iii), daß mehrfach koordinierte Strukturen (vgl. Anm. 7) den höchsten Akzeptabilitätsgrad haben (und nicht – wie prädiziert – den niedersten), und weiter, daß links-verzweigende Strukturen weitaus akzeptabler sind als eingeschachtelte Strukturen gleicher »Tiefe« im Yngveschen Sinne. Schließlich liefert die Hypothese keine Explikation dafür, warum Beispiele vom Typ (4) (iv), also etwa solche wie (2) (i), trotz geringer »Tiefe« nicht-akzeptabel sind.
Es gibt jedoch eine wichtige Beobachtung in Yngves Arbeiten, daß nämlich bestimmte Transformationen benutzt werden können, um den Einschachtelungsgrad zu verringern und damit die perzeptive Belastung *(perceptual load)* zu reduzieren. Dies liefert uns ein weiteres interessantes Argument, weshalb Grammatiken Transformationsregeln enthalten sollten. Dies Argument erhält zusätzliches Gewicht durch die Diskussion über Modelle der Sprachverwendung, die Transformationsgrammatiken involvieren. (Vgl. Miller und Chomsky (1963, Teil 2)).

9 Erstaunlicherweise wurde selbst diese Binsenwahrheit jüngst bestritten (Dixon (1963)). Wenn aber Dixon leugnet, daß eine Sprache unendlich viele Sätze hat, so gebraucht er den Terminus »unendlich« (*»infinite«*) wohl in irgendeinem speziellen und ziemlich obskuren Sinn. So etwa, wenn er auf ein und derselben Seite (p. 83) zunächst die Annahme, »daß es in einer Sprache eine unendliche Anzahl von Sätzen gibt« zurückweist, gleich danach aber feststellt, daß »wir eindeutig nicht in der Lage sind, eine bestimmte Zahl *N* anzugeben, derart, daß es keinen Satz gibt, der mehr als *N clauses* enthält« (das bedeutet, er konstatiert, daß die Sprache unendlich ist). Entweder ist dies ein eklatanter Widerspruch, oder Dixon hantiert hier mit irgendeiner neuen Bedeutung des Wortes »unendlich«. Eine ausführlichere Diskussion über seine Bemerkungen in diesem Zusammenhang findet sich in Chomsky (1966).

10 Von der Terminologie abgesehen folge ich hier der Darstellung von Katz und Postal (1964). Ich setze also voraus, daß die semantische Komponente im wesentlichen so aufgebaut ist, wie diese Autoren es vorschlagen, und daß die phonologische Komponente im großen und ganzen dem entspricht, was in Chomsky, Halle und Lukoff (1956); Halle (1959*a*), (1959*b*), (1962*a*); Chomsky

(1962*b*); Chomsky und Miller (1963); Halle und Chomsky (1960), (1968) beschrieben wurde.

11 Ich nehme durchgängig an, daß die syntaktische Komponente ein Lexikon enthält, und daß jede lexikalische Einheit im Lexikon mit Hilfe ihrer inneren semantischen Merkmale spezifiziert wird – wie auch immer die im einzelnen aussehen mögen. Ich werde auf diesen Punkt im nächsten Kapitel zurückkommen.

12 Statt der Termini »Tiefenstruktur« und »Oberflächenstruktur« könnte man auch die entsprechenden Humboldtschen Begriffe von der »inneren Form« eines Satzes und von der »äußeren Form« eines Satzes verwenden. Aber obgleich die Termini »Tiefenstruktur« und »Oberflächenstruktur« in dem hier intendierten Sinn Humboldts »innerer Form« und »äußerer Form« (bezogen auf einen Satz) eng verwandt sind, habe ich es vorgezogen, eine neutrale Terminologie einzuführen, um die Frage nach der Text-Interpretation an dieser Stelle zu umgehen. Die Ausdrücke »Tiefengrammatik« (*»depth grammar«*) und »Oberflächengrammatik« (*»surface grammar«*) sind in der modernen Philosophie geläufig in einem ganz ähnlichen Sinne (vgl. Wittgensteins Unterscheidung von »Tiefengrammatik« und »Oberflächengrammatik«, (1953), p. 168). Hockett benutzt in seiner Diskussion über die Inadäquatheit der taxonomischen Linguistik ähnliche Termini (Hockett (1958), Kap. 29). Postal gebraucht die Bezeichnungen »zugrunde liegende Struktur« (*»underlying structure«*) und »Oberflächenstruktur (*»superficial structure«*) für diese Begriffe (Postal (1964*b*)).
Die Unterscheidung zwischen Tiefen- und Oberflächenstruktur in dem von uns intendierten Sinn findet sich bereits in der *Grammaire* von Port-Royal (Lancelot *et al.* (1660)); vgl. dazu Chomsky (1964) pp. 15–16 und Chomsky (1966) für ausführliche Diskussion und weitere Literaturhinweise. In philosophischen Diskussionen wird diese Unterscheidung oft angeführt, um zu argumentieren, wie bestimmte philosophische Positionen von falschen grammatischen Analogien herrühren; dabei wird die Oberflächenstruktur bestimmter Ausdrücke fälschlicherweise so betrachtet, als sei sie semantisch interpretierbar in einer Weise, die aber nur auf andere äußerlich ähnliche Sätze zutrifft. So liegt für Thomas Reid (1785) eine ganz übliche Quelle philosophischer Irrtümer in der Tatsache, daß

»... es in allen Sprachen Sätze gibt, die eine jeweils unterschiedliche Bedeutung haben; während es gleichzeitig in ihrer Struktur Momente geben kann, die der grammatischen Analogie oder den Prinzipien der

Philosophie widersprechen ... So sprechen wir etwa von der Empfindung des Schmerzes, so als ob Schmerz etwas anderes wäre als die Empfindung davon. Man sagt, daß Schmerzen eintreten oder verschwinden, daß sie von einer Stelle zu einer anderen wandern. Solche Sätze werden von denen, die sie benutzen, in einem weder obskuren noch falschen Sinn verstanden. Der Philosoph aber steckt sie in seine Retorte, reduziert sie auf ihre ersten Prinzipien, destilliert aus ihnen einen Sinn heraus, der niemals gemeint war, und bildet sich schließlich ein, daß er einem populären Irrtum auf die Spur gekommen sei.« [pp. 167–168]

Allgemeiner noch kritisiert er, daß die Theorie über Ideen auf einer Abweichung von der »landläufigen Bedeutung« basiert, wobei »eine Idee von etwas haben« nichts anderes bedeutet als »den Gegenstand, über den der Verstand nachsinnt« (p. 105); eine Idee haben heißt demzufolge, im Verstande ein solches Bild, Abbild oder eine solche Darstellung als unmittelbaren Gegenstand des Denkens zu besitzen. Somit gibt es zweierlei solcher Gegenstände der Reflexion: die Idee, die sich im Verstand vorfindet, und das von ihr Repräsentierte. Aus solchen Konklusionen folgen die Absurditäten der traditionellen Theorie über Ideen – wie Reid es sieht. Eine der Quellen für solche Absurditäten liegt darin, daß der Philosoph »die Unterscheidung zwischen den Operationen des Verstandes und den Gegenständen dieser Operationen« übersieht, »obwohl diese Unterscheidung auch in der Alltagssprache üblich und in der Struktur aller Sprachen zu finden ist« (p. 110). Übrigens werden diese beiden Bedeutungen von »eine Idee haben« bei Descartes im Vorwort zu den *Meditationes* ((1641) p. 138) differenziert. Reids linguistische Beobachtung wurde schon beträchtlich früher von Du Marsais in einer 1769 posthum veröffentlichten Schrift gemacht. Vgl. die folgenden Passagen (pp. 179 bis 180):

Ebenso wie wir sagen können *ich habe ein Buch, ich habe einen Diamanten, ich habe eine Uhr*, sagen wir analog dazu *ich habe Fieber, ich habe Lust, ich habe Angst, ich habe Zweifel, ich habe Mitleid, ich habe eine Idee*, etc. Jedoch sind *Buch, Diamant, Uhr* Namen für wirklich existierende Gegenstände, die unabhängig von unserer Denkungsart existieren; *Gesundheit, Fieber, Angst, Zweifel, Lust* indessen sind nur metaphysische Ausdrücke, die lediglich Betrachtungsweisen aus den einzelnen Blickwinkeln des Verstandes bezeichnen.

Im Beispiel *ich habe eine Uhr* ist der Ausdruck *ich habe* in seinem eigentlichen Sinn zu verstehen, aber im Beispiel *ich habe eine Idee* wird er nur nachgeahmt verwendet. Es ist somit ein entlehnter Ausdruck. *Ich habe eine Idee* heißt *ich denke, ich überlege auf diese oder jene Weise. Ich habe Lust* meint *ich wünsche; ich habe den Willen* besagt *ich will* etc.

Somit bezeichnen *Idee, Vorstellung, Begriff* nicht wirkliche Gegenstände und noch weniger sinnliche Gegebenheiten, die man miteinander verbinden könnte.

In jüngerer Zeit galt weithin die Ansicht, daß das Bestreben der Philosophie streng darauf begrenzt werden sollte, »in der sprachlichen Idiomatik die Quellen stetig wiederkehrender Fehlkonstruktionen und absurder Theorien aufzudecken« (Ryle (1931)).

13 Diese Beschreibungen sind nicht ganz akkurat. In Wirklichkeit sollte das Satz-Komplement in (10) besser als Einbettung in eine PP betrachtet werden (vgl. Kap. 3); das Satz-Komplement von (11) sollte, wie Peter Rosenbaum gezeigt hat, als Einbettung innerhalb der Objekt-NP von »expect« analysiert werden. Außerdem ist die Behandlung der Hilfsverben in (10) und (11) inkorrekt, und es gibt andere Modifizierungen hinsichtlich der Markierung der Passiv-Transformation. Wir kommen darauf im nächsten Kapitel zurück.

14 Es ist erwiesen, daß viele Kinder eine erste oder zweite Sprache erfolgreich erwerben, selbst wenn sie nicht eigens darin unterrichtet werden und wenn ihrem Fortkommen keine besondere Aufmerksamkeit geschenkt wird. Außerdem besteht das Gros der beobachteten aktuellen Rede offensichtlich aus Fragmenten und abweichenden Ausdrücken verschiedenster Art. Somit muß ein Kind anscheinend die Fähigkeit besitzen, eine generative Grammatik zu »erfinden«, die Wohlgeformtheit definiert und den Sätzen Interpretationen zuschreibt, selbst wenn die für den Akt der Theorienbildung als Basis verwendeten primären sprachlichen Daten aus der Sicht der zu konstruierenden Theorie auf verschiedenste Weise defekt sind. So steckt denn mehr als nur ein Körnchen Wahrheit in der traditionellen Ansicht: »die Mühseligkeit, die jedermann bei der Konversation verspürt ... rührt nicht daher, daß man nicht versteht was der andere denkt, sondern daß man seine Gedanken aus den Zeichen oder Wörtern, die oft nicht mit ihnen übereinstimmen, herausfiltrieren muß« (Cordemoy (1667)). Das Problem, das sich hier für die Perzeption gesprochener Sprache stellt, ist für den, der eine Sprache erlernt, um ein Vielfaches größer.

15 So etwa Russell ((1940), p. 33: »rein logisch gesehen kann ein Eigenname jeder beliebigen zusammenhängenden Raum-Zeit-Einheit zugeordnet werden«), falls wir seinen Begriff des »logischen Eigennamens« so interpretieren, daß er eine empirische Hypothese einschließt. So verstanden konstatiert Russell zweifelsohne eine psychologische Wahrheit. Andernfalls bringt er eine unmotivierte Definition für »Eigenname«. Es gibt keine logische Notwendigkeit dafür, daß Namen oder andere »Objekt-Wörter« irgendeine Be-

dingung der räumlich-zeitlichen Kontiguität erfüllen oder daß sie andere Gestalt-Eigenschaften besitzen müßten. Es ist eine nichttriviale Tatsache, daß sie dies augenscheinlich tun, soweit es sich bei den bezeichneten Gegenständen um solche handelt, die tatsächlich wahrgenommen werden können (das trifft beispielsweise nicht zu auf »United States« und braucht ähnlich auch nicht zu gelten für Begriffe wie »Barriere«, die abstrakter sind und funktional definiert werden). So gibt es denn keine logischen Gründe, warum es in einer natürlichen Sprache ein Wort wie etwa »LIMB« nicht geben sollte, das »limb« ähnelt, nur daß es einen einzelnen Gegenstand bestehend aus den vier Beinen eines Hundes bezeichnet, so daß »its LIMB is brown« (wie »its head is brown«) bedeuten würde, daß der Gegenstand, der aus den vier Beinen besteht, braun ist. Genauso gibt es keinen apriorischen Grund, warum eine natürliche Sprache nicht ein Wort »HERD« enthalten sollte, ganz parallel zu dem Kollektivum »herd«, nur daß ersteres einzelne verstreute Objekte, deren Elemente Kühe sind, bezeichnet, so daß »a cow lost a leg« impliziert »the HERD lost a leg«, usw.

16 So kann nach Aristoteles (*De Anima*, 403 *b*) etwa »das Wesen eines Hauses auf folgende Formel gebracht werden: ›ein Schutzdach gegen zerstörende Einwirkung von Wind, Regen und Hitze‹«, obwohl »der Physiker es als ›Steine, Ziegel und Balken‹ beschreiben würde«. Interessante Kommentare zu solchen Definitionen bringen Foot (1961) und Katz (1964 *d*).

17 Unter einer »vernünftigen Prozedur« verstehe ich hier ein Verfahren, das keine außerlinguistischen Informationen involviert, das also zum Beispiel keine »Enzyklopädie« enthält. Diskussionen darüber in Bar-Hillel (1960). Die Möglichkeit einer vernünftigen Prozedur für die Übersetzung zwischen beliebigen Sprachen hängt von der ausreichenden Menge substantieller Universalien ab. Gewiß bestehen viele gute Gründe für die Annahme, daß bestimmte Sprachen über weite Strecken nach demselben Muster funktionieren, aber es gibt nur wenig Grund zu vermuten, daß vernünftige Übersetzungsprozeduren generell möglich sind.

18 Genau genommen wird eine Menge von Struktur-Beschreibungen durch f jedem s_i zugeordnet (jede Struktur-Beschreibung genau einem s_i) bei gegebener Grammatik G_j, und zwar eine für jede Interpretation des Satzes s_i bezüglich G_j. So sollte ein nichtambiger Satz eine Struktur-Beschreibung erhalten, ein zweideutiger Satz zwei Struktur-Beschreibungen usw. Wir nehmen an, daß die Abbildungen effektiv ausführbar sind – daß es einen

Algorithmus gibt zur Aufzählung von Sätzen, Struktur-Beschreibungen und Grammatiken und (obwohl dies weniger augenscheinlich ist) zur Bestimmung der Werte von f und m in jedem beliebigen Fall.

19 Offensichtlich muß man sich bei der Konstruktion einer wirksamen Theorie der Spracherlernung einigen weiteren diffizilen Fragen stellen, die etwa folgendes betreffen:
- die schrittweise Entwicklung einer aussagekräftigen Hypothese
- die Vereinfachung des Verfahrens zur Auffindung kompatibler Hypothesen
- das kontinuierliche Wachstum von Sprachkenntnis und sprachlicher Trainiertheit und
- die Vertiefung der Analyse der Sprachstruktur, die fortgeführt werden kann, lange nachdem die grundlegende Form der Sprache bereits erworben wurde.

Was ich hier beschreibe, ist eine Idealisierung, in der nur das Moment der Aneignung der korrekten Grammatik in Betracht gezogen wird. Die Berücksichtigung dieser zusätzlichen Überlegungen kann die allgemeine Diskussion über ein solches Modell sehr wesentlich beeinflussen. So etwa können auf sehr beschränkte, aber dennoch reale Weise die Vorbedingungen (i)–(v) selbst möglicherweise auf der Grundlage tiefer liegender angeborener Strukturen entwickelt werden, auf Wegen, die teilweise von den primären sprachlichen Daten abhängen und von der Abfolge und dem Modus, in dem sie geliefert werden. Außerdem kann es sehr wohl sein, daß eine Serie von zunehmend detaillierteren und hochgradig strukturierten Schemata, die den einzelnen Reifestadien entsprechen, aber teilweise selbst hinsichtlich ihrer Form durch frühere Stufen des Spracherwerbs determiniert sein können, in aufeinanderfolgenden Stadien der Spracherlernung auf die Daten angewandt werden. Grundsätzlich gibt es viele Möglichkeiten, die hier betrachtet werden könnten.

20 Es ist aufschlußreich, welche Versuche in der modernen strukturellen Linguistik unternommen wurden, um diese Bedingungen zu erfüllen. Man nimmt an, daß die Methode zum Herausfinden einer korrekten Hypothese (Grammatik) auf Prozeduren begründet sein muß, die die Einheiten eines vorgegebenen Korpus sukzessive segmentiert und klassifiziert. Das Korpus liefert hier die primären sprachlichen Daten, wenn es durch bestimmte semantische Informationen ergänzt wird, deren genaue Rolle für das vorliegende Problem nie geklärt wurde. Als Ausgleich für diese extrem starken Forderungen an Auffindungsprozeduren für

Grammatiken mußte man in vielen Fällen die Beschreibungsadäquatheit opfern. Tatsächlich schenken die methodologischen Diskussionen innerhalb der modernen Linguistik den Punkten (ii)–(iv) wenig Beachtung (obwohl sie bestimmte Konklusionen daraus implizieren) und konzentrieren sich fast ausschließlich auf die Entwicklung konstruktiver, schrittweise operierender Prozeduren zur Klassifizierung und Segmentierung. Diskussion darüber in Lees (1957) und Chomsky (1964).

21 Dieser Punkt ist historisch recht interessant. Wie Kommentatoren immer wieder vermerkt haben, wurde Lockes Versuch, die Lehre von den angeborenen Ideen zu widerlegen, tatsächlich in der Hauptsache dadurch wirkungslos, daß er versäumte, die eben von uns diskutierte Unterscheidung zu beachten, obwohl das für Descartes eine ganz klare Sache war, die auch später von Leibniz in seiner Kritik an Lockes Essay von neuem unterstrichen wurde. Vgl. auch § 8.

22 Vgl. Anm. 19. Ein funktionierendes Lernmodell muß eine Strategie zur Auffindung von Hypothesen enthalten. So könnte man etwa annehmen, daß die Strategie auf jeder Stufe im Prozeß der Spracherlernung nur solche Grammatiken berücksichtigt, die eine bestimmte Wertziffer (gemäß dem Bewertungsmaßstab (v)) nicht unterschreiten. Somit gilt für eine wirksame Sprach-Theorie die folgende Forderung: Bei gegebenen primären linguistischen Daten *D* muß die Klasse der mit *D* kompatiblen Grammatiken hinsichtlich des Wertes eine genügend große Streuung aufweisen, so daß der Klassendurchschnitt der mit *D* kompatiblen Grammatiken und der hochbewerteten Grammatiken einigermaßen klein wird. Nur so kann die Spracherlernung effektiv vor sich gehen.

23 Vgl. die Literaturhinweise von Anm. 10.

24 Natürlich können fehlgeschlagene Versuche, eine explanative Theorie zu rechtfertigen, auf verschiedene Weise interpretiert werden. Sie können anzeigen, daß die Theorie falsch ist oder daß ihre Konsequenzen inkorrekt bestimmt wurden – besonders auch, daß die auf deskriptive Adäquatheit hin kontrollierte Grammatik nicht die höchstbewertete war. Da jedes sinnvolle Bewertungsmaß eine systematische Metrik darstellt und da die Sprache ein eng verflochtenes System bildet, sollte man die letztere Möglichkeit besonders beachten. Kurzum: die Rechtfertigung einer Sprach-Theorie kommt auch um jene Probleme nicht herum, denen sich die Rechtfertigung einer jeden substantiellen und nicht-trivialen empirischen Hypothese stellen muß.

25 Es ist wirklich nicht klar, warum Quines Position in irgendeinem angebbaren Sinne als empiristisch betrachtet werden sollte. Geht er doch noch weiter und schlägt vor, daß innerhalb des angeborenen Eigenschaftsraumes ein roter Ball von einem grünen Ball weniger weit entfernt sein könnte als von einem roten Tuch, so daß wir nicht nur eine vor der Erfahrung gegebene Charakterisierung von Distanz besitzen, sondern auch eine angeborene Zerlegung davon in Distanzen verschiedener Art. Gestützt auf diese wenigen Bemerkungen könnte man ihn so verstehen, als schlüge er vor, daß Konzepte wie »Ball« angeborene Ideen seien, daß er also einer extremen Form des Nativismus das Wort redete; zumindest ist es schwierig herauszufinden, worin sich das zitierte Beispiel davon unterscheidet. Eine anti-empiristische Interpretation wird weiter bestärkt durch den Hinweis auf Quines Absage an die »reinforcement«-Theorie. (Vgl. Anm. 26.)
Leider sind diese – empiristisch intendierten – Gesichtspunkte durchweg so unverbindlich formuliert, daß es schier unmöglich ist, sie mit irgendwelcher Sicherheit zu interpretieren, zu analysieren oder zu bewerten. Ein extremes Beispiel dafür ist Skinners Erklärung für den Modus der Spracherlernung und des Sprachgebrauchs (Skinner (1950)). Es scheint für Skinners Vorschläge nur zwei logisch kohärente Interpretationen zu geben. Wenn wir die Termini »stimulus«, »reinforcement«, »conditioning« usw. so verstehen, wie sie in der Experimentalphysik verwendet werden, dann widerspricht seine Darstellung so augenscheinlich den Tatsachen, daß eine Diskussion darüber völlig abwegig ist. Wenn wir die von ihm verwendeten Terme als metaphorische Erweiterungen der (im wesentlichen homonymen) Termini aus der Experimentalpsychologie ansehen, so erweist sich seine Beschreibung als mentalistisches Unternehmen, das sich von traditionellen Versuchen dieser Art nur dadurch unterscheidet, daß viele Distinktionen notwendig verwischt werden, wegen der Armseligkeit des terminologischen Apparats, mit dem er traditionelle mentalistische Begriffe umschreiben muß. Dabei ist der hartnäckige Anspruch, daß diese Paraphrasierung auf irgendeine Weise »wissenschaftlich« sei, wie es der traditionelle Mentalismus nie war, besonders verwunderlich.

26 Diese Anwendung wird möglicherweise durch »Bekräftigung« (»reinforcement«) vermittelt, obwohl viele zeitgenössische Behavioristen diesen Terminus so lax verwenden, daß die Bezugnahme auf »reinforcement« zu der von ihnen vorgeschlagenen Darstellung des Kenntniserwerbs nichts beiträgt. So meint etwa Quine ((1960) pp. 82–83), daß »grundlegende Vorliebe zur Konfor-

mität« den Platz »letztendlicher Werte« (*»ulterior values«*) einnehmen kann und daß die affirmative Reaktion der Gesellschaft »lediglich in bekräftigendem Gebrauch, dessen Ähnlichkeit zu den Versuchen des Kindes die einzige Anerkennung ist«, bestehen kann. Wie Quine dann richtig bemerkt, »ist dies ganz im Sinne von Skinners Schema, denn er zählt nicht die Anerkennungen (*›rewards‹*) auf«. Dies ist einer der Faktoren, die zur nahezu völligen Leere von Skinners Schema beitragen.

Der Vorschlag läuft darauf hinaus, daß die einzige Funktion des »reinforcement« die sein könnte, dem Kind Informationen über den korrekten Sprachgebrauch zu liefern; somit lautete die empirische Forderung der »reinforcement theory«, daß der Spracherwerb ohne Daten nicht vonstatten gehen kann. Tatsächlich ist Skinners Begriff von »reinforcement« noch schwächer als dies, denn er macht es nicht einmal erforderlich, daß der bekräftigende Reiz (»reinforcement stimulus«) auf den reagierenden Organismus einwirkt; es reicht aus, daß er erhofft oder vermutet wird. (Eine Kollektion von Beispielen, die in diesem Zusammenhang relevant sind, bringt Chomsky (1959 *b*)).

27 Diese Mechanismen brauchen – wie wir jetzt wissen – ganz und gar nicht elementar zu sein. Vgl. etwa Lettvin *et. al.* (1959), Hubel und Wiesel (1962), Frishkopf und Goldstein (1963). Diese Arbeiten haben gezeigt, daß periphere Verarbeitung im Rezeptoren-System oder in niederen cortikalen Zentren eine komplexe Analyse von Reizen liefern kann, die zudem für das Milieu des Tieres ziemlich spezifisch sind und mit Verhaltensmustern eng zusammenhängen. So scheint es, daß nicht einmal periphere Verarbeitung innerhalb des unstrukturierten und atomistischen Rahmens beschrieben werden kann, der bei empiristischen Vorstellungen vorausgesetzt wird.

28 [An dieser Stelle weist Chomsky im Original auf eine fehlerhafte Stelle in der englischen Leibniz-Übersetzung von Langley hin. Das Problem entfällt für unsere Ausgabe, da die von uns zitierte Übersetzung den Intentionen Chomskys gerecht wird. – Anm. d. Übers.]

29 Vgl. Chomsky (1964). Dort finden sich weitere Diskussionen und Zitate, die Humboldts Ansicht über diese Fragen illustrieren.

30 Dies ist als Interpretation für die taxonomische Linguistik keineswegs so selbstverständlich.

Zum ersten hat sich die strukturelle Linguistik selten mit dem

»kreativen« Aspekt des Gebrauchs der Sprache befaßt – in der rationalistischen Sprach-Theorie war er das beherrschende Thema. Kurzum, man schenkte der Hervorbringung und der Interpretation neuer, zuvor nie gehörter Sätze – und damit dem normalen Gebrauch der Sprache – wenig Beachtung. Somit geht die Annahme, verschiedene Theorien der PSG seien als generative Konstituentenstruktur-Grammatiken interpretierbar (vgl. Chomsky (1956), (1962 *a*) oder Postal (1964 *a*)) gewiß weit über das hinaus, was explicite von den Linguisten, die solche Theorien entwickelt haben, konstatiert wurde. Wahrscheinlich liegt diese Annahme auch jenseits ihrer Intentionen. Folglich wurde das zentrale Problem der Beschreibungsadäquatheit innerhalb der strukturalistischen Linguistik nicht wirklich behandelt.
Zweitens: Viele »Neo-Bloomfieldianer«, die Bloomfields Behaviorismus in der Interpretation wie unter (*b*) in Anm. 1 akzeptieren, haben – ebenso wie Vertreter der Firthschen Schule und wie »Neo-Firthianer« und viele andere – damit ausdrücklich jeden Bezug auf deskriptive Adäquatheit zurückgewiesen, indem sie – zumindest theoretisch – die Aufgabe grammatischer Beschreibungen auf die Sichtung und Ordnung der primären sprachlichen Daten einschränkten. Andere wiederum haben dafür plädiert, daß eine Grammatik wenigstens die »Gewohnheiten« *(»habits«)* oder Dispositionen des Sprechers zu beschreiben hätte, obwohl der Aspekt, unter dem der Gebrauch der Sprache als eine Sache von Gewohnheiten und Dispositionen betrachtet werden könnte, nie so recht erklärt worden ist. Genauer gesagt, es gibt keinen eindeutigen Sinn des Terminus »habit« oder »disposition«, demzufolge man die Sprache als »habit structure« oder als »system of dispositions« beschreiben könnte.
Es ist überhaupt nicht einzusehen, warum die meisten behavioristischen Strömungen als Spielarten des Empirismus angesehen werden sollten, da ihnen – im Unterschied zum klassischen Empirismus – jegliches Interesse an mentalen Prozessen oder Fähigkeiten, d. h. an den Problemen der deskriptiven und explanativen Adäquatheit, abgeht.

31 Dies ist der einzige Gesichtspunkt, unter dem ein Vergleich solcher Alternativen relevant wird, abgesehen von ihrem jeweiligen relativen Erfolg, die Fakten des Spracherwerbs zu erklären. Aber die oben genannte Betrachtung liefert offenbar keinerlei Information, die für eine Wahl zwischen alternativen Theorien den Ausschlag geben könnte.
Man muß ganz allgemein berücksichtigen, daß eine extrem spezialisierte Eingabe-Ausgabe-Relation nicht notwendig einen kom-

plexen und hochgradig strukturierten Mechanismus voraussetzt. Ob wir nun annehmen, daß der Sprecher auf irgendeine Weise im Kopf das Schema für eine Transformationsgrammatik präsent hat, oder ob wir annehmen, daß seine psychische Disposition Mechanismen enthält, um beliebige Assoziationen herzustellen oder bestimmte Arten induktiver oder taxonomischer Operationen zu vollziehen – es ist jedenfalls sehr wenig bekannt über die Organisation des Gehirns und über seine Modellierbarkeit auf physikalischen Systemen, was zur Bestätigung dieser Hypothesen benutzt werden könnte. Genauso gibt es keine Rechtfertigung für die übliche Auffassung, daß zwischen rationalistischen und empiristischen Ansichten eine Asymmetrie bestehe, insofern als erstere der entscheidenden Frage auswiche, weil sie nicht zeigt, wie diese postulierte interne Struktur entsteht. Empiristische Darstellungen lassen aber genau diese Frage ebenfalls offen. Im Augenblick gibt es dafür, wie die empiristischen datenverarbeitenden Operationen als angeborene Strukturen innerhalb einer Species zustande gekommen sein könnten, keine bessere Erklärung als für die Art und Weise, in der sich das rationalistische Schema durch evolutive Prozesse oder andere Determinanten der Struktur von Organismen herausgebildet haben könnte. Auch der Vergleich mit nicht-menschlichen Gattungen hilft der empiristischen Argumentation nicht weiter. Im Gegenteil, jede bekannte Species hat hochgradig spezialisierte kognitive Fähigkeiten. Beachten wir schließlich auch, daß es für die vergleichende Psychologie nicht charakteristisch ist, von empiristischen Annahmen über Kenntnis und Verhalten auszugehen, und daß sie diese Annahmen auch nicht stützt.

32 Es gibt Grund anzunehmen, daß das Spracherlernungssystem nur während einer »speziellen Periode« der psychischen Entwicklung voll funktioniert, oder genauer, daß es in ihren verschiedenen Reifestadien kritische Perioden gibt (vgl. Anm. 19). Lenneberg (1967) bringt eine wesentliche und informative Übersicht über Daten, die für diese Frage relevant sind. Hier und in Lenneberg (1960) werden außerdem viele andere Aspekte biologisch vorgegebener Beschränkungen im Hinblick auf die Natur der Sprache diskutiert.
Wir implizieren natürlich nicht, daß die Funktionen des Spracherwerbs durch völlig separate Komponenten der aufgefaßten abstrakten Psyche oder des physischen Gehirns ausgeführt werden, ebenso wie beim Studium der Analyse-Mechanismen der Perzeption (vgl. Sutherland (1959), (1964)) nicht impliziert wird, daß dies distinkte und separate Komponenten des gesamten Per-

zeptionssystems sind. Es ist eine wichtige Aufgabe für die Psychologie, zu bestimmen, in welchem Maße andere Aspekte der Erkenntnis bestimmte Eigenschaften mit dem Spracherwerb und dem Gebrauch der Sprache teilen, und zu versuchen, so eine umfassendere und aussagekräftigere Theorie der psychischen Fähigkeiten des Menschen zu entwickeln.

33 Es ist ein kurioses Faktum, daß der Empirismus gemeinhin als eine irgendwie »wissenschaftliche« Philosophie gilt. Tatsächlich hat das empiristische Herangehen an den Kenntniserwerb bestimmte dogmatische und aprioristische Züge, die seinem rationalistischen Gegenstück weitgehend fehlen. Im Spezialfall des Spracherwerbs beginnt die empiristische Untersuchung mit der Verabredung, daß bestimmte arbiträr ausgewählte datenverarbeitende Mechanismen (z.B. Assoziationsprinzipien, taxonomische Prozeduren) die einzigen sind, über die die Spracherlernungsinstanz verfügt. Sodann wird die Anwendung dieser Prozeduren auf Daten untersucht, jedoch ohne den Versuch, zu zeigen, daß die Resultate dieser Anwendung Grammatiken entsprechen, die wiederum unabhängig davon als deskriptiv adäquat ausgewiesen werden können. Eine undogmatische Alternative zum Empirismus würde mit der Überlegung beginnen, daß das Studium der Spracherlernung als Ausgangsmaterial bestimmte Informationen über primäre sprachliche Daten sowie über die Grammatik, die daraus resultieren soll, zur Verfügung hat. Das Problem, dem wir uns gegenüber sehen, besteht dann darin, die Struktur des Mechanismus, der diese Eingabe-Ausgabe-Relation vermittelt, zu bestimmen (dasselbe gilt für das allgemeinere Problem, innerhalb dessen die Spracherlernung nur einen Spezialfall darstellt). Es gibt keinen Grund, in bezug auf die interne Struktur dieses Mechanismus irgendwelche spezifischen empiristischen oder andersgearteten Annahmen zu machen. Wenn wir vorurteilsfrei weitergehen, würden wir sodann Gleichförmigkeiten im Output (formale und substantielle Universalien) untersuchen, die wir dann der Struktur des Mechanismus oder, falls das nachweisbar ist, bestimmten Gleichförmigkeiten im Input zuzuschreiben hätten. Die letztgenannte Alternative kommt in den interessierenden Fällen selten wirklich vor. Dies ist letzten Endes genau der rationalistische Zugang, und es ist schwer vorstellbar, welche sonstigen Alternativen es hierzu geben soll, wenn dogmatische Vorurteile in bezug auf die Natur mentaler Prozesse beseitigt werden.

34 Das heißt, eine Theorie, die Bedingungen (i)–(iv) von (13) bzw. (14) erfüllt. Ich will forthin ohne weiteren Kommentar anneh-

men, daß jede hier zur Diskussion stehende Theorie versucht, wenigstens diese Bedingungen zu erfüllen.

35 In den letzten Jahren wurde eine beträchtliche Menge von Studien über die formalen Eigenschaften sehr einfacher Grammatik-Theorien vorgelegt. Meistenteils beschränkte man sich auf die schwache generative Kapazität, obgleich sich auch einige Resultate finden, die die starke generative Kapazität involvieren (besonders jene, auf die in § 2 verwiesen wurde). Der letztere Begriff ist fraglos der interessantere, zugleich aber auch der schwierigere. Überblicke über diese Arbeiten sind in Chomsky (1963) und Chomsky und Schützenberger (1963) enthalten.

36 Vgl. Postal (1962 *b*), (1964 *a*), (1964 *c*). Weder die Theorie der kontext-freien Grammatik noch die Theorie der Grammatik mit regulär begrenzten Zuständen sind eigens für mathematische Untersuchungen geschaffene Artefakte. Beide sind formal gut motiviert und haben jeweils unabhängige Zielsetzungen außerhalb der Linguistik, und beide wurden bereits von einigen Linguisten als umfassende Sprach-Theorie vorgeschlagen. Wie Postal (1964 *b*) gezeigt hat, ist fast jede linguistische Theorie, die in den letzten Jahren Aufmerksamkeit erregte, innerhalb der kontext-freien Grammatik unterzubringen. Wie wir später sehen werden, spielt eine besondere Form der Theorie der kontext-freien Grammatik eine wesentliche Rolle innerhalb der allgemeinen Theorie der Transformationsgrammatik.

37 Diese Möglichkeit kann nicht von vornherein ausgeschlossen werden, aber sie scheint definitiv nicht zuzutreffen. Insbesondere gilt: wenn die Theorie der Transformationsgrammatik passend formuliert ist, dann muß jede solche Grammatik formale Bedingungen erfüllen, durch die sie auf die Aufzählung rekursiver Mengen eingeschränkt wird. Vgl. hierzu die Bedingungen bezüglich der Basis-Regeln; außerdem Anm. 1 von Kap. 3 und die weitere Diskussion in Kap. 3; in Kap. 4, § 2.2 die Bedingungen für Löschungstransformationen.

Kapitel 2

1 Im einzelnen wäre hier eine Diskussion über Terminologie und Inhalt der in (2) gelieferten Angaben am Platze, das gilt u. a. für (2) (ii), wo auch alternative Konventionen und Einteilungen Usus sind. Ich denke jedoch, daß die Fakten, auf die es ankommt, klar erkennbar sind. Über die meisten besteht in der linguistischen

Literatur längst Einhelligkeit. Für unsere gegenwärtige Zielsetzung werde ich daher – außer in bestimmten Details – über die Adäquatheit dieser Beobachtungen keine weiteren Fragen stellen, sondern sie einfach als Fakten betrachten, denen eine Grammatik-Theorie gerecht werden muß.

2 Eine Sprach-Theorie muß die Prinzipien formulieren, nach denen ihre theoretischen Begriffe (z. B. »Phonem«, »Morphem«, »Transformation«, »NP«, »Subjekt«) aufeinander bezogen werden, und sie muß letzten Endes dieses System von Konzepten mit möglichen empirischen Erscheinungen (nämlich primären sprachlichen Daten) in Zusammenhang bringen. Aus Gründen, die in Chomsky (1957) und anderswo diskutiert wurden, scheint mir, daß alle signifikanten strukturellen Begriffe innerhalb des vorher definierten Begriffs »generative Grammatik« zu charakterisieren sind (während die strukturelle Linguistik allgemein angenommen hat, daß der Begriff »Grammatik« mit Hilfe der zuvor definierten Begriffe »Phonem«, »Morphem« erklärt werden müsse). Das heißt, ich nehme an, daß der folgende der primär zu definierende Grundbegriff ist: »*G* ist eine am höchsten bewertete Grammatik der Sprache, von der die primären sprachlichen Daten *D* einen Ausschnitt darstellen«, wobei *D* durch elementare Begriffe der Theorie repräsentiert wird. Die Phoneme, Morpheme, Transformationen der Sprache usw. sind dann die Elemente, die in den von *G* determinierten Derivationen und Repräsentationen eine festgelegte Rolle spielen. Wenn dies zutrifft, dann liefern Teilstücke generativer Grammatiken die einzigen empirischen Daten, die entscheidend sind für die Bewertung einer Theorie über die Form der Sprache. Gegenwärtig muß solches Beweismaterial aus den grammatischen Beschreibungen relativ weniger Sprachen entnommen werden. Dies ist jedoch kein wesentliches Hindernis. Wichtig ist vielmehr, daß solche Annahmen durch verfügbare Belege bestätigt werden, und daß sie mit hinreichender Klarheit formuliert sind, so daß neue oder verbesserte generative Grammatiken die Korrektheit solcher Hypothesen in Betracht ziehen können – in dem Maße, wie in linguistischen Studien die theoretischen Einsichten tiefer und der Faktenbereich größer werden. Kurzum: Wir müssen Humboldts Schlußfolgerung anerkennen: »daß jede grammatische Discussion nur dann wahrhaften wissenschaftlichen Gewinn bringt, wenn sie so durchgeführt wird, als läge in ihr allein der ganze Zweck, und wenn man jede, noch so rohe Sprache selbst, gerade mit derselben Sorgfalt behandelt als Griechisch und Lateinisch« (1822 in einem Brief an Schlegel (zitiert nach Leitzmann (1908) p. 84)).

Eine große Anzahl von Sprachen zu untersuchen ist nur eine der Möglichkeiten, die Hypothese, daß eine bestimmte formale Bedingung ein linguistisches Universale ist, zu bewerten. So paradox es auf den ersten Blick auch scheinen mag: Beobachtungen innerhalb einer Einzelsprache können sehr bedeutsame Hinweise für den Schluß liefern, daß eine bestimmte formale Eigenschaft nicht der Theorie der fraglichen Einzelsprache (ihrer Grammatik) zugeschrieben werden sollte, sondern vielmehr der allgemeinen Sprach-Theorie, auf der die Einzelgrammatik basiert. Studien zur deskriptiven oder zur explanativen Adäquatheit können zu einer solchen Schlußfolgerung führen. Außerdem gilt, daß die Schwierigkeit oder die Unmöglichkeit, gewisse Bedingungen im Rahmen einer ansonsten wohl fundierten Grammatik-Theorie zu formulieren, den Beweis dafür liefert, daß diese in Wirklichkeit generelle Bedingungen für die Anwendbarkeit grammatischer Regeln sind, und nicht einzelsprachliche Aspekte, die innerhalb des Systems der grammatischen Regeln selbst ausgedrückt werden sollen. Einige solcher Fälle werden noch erörtert. Man sollte allgemein erwarten, daß nur Beschreibungen, die sich mit der Tiefenstruktur befassen, für die Aufstellung linguistischer Universalien von Wichtigkeit sind. Da es nur wenige Deskriptionen dieser Art gibt, ist jeglicher Vorschlag in dieser Richtung gewagt, aber nichtsdestoweniger interessant und wichtig.

3 Eine schwache, doch hinreichende Bedingung wird in Chomsky ((1955), Kap. 6) gegeben. Eine stärkere, aber recht gut motivierte Bedingung wird von Postal (1964 *a*) vorgeschlagen. Einige Aspekte dieser Frage werden auch in Chomsky und Miller ((1963), § 4) und Chomsky ((1963), § 3) diskutiert.

4 Diskussionen darüber in Postal (1964 *a*) und Chomsky (1964) und vielen anderen Arbeiten. Die verschiedenen Beweise für die Inadäquatheiten von PSG sind nicht in Frage gestellt worden, obgleich es einige Konfusion gibt, und zwar aufgrund terminologischer Äquivokation. Dies wird im Extrem deutlich bei Harman (1963), wo viele Standard-Argumente gegen PSG beifällig wiederholt werden – in einem Aufsatz mit dem Untertitel »a defense of phrase structure«. Diese kuriose Situation kommt einfach dadurch zustande, daß sich Harmans Neudefinition des Terminus »phrase structure« auf ein weitaus leistungsfähigeres System bezieht, als es bisher allgemein in der Literatur unter diesem Terminus verstanden wurde. Harman meint damit insbesondere ein System, in dem anstelle von Kategoriensymbolen (im Sinne der PSG) Paare (α, φ) auftreten, wobei α ein Kategoriensymbol ist

und φ eine Menge von Indizes, die benutzt werden, um Transformationen, Kontext-Beschränkungen usw. zu codieren. Das heißt, er macht den Versuch, die Argumente gegen die PSG umzuformulieren in Argumente gegen die Eingrenzung des Terminus »phrase structure grammar« auf bestimmte Systeme, die vordem als »phrase structure grammar« definiert worden sind. Dieser terminologische Vorschlag betrifft jedoch nicht den Kern der Sache, nämlich die Frage nach der Adäquatheit der taxonomischen Grammatik-Theorie, für die die PSG (im üblichen Sinne) ein Modell darstellt. Die essentielle Adäquatheit der PSG als einem Modell für solche Grammatiken (mit der möglichen, aber unwichtigen Ausnahme im Zusammenhang mit diskontinuierlichen Konstituenten – vgl. Chomsky (1957) und Postal (1964*a*)) wurde von Postal überzeugend demonstriert, und sie wird – soweit ich weiß – weder von Harman noch von einem anderen in Zweifel gezogen. Der einzig strittige Punkt, auf den Harman in diesem Zusammenhang eingeht, betrifft die Entscheidung, ob der Terminus »phrase structure grammar« auf taxonomische Modelle beschränkt werden sollte, oder ob er auch in einem weiteren Sinne zu verwenden sei; nun ist diese terminologische Frage aber nicht von entscheidender Wichtigkeit. Die Äquivokation der Bezeichnungen hat einzig den Effekt, daß sie dem Leser – völlig irrig – suggeriert, daß hier ein wesentliches Problem hinsichtlich der Adäquatheit der Theorie der Konstituentenstruktur-Grammatik (im üblichen Sinn) vorläge.

Eine weitere Quelle möglicher Konfusion ist damit gegeben, daß die in diesem Aufsatz vorgeschlagene Grammatik als PSG interpretierbar ist, wenn man nämlich jedes komplexe Element (α, φ) als einzelnes, nicht weiter zerlegbares Kategoriensymbol betrachtet. So gesehen haben wir es mit einem neuen Vorschlag im Hinblick auf die passende Bewertungsprozedur für PSG zu tun, einem Vorschlag, der aber sogleich wieder verworfen wird angesichts der Tatsache, daß bei dieser Interpretation die durch den P-Marker der nunmehr höchst-bewerteten Grammatik gelieferte Struktur-Beschreibung durchweg inkorrekt ist. So würden etwa in *John saw Bill, did Tom see you?* die drei Elemente *John, Bill, Tom* zu jeweils verschiedenen und untereinander beziehungslosen Kategorien gehören, sie würden keine kategoriale Zuordnung gemeinsam haben. So bleiben uns die folgenden Alternativen: Wir können annehmen, daß der Aufsatz einen neuen Bewertungsmaßstab für PSG vorschlägt, der aber sogleich aus Gründen der Beschreibungsadäquatheit zurückgewiesen werden muß; oder wir können Harman so interpretieren, daß er vorschlägt, den Terminus »phrase structure grammar« in einem völlig neuen Sinne zu verwenden, in diesem Falle aber hat das ganze keinerlei Auswirkungen auf das Problem der Adäquatheit von PSG. Weitere Diskussion findet sich in Chomsky (1966 *a*), wo solche und andere Einwände gegen die Transformationsgrammatik – echte und scheinbare – aufs Korn genommen werden.

5 Diese Annahme wird explizit in Chomsky (1955) gemacht, und zwar bei der Diskussion der Basis einer Transformationsgrammatik (Kap. 7) und – soweit ich weiß – in allen folgenden empirischen Studien zur Transformationsgrammatik. Eine analoge Annahme bezüglich der Transformationsregel macht Matthews ((1964 Appendix A, § 2). Die formalen Eigenschaften sequentieller Grammatiken *(sequential grammars)* wurden von Ginsburg und Rice (1962) und Shamir (1961) untersucht, dabei geht es um kontext-freie Grammatiken, in denen die Abfolge eine innere (im Sinne von Anm. 6, Kap. 3), nicht eine äußere Eigenschaft ist, wie es hier vorausgesetzt wird – zumindest für den Fall kontext-sensitiver Grammatiken.

6 Wie schon früher bemerkt, gibt es sehr verschiedene Konventionen und einige recht wesentliche Unstimmigkeiten über den Gebrauch dieser Termini. Wenn wir etwa die Regeln (5) änderten und folglich einen anderen P-Marker als (3) konstruierten, um die Hauptkategorie S binär in *sincerity* (NP) und *may frighten the boy* (VP) zu zerlegen, dann wäre das letztere das Prädikat des Satzes in dem in (11) definierten Sinne. Vgl. auch den Schlußabschnitt von § 2.3.4 in bezug auf Verbesserungen für die vorgeschlagenen Definitionen funktionaler Begriffe.

7 Nehmen wir an, daß in diesem Falle *Y*, *Z* eindeutig sind, d. h. daß es nur ein Vorkommen von *B* in *X* gibt. Man könnte diese Definition generalisieren, um auch Fälle unterzubringen, wo diese Bedingung verletzt wird, es scheint mir jedoch ratsamer, die Bedingung der Eindeutigkeit für das System der Basis-Regeln aufrecht zu erhalten.

8 Akkurate Definitionen verlangen natürlich auch eine präzise Spezifizierung der Begriffe »Vorkommen« *(»occurrence«)*, »dominieren« *(»dominate«)* usw. Dies aber bereitet im Prinzip keine Schwierigkeiten, so daß ich in der gesamten informalen Diskussion hier diese Fragen beiseite lassen kann. Präzise Definitionen für die meisten der hier verwendeten Begriffe finden sich in Chomsky (1955).

9 Man könnte fragen, ob M als lexikalische Kategorie betrachtet werden soll, oder ob andernfalls die Regeln M → *may*, *can*, ... nicht in die Menge (5) (I) aufgenommen werden sollten. Dies ist keineswegs bloß eine terminologische Frage, denn wir sind beispielsweise an der Aufstellung genereller Konventionen interessiert, die die Unterscheidung zwischen lexikalischen und nicht-lexikalischen Kategorien involvieren. Um die Vielfalt der hierbei in Betracht kommenden Möglichkeiten zu illustrieren, will ich nur zwei Überlegungen anführen.
Erstens. Die generelle Regel für Koordination scheint ungefähr folgendermaßen zu lauten: wenn *XZY* und *XZ'Y* zwei Ketten sind, so daß für eine beliebige Kategorie *A* gilt: *Z* ist ein *A* und *Z'* ist ein *A*, dann können wir die Kette $X\frown Z\frown$ *und* $\frown Z'\frown Y$ bilden, wobei $Z\frown$ *und* $\frown Z'$ ein *A* ist (vgl. Chomsky (1957) § 5.2 und die sehr viel ausführlichere Studie von Gleitman (1961)). Offensichtlich muß hierbei *A* eine Kategorie bestimmten Typs sein; und tatsächlich kommen wir der Charakterisierung der effektiv vorhandenen Menge der Möglichkeiten näher, wenn wir *A* auf Hauptkategorien beschränken. Unter diesem Aspekt sollte M eine lexikalische Kategorie sein.
Zweitens. Betrachten wir die phonologischen Regeln, die durch einen Transformationszyklus die Akzent-Zuweisung im Englischen vornehmen (vgl. Chomsky, Halle und Lukoff (1956), Halle und Chomsky (1960), (1968); Chomsky und Miller (1963)). Diese Regeln verteilen den Akzent in festgelegter Weise auf Ketten, die bestimmten Kategorien angehören. Im großen und ganzen scheinen dies Hauptkategorien zu sein, so wie wir sie eben beschrieben haben. Elemente nicht-lexikalischer Formativ-Kategorien (z. B. Artikel) sind im allgemeinen unbetont. Nach diesem Kriterium gemessen wünschte man sich M als nicht-lexikalische Kategorie, obgleich auch hier die Situation unklar ist; vgl. etwa den bekannten Kontrast *mày : mây* wie in *John mày try* (es ist erlaubt) und *John mây try* (es ist möglich).

10 Einige Autoren haben argumentiert, daß die fragliche Unterscheidung nichts mit den Regeln des Englischen zu tun hätte, sondern allein von statistischen Werten des Sprachgebrauchs abhinge. Jedoch: Die schier unüberwindlichen Schwierigkeiten einer solchen Analyse sind oft genug dargestellt und wiederholt worden, und so sehe ich keine Veranlassung, statistische Ergebnisse in Betracht zu ziehen, solange die Verfechter dieses unplausiblen Gedankens keinen Versuch machen, den vielen Einwänden zu begegnen. Vgl. Kap. 1, § 2.

11 Diskussion über eine mögliche syntaktische Basis für solche Subkategorisierung findet sich – mit etwas spärlichen Beweisstücken – in Chomsky ((1955) Kap. 4) und zusammengefaßt in Chomsky (1961) sowie Chomsky und Miller (1963). Eine Kritik dieser Überlegungen liefert Katz (1964*a*). Ich halte Katzens hauptsächliche Einwände für zutreffend, jedoch kann man ihnen möglicherweise dadurch begegnen, daß man den Geltungsbereich der Vorschläge auf das einengt, was hier eigentlich zur Debatte steht, nämlich die Subkategorisierung lexikalischer Kategorien im Rahmen einer unabhängig davon gerechtfertigten generativen Grammatik.

12 In der syntaktischen Komponente dieser (prä-transformationellen) Grammatik wurden Indices bei Kategorien-Symbolen dazu verwendet, um Kongruenz (und ganz allgemein das, was Harris (1951) »long components« nennt) auszudrücken, nicht aber Subkategorisierung und Selektionsbeschränkungen. Diese Angaben werden überflüssig, sobald grammatische Transformationen eingeführt sind. Vgl. dazu auch die Diskussion in Postal (1964*a*).

13 Matthews hat eine Indizierungstechnik für Kategoriensymbole ausfindig gemacht, um solchen Schwierigkeiten zu begegnen. Später baute er diese Technik als eine der Hauptvorschriften in ein System der Comit-Programmierung ein, das er in Zusammenarbeit mit V. Yngve entwickelte. Ähnliche Schwierigkeiten wurden unabhängig von R. Stockwell, T. Anderson und P. Schachter vermerkt; sie haben zu ihrer Behandlung einen etwas anderen Modus vorgeschlagen (vgl. Stockwell und Schachter (1962); Schachter (1962)). Wieder anders hat sich E. Bach mit dieser Frage auseinandergesetzt (Bach (1964)). Die Methode, die ich im folgenden ausarbeiten werde, greift verschiedene Einzelheiten dieser Vorschläge auf, weicht von ihnen im ganzen jedoch in mehrfacher Hinsicht ab. Das Problem, wie man in dieser Beziehung die Schwächen der PSG überwinden kann, ist völlig offen und bedarf ausführlicher Studien. Obwohl dieser Defekt schon sehr früh bemerkt wurde, haben die meisten Arbeiten der letzten Jahre keinen Versuch unternommen, ihn zu beheben.

14 Somit ist [s] eine Abkürzung für die Merkmal-Menge [+konsonantisch, —vokalisch, —stimmhaft, +dauernd, +scharf, —dunkel] und [m] steht für [+konsonantisch, —vokalisch, +nasal, +stimmhaft, +dunkel]. Die Regel (18) bezieht sich auf jedes als [+dauernd] spezifizierte Segment (also auf [s]) in einem Kontext, der als — [+stimmhaft] (also auf einen Kontext [—m] spezi-

fiziert ist, und konvertiert das betroffene Segment in ein stimmhaftes Segment mit ansonsten gleichbleibenden Merkmalen (also ist die Überführung von [s] in [z] = [+konsonantisch, —vokalisch, +stimmhaft, +dauernd, +scharf, —dunkel]).
Ich werde forthin die auf der phonologischen Ebene gebräuchliche Schreibung verwenden, nach der Mengen von Merkmalen in eckige Klammern eingeschlossen werden.

15 Eine phonologische Matrix kann auch einfach als eine Menge spezifizierter phonologischer Merkmale aufgefaßt werden, wenn wir jedes spezifizierte Merkmal mit einer Zahl versehen, die seinen Platz in der Matrix angibt. So kann die zweispaltige Matrix zur Repräsentation von *bee* als bestehend aus folgenden Merkmalen betrachtet werden: [+konsonantisch, —vokalisch$_1$, —dauernd$_1$, ..., —konsonantisch$_2$, +vokalisch$_2$, —dunkel$_2$, ...].
Eine Lexikon-Eintragung kann nunmehr einfach als eine Menge von Merkmalen angesehen werden, wobei einige phonologischer, einige syntaktischer Natur sind. Natürlich muß in einer vollständigen Grammatik eine Lexikon-Eintragung auch eine Definition enthalten, und man kann einleuchtend argumentieren (vgl. Katz und Fodor (1963)), daß auch diese aus einer Merkmal-Menge besteht. (Die Definitionen nach Katz/Fodor sind nicht einfach Mengen, aber es scheint, daß die weitere Strukturierung, die da gefordert wird, in der Gesamt-Theorie keine Rolle spielt.) So können wir denn eine Lexikon-Eintragung einfach als eine Menge von phonologischen, syntaktischen und semantischen Merkmalen auffassen.
Der leichteren Darstellung wegen werden wir im folgenden jedoch nicht diesen Weg einschlagen, sondern eine Lexikon-Eintragung als ein Paar aus phonologischer Matrix und komplexem Symbol betrachten, wie das auch im Text durchgehend gehalten wird.
Wenn wir eine Lexikon-Eintragung als eine Menge von Merkmalen betrachten, dann stehen Einheiten, die sich in Aussprache, Bedeutung oder syntaktischer Funktion ähneln, im Lexikon in keinerlei Beziehung. So etwa würden das intransitive Verb »grow« in »the boy grows« oder »corn grows« und das transitive »grow« in »he grows corn« zwei völlig separate Lexikon-Eintragungen ergeben, trotz der zwischen ihnen bestehenden Bedeutungsbeziehung, weil es offensichtlich keine Möglichkeit gibt, die intransitiven Strukturen von den transitiven abzuleiten, wie dies bei »the window broke«, »someone broke the window« möglich ist (vgl. p. 236). Dasselbe trifft dann zu für »drop« in »the price dropped«, »he dropped the ball«, »he dropped that silly pre-

tense«; oder auf »command« in Beispiel (68), Kap. 2, § 4.2, und auf verschiedene andere Fälle. Als Alternative dazu kann man solche Beziehungen zum Ausdruck bringen, indem man eine Lexikon-Eintragung als Boolesche Funktion von Merkmalen auffaßt. Obschon es sehr wahrscheinlich ist, daß so eine Modifikation der Theorie der Struktur des Lexikons notwendig wird, bringt sie doch vielerlei faktische und theoretische Probleme, für die ich keine Lösung parat habe. Ich fahre daher in meinen Darlegungen fort, ohne diese Alternative zu entfalten.

16 Man denke an Bloomfields Charakterisierung des Lexikons als der Liste der grundlegenden Irregularitäten einer Sprache ((1933) p. 274). Eine ähnliche Feststellung trifft Sweet ((1913) p. 31): »die Grammatik beschreibt die generellen Fakten der Sprache, die Lexikologie die speziellen«.

17 Allgemeiner noch, die *phonologischen Redundanz-Regeln*, die solche Merkmale wie die Stimmhaftigkeit von Vokalen oder die Entrundung hoher vorderer Vokale im Englischen bestimmen, können durch analoge syntaktische oder semantische Redundanz-Regeln ergänzt werden. Außerdem können Redundanz-Regeln Merkmale dieser verschiedenen Typen miteinander verbinden. Wenn beispielsweise die traditionelle Auffassung, daß die syntaktische Kategorisierung teilweise semantisch determiniert sei, in irgend signifikanter Weise bewiesen werden soll, dann kann dies durch eine Redundanz-Regel geschehen, die syntaktische Merkmale mit Hilfe semantischer determiniert. Wir werden auf die Frage der Redundanz-Regeln in § 6 zurückkommen.
Übrigens können die Regeln (20) (und alle Regeln, die eine partielle Hierarchie unter syntaktischen Merkmalen aufrichten) eher als Redundanz-Regeln denn als Basis-Regeln betrachtet werden. Eine solche Entscheidung hat verschiedene Konsequenzen, auf die wir in § 4.3 zurückkommen.

18 Unter einer lokal *fixierten Transformation (bezüglich A)* verstehe ich eine Transformation, die nur eine Teilkette, die durch ein einzelnes Kategoriensymbol *A* dominiert wird, affiniert. So sind alle Regeln des Transformationszyklus in der Phonologie in diesem Sinne lokal fixiert. Es gibt einigen Grund für die Annahme, daß es günstig ist, bestimmte lokale Transformationen in die Ersetzungsregeln der Basis einzuschieben. So sind Adverbial-Komplexe, die aus Präposition⁀Det⁀Nomen bestehen, im allgemeinen beschränkt hinsichtlich der Wahl dieser Einheiten, und diese Beschränkungen können durch lokale Transformationen ausgedrückt

werden, dergestalt, daß Präposition und Nomen auf stark eingeschränkte Weise ersetzt werden können, wenn sie durch solche Kategoriensymbole wie Lokal oder Temporal dominiert werden. Man könnte auch eine erneute Erweiterung der Theorie der kontext-freien Grammatik erwägen, indem man Regeln zuläßt, die die Ersetzung durch lokale Transformationen (d. h. bezogen auf das dominierende Symbol) determinieren, parallel zu der bereits ziemlich ausführlich studierten Ausweitung kontext-freier Grammatiken zu kontext-sensitiven Grammatiken, die Regeln zulassen, die die Ersetzung mit Hilfe umgebender Symbole determinieren. Das Beispiel des vorangegangenen Abschnitts involviert eine Transformation, die lokal fixiert ist bezüglich einer Kategorie *A* (in diesem Fall auf einen bestimmten Adverbial-Typ), und die ferner eine Kette in eine Position einführt, die von der ihrerseits direkt von *A* dominierten lexikalischen Kategorie *B* dominiert wird. Eine solche Transformation nennen wir *streng lokal fixiert.* Einzige Motivierung für diese hochgradig spezielle Definition ist es, daß viele Beispiele lokaler Transformationen, die einem so einfallen, diese restriktive Bedingung ebenfalls erfüllen. Ganz generell zum Beispiel die Nominalisierungstransformation, die solche Formen wie »I persuaded John of my seriousness« aus der Tiefenstruktur »I persuaded John of NS« liefert, wobei S die zugrunde liegende Kette »I am serious« dominiert. Die Transformation substituiert ein Transform davon für das Platzhalter-Symbol in der Position von N, die genau durch die NP direkt dominiert wird, bezüglich derer die Transformation lokal fixiert ist.

19 Wir würden eine wesentliche Frage unter den Tisch fallen lassen, wollten wir annehmen, daß die Subkategorisierung der Nomina unabhängig vom Kontext möglich wäre, und daß die Selektionsbeschränkungen im Hinblick auf Subjekt – Verb – Objekt schon vollständig durch Regeln gegeben würden, die die Subkategorisierung des Verbs durch die zuvor gewählten Nomina bestimmen. Wir werden auf diese Frage in § 4.2 zurückkommen.

20 Diese Entscheidung, sowie einige weitere werden später im Text geringfügig modifiziert.

21 Der Status des Symbols S' ist an dem Punkt der Darstellung noch nicht expliziert. Es markiert die Position eines Transforms eines Satzes, wenn später die Theorie der syntaktischen Komponente erweitert wird.

22 Wohlgemerkt, ein Ausdruck »——*like*⌒Prädikatsnomen« ist ein

einziges Symbol, das für ein bestimmtes syntaktisches Merkmal steht. Der aufmerksame Leser wird bemerken, daß gemäß der vorliegenden Formulierung dieser Regeln lexikalische Einheiten in die falsche Position geraten können, wenn die Lexikon-Regel angewandt wird. Wir kommen später in § 3 auf dieses Problem zurück und gehen jetzt nur deshalb nicht darauf ein, weil wir die Darstellung nicht überbelasten wollen. Eine sorgfältige Analyse müßte (40) und (41) im Detail revidieren.

23 Augenscheinlich auszunehmen von der letzten Bemerkung ist die aufgrund der Wahl der Verlaufsform *be + ing* vorgenommene Subkategorisierung von Verben. Um die vorgeschlagene Generalisierung bezüglich der strikten Subkategorisierung aufrecht erhalten zu können, müßten wir fordern, daß Verben wie *own, understand, know* frei mit oder ohne Verlaufsform auftreten können (wie alle übrigen Verben), daß aber die Verlaufsform durch eine obligatorische Transformation getilgt wird, wenn sie solchen Verben vorausgeht (das kann durch ein Merkmal angegeben werden, das Bestandteil der Lexikon-Eintragung dieser Formen ist). Und es gibt – wie mich Barbara Hall unterrichtete – tatsächlich gute Gründe für diese Annahme. Somit sind mit jedem Element von Aux gewisse charakteristische Adverbiale verbunden, die zusammen mit dem Auxiliar-Element auftreten können oder (im Falle des Präsens) auftreten müssen, und die für die Verlaufsform charakteristischen Adverbiale treten auch wirklich mit den Verben *own, understand, know* etc. zusammen auf. Vgl. »I know the answer right now« parallel zu »I know the answer«, wobei solche Formen wie »I eat the apple right now«, »I eat the apple« ausgeschlossen sind (es sei denn, daß im letzten Falle eine »generelle« Interpretation zugrunde gelegt wird, diese wäre dann mit Hilfe der Eliminierung eines »leeren« Adverbials zu behandeln).

24 Streng genommen trifft das – so wie wir »syntaktisches Merkmal« definiert haben – nicht zu (vgl. p. 111 f.). In Wirklichkeit sind es nur die Merkmale aus der ausgewählten Regelmenge (20) – (21), die die selektionale Klassifizierung bestimmen. Idiosynkratische syntaktische Merkmale, die nicht durch solche generellen Regeln wie (20) – (21) eingeführt, sondern einfach in den Lexikon-Eintragungen verzeichnet werden, spielen bei der Subklassifizierung des Verbs keine Rolle.

25 Übrigens sind diese Alternativen nicht strikt äquivalent. So gestattet von den drei erwähnten Möglichkeiten nur die von uns

benutzte den freien Gebrauch von Variablen – so im Falle von Schema (44). Andererseits ist die Verwendung indizierter Klammern geeignet zur Formulierung der Transformationsregeln in der Phonologie. Die Benutzung komplexer Symbole an beliebigen Knoten (wie etwa Harman (1963) – vgl. Anm. 4) ergibt eine Form der Transformationsgrammatik, die in mancher Hinsicht reicher, in einigen Punkten aber auch schwächer ist als die Formulierung auf der Basis Boolescher Bedingungen hinsichtlich der Analysierbarkeit, wie sie in den meisten generativen Arbeiten verwendet wird. Weitere Diskussion in Chomsky (1966 *a*).

26 Eigennamen können natürlich nicht-restriktive Relativ-Sätze dominieren, und in wenigen marginalen Fällen auch Adjektiv-Attribute, die aus nicht-restriktiven Relativ-Sätzen abgeleitet sind, z. B. »clever Hans« oder »old Tom«. Obgleich restriktive Relativ-Sätze zum Det-System gehören, gibt es andererseits viele Gründe, nicht-restriktive Relativ-Sätze als Komplemente zu der gesamten NP zu betrachten, in manchen Fällen sogar zum ganzen Satz – vgl. »I found John likable, which surprised me very much«. Adjektiv-Attribute können sowohl aus restriktiven wie auch aus nicht-restriktiven Relativ-Sätzen deriviert werden. Vgl. etwa die Ambiguität des Satzes »the industrious Chinese dominate the economy of Southeast Asia«. Diese Erscheinung wird bereits in der *Logique* von Port-Royal (Arnauld *et. al.* (1662)) diskutiert, in jüngerer Zeit hat sich Jespersen ((1924) Kap. 8) damit befaßt.

Eigennamen können auch als Appellativa verwendet werden, wenigstens in beschränktem Maße, vgl. »this cannot be the England that I know and love«, »I once read a novel by a different John Smith«. Einige solche Ausdrücke können aus Eigennamen mit nicht-restriktiven Relativ-Sätzen durch Transformation abgeleitet werden; andere Vorschläge besagen, daß durch eine Redundanz-Regel im Lexikon bestimmte Merkmale der Appellativa auf Eigennamen übertragen werden könnten.

27 Noch einmal: Das bedeutet nicht, daß wir die Möglichkeit, solchen Ausdrücken wie (54) unter Umständen eine Interpretation zu unterschieben, grundsätzlich verneinen. Vgl. dazu die Diskussion über Rechtfertigung zu Beginn von § 2.3.1 und die Hinweise in Anm. 11. Insbesondere ist die Beziehung zwischen Verb und Lokal-Adverbial in »John died in England« (=»in England, John died«) ganz verschieden zu der in »John stayed in England« (»John lived in England« ist ambig; es läßt beide Interpretationsmöglichkeiten zu, entweder als »John resided in England«, ana-

log zu »John stayed in England« mit einem durch Regel (52) (iii) eingeführten Verb-Komplement; oder in etwa der Form »in England, John really lived« oder »in England, John remained alive« mit einem Lokal-Adverbial, das ein VP-Komplement ist und durch Regel (52) (ii) eingeführt wird – vgl. »John will sureley die on the Continent, but he may live in England«). Der Struktur-Unterschied zwischen »live in England« und »die in England« erklärt auch die Tatsache, daß – wie Ralph Long bemerkt hat – »England is lived in by many people« weit natürlicher klingt als »England is died in by many people«. Diese Beobachtung trifft nur dann zu, wenn »live in« in der Bedeutung von »reside in« oder »inhabit« verwendet wird. Vgl. p. 137, wo ausführlicher über »Pseudo-Passiv« diskutiert wird.

28 Hierzu gibt es einige allgemein bekannte Ausnahmen (z. B. »a good time was had by all« oder »recourse was had to a new plan«), und offensichtlich erfordert die Feststellung »nehmen frei Adverbiale der Art und Weise an« eine beträchtlich weitergehende Analyse und zusätzliche Klärung (vgl. Lees (1960*a*) p. 26), ebenso die Unterscheidung zwischen Adverbialen, die das Verb bestimmen, und solchen, die genau genommen eigentlich das Subjekt näher erläutern. (Als Exempel für den letzten Fall vgl. das Adverbial in »John married Mary with no great enthusiasm«, was ungefähr besagt »John was not very enthusiastic about marrying Mary«, so daß also das Adverbial anscheinend dieselbe Funktion hat wie das Adverb, das sich in »John, cleverly, stayed away yesterday« irgendwie auf das Subjekt bezieht, nicht aber wie das Adverb in »John laid his plans cleverly«, das sich aufs Verb bezieht. Solche Fälle werden von Austin (1956) diskutiert.)
Dennoch: Mir scheinen die im Text gebrachten Überlegungen im wesentlichen korrekt zu sein.
Man muß außerdem beachten, daß die generellen Regeln der Grammatik durch das Vorhandensein von Ausnahmen nicht entwertet werden. So etwa braucht man die Regel zur Bildung des Präteritums bei Verben nicht aus der Grammatik zu eliminieren, weil es so viele unregelmäßige Verben gibt; und auch die Generalisierung, die Adverbiale der Art und Weise und Passivierung verbindet, wird nicht hinfällig durch die Tatsache, daß gegebenenfalls im Lexikon einige Einheiten als dieser Generalisierung widersprechend markiert werden müssen. In beiden Fällen, bei Präterital-Bildung wie bei der Passivierung, ist die Generalisierung nur dann verfehlt (im Sinne der »inneren Rechtfertigung« – vgl. Kap. I, § 4), wenn eine höher zu bewertende Grammatik konstruiert werden kann, die diese Generalisierungen nicht ent-

hält. Und deshalb ist die Suche nach Ausnahmen und Sonderfällen (die in einem so komplizierten System wie der Sprache kaum ausbleiben können) allgemein wenig lohnend und hat für sich genommen wenig Bedeutung für die Erforschung der grammatischen Struktur der fraglichen Sprache, es sei denn, daß sie zur Aufdeckung noch weiter reichender Generalisierungen führt. Übrigens sind viele Adverbiale der Art und Weise, wie eine Reihe anderer Adverbiale, aus ganzen Sätzen transformiert unter Tilgung des Subjekts. So liegt dem Satz »John gave the lecture with great enthusiasm« mit dem Adverbial »with great enthusiasm« die Basis-Kette zugrunde »John has great enthusiasm« (übrigens ist »with« ganz generell ein Transform von »have«), wobei die wiederholte identische NP »John« ganz normal getilgt wurde (vgl. Kap. 3 und Kap. 4, § 2.2). Ähnlich müssen Lokal-Adverbiale (zumindest diejenigen, die VP-Komplemente sind) manchmal, eventuell immer, als Satz-Transforme angesehen werden, so daß z. B. »I read the book in England« aus einer Tiefenstruktur abgeleitet wird, die der sehr ähnelt, die »I read the book while (I was) in England« zugrunde liegt. Die Adverbiale bilden ein kompliziertes und bislang wenig erforschtes System, deshalb muß alles, was wir über sie aussagen, notwendig als provisorisch betrachtet werden.

29 Alternativ dazu können wir diese Bedingung auch weglassen und die erste Konvention so erweitern, daß das komplexe Symbol, das bei der Analyse einer lexikalischen Kategorie *A* eingeführt wurde, nicht nur das Merkmal [+*A*] enthält, sondern auch das Merkmal [—*B*], für jede lexikalische Kategorie außer *A*. Diese Konvention impliziert, daß ein Wort, das zu zwei Kategorien gehörig spezifiziert worden ist, zwei separate Lexikon-Eintragungen haben muß. Sie wirft außerdem eine Fülle unbeantworteter Fragen hinsichtlich der Struktur des Lexikons auf. Andererseits hat sie den Vorteil, daß ein Defekt in unserer Notation für Merkmale, die durch kontext-sensitive Subkategorisierungsregeln eingeführt werden, behoben werden könnte. So bezeichnet das Merkmal [—] in der Grammatik (57) sowohl Eigennamen wie intransitive Verben, und zwar deshalb, weil das Merkmal [+N] in der Regel (57) (xi) erwähnt werden muß. Dies führt zu Schwierigkeiten, wenn eine Lexikon-Einheit sowohl als Nomen wie als Verb vorkommt, denn sie könnte ja ein Appellativum als Nomen und ein Transitivum als Verb sein, oder ein Transitivum als Verb, als Nomen aber ein Eigenname. Wenn der hier genannte Vorschlag akzeptiert wird, kann dieses Problem nicht auftreten. Im anderen Falle ist es notwendig, solche Merkmale

durch eine kompliziertere Notation anzugeben, die nicht nur die fragliche Umgebung, sondern auch das jeweils dominierende Symbol vermerkt.
Es kann Gründe geben, daß man es zulassen muß, daß eine Lexikon-Einheit an verschiedenen kategorialen Positionen erscheint (indem man sie entweder für einige lexikalische Kategorien positiv spezifiziert oder indem man sie für die betreffenden Kategorien völlig unspezifiziert läßt) – so etwa bei Wörtern wie »proof«, »desire«, »belief«. Nehmen wir an, daß sie für die Kookkurrenz mit verschiedenen Satz-Komplementen ausgezeichnet sind, daß sie aber sowohl die Position des Nomens wie die des Verbs ausfüllen können. Dann wird sie die Lexikon-Regel entweder in die Umgebung »... N that S ...« oder in »... V that S ...« jeweils an die Stelle des N bzw. des V einsetzen. Folglich ist es auch hinfällig, ersteres durch Transformation aus dem zweiten abzuleiten, wie das etwa für Beispiele der Art »... proving that S ...« notwendig ist. Gemäß dieser Analyse würde »John's proof that S« aus der zugrunde liegenden Struktur »John has a proof that S« durch die Folge von Transformationen abgeleitet werden, die auch »John's book« aus »John has a book« deriviert. Man könnte noch weitergehen und »John has a proof that S« auf »John proves that S« beziehen (so wie letzten Endes »John takes a walk« auf »John walks« bezogen wird), aber das ist eine andere Frage.
In diesem Zusammenhang ist es auch unerläßlich, eine generelle Distinktheitsbedingung hinsichtlich der idiosynkratischen, rein lexikalischen Merkmale zu formulieren z. B. das Merkmal [Objekt-Tilgung] in (58), (59)). Ausführlicher wird diese Frage, die bei Merkmalen mit einer Affinität zur phonologischen Komponente kritisch wird, in Halle und Chomsky (1968) diskutiert.

30 Es ist behauptet worden, daß diese Relationen aufgrund des Begriffs des Miteinandervorkommens (Kookkurrenz; *cooccurrence*) definiert werden können, doch scheint mir das zweifelhaft aus Gründen, die verschiedentlich dargelegt worden sind (z. B. Bar-Hillel (1954), Chomsky (1964). Es ist zu beachten, daß die hier vorgeschlagenen Definitionen grammatischer Relationen oder Funktionen sich nur auf die Basis der Syntax beziehen und höchstens in den einfachsten Fällen auch auf die Oberflächenstruktur aktueller Sätze. Die wichtigen grammatischen Relationen eines aktuellen Satzes (z. B. (7), p. 96) sind die in der Basis (der Tiefenstruktur) des Satzes definierten.

31 Ich verwende hier, um das Lesen zu erleichtern, eine unformale

Notation anstelle der früher entwickelten, ohne irgend etwas Wesentliches damit zu verbinden.

32 Würden wir die Definitionen universeller Kategorien und Funktionen unmittelbar auch für Sätze wie »in England is where I met him« gelten lassen, weil sie oft angeführt werden, um zu beweisen, daß nicht nur NPs als Subjekte vorkommen können, dann würden unsere Vorschläge völlig versagen. Aber dieser Satz ist zweifellos transformationell abgeleitet. Man könnte zwar ganz korrekt »in England« als das Subjekt von »in England is where I met him« ansehen, wenn man die grammatische Relation *Subjekt*(*-von*), das heißt [NP, S] auf den abgeleiteten P-Marker (die Oberflächenstruktur) ausdehnt. Aber in der Basis ist »in England« ein Lokal-Adverbial, das mit der VP *meet him* im Prädikats-Komplex »met him in England« verbunden ist, und der Satz wird durch die in Übereinstimmung mit den in der zugrunde liegenden Tiefenstruktur definierten grammatischen Relationen interpretiert.
Die Ausdehnung von Funktionsbegriffen wie Subjekt(-von) auf die Oberflächenstruktur ist nicht ganz einfach. So gibt es in Tiefenstrukturen offenbar niemals mehr als ein Vorkommen einer Kategorie wie NP in einer Struktur, die unmittelbar von einer einzelnen Kategorie dominiert wird (vgl. Anm. 7), und unsere Definitionen beruhen auf genau dieser Tatsache. Das gilt jedoch nicht mehr für Oberflächenstrukturen. In dem Satz »this book I really enjoyed« ist sowohl »this book« wie »I« eine unmittelbar von S dominierende NP. Demnach ist die Reihenfolge wichtig für die Bestimmung der durch die Oberflächenstruktur definierten grammatischen Relationen (was nicht überrascht), obwohl sie keine Rolle spielt für die Festlegung grammatischer Relationen in Tiefenstrukturen; für Oberflächenbegriffe sind folglich etwas unterschiedliche Definitionen erforderlich.
Möglicherweise ist Thema-Rhema *(Topic-Comment)* die grundlegende Relation der Oberflächenstruktur, die ungefähr der fundamentalen Subjekt-Prädikat-Relation in der Tiefenstruktur entspricht. So könnte man das Thema des Satzes als die am weitesten links stehende NP der Oberflächenstruktur definieren, die unmittelbar von S dominiert wird, und das Rhema des Satzes als den Rest der Kette. Thema und Subjekt fallen natürlich oft zusammen, jedoch nicht in den diskutierten Beispielen. Dieser plausible Vorschlag stammt von Paul Kiparsky. Er läßt sich auf verschiedene Weise präzisieren, zum Beispiel indem man das Thema des Satzes als die am weitesten links stehende NP in der Oberflächenstruktur definiert, die unmittelbar von S dominiert wird

und außerdem eine Hauptkategorie *(major category)* ist (vgl. p. 102; dadurch wird *John* Thema in »it was John who I saw«). Es lassen sich auch andere Möglichkeiten denken, aber ich will die Frage hier nicht weiter verfolgen.

33 Diese außerordentlich fruchtbare und wichtige Einsicht ist so alt wie die Syntax-Theorie selbst; sie ist ganz eindeutig entwickelt in der *Grammaire générale et raisonnée* von Port-Royal (vgl. Chomsky (1964), § 1.0 und 1966 *b*). Im wesentlichen die gleiche Idee hat Harris wieder in die moderne Linguistik eingeführt, wenn er sie auch nicht in genau dieser Terminologie diskutiert hat (vgl. Harris (1952), (1954), (1957)). Weitere Erörterungen dieses Begriffs im Rahmen der generativen Transformationsgrammatik finden sich in Chomsky (1957), Schritte in Richtung auf eine Theorie der semantischen Interpretation, die auf dieser Annahme aufbaut, in Katz und Fodor (1963) sowie Katz und Postal (1964).

34 Currys Vorschläge sind so skizzenhaft, daß man ihnen nicht mehr als einen allgemeinen Gesichtspunkt entnehmen kann. Der Standpunkt von Šaumjan und Soboleva ist wesentlich deutlicher ausgearbeitet, aber er ist fehlerhaft in entscheidenden Punkten. Vgl. Hall (1965) für eine Analyse dieser Konzeption. Möglicherweise vertritt auch die »Stratifikationsgrammatik« eine ähnliche Auffassung, aber die veröffentlichten Arbeiten zu dieser Theorie (vgl. Gleason (1964)) sind viel zu vage, als daß irgendwelche Schlußfolgerungen möglich wären.

35 So wird zum Beispiel der Kasus gewöhnlich durch die Position des Nomens nicht in der Tiefen- sondern in der Oberflächenstruktur determiniert; dennoch affizieren stilistische Inversionen in der Oberflächenstruktur den Kasus nicht. Das läßt sich selbst im Englischen mit seiner spärlichen Flexion beobachten. So ist das Pronomen in Sätzen wie »he was struck by a bullet«, »he is easy to please«, »he frightens easily« jedesmal das »logische Objekt«, das heißt, das direkte Objekt der Verben *strike*, *please*, *frighten* in den zugehörigen Tiefenstrukturen. Dennoch hat es die Form *he* anstatt *him*. Aber stilistische Inversionen der eben diskutierten Art ergeben Formen wie »him I really like«, »him I would definitely try not to antagonize«. Bei reicherer Flexion ist dieses Phänomen, das den peripheren Charakter solcher Inversionsprozesse illustriert, noch viel deutlicher.
Die Beziehung zwischen Flexion, Ambiguität und Wortfolge ist in der traditionellen Sprach-Theorie ziemlich ausführlich diskutiert worden. Vgl. Chomsky (1966 *b*) für einige Hinweise.

1 Einige Probleme, die für das zur Diskussion stehende Problem nicht relevant sind, werden dabei ausgelassen. Wir betrachten hier jede Lexikon-Einheit als Abkürzung für einen Komplex von Merkmalen, bestehend aus sowohl denjenigen, die ihre Eintragung im Lexikon ausmachen, wie aus denen, die durch Redundanzregeln eingeführt werden. Der Gebrauch des leeren Symbols Δ ist hier ausgedehnt worden auf verschiedene unspezifizierte Elemente, die durch obligatorische Transformationen eliminiert werden. Es gibt nämlich durchaus gute Gründe für die Forderung, daß nur »wiederentdeckbare Eliminierungen« *(»recoverable deletions«)* in der Grammatik erlaubt sein sollen. Zur Diskussion dieser sehr wichtigen Frage vgl. Chomsky (1964), § 2.2. Wir werden auf sie am Ende dieses Kapitels und in Kapitel 4, § 2.2 zurückkommen.
Das Formativ *nom* in (3) gehört zu denen, die der Tense⌒Modal-Position des Auxiliarkomplexes zugeordnet werden können und dann die Form der Nominalisierung bestimmen *(for-to, Possessiv-ing*, usw.).

2 Die Einzelheiten sowohl der P- wie der T-Marker sind zu finden in Chomsky (1955). Sie sind dort in folgendem allgemeinen Rahmen entwickelt worden: Die Sprach-Theorie enthält ein (universelles) System von *Repräsentationsebenen.* Jede Ebene *L* ist ein System aus folgenden Bestandteilen: einer Menge von Grundeinheiten (von kleinsten Elementen – d. h. einem Alphabet); einer Verkettungsoperation, die aus den Grundeinheiten Ketten von beliebiger, aber endlicher Länge bildet (sowohl die Termini wie die Begriffe sind der Theorie der Verkettungsalgebren entlehnt – vgl. z. B. Rosenbloom (1950)); verschiedenen Relationen; einer ausgezeichneten Klasse von Ketten (oder von Mengen von Ketten) aus Grundelementen, den sogenannten *L*-Markern; einer Abbildung von *L*-Markern auf *L'*-Marker, wobei *L'* die nächst »niedrigere« Ebene ist (so daß die Ebenen in einer Hierarchie angeordnet sind). Im besonderen haben wir dann auf der Ebene *P* der Konstituentenstruktur und der Ebene *T* der Transformationen *P*-Marker und *T*-Marker in dem eben unformal angegebenen Sinn. Auf diese Weise läßt sich eine Hierarchie linguistischer Ebenen (phonetische, phonologische, Wortebene, morphologische Ebene, Konstituentenstruktur und Transformationsstruktur) in einem einheitlichen Rahmen entwickeln. Eine spezielle Diskussion der *T*-Marker findet sich in Katz und Postal (1964).

3 Zur Erörterung der Negation siehe Klima (1964), Katz (1964 *b*). Die Bildung von Fragen und Imperativen sowie die semantische Interpretation von Frage- und Imperativ-Markern wird in Katz und Postal (1964) behandelt. Hockett (1961) schlägt vor, daß die Passiv-Transformation von einem speziellen Element in der zugrunde liegenden Form abhängt, es wird jedoch keine Argumentation geliefert, so daß der Vorschlag im Kontext dieses Artikels lediglich eine Neuerung in der Notation ist.
Die Umwandlung der Passiv-Transformation in eine obligatorische Regel, die bedingt ist durch die Wahl einer fakultativen Markierung in der zugrunde liegenden Kette, ist übrigens unabhängig von dem soeben angeführten Prinzip, da die Passiv-Markierung, im Unterschied zu der von Fragen, Negationen und Imperativen, keine unabhängige semantische Interpretation hat. Außerdem haben wir in § 4.4 von Kapitel 2 gesehen, daß es gut begründet ist, Regeln wie die Passiv-Transformation von rein stilistischen Permutationen zu unterscheiden. Aufgrund dieser Beobachtungen könnte man zu einer generellen Bedingung kommen, von der das zitierte Prinzip nur ein Sonderfall wäre, daß nämlich »nicht-stilistische Tranformationen« alle durch fakultative Markierungselemente angezeigt werden, die einem festen, universellen, sprachunabhängigen Inventar entnommen sind. Ein solcher Versuch setzt allerdings eine gründlichere Analyse des Begriffs »nicht-stilistische Transformation« voraus, als wir sie hier geben konnten.

4 Diese Frage und verschiedene andere, die wir hier behandeln, werden von Fillmore (1963) und Fraser (1963) mit einleuchtenden Argumenten diskutiert.

5 Beide Beobachtungen stammen von Fillmore (1963).

6 Bei der Ordnung von Regeln muß unterschieden werden zwischen *äußerer Ordnung (extrinsic order)*, die den Regeln durch eine explizite Anordnung auferlegt wird, und *innerer Ordnung (intrinsic order)*, die einfach eine Folge der Formulierung der Regeln selbst ist. Wenn zum Beispiel die Regel R_1 das Symbol A einführt und R_2 analysiert A, dann besteht zwischen R_1 und R_2 eine innere, aber nicht notwendig auch irgendeine äußere Ordnung. Ebenso besteht eine innere Ordnung zwischen den Transformationen T_1 und T_2, wenn T_1 nur auf eine Struktur angewandt werden kann, die durch Anwendung von T_2 geformt wird. Die taxonomische Linguistik schließt äußere Ordnung aus, ist jedoch unklar in bezug auf den Status der inneren Ordnung.

Generative Grammatiken haben gewöhnlich beide gefordert. Das Problem wird etwas ausführlicher diskutiert in Chomsky (1964).

7 Wir diskutieren hier nur Einbettungstransformationen, doch müßte die Erörterung auf verschiedene generalisierte Transformationen ausgedehnt werden, die koordinierte Konstruktionen erzeugen. Dabei ergeben sich einige Probleme, aber ich glaube, daß sie leicht in den gegenwärtigen Rahmen einbezogen werden können, wenn man Regel-Schemata (im Sinn von Chomsky und Miller (1963), p. 298; Chomsky und Schützenberger (1963), p. 133) zuläßt, die koordinierte Elemente einführen, die dann durch einfache *(singulary)* Transformationen modifiziert, umgeordnet und passend aufeinander bezogen werden. Wenn der Vorschlag aus Anm. 9, Kap. 2, sich als ausführbar erweist, dann müssen solche Schemata gar nicht in den Einzelgrammatiken aufgestellt werden. Vielmehr kann durch eine generelle Konvention mit jeder Hauptkategorie ein derartiges Schema verbunden werden. Eine solche Behandlung der Koordination beruht entscheidend auf dem später zu behandelnden Filtereffekt von Transformationen. In allen Fällen von Koordination ist also irgendeine Kategorie im Matrixsatz *n*-mal koordiniert, und durch die Basisregeln werden *n* Vorkommen einander entsprechender Sätze unabhängig erzeugt.

8 Wir können übrigens nun *Komplement* aus der Menge der Kategoriensymbole eliminieren. Wir könnten hier noch einen Schritt weiter gehen und »Komplement« in der auf p. 97 f. angegebenen Art als funktionalen Begriff (oder genauer als einen Sammelterminus für verschiedene funktionale Begriffe) definieren.

9 In dieser Form scheint mir die Behauptung etwas zu weitgehend, obwohl sie auf einen wichtigen Aspekt der semantischen Interpretation zutrifft. So spielt offensichtlich die Reihenfolge von »Quantifikatoren« in der Oberflächenstruktur mitunter eine Rolle bei der semantischen Interpretation. Für viele Sprecher – und speziell für mich – sind zum Beispiel die beiden Sätze »everyone in the room knows at least two languages« und »at least two languages are known by everyone in the room« nicht synonym. Dennoch kann man behaupten, daß in solchen Beispielen beide Interpretationen latent enthalten sind (wie es die Tiefenstrukturen der beiden Sätze angeben, die in jeder für die semantische Interpretation relevanten Hinsicht identisch sind), und daß der Grund für die Gegenüberstellung der Interpretationen in einem externen Faktor liegt – eine zwingende Überlegung bei Einbe-

ziehung der Reihenfolge der Quantifikatoren in den Oberflächenstrukturen –, der bestimmte latente Interpretationen ausfiltert, die von den Tiefenstrukturen vorgegeben werden. Zur Bekräftigung dieser Auffassung ist darauf hinzuweisen, daß andere, von diesen abgeleitete Sätze (z. B. »there are two languages that everyone in the room knows«) die Interpretationen verschieben können und damit deutlich machen, daß diese Interpretationen alle zusammen wohl latent gegeben sein mußten. Andere Beispiele legen Ähnliches nahe. So hat Grice vorgeschlagen, die zeitliche Ordnung, die in der Satzkonjunktion impliziert ist, als ein Merkmal des Textes, nicht als einen Teil der Bedeutung von »and« anzusehen; und Jakobson hat »ikonische« Text-Merkmale diskutiert, die Beziehungen zwischen der zeitlichen Ordnung in der Oberflächenstruktur und der Rangordnung nach der Wichtigkeit usw. betreffen. In diesem Zusammenhang ist auch der Begriff von Thema und Rhema relevant, den wir in Anm. 32, Kap. 2 erwähnt haben. Hinweise auf Bemerkungen in der *Logique* von Port-Royal über den Einfluß von grammatischen Transformationen auf die Bedeutung finden sich in Chomsky (1966 *b*).

10 Als zweite Funktion hat die Transformationskomponente Beschränkungen in der Verteilung von lexikalischen Einheiten und Satzstrukturen auszudrücken.

11 Formal gesprochen schlagen wir folgendes vor: Angenommen, das Symbol A dominiert unmittelbar XBY (wobei B ein Einzelsymbol ist) im P-Marker K, das heißt, $A \rightarrow XBY$ ist eine der kategorialen Regeln, die bei der Erzeugung des P-Markers benutzt wurden. Dann bildet (A, B) einen Ast in K. Wenn weiterhin B unmittelbar ZCW dominiert, so daß (B, C) ein Ast ist, dann ist (A, B, C) ein Ast, usw. Wenn nun $(A_1, \ldots, A_n)$ ein Ast des durch die Basis-Regeln erzeugten generalisierten P-Markers ist und $A_1 = A_n$, dann muß es ein i $(1 \leq i \leq n)$ geben, so daß A_i gleich S ist. Mit anderen Worten, der einzige Weg zur Bildung neuer Tiefenstrukturen besteht in der Einfügung von elementaren »Aussagen« (»*propositions*«) – technisch gesprochen: von Basis-P-Markern – in andere P-Marker. Das ist keineswegs eine logisch notwendige Eigenschaft von PSG.
Auch die Schemata, die der Koordination zugrunde liegen (vgl. Anm. 7), ergeben infinite generative Kapazität, aber auch hier kann die wirkliche rekursive Eigenschaft vermutlich auf das Schema $S \rightarrow S \# S \# \ldots \# S$ beschränkt werden, also auf Regeln, die »Propositionen« einführen.

Diese Formulierung läßt einige ziemlich marginale Phänomene unerklärt (z. B. den Ursprung von Ausdrücken wie »very, very, ..., very Adjektiv«) sowie einige etwas bedeutsamere (z. B. die Möglichkeit, Adverbiale und verschiedene Arten parenthetischer Elemente, deren Status generell unklar ist, zu iterieren). Adverbialfolgen diskutiert Matthews (1961).

12 Vgl. p. 152–153. Weitere Diskussion in Chomsky ((1964), § 1.0 und (1966 *b*)).

13 Diese Identitätsbedingung muß übrigens niemals in der Grammatik formuliert werden, da sie eine generelle Bedingung für die Arbeitsweise von Grammatiken ist. Das ist wichtig, da sich die Bedingung (wie Lees (1960 *a*) angemerkt hat) in Wirklichkeit nicht auf die Identität von Ketten, sondern von ganzen Strukturen bezieht, sofern Identitätsbedingungen in Transformationen erscheinen. Um aber Identität von Strukturen aufgrund der Analysierbarkeit zu definieren, ist es nötig, Quantifikatoren zu benutzen; dies mag durchaus der einzige Fall sein, in dem Quantifikatoren in Strukturanalysen erscheinen müssen, die Transformationen definieren. Wenn wir die Identitätsbedingung aus den Grammatiken herausnehmen, können wir Strukturanalysen, die Transformationen definieren, streng als Boolesche Bedingungen für die Analysierbarkeit formulieren und damit die Stärke der Theorie der Transformationsgrammatik erheblich einschränken.

14 Erörterungen dazu in Miller und Chomsky (1963); Schlesinger (1964); Miller und Isard (1964), sowie das Résumé in Kap. 1, § 2.

15 Vgl. § 2.3.1 aus Kap. 2 und § 1 aus Kap. 4. Eine substantielle Erörterung dieser Frage wie auch der Abhängigkeit der Syntax von der Semantik setzt die Entwicklung einer Theorie semantischer Repräsentationen voraus, das heißt die Klärung der Natur semantischer Repräsentationen. Obwohl verschiedene Positionen zu dieser Frage mit großem Selbstvertrauen und hohem Anspruch vertreten worden sind, scheinen mir in diesem Bereich ernsthafte Arbeiten nur die von Katz, Fodor und Postal zu sein (siehe Bibliographie; zur Diskussion anderer Forderungen vgl. Chomsky (1957) und viele andere Publikationen). Im Augenblick sehe ich keinen Grund, die in Chomsky (1957) und anderweitig ausgedrückte Auffassung zu ändern, daß semantische Überlegungen zwar ohne Zweifel wichtig sind für die Konstruktion der allgemeinen Sprach-Theorie (das heißt, die Syntax-Theorie muß so aufgebaut werden, daß die syntaktischen Strukturen, die für

Einzelsprachen aufgestellt werden, die semantische Interpretation ermöglichen), daß jedoch gegenwärtig keineswegs gezeigt werden kann, daß semantische Überlegungen eine Rolle spielen bei der Wahl der syntaktischen oder phonologischen Komponente einer Einzelgrammatik, oder daß semantische Merkmale (in einem ernst zu nehmenden Sinn dieses Terminus) Einfluß nehmen auf das Funktionieren der syntaktischen oder phonologischen Regeln. Es gibt keinen ernsthaften Versuch darzustellen, wie semantische Betrachtungen zur Bewertungsprozedur für solche Systeme beitragen könnten, oder primäre linguistische Fakten beizubringen, auf deren Grundlage sie auszuwählen wären. Vgl. Kap. I, § 6 und Kap. 4, § 1 für einige weitere Überlegungen zu diesem Problem.

16 Einige Einzelheiten dieser Modifizierung sind ausgearbeitet in Fraser (erscheint demnächst). Wie weit die Komplexität der Theorie der abgeleiteten Konstituentenstruktur vom Auftreten von Permutationen abhängt, ergibt sich eindeutig aus der Analyse dieser Begriffe in Chomsky ((1955), Kap. 8).

17 In diesem Fall wird der dritte Term der passenden Analyse *(proper analysis)* nicht vollständig eliminiert. Es bleibt vielmehr das Merkmal [± Mensch] erhalten, das dann durch spätere Regeln seine phonologische Form erhält (wodurch *who, which* oder *that* entsteht). Das trifft für Löschungsoperationen *(erasure operations)* oft zu.

18 Es wäre eine natürliche Entscheidung bei der Wahl der Notation, die Zahlen 1 und 2 auf die erste und zweite Person zu beschränken.

Kapitel 4

1 Ob die Regel eine Ersetzungsregel oder eine Substitutionstransformation ist – vgl. Kap. 2, § 4.3. –, beschäftigt uns hier nicht, der bequemeren Darlegung wegen soll aber letzteres angenommen werden.

2 Um einem hartnäckigen Mißverständnis auszuweichen, muß nochmals betont werden, daß »Grammatikalität« hier als technischer Terminus verwendet wird, d. h. ohne daß impliziert wäre, abweichende Sätze sollten als »funktionslos« oder »illegitim« abqualifiziert werden. Wie in Diskussionen über generative Gram-

matik wiederholt erklärt und an Beispielen gezeigt wurde, ist das Gegenteil der Fall. Erörterungen finden sich bei Chomsky (1961) und an vielen anderen Stellen. Die Frage, ob die Grammatik abweichende Sätze generieren sollte, ist rein terminologisch und hat nur mit dem technischen Sinn von »generieren« zu tun. Eine deskriptiv adäquate Grammatik muß jeder Kette eine Struktur-Beschreibung zuordnen, die anzeigt, welcher Art (falls vorhanden) die Abweichung von der strikten Wohlgeformtheit ist. Es würde eine ganz gewöhnliche terminologische Entscheidung sein zu sagen, daß die Grammatik *die Sprache direkt generiert,* die aus genau den Sätzen mit ihren Struktur-Beschreibungen besteht, die (wie 3) überhaupt nicht abweichen. Die Grammatik *generiert indirekt (derivatively)* alle anderen Ketten (wie etwa (2) und (3)) und ihre Struktur-Beschreibungen. Diese zeigen die Art und den Grad der Abweichung der indirekt generierten Sätze an. Die Prinzipien, die entscheiden, wie den abweichenden Sätzen Interpretationen zugewiesen werden können, können universell sein (wie bei Chomsky (1955) und (1961), Miller und Chomsky (1963) und erneut hier vorgeschlagen) oder aber spezifisch für einzelne Sprachen (so vorgeschlagen bei Katz (1964 *a*)). Das ist ein wesentlicher Streitpunkt, aber viele der anderen Fragen, die im Zusammenhang mit diesen Begriffen debattiert worden sind, scheinen mir gänzlich leer zu sein und nur mit terminologischen Festlegungen zu tun zu haben.

3 Man erinnere sich, daß Selektionsregeln, wie bereits an Beispielen gezeigt wurde, Regeln sind, die auf der Grundlage von inneren Merkmalen der in verschiedenen Positionen auftretenden Nomina, Verben und Adjektive in generalisierte P-Marker einsetzen. Aber nicht alle Regeln, die sich auf innere syntaktische Merkmale von Nomina beziehen, sind Selektionsregeln; insbesondere die Regeln, die bei der Bildung von (4) verletzt werden, involvieren solche Merkmale, sind aber keine Selektionsregeln.

4 Viele Verben der Kategorie [+[+Abstr] ... —— ... [+Belebt]] haben keine adjektivischen Formen mit *ing*, scheinen aber auf andere Affixe als Varianten von *ing* festgelegt zu sein (*bothersome* statt *bothering*, *scary* statt *scaring*, *impressive* statt *impressing* usw.).

5 Diese Beispiele versuchen nicht, den Bereich von Möglichkeiten auszuschöpfen, die bei einer vollständigen Untersuchung der Interpretation abweichender Sätze in Betracht gezogen werden

müssen. So etwa illustrieren sie nicht den Gebrauch der Inversion als stilistisches Mittel (einige Erörterungen darüber in Kap. 2, § 4.4). Die hier geführte Diskussion über Abweichung von der Grammatikalität bietet keine Einsicht in dieses Phänomen. Man betrachte etwa die folgende Zeile: »Me up at does / out of the floor / quietly Stare / a poisoned mouse / still who alive / is asking What / have i done that / You wouldn't have« (E. E. Cummings). Sie bringt nicht die geringsten Schwierigkeiten oder Ambiguitäten für die Interpretation, und es hieße das Ziel völlig verfehlen, wollte man ihr nach der Anzahl oder nach der Art der grammatischen Regeln, die bei ihrer Bildung verletzt wurden, einen Grammatikalitätsgrad zuordnen.

6 Man beachte, daß die hier vorher gegebene Formulierung im letztgenannten Fall eine Ambiguität übrig ließ, die erst durch die jetzt aufgestellte Konvention aufgelöst wird.

7 Wir nehmen die Konvention $e = [e, \ldots]$ an, wobei *e* das Null-Element ist. Es ist zu beachten, daß die Merkmale in einem komplexen Symbol ungeordnet sind. Wie auch sonst in dieser Diskussion versuche ich nicht, eine absolut genaue Beschreibung zu geben oder diese Definitionen in der einfachsten und allgemeinsten Form vorzulegen.

8 Danach ist *X* gleich null, wenn [α] gleich null ist; *Y* ist gleich null, wenn [β] gleich null ist.

9 Diese Schwierigkeit würde gar nicht entstehen, wenn wir eine etwas andere Analyse der post-verbalen Adjektive des Englischen anzugeben hätten und sie aus zugrunde liegenden Sätzen mit Satzkomplementen beim Verb ableiten würden. Das ist in einigen Fällen sicher richtig (z. B. »John seems sad« aus einer zugrunde liegenden Struktur, die die Basiskette »John is sad« enthält, was zu »John seems to be sad« und durch weitere Transformationen zu »John seems sad« wird; auch im Fall von »become« ist diese Analyse gut motiviert, besonders weil sie eine Grundlage dafür bietet, »become« von der Passivierung auszuschließen). Es kann richtig sein, sie auf viele dieser Fälle oder auf alle auszudehnen. Einige andere Vorschläge für die Ableitung einiger dieser Formen bringt Zierer (1964).
Es verdient angemerkt zu werden, daß eine Bedingung wie die über *W* und *V* in der Diskussion des Schemas (9) vielleicht in der Theorie der Transformationen notwendig ist, obwohl dieses Problem bisher nie ausdrücklich erörtert worden ist.

10 Ich bin Thomas Bever und Peter Rosenbaum für viele interessante und anregende Bemerkungen zu dieser Frage verpflichtet.

11 In vielen oder allen solchen Fällen scheint eine Art von »Generalität« (*»generic«*) entscheidend beteiligt zu sein (diese Beobachtungen verdanke ich Barbara Hall). Man könnte deshalb versuchen zu zeigen, daß ein Teil des semantischen Effekts der »Generalität« darin besteht, semantische Widersprüche dieser Art zu tilgen. Es ist, nebenbei bemerkt, zu beachten, daß die Tiefenstruktur eines jeden Satzes von (15) eine Kette mit *sincerity* als dem direkten Objekt des Hauptverbs *frighten* (mit einem unspezifizierten Subjekt) enthält.

12 Das Interesse an diesen Fragen geht bis auf Humboldt (1836) zurück; repräsentative Aussagen von ihm bringt Chomsky (1964). Erörterungen eines großen Teils der entsprechenden deskriptiven Arbeiten bei Ullmann (1959). Ebenfalls relevant sind einige psychologische Studien, in denen versucht wird, eine linguistische Einheit im Kontext von irgendwie verwandten Einheiten zu plazieren, vgl. Luria und Vinogradova (1959) und viele laufende Arbeiten über »Komponenten-Analyse« *(»componential analysis«)*.

13 Obwohl die Sätze von (19) (i) annähernd Paraphrasen sind, ist es doch keineswegs wahr, daß zwischen ihnen eine Kookkurrenz-Beziehung besteht, von der Art wie sie von Harris (1957), Hiż (1961) und anderen behandelt worden ist. So kann *pompous* in »I regard John as —« ganz normal durch *a friend* ersetzt werden, aber kaum in »John strikes me as —« (diese Beobachtung verdanke ich J. Katz). Demnach ist es klar, daß die enge Bedeutungsbeziehung zwischen *regard* und *strike* (die insbesondere eine Umkehrung der Subjekt-Verb-Objekt-Beziehungen einschließt) keine entsprechende Ähnlichkeit der distributionalen Beschränkungen bedingt. Anders gesagt: die Regeln, die kontextuelle Merkmale betreffen, können von semantischen Eigenschaften teilweise unabhängig sein. Diese Beispiele muß man beachten, wenn irgendein Versuch gemacht wird, der vielfach anklingenden (aber im Augenblick völlig leeren) Behauptung Substanz zu verleihen, daß semantische Erwägungen in irgendeiner Weise die syntaktische Struktur oder die Distributionseigenschaften bestimmen.
Bei der Behandlung von (19) (i) habe ich angenommen, daß das Subjekt zu *strikes* in der Tiefenstruktur *John* ist, aber es sollte angemerkt werden, daß das keineswegs auf der Hand liegt. Eine Alternative wäre es, als zugrunde liegende Struktur *it*⁀S —

strikes me anzunehmen, wo *it*⌒S eine NP wäre und S die Struktur dominierte, die »John is pompous« zugrunde liegt. Eine obligatorische Transformation ergäbe die Struktur, die »it strikes me that John is pompous« zugrunde liegt. Eine weitere, fakultative Transformation ergäbe »John strikes me as pompous«. Die Lexikon-Einheit *strike* aus (19) (i) enthielte dann ganz andere Merkmale der strikten Subkategorisierung als die phonetisch identische Einheit in »it struck me blind«, und beide würden sich hinsichtlich der strikten Subkategorisierung von *strike* in »he struck me«, »he struck an outlandish pose« unterscheiden, vgl. Anm. 15, Kap. 2. Wenn diese Analyse syntaktisch gerechtfertigt werden kann, dann sind die Tiefenstrukturen für die semantische Interpretation etwas geeigneter, als im Text angenommen wurde. Wie mehrere Autoren beobachtet haben, gibt es relevante syntaktische Unterschiede zwischen den Beispielpaaren von (19) (i). Solche Sätze wie »John strikes me as pompous«, »his remarks impress me as unintelligible« lassen sich nicht passivieren, während Sätze wie »I regard John as pompous«, »it struck me blind« usw. ohne weiteres ins Passiv transformierbar sind.
Im Zusammenhang mit (19) (iii) hat Harris ((1952), p. 24–25) dafür plädiert, die Bedeutungsrelation distributiv auszudrücken. Aber seine Gedanken darüber, wie das zu bewerkstelligen sei, sind nicht bis zu dem Punkt weiterentwickelt worden, an dem ihr Wert taxiert werden könnte.
Es ist noch zu bemerken, daß die hier genannten Probleme keine rein terminologische Lösung zulassen. Wir können zwar die mit (19) verbundenen Fakten mit solchen neuen Begriffen wie »semantisches Subjekt«, »semantisches Objekt« oder mit verschiedenen Arten von »Sememen« sehr gut umschreiben, aber diese Wucherung der Terminologie trägt nichts zur Klärung der ernsthaften Streitfragen bei, die durch solche Beispiele hervorgerufen werden.

14 Wie in Anm. 15 zu Kap. 2 festgestellt, ist eine Matrix von distinktiven Merkmalen nichts als ein Modus, eine Menge von abstrakten phonologischen Merkmalen zu repräsentieren, so daß eine Lexikon-Eintragung (ein Formativ) einfach als eine Menge von Merkmalen betrachtet werden kann; zusätzliche Strukturierung erhalten sie in der hier unformal vorgeschlagenen Weise.

15 Was die Selektionsmerkmale angeht, so ist Alternative (iv) gut motiviert, vgl. Anm. 20.
Zu sagen, daß ein Merkmal positiv (negativ) spezifiziert ist, bedeutet, daß es mit + (bzw. —) gekennzeichnet ist. Man beachte,

daß diese und analoge Konventionen eine Unterscheidung treffen, die auf die Distinktion zwischen »markiert« und »unmarkiert« hinausläuft, die oft im Zusammenhang mit Merkmalen und Kategorien diskutiert worden ist, wenn auch recht vorläufig.

16 Solche Beispiele wie »sincerity frightens« kann man natürlich finden, jedoch nur als ziemlich manierierte Transforme von »sincerity frightens unspezifiziertes Objekt« usw. Die Möglichkeiten dafür sind recht begrenzt, so würde z. B. niemand »his sincerity frightens« als doppeldeutig empfinden. Andererseits können Wörter aus der Kategorie von *frighten* aber ganz natürlich als Intransitiva in Oberflächenstrukturen auftreten, wie etwa in »John frightens easily«. (Die Erscheinung ist noch viel genereller, vgl. »The book reads easily« usw.) Aber dies ist hier irrelevant. In einem solchen Fall ist das »grammatische Subjekt« das »logische Objekt«, d. h. das direkte Objekt der Tiefenstruktur »unspezifiziertes Subjekt frightens John easily«. Das in diesen Fällen oft obligatorische Adverbial der Art und Weise ist ein Hinweis dafür, nach einer Generalisierung zu suchen, die auch die Passiv-Transformation einschließt.

17 Das letztere könnte nur als abweichender Satz interpretiert werden.

18 Man könnte bezweifeln, ob das den Fakten entspricht, besonders im Fall von [—Ind], [±Abstr]. Ich habe angenommen, daß die Merkmale {[—Ind], [+Abstr]} die eigentlichen abstrakten Nomina wie *virtue, justice* charakterisieren, während die Merkmale {[—Ind], [—Abstr]} die Massewörter wie *water, dirt* charakterisieren. Es gibt aber eine Unterteilung der unbelebten zählbaren Nomina, die dieser zu entsprechen scheint, nämlich die Unterscheidung zwischen [+Konkret] wie bei *table, mountain,* und [—Konkret] wie bei *problem, effort.* Wenn es sich erweist, daß die Merkmale [±Konkret] und [±Abstr] (als Untermerkmale von [—Belebt] bzw. [—Ind]) identifiziert werden sollten, dann würde [Abstr] in einer Kreuzklassifizierung und nicht in einer Hierarchie hinsichtlich [+Ind] stehen. Die Frage ist jedoch ohne eingehendere empirische Studien kaum zu lösen.

19 Die Erwünschtheit einer solchen Konvention wurde von Paul Postal hervorgehoben und begründet.

20 Man beachte, daß diese Konvention, falls wir positiv statt negativ spezifizierte Selektionsmerkmale explizit im Lexikon anzu-

geben hätten, dann auch auf die Selektionsmerkmale ausgedehnt werden müßte. Wir sollten also ein Verfahren vermeiden, das es erfordert, für *run* die beiden Merkmale anzuführen, die »hat menschliches Subjekt« und »hat belebtes Subjekt« entsprechen. Eine solche Konvention liefe darauf hinaus, die Selektionsmerkmale selbst als eine Art komplexer Symbole zu behandeln.

21 Wie stets gibt es einige Ausnahmen, die separat aufgeführt werden müssen. Wie erinnerlich haben wir einige Gründe dafür angegeben, daß der Komplex *by*⁀*Passiv* (mit *Passiv* als leerem terminalen Symbol, das durch das universelle leere Δ-Symbol ersetzbar ist) als ein Adverbial der Art und Weise zu behandeln ist. Ein Verb, das nur im Passiv auftreten kann, würde deshalb eine Ausnahme bezüglich dieser Regel sein (z. B. »he said to be a rather decent fellow« oder vielleicht solche Formen wie »he was shorn of all dignity«).

22 Auch die phonologischen Redundanz-Regeln sind bestimmten universellen Beschränkungen unterworfen, und es gibt keinen Zweifel, daß diese Beschränkungen – bei allen Merkmalen – über das hinausgehen, was hier gezeigt wurde. So wie sie formuliert sind, werden sie ebenfalls die Rolle von allgemeinen Konventionen (d. h. von Aspekten der generellen Definition für »menschliche Sprache«) spielen, die dazu benutzt werden können, die Ausführlichkeit einzelsprachlicher Grammatiken zu reduzieren.

23 Siehe Halle (1959*a*), (1959*b*), (1961), (1962*a*), (1964). Vgl. auch die Diskussion der Bewertungsprozeduren und der explanativen Adäquatheit in Kap. 1, §§ 6 und 7 sowie die dort angegebene Literatur. Halles Definition des Begriffs »phonologisch zulässig« *(»phonologically admissible«)*, also den Unterschied von »zufälliger« *(»accidental«)* gegenüber »systematischer Lücke« *(»systematic gap«)* legt etwas nahe, was in Kap. 1 ein »formales«, nicht »substantielles« linguistisches Universale genannt wurde, obgleich es hier zweifellos auch substantielle Beschränkungen aufzudecken gibt.

24 Als eins der möglichen Beispiele für eine zufällige Lücke könnte man das Fehlen eines Verbs *X* nennen, das als direktes Objekt Ausdrücke annimmt, die Tiere bezeichnen, sonst aber dieselbe Bedeutung wie das transitive »grow« hat, so daß »he *X*'s dogs« in der Bedeutung parellel ist zu »he grows corn« (»raise« scheint dem Sinn beider zu entsprechen); ebenso das Fehlen eines Wortes, das die Relation gegenüber Pflanzen ausdrückt, die »corpse«

in bezug auf Tiere ausdrückt (dieses Beispiel wurde von T. G. Bever vorgeschlagen).

25 Wir können also im Deutschen die Kategorie des Kasus als vier-, die des Genus als drei- und die des Numerus als zweiwertige Dimension betrachten, und wir können alle Nomina als in eine einzige vielwertige Dimension von Deklinationsklassen eingeordnet ansehen. Das ist vermutlich nicht die optimale Analyse, und es muß mehr Struktur für diese Dimensionen angesetzt werden. Es wäre auch möglich, eine sprachunabhängige Charakterisierung dieser Kategorien zu geben. Das sind sehr wichtige Fragen, und sie sind Gegenstand vieler Studien gewesen, die aber recht weit über den Rahmen dieser Diskussion hinausgehen. Ich werde deshalb in diesen illustrativ gemeinten Beispielen nur eine unstrukturierte Beschreibung in Betracht ziehen.

26 Für unsere Zwecke wollen wir die Zahlen nach Art der konventionellen Darstellungen benutzen, so daß [1 Genus] das Maskulinum, [2 Numerus] der Plural, [2 Kasus] der Genetiv ist; in der »Dimension« der Deklinationsklasse wird *Bruder* in Klasse 1 eingeordnet. Überall wurde bisher angenommen, daß die Merkmale »binär« sind, d. h. daß sie ihren Anwendungsbereich einfach in zwei disjunkte Klassen zerlegen. Es gab dafür jedoch keine logische Notwendigkeit. In der Phonologie scheint es klar zu sein, daß die distinktiven Merkmale in ihrer phonologischen Funktion am besten als binär betrachtet werden (vgl. z. B. Halle (1957)), obwohl offensichtlich nicht immer auch in ihrer phonetischen Funktion. So können wir im Fall des Akzent-Merkmals *(stress)* leicht fünf oder mehr Grade finden, die im Englischen zu unterscheiden sind, andere phonetische Merkmale müßten in einer detaillierten Grammatik ebenfalls als mehrwertig betrachtet werden. Es ist (vgl. Jakobson (1936)) behauptet worden, daß solche »Dimensionen« wie Kasus ebenfalls (wie die phonologischen Merkmale) als Hierarchie von distinktiven Merkmalen analysiert werden müßten, aber wir werden diese Frage hier nicht betrachten.

27 Das besagt, die kategoriale Regel, die Nomina entwickelt, lautet nicht $N \rightarrow \Delta$ (vgl. p. 157), sondern vielmehr $N \rightarrow [\Delta, \alpha$ Numerus] ($\alpha = +$ oder — für Englisch oder Deutsch, obwohl diese Dimension – vgl. Anm. 25 – für andere Systeme mehr Werte oder eine andere Organisation der Werte haben könnte).

28 Dieser könnte eigentlich in deskriptivistischen Grammatiken vom *Item-and-arrangement*-Typ weggelassen werden, weil seine ein-

zige Funktion darin besteht, eine gewisse Generalität in die »morphophonemischen« Regeln zu bringen; diese Grammatiken sind jedoch so angelegt, daß alle nicht ganz elementaren allgemeinen Regeln ausgeschlossen sind. Siehe dazu die Erörterung bei Chomsky ((1964), pp. 31 f.).

29 Auf diesen Defekt der Morphemanalyse von Flexionssystemen, der praktisch sehr gravierende Auswirkungen hat, wurde ich durch Morris Halle aufmerksam gemacht.

30 So würde es eine Alternative zu der in (30) vorgelegten Analyse sein, von einer Lexikon-Einheit wie *Bruder* anzunehmen, daß sie aus einem Stamm und der folgenden Endung besteht und daß die Endung zu den paradigmatischen Kategorien gehört.

31 Allein in den letzten Jahren gab es ein sehr intensives Studium der Transformationszyklen der russischen und der lettischen Phonologie (Literatur bei Chomsky (1964), Anm. 6, p. 14). Die Regeln, die dieses System konstituieren, werden auf P-Marker angewandt, daher hängt ihre Formulierung sehr stark von den hier betrachteten Fragen ab. Bisher gab es keine fundierten Untersuchungen darüber, wie ein Transformationszyklus auf Merkmalssysteme und P-Marker wie (30) anzuwenden ist. Wenn das geklärt ist, wird es möglich sein, für die Frage von morphemischer gegenüber paradigmatischer Darstellung der Flexionssysteme phonologische Gründe geltend zu machen. Im Augenblick läßt der empirische Befund vermuten, daß die Reihenfolge innerhalb des Transformationszyklus in der Phonologie völlig durch Kategorien, nicht durch Merkmale bestimmt ist (obwohl natürlich die Anwendung bestimmter Regeln durch syntaktische Merkmale beschränkt werden könnte). Das ist außerdem die nächstliegende Annahme, wenn wir die Merkmale tatsächlich als konstituierende Teile des Endsymbols (des Formativs) betrachten.

32 Von diesem Formativ könnte man sich denken, daß es aus dem Merkmal [+Definit] besteht, d. h. als ein degeneriertes komplexes Symbol, das durch die Regel zu dem vollen komplexen Symbol [+Definit], α Gens, β Numerus, γ Kasus] erweitert wird. Vgl. die Fundierung dieser Annahme in Anm. 38.

33 Variablen über Merkmalsspezifikationen wurden bei der Entwicklung des transformativen Akzentzyklus von Chomsky, Halle, Lukoff (1956) und von Halle und Chomsky (1960) benutzt. Der Gedanke, sie bei der Behandlung der Assimilation zu verwenden,

stammt von Halle (1962 *b*). T. G. Bever hat darauf hingewiesen, daß derselbe Apparat bei der Beschreibung verschiedener Arten von Alternationen angewandt werden kann, bei denen Merkmalswechsel *(feature shift)* im Spiel ist (z. B. beim Ablaut). Vgl. Bever (1963), Bever und Langendoen (1963).

34 Siehe Lees (1961) und Smith (1961). Wenn zwei Adjektive in einer ziemlich speziellen und gegenwärtig noch nicht durchschauten Art miteinander gepaart vorkommen, wird die Transformation auch dann nicht blockiert, wenn die Adjektiva distinkt sind. Deshalb gibt es solche Formen wie »this is taller than that is wide«. Vgl. Harris ((1957), p. 314).

35 Es ist zu beachten, daß die Unterscheidung, die in dieser Diskussion zum Vorschein kommt, mit der in Anm. 30 genannten nicht zusammenfällt.
Es ist interessant, daß die Korrektheit solcher Beispiele wie (40) in Frage gestellt worden ist. In einer der frühesten deskriptiven Studien des Französischen behauptet Vaugelas ((1647), p. 461 bis 462), daß solch ein *façon de parler* weder als »absolument mauvaise« noch als »fort bonne« betrachtet werden könne, und schlägt vor, sie zu meiden, wenn die maskuline und die feminine Form des Adjektivs differieren. Ein Mann, der mit einer Frau spricht, sollte also nicht sagen *je suis plus beau que vous*, sondern sollte sich (»pour parler régulièrement«) auf die Paraphrase *je suis plus beau que vous n'êtes belle* zurückziehen, obwohl er völlig zu recht würde sagen können *je suis plus riche que vous.*

36 Aus dieser Tatsache, auf die mich Brandon Qualls aufmerksam gemacht hat, ergeben sich verschiedene Schwierigkeiten bei der Analyse von Komparativen. Insbesondere wenn wir Sätze wie (41) (iii) als Ableitungen aus »I know several lawyers (who are) more successful than Bill« betrachten, die sich durch Nomen-Adjektiv-Inversion nach Tilgung von »who are« ergeben, müssen wir in irgendeiner Weise auch solche Fakten erfassen wie die Unmöglichkeit von »I know a more clever man than Mary« oder »I have never seen a heavier book than this rock«. Ihre vermutlichen Quellen allerdings (»I know a man (who is) heavier than this rock«) sind völlig akzeptabel; die Tatsache, daß der Satz »I have never read a more intricate poem than *Tristram Shandy*« impliziert, daß dies eine Dichtung ist, während der Satz »I have never read a poem (which is) more intricate than *Tristram Shandy*«, der dieser Ansicht zufolge doch seine Quelle sein müßte, nicht impliziert, daß *Tristram Shandy* eine Dichtung ist; usw.

Wiederum, wie fortwährend in dieser Diskussion, möchte ich hervorheben, daß es keine besondere Schwierigkeit bereitet, ein *ad hoc*-System von Transformationsregeln zu formulieren, das die gewünschten Eigenschaften hat. Das Problem besteht vielmehr darin, für Phänomene, wie die im vorigen Absatz, eine Erklärung zu geben.

37 Die Tilgung des pluralisierten nicht-definiten Artikels erfolgt in dieser Position automatisch.

38 Ähnliche Betrachtungen mögen für eine weitere offensichtliche Verletzung der allgemeinen Bedingung für die Rekonstruierbarkeit von Tilgungen gelten. Wie häufig beobachtet, betrifft die Identitätsbedingung für die Relativierung nur das Nomen, nicht aber den Determinator der getilgten NP. Wir können also durch Relativierung in der üblichen Weise aus »I have a [# the friend is from England #] friend« »I have a friend (who is) from England« bilden. Die getilgte NP ist »the friend«, und das Problem ist die Streichung des Artikels, der sich von dem unterscheidet, mit Hilfe dessen er getilgt wird. Der eingebettete Satz könnte nicht »a friend is from England« sein, obwohl sich in diesem Fall das Problem nicht ergeben würde, weil in dieser Position der Artikel automatisch definit ist. Gerade die Tatsache, daß die Definitheit obligatorisch ist, läßt daran denken, daß im zugrunde liegenden P-Marker der Artikel hinsichtlich der Definitheit unspezifiziert bleibt und diese erst durch eine »Redundanz-Regel« erhält, in diesem Falle durch eine obligatorische Transformation. Wenn das die richtige Analyse ist, dann ist aufgrund des eben aufgestellten Prinzips die Streichung des Artikels erlaubt, weil seine zugrunde liegende Form vom Artikel der NP des Matrixsatzes nicht distinkt ist.
Es ist zu beachten, daß diese Entscheidung eine Merkmalsanalyse für den Artikel verlangt, in der [±Definit] als syntaktisches Merkmal betrachtet wird.

39 Es ist zu beachten, daß z. B. *sad*, obwohl es im Lexikon nicht für [+nach: Belebt] markiert zu sein braucht (wenn wir entscheiden, daß wir es hier nicht mit Homonymie zu tun haben), sehr wohl kontextuelle Merkmale erhalten kann, die verschiedenen Untermerkmalen von [—Belebt] entsprechen, um solche Sätze wie »the pencil was sad« als abweichend kennzeichnen zu können, die keine Interpretation analog zu der von »the book was sad« erhalten können. Das berührt den strittigen Punkt nicht, wirft aber nichttriviale Probleme anderer Art auf.

40 Wir simplifizieren hier etwas. So könnte der Basis-P-Marker des Konstituentensatzes ein bestimmtes Nominalisierungsmorphem enthalten anstatt des Prä-Aspekt-Teils des Auxiliarkomplexes.

41 Diese Konstruktionen sind in vieler Hinsicht interessant. Siehe Lees ((1960*a*), p. 64f., Chomsky (1964), p. 47f., und Katz und Postal (1964), p. 120f.) für weitere Erörterungen.

42 Auch hier könnte man die Frage stellen, ob das Nominalisierungselement als Morphem *nom* oder als eines der Merkmale F_1, ... F_m repräsentiert sein sollte, in diesem Fall als ein von der Transformation eingefügtes Merkmal.

43 Eine detaillierte Untersuchung eines Systems, das wesentlich zu dieser Art gehört, nämlich der Bildung von Nominalkomposita, gibt Lees ((1960*a*), Kap. 4 und Appendices). Siehe auch Zimmer (1964).

44 Vgl. auch Anm. 30. Vielleicht wird es möglich sein, diese Konvention als Teil einer allgemeinen Wortdefinition umzuformulieren. Das heißt, man könnte versuchen, eine allgemeine Regel aufzustellen, die die Setzung von Wortgrenzen mittels lexikalischer Kategorien und der Verzweigung innerhalb des Bereichs komplexer Symbole bestimmt. Diese Möglichkeit eröffnete sich durch einige Beobachtungen von Paul Postal. Sie sollte weiter untersucht werden.

45 Eine verwandte Klasse von Problemen wird von Harris ((1957), § 4.5) bei der Behandlung der »Quasitransformationen« kurz gemustert. Bolinger hat in vielen Artikeln (z. B. Bolinger (1961)) viele Beispiele von wenig durchschauten quasi-produktiven Prozessen zusammengestellt. Solche Listen markieren allenfalls Bereiche, für die keine gegenwärtig bekannte Sprach-Theorie substantielle Einsicht bieten kann. Sie können ohne Schwierigkeit in vielfacher Weise erweitert werden. Bolinger bemüht sich zu zeigen, daß seine Beispiele eine alternative Grammatik-Theorie nahelegten; das jedoch scheint mir, aus anderswo erörterten Gründen (insbesondere Chomsky (1964), p. 54), eine völlig unberechtigte Schlußfolgerung.

Fremdsprachige Zitate in Originalfassung

p. 16

JAMES BEATTIE (1788): *Theory of Language*. London

Languages, therefore, resemble men in this respect, that, though each has peculiarities, whereby it is distinguished from every other, yet all have certain qualities in common. The peculiarities of individual tongues are explained in their respective grammars and dictionaries. Those things, that all languages have in common, or that are necessary to every language, are treated of in a science, which some have called *Universal* or *Philosophical* grammar. (ohne Seitenangabe)

p. 16

C. CH. DU MARSAIS (1729): *Les véritables principes de la grammaire*. (Zitiert nach G. SAHLIN (1928): *César Chesneau du Marsais et son rôle dans l'évolution de la grammaire générale*. Paris: Presses Universitaires)

Il y a dans la grammaire des observations qui conviènnent à toutes les langues; ces observations forment ce qu'on appelle la grammaire générale: telles sont les remarques que l'on a faites sur les sons articulés, sur les lettres qui sont les signes de ces sons; sur la nature des mots, et sur les différentes manières dont ils doivent être ou arrangés ou terminés pour faire un sens. Outre ces observations générales, il y en a qui ne sont propres qu'à une langue particulière; et c'est ce qui forme les grammaires particulières de chaque langue. (pp. 29–30)

p. 18

DENIS DIDEROT (1751): *Lettre sur les Sourds et Muets*. (Zitiert nach J. ASSÉZAT (ed.): *Oeuvres complets de Diderot*, Vol. I (1875). Paris: Garnier Frères

... quel que soit l'ordre des termes dans une langue ancienne ou moderne, l'esprit de l'écrivain a suivi l'ordre didactique de la syntaxe française. (p. 390)

Nous disons les choses en français, comme l'esprit est forcé de les considérer en quelque langue qu'on écrive ... (p. 371)

... notre langue *pédestre* a sur les autres l'avantage de l'utile sur l'agréable ... (p. 372)

le bons sens choisirait la langue française; mais ... l'imagination et les passions donneront la préférence aux langues anciennes et à celles de nos voisins ... il faut parler français dans la société et dans les écoles de philosophie; et grec, latin, anglais, dans les chaires et sur les théâtres; ... notre langue sera celle de la vérité, si jamais elle revient sur la terre; et ... la grecque, la latine et les autres seront les langues de la fable et du mensonge. Le français est fait pour instruire, éclairer et convaincre; le grec, le latin, l'italien, l'anglais, pour persuader, émouvoir et tromper: parlez grec, latin, italien au peuple; mais parlez français au sage. (pp. 371–372)

p. 69

RENÉ DESCARTES (1647): *Notae in programma quoddam.* Oeuvres de Descartes, publiées par Charles Adam et Paul Tannery, Paris 1905

Quippe nihil ab objectis externis ad mentem nostram per organa sensuum accedit, praeter motus quosdam corporeos, . . . sed ne quidem ipsi motus, nec figura ex iis ortae, a nobis concipiuntur, quales in organes sensuum fiunt . . . Unde sequitur, ipsas motuum et figurarum ideas nobis esse innatas. Ac tanto magis innatae esse debent idea doloris, colorum, sonorum, et similium, ut mens nostra possit, occasione quorundam motuum corporeorum, sibi eas exhibere,; nullam enim similitudinem cum motibus corpores habent. (Band VIII, p. 359 B)

Et sane, quod visus nihil praeter picturas, nec auditus praeter voces vel sonos, proprie ac per se exhibeat, unicuique est manifestum: adeo ut illa omnia quae praeter istas voces vel picturas cogitamus tanquam earum significata, nobis repraesententur per ideas non aliunde advenientes quam a nostra cogitandi facultate, ac proinde cum illa nobis innatas, hoc est, potentia nobis semper inexistentes: esse enim in aliqua facultate, non est, esse actu, sed potentia dumtaxat, quia ipsum nomen facultatis nihil aliud quam potentiam designat. . . . (Band VIII, p. 360 B)

. . . generositatem esse quibusdam familiis innatam, aliis vero quosdam morbos, ut podagram, vel calculum: non quod ideo istarum familiarum infantes morbis istis in utero matris laborent, sed quod nascantur cum quadam dispositione sive facultate ad illos contrahendos. (p. 358)

p. 71

R. CUDWORTH (1731): *A Treatise Concerning Eternal and Immutable Morality.* Ed. By E. Chandler

There are many ideas of the mind, which though the cogitations of them be often occasionally invited from the motion or appulse of sensible objects without made upon our bodies; yet notwithstanding the ideas themselves could not possibly be stamped or impressed upon the soul from them, because sense takes no cognizance at all of any such things in those corporeal objects, and therefore they must needs arise from the innate vigour and activity of the mind itself . . (Book IV)

p. 71

A. ARNAULD et P. NICOLE (1667): *La logique ou l'art de penser.* 3. verbesserte Auflage, Paris

Il est donc faux que toutes nos idées viennent de nos sens; mais on peut dire au contraire, que nulle idée qui est dans nostre esprit ne tire son origine des sens, sinon par occasion, en ce que les mouvements qui se font dans nôtre cerveau, qui est tout ce que peuvent faire nos sens, donnent occasion à l'ame de se former diverses idées qu'elle ne se formerait pas sans cela, quoyque presque toûjours ces idées n'ayent rien de semblable à ce qui se fait dans les sens & dans le cerveau, & qu'il y ait de plus un tres grand nombre d'idées, qui ne tenant rien du tout d'aucune image corporelle, ne peuvent sans une absurdité visible estre rapportées à nos sens. (Chap. I, pp. 52–53)

p. 71
CHOMSKY zitiert nach der englischen Leibniz-Übersetzung von A. G. LANGLEY, La Salle, Ill.: Open Court, (1949) (= EA). Wir bringen den Originaltext aus der historisch-kritischen Edition des Akademie-Verlags, Berlin.
Gottfried Wilhelm LEIBNIZ, Philosophische Schriften. Herausgegeben von der Leibniz-Forschungsstelle der Universität Münster, sechster Band, Nouveaux Essais, Berlin (1962) (= AA). Zum Vergleich bringen wir die Paginierung aus der zweisprachigen Ausgabe des Insel-Verlags, Frankfurt/Main (1961) (= IA)

... car je demeure d'accord que nous apprenons les idées et les verités innées, soit en prenant garde à leur source, soit en les verifiant par l'experience. ... Et je ne saurois admettre cette proposition: *tout ce qu'on apprend n'est pas inné.* Les veritez des nombres sont en nous, et on ne laisse pas de les apprendre, soit en les tirant de leur source, lorsqu'on les apprend par raison demonstrative (ce qui fait voir qu'elles sont innées), soit en les éprouvant dans des exemples comme font les arithmeticiens vulgaires, ... [AA p. 85; EA p. 75; IA p. 42]

Dans ce sens on doit dire que toute l'Arithmetique et toute la Geometrie sont innées, et sont en nous d'une maniere virtuelle, en sorte qu'on les y peut trouver en considerant attentivement et rangeant ce qu'on a déja dans l'esprit ... [AA p. 77; EA p. 78; IA p. 22]

... nous avons une infinité de connoissances, dont nous ne nous appercevons pas toujours, pas même lorsque nous en avons besoin, ... [AA p. 77; EA p. 77; IA p. 20]

Les sens quoyque necessaires pour toutes nos connoissances actuelles ne sont point suffisans pour nous les donner toutes, puisque les sens ne donnent jamais que des exemples, c'est à dire des verités particulieres ou individuelles. Or tous les exemples qui confirment une verité generale de quelque nombre qu'ils soient, ne suffisent pas pour établir la necessité universelle de cette même verité ... [AA p. 49; EA p. 42–43; IA p. X]

D'où il paroit que les verités necessaires ... doivent avoir de principes, dont la preuve ne depende point des exemples, ni par consequent du témoignage des sens; quoyque sans les sens on ne se seroit jamais avisé d'y penser ... Il est vray qu'il ne faut point s'imaginer, qu'on puisse lire dans l'ame ces éternelles loix de la raison à livre ouvert, ... mais c'est assez qu'on les puisse decouvrir en nous à force d'attention; à quoy les occasions sont fournies par les sens, et le succès des experiences sert encore de confirmation à la raison, ... [AA p. 50; EA p. 44; IA pp. XI à XII]

... les principes generaux entrent dans nos pensées dont ils font l'ame et la liaison. Ils y sont necessaires, comme les muscles et les tendons le sont pour marcher, quoiqu'on n'y pense point. L'esprit s'appuie sur ces principes à tous moments, mais il ne vient pas si aisément à les demêler et à se les représenter distinctement et separément, parce que cela demande une grande attention à ce qu'il fait, et la pluspart des gens peu accoutumés à mediter n'en ont guères. Les Chinois n'ont-ils pas comme nous des sons articulez? et cependant s'etant attachés à une autre manière d'écrire, ils ne sont pas encore avisés de faire un Alphabet de ces sons. C'est ainsi qu'on possede bien des choses, sans le savoir [AA pp. 83–84; EA p. 74; IA p. 38]

p. 74

Je me suis servi aussi de la comparaison d'une pierre de marbre qui a des veines, plustôt que d'une pierre de marbre toute unie, ou des Tablettes vuides, c'est à dire de ce qui s'appelle *tabula rasa* chez les Philosophes. Car si l'ame ressembloit à ces tablettes vuides, les verités seroient en nous comme la figure d'Hercule est dans un marbre, quand le marbre est tout à fait indifferent à recevoir ou cette figure ou quelque autre. Mais s'il y avoit des veines dans la pierre, qui marquassent la figure d'Hercule préferablement à autres figures, cette pierre y ceroit plus determinée, et Hercule y seroit comme inné en quelque façon, quoyqu'il fallût du travail pour découvrir ces veines, et pour les nettoyer par la politure, en retranchant ce qui les empeche de paroitre. C'est ainsi que les idées et les verités nous sont innées, comme des inclinations, des dispositions, des habitudes ou des virtualités naturelles, et non pas comme des actions; quoyque ces virtualitez soyent tousjours accompagnées de quelques actions souvent insensibles, qui y repondent. [AA p. 52; EA pp. 45–46; IA p. XVI]

p. 205

J. C. WILSON (1926): *Statement and Inference*, Vol. I. Oxford: Clarendon Press

... in the statement »glass is elastic«, if the matter of inquiry was elasticity and the question was what substances possessed the property of elasticity, *glass* ... would no longer be subject, and the kind of stress which fell upon »elastic« when *glass* was the subject, would now be transferred to »glas« ... [Thus in the statement »*glass* is elastic«] »glass«, which has the stress, is the only word which refers to the supposed new fact in the nature of elasticity, that it is found in glass ... [and therefore] ... »glass« would have to be predicate. ... Thus the same form of words should be analyzed differently according as the words are the answer to one question or another [and, in general] the subject and predicate are not necessarily *words* in the sentence, nor even something denoted by words in the sentence. (p. 119 ff.)

p. 248

THOMAS REID (1785): *Essays on the Intellectual Powers of Man* (Seitenangabe nach der gekürzten Ausgabe von A. D. Woozley, London: Macmillan u. Co. (1941))

... in all languages, there are phrases which have a distinct meaning; while at the same time, there may be something in the structure of them that disagrees with the analogy of grammar or with the principles of philosophy ... Thus, we speak of feeling pain as if pain was something distinct from the feeling of it. We speak of pain coming and going, and removing from one place to another. Such phrases are meant by those who use them in a sense that is neither obscure nor false. But the philosopher puts them into his alembic, reduces them to their first principles, draws out of them a sense that was never meant, and so imagines that he has discovered an error of the vulgar. (pp. 167–168)

p. 249

C. CH. DU MARSAIS (1769). *Logique et principes de la grammaire.*

Ainsi, comme nous avons dit *j'ai un livre, j'ai un diamant, j'ai une montre*, nous disons par imitation, *j'ai la fièvre, j'ai envie, j'ai peur, j'ai un doute, j'ai pitié, j'ai une idée*, etc. Mais *livre, diamant, montre* sont autant de noms d'objects réels qui existent indépendamment de notre manière de penser; au lieu que *santé, fièvre, peur, doute, envie*, ne sont que des termes métaphysiques qui ne désignent que des manières d'êtres considérés par des points de vue particuliers de l'esprit.

Dans cet exemple, *j'ai une montre, j'ai* est une expression qui doit être prise dans le sens propre: mais dans *j'ai une idée, j'ai* n'est dit que par une imitation. C'est une expression empruntée. *J'ai une idée*, c'est-à-dire, *je pense, je conçois de telle ou telle manière. J'ai envie*, c'est-à-dire, *je désire; j'ai la volonté*, c'est-à-dire, *je veux*, etc.

Ainsi, *idée, concept, imagination*, ne marquent point d'objects réels, et encore moins des êtres sensibles que l'on puisse unir l'un avec l'autre. (pp. 179–180)

Bibliographie

Aristoteles: *De Anima.* Übers. von J. A. Smith. In: R. McKeon (ed.), *The Basic Works of Aristotle.* New York: Random House, 1941.

Arnauld, A., und P. Nicole (1668): *La Logique, ou l'art de penser.*

Austin, J. L. (1956): »A plea for excuses.« *Proceedings of the Aristotelian Society.* Abdruck in J. O. Urmson und G. J. Warnock (eds.), *Philosophical Papers of J. L. Austin.* London: Oxford University Press, 1961.

Bach, E. (1964): »Subcategories in transformational grammars.« In H. Lunt (ed.), *Proceedings of the Ninth International Congress of Linguists.* The Hague: Mouton & Co.

Bar-Hillel, Y. (1954): »Logical syntax and semantics.« *Language,* 30, pp. 230–237.

– (1960): »The present status of automatic translation of languages.« In F. L. Alt (ed.), *Advances in Computers,* Vol. I, pp. 91–163. New York: Academic Press.

–, A. Kasher und E. Shamir (1963): *Measures of Syntactic Complexity.* Report for U.S. Office of Naval Research, Information Systems Branch. Jerusalem.

Beattie, J. (1788): *Theory of Language.* London.

Bever, T. G. (1963): »The e–o Ablaut in Old English.« *Quarterly Progress Report,* No. 69, Research Laboratory of Electronics, M.I.T., pp. 203–207.

–, und T. Langendoen (1963): »The reciprocating cycle of the Indo-European e–o Ablaut.« *Quarterly Progress Report,* No. 69, Research Laboratory of Electronics, M.I.T., pp. 202–203.

–, and P. Rosenbaum (in Vorbereitung). *Two Studies on Syntax and Semantics.* Bedford, Mass.: Mitre Corporation Technical Reports.

Bloch, B. (1950): »Studies in colloquial Japanese IV: Phonemics.« *Language, 26,* pp. 86–125. Abdruck in M. Joos (ed.), *Readings in Linguistics.* Washington, 1957.

Bloomfield, L. (1933): *Language.* New York: Holt.

Bloomfield, M. (1963): »A grammatical approach to personification allegory.» *Modern Philology, 60,* pp. 161–171.

Bolinger, D. L. (1961): »Syntactic blends and other matters.« *Language, 37,* pp. 366–381.

Breland, K., und M. Breland (1961): »The misbehavior of organisms.« *American Psychologist, 16,* pp. 681–684.

Chomsky, N. (1951): *Morphophonemics of Modern Hebrew.* Unveröffentlichte Master's thesis, University of Pennsylvania.

– (1955): *The Logical Structure of Linguistic Theory.* Mimeographiert, M.I.T. Library, Cambridge, Mass.

– (1956): »Three models for the description of language.« *I.R.E. Transactions on Information Theory,* Vol. IT–2, pp. 113–124. Abdruck mit Korrekturen in R. D. Luce, R. Bush und E. Galanter (eds.), *Readings in Mathematical Psychology*, Vol. II. New York: Wiley, 1965.

– (1957): *Syntactic Structures.* The Hague: Mouton & Co.

– (1959 a): »On certain formal properties of grammars.« *Information and Control, 2*, pp. 137–167. Abdruck in R. D. Luce, R. Bush und E. Galanter (eds.), *Readings in Mathematical Psychology*, Vol. II. New York: Wiley, 1965.

– (1959 b): Rezension zu Skinner (1957). *Language, 35*, pp. 26–58. Abgedruckt in Fodor und Katz (1964).

– (1961): »Some methodological remarks on generative grammar.« *Word, 17*, pp. 219–239. Auszugsweise abgedruckt in Fodor und Katz (1964).

– (1962 a): »A transformational approach to syntax.« In A. A. Hill (ed.), *Proceedings of the 1958 Conference on Problems of Linguistic Analysis in English*, pp. 124–148. Austin, Texas. Abgedruckt in Fodor und Katz (1964).

– (1962 b): »Explanatory models in linguistics.« In E. Nagel, P. Suppes und A. Tarski, *Logic, Methodology and Philosophy of Science.* Stanford, California: Stanford University Press.

– (1963): »Formal properties of grammars.« In R. D. Luce, R. Bush und E. Galanter (eds.), *Handbook of Mathematical Psychology*, Vol. II, pp. 323–418. New York: Wiley.

– (1964): *Current Issues in Linguistic Theory.* The Hague: Mouton & Co. Eine leicht veränderte Fassung erschien in Katz und Fodor (1964). Dieser Aufsatz ist eine revidierte und erweiterte Version von »The logical basis of linguistic theory«, ein Vortrag, der auf dem IX. Internationalen Linguistenkongreß in Cambridge, Mass. gehalten wurde. Er erschien unter diesem Titel auch in H. Lunt (ed.) *Proceedings of the IXth International Congress of Linguists.* The Hague: Mouton & Co. 1964.

– (1966 *a*): »Topics in the theory of generative grammar«. In: T. A. Sebeck (ed.) *Current Trends in Linguistics.* Vol. III. *Linguistic Theory.* The Hague: Mouton & Co, 1966. Ferner erschienen als Monographie in der Reihe »Janua Linguarum«, Series Minor No. 56, The Hague: Mouton & Co. 1966.

– (1966 b): *Cartesian Linguistics.* New York: Harper & Row.

–, M. Halle und F. Lukoff (1956): »On accent and juncture in English.« In M. Halle, H. Lunt und H. Maclean (eds.), *For Roman Jakobson*, pp. 65–80. The Hague: Mouton & Co.

–, und G. A. Miller (1963): »Introduction to the formal analysis of natural languages.« In R. D. Luce, R. Bush und E. Galanter (eds.), *Handbook of Mathematical Psychology*, Vol. II, pp. 269–322. New York: Wiley.

–, und M. P. Schützenberger (1963): »The algebraic theory of context-free languages.« In P. Braffort und D. Hirschberg (eds.), *Computer Programming and Formal Systems*, pp. 119–161, Studies in Logic Series. Amsterdam: North-Holland.

Cordemoy, G. de (1667): *A Philosophicall Discourse Concerning Speech.* Die englische Übersetzung ist datiert 1668.

Cudworth, R. (1731): *A Treatise Concerning Eternal and Immutable Morality.* Herausgegeben von E. Chandler.

Curry, H. B. (1961): »Some logical aspects of grammatical structure.« In

R. Jakobson (ed.), *Structure of Language and Its Mathematical Aspects, Proceedings of the Twelfth Symposium in Applied Mathematics*, pp. 56–68. Providence, R. I.: American Mathematical Society.

Descartes, R. (1641): *Meditations.*
– (1647): *Notae in programma quoddam. Oeuvres de Descartes, publiées* par Charles Adam et Paul Tannery, Paris 1905.
Diderot, D. (1751): *Lettre sur les Sourds et Muets.* Paginierung nach J. Assézat (ed.), Oeuvres Complètes de Diderot, Vo. I (1875). Paris: Garnier Frères.
Dixon, R. W. (1963): *Linguistic Science and Logic.* The Hague: Mouton & Co.
Du Marsais, C. Ch. (1729): *Les véritables principes de la grammaire.* Wegen der Datierung dieses Manuskripts vgl. Sahlin (1928), p. ix.
– (1769): *Logique et principes de grammaire.*

Fillmore, C. J. (1963): »The position of embedding transformations in a grammar.« *Word, 19*, pp. 208–231.
Fodor, J. A., und J. J. Katz (eds.) (1964): *The Structure of Language: Readings in the Philosophy of Language.* Englewood Cliffs, N. J.: Prentice-Hall.
Foot, P. (1961): »Goodness and choice.« *Proceedings of the Aristotelian Society*, Supplementary Volume 35, pp. 45–80.
Fraser, B. (1963): »The position of conjoining transformations in a grammar.« Mimeographiert. Bedford, Mass.: Mitre Corporation.
– (in Vorbereitung): »On the notion ›derived constituent structure‹.« *Proceedings of the 1964 Magdeburg Symposium, Zeichen und System der Sprache.* Erscheint demnächst Berlin, Akademie-Verlag.
Frishkopf, L. S., und M. H. Goldstein (1963): »Responses to acoustic stimuli from single units in the eighth nerve of bullfrog.« *Journal of the Acoustical Society of America, 35*, pp. 1219–1228.

Ginsburg, S., und H. G. Rice (1962). »Two families of languages related to Algol.« *Journal of the Association for Computing Machinery, 10*, pp. 350–371.
Gleason, H. A. (1961): *Introduction to Descriptive Linguistics*, 2. Auflage. New York: Holt, Rinehart & Winston.
– (1964): »The organization of language: a stratificational view.« In C. I. J. M. Stuart (ed.), *Report of the Fifteenth Annual Round Table Meeting on Linguistics and Language Studies*, pp. 75–95. Washington D. C.: Georgetown University Press.
Greenberg, J. H. (1963): »Some universals of grammar with particular reference to the order of meaningful elements.« In J. H. Greenberg (ed.) *Universals of Language*, pp. 58–90. Cambridge: M.I.T. Press.
Gleitman, L. (1961): »Conjunction with *and*«, *Transformations and Discourse Analysis Projects*, No. 40, mimeographiert Philadelphia: University of Pennsylvania.
– (1965): »Coordinating Conjunctions in English.« *Language 41*, pp. 260–293.

Gross, M. (1964): »On the equivalence of models of language used in the fields of mechanical translation and information retrieval.« *Information Storage and Retrieval, 2*, pp. 43–57.

Hall, B. (1964): Review of Šaumjan and Soboleva (1963). *Language 40*, pp. 397–410.
Halle, M. (1957): »In defense of the number two.« In E. Pulgram (ed.), *Studies Presented to Joshua Whatmough*. The Hague: Mouton & Co.
– (1959 *a*): »Questions of linguistics.« *Nuovo Cimento, 13*, pp. 494–517.
– (1959 *b*): *The Sound Patter of Russian*. The Hague: Mouton & Co.
– (1961): »On the role of the simplicity in linguistic description.« In R. Jakobson (ed.), *Structure of Language and Its Mathematical Aspects, Proceedings of the Twelfth Symposium in Applied Mathematics*, pp. 89–94. Providence, R. I.: American Mathematical Society.
– (1962 *a*): »Phonology in generative grammar.« *Word, 18*, pp. 54–72. Abgedruckt in Fodor und Katz (1964).
– (1962 *b*): »A descriptive convention for treating assimilation and dissimilation.« *Quarterly Progress Report*, No. 66, Research Laboratory of Electronics, M.I.T., pp. 295–296.
– (1964): »On the bases of phonology.« In Fodor und Katz (1964).
–, und N. Chomsky (1960): »The morphophonemics of English.« *Quarterly Progress Report*, No. 58, Research Laboratory of Electronics, M. I. T., pp. 275–281.
– und N. Chomsky (1968): *The Sound Pattern of English. New York:* Harper & Row.
–, und K. Stevens (1962): »Speech recognition: a model and a program for research.« *I. R. E. Transactions in Information Theory*, Vol. IT–8, pp. 155–159. Abgedruckt in Fodor und Katz (1964).
Harman, G. H. (1963): »Generative grammars without transformational rules: a defense of phrase structure.« *Language, 39*, pp. 597–616.
Harris, Z. S. (1951): *Methods in Structural Linguistics*. Chicago: University of Chicago Press.
– (1952): »Discourse analysis.« *Language, 28*, pp. 18–23.
– (1954): »Distributional structure.« *Word, 10*, pp. 146–162.
– (1957): »Co-occurrence and transformation in linguistic structure.« *Language, 33*, pp. 293–340.
Held, R., und S. J. Freedman (1963): »Plasticity in human sensorimotor control.« *Science, 142*, pp. 455–462.
–, und A. Hein (1963): »Movement-produced stimulation in the development of visually guided behavior.« *Journal of Comparative and Physiological Psychology, 56*, pp. 872–876.
Herbert of Cherbury (1624): *De veritate*. Übersetzt von M. H. Carré (1937). University of Bristol Studies, No. 6.
Hiż, H. (1961): »Congrammaticality, batteries of transformations and grammatical categories.« In R. Jakobson (ed.), *Structure of Language and Its Mathematical Aspects, Proceedings of the Twelfth Symposium in Applied Mathematics*, pp. 43–50. Providence, R. I.: American Mathematical Society.

Hockett, C. F. (1958): *A Course in Modern Linguistics.* New York: Macmillan.
– (1961): »Linguistic elements and their relations.« *Language, 37,* pp. 29–53.
Hubel, D. H., und T. N. Wiesel (1962): »Receptive fields, binocular interaction and functional architecture in the cat's visual cortex.« *Journal of Physiology,* 160, pp. 106–154.
Hull, C. L. (1943): *Principles of Behavior.* New York: Appleton-Century-Crofts.
Humboldt, W. von (1836): *Über die Verschiedenheit des Menschlichen Sprachbaues.* Berlin. Neudruck Berlin, Rütten & Loening, 1963.
Hume, D. (1748): *An Enquiry Concerning Human Understanding.*

Jakobson, R. (1936): »Beitrag zur allgemeinen Kasuslehre.« *Travaux du Cercle Linguistique de Prague, 6,* pp. 240–288.
Jespersen, O. (1924): *Philosophy of Grammar.* London: Allen & Unwin.

Katz, J. J. (1964 *a*): »Semi-sentences.« In Fodor and Katz (1964).
– (1964 *b*): »Analyticity and contradiction in natural language.« In Fodor and Katz (1964).
– (1964 *c*): »Mentalism in linguistics.« *Language, 40,* pp. 124–137.
– (1964 *d*): »Semantic theory and the meaning of ›good‹.« *Journal of Philosophy.*
– (in Vorbereitung): »Innate ideas.«
– (1966): *The Philosophy of Language.* New York: Harper & Row. (Erscheint 1969 in Deutsch in Frankfurt/Main: Suhrkamp.)
–, und J. A. Fodor: »The structure of a semantic theory.« *Language, 39,* pp. 170–210. Abgedruckt in Fodor & Katz (1964).
–, und J. A. Fodor (1964): »A reply to Dixon's ›A trend in semantics‹.« *Linguistics, 3,* pp. 19–29.
–, und P. Postal (1964): *An Integrated Theory of Linguistic Descriptions,* Cambridge, Mass.: M.I.T. Press.
Klima, E. S. (1964): »Negation in English.« In Fodor und Katz (1964).

Lancelot, C., A. Arnauld *et al.* (1660): *Grammaire générale et raisonnée.*
Lees, R. B. (1957): Rezension zu Chomsky (1957): *Language, 33,* pp. 375–407.
– (1960 *a*): *The Grammar of English Nominalizations.* The Hague: Mouton & Co.
– (1960 *b*): »A multiply ambiguous adjectival construction in English.« *Language, 36,* pp. 207–221.
– (1961): »Grammatical analysis of the English comparative construction.« *Word, 17,* pp. 171–185.
–, und E. S. Klima (1963): »Rules for English pronominalization.« *Language, 39,* pp. 17–28.
Leibniz, G. W., *Nouveaux Essais,* Philosophische Schriften. Herausgegeben von der Leibniz-Forschungsstelle der Universität Münster, sechster Band. Berlin: Akademie-Verlag (1962).

Leitzmann, A. (1908): *Briefwechsel zwischen W. von Humboldt und A. W. Schlegel.* Halle: Niemeyer.

Lemmon, W. B., und G. H. Patterson (1964): »Depth perception in sheep.« *Science, 145,* p. 835.

Lenneberg, E. (1960): »Language, evolution, and purposive behavior.« In S. Diamond (ed.), *Culture in History: Essays in Honor of Paul Badin,* New York: Columbia University Press. Als revidierte und erweiterte Fassung unter dem Titel »The capacity for language acquisition« in Fodor und Katz (1964).

– (1967): *The Biological Foundations of Language.* New York: Wiley. (Eine deutsche Ausgabe wird im Suhrkamp Verlag vorbereitet.)

Lettvin, J. Y., H. R. Maturana, W. S. McCulloch und W. H. Pitts (1959): »What the frog's eye tells the frog's brain.« *Proceedings of the I.R.E., 47,* pp. 1940–1951.

Luria, A. R., und O. S. Vinogradova (1959): »An objective investigation of the dynamics of semantic systems.« *British Journal of Psychology, 50,* pp. 89–105.

Matthews, G. H. (1964): *Hidatsa Syntax.* The Hague: Mouton & Co.

– (1961): »Transformational grammar.« *Archivum Linguisticum, 13,* pp. 196–209.

Miller, G. A., und N. Chomsky (1963): »Finitary models of language users.« In R. D. Luce, R. Bush und E. Galanter (eds.), *Handbook of Mathematical Psychology,* Vol. II, Ch. 13, pp. 419–492. New York: Wiley.

–, E. Galanter und H. Pribram (1960): *Plans and the Structure of Behavior.* New York: Henry Holt.

–, und S. Isard (1963): »Some perceptual consequences of linguistic rules.« *Journal of Verbal Learning and Verbal Behavior, 2,* No. 3, pp. 217–228.

–, und S. Isard (1964): »Free recall of self-embedded English sentences.« *Information and Control, 7,* pp. 292–303.

–, und D. A. Norman (1964): *Research on the Use of Formal Languages in the Behavioral Sciences.* Semi-annual Technical Report, Department of Defense, Advanced Research Projects Agency. January–June 1964, pp. 10–11. Cambridge: Harvard University, Center for Cognitive Studies.

–, und M. Stein (1963): *Grammarama.* Scientific Report No. CS–2, December. Cambridge: Harvard University, Center for Cognitive Studies.

Ornan, U. (1964): *Nominal Compounds in Modern Literary Hebrew.* Unveröffentlichte Dissertation, Jerusalem, Hebrew University.

Paul, H. (1886): *Prinzipien der Sprachgeschichte,* 2. Aufl. Ins Englische übersetzt von H. A. Strong. London: Longmans, Green & Co., 1891.

Peškovskij, A. M. (1956): *Russkij Sintaksis v Naučnom Osveščenii.* Moskau.

Postal, P. M. (1962 *a*): *Some Syntactic Rules in Mohawk.* Unveröffentlichte Dissertation, New Haven, Yale University.

– (1962*b*): »On the limitations of context-free phrase structure description.«

Quarterly Progress Report No. 64, Research Laboratory of Electronics, M.I.T., pp. 231–238.
– (1964 a): *Constituent Structure: A Study of Contemporary Models of Syntactic Description.* The Hague: Mouton & Co.
– (1964 b): »Underlying and superficial linguistic structure.« *Harvard Educational Review, 34*, pp. 246–266.
– (1964 c): »Limitations of phrase structure grammars.« In Fodor und Katz (1964).

Quine, W. V. (1960): *Word and Object.* Cambridge, Mass.: M.I.T. Press, und New York: Wiley.

Reichling, A. (1961): »Principles and methods of syntax: cryptanalytical formalism.« *Lingua, 10*, pp. 1–17.
Reid, T. (1785): *Essays on the Intellectual Powers of Man.* Seitenverweise nach der gekürzten Ausgabe von A. D. Woozley, 1941. London: Macmillan and Co.
Rosenbloom, P. (1950): *The Elements of Mathematical Logic.* New York: Dover.
Russell, B. (1940): *An Inquiry into Meaning and Truth.* London: Allen & Unwin.
Ryle, G. (1931): »Systematically misleading expressions.« *Proceedings of the Aristotelian Society.* Abgedruckt in A. G. N. Flew (ed.), *Logic and Language*, first series. Oxford: Blackwell, 1951.
– (1953): »Ordinary language.« *Philosophical Review, 62*, pp. 167–186.

Sahlin, G. (1928): *César Chesneau du Marsais et son rôle dans l'évolution de la grammaire générale.* Paris: Presses Universitaires.
Šaumjan, S. K., und P. A. Soboleva (1963): Applikativnaja poroždajuščaja model' i isčislenie transformacij v russkom jazyke. Moskau: Izdatel'stvo Akademii Nauk SSSR.
Schachter, P. (1962): Rezension: R. B. Lees, »Grammar of English nominalizations.« *International Journal of American Linguistics, 28*, pp. 134–145.
Schlesinger, I. (1964): *The Influence of Sentence Structure on the Reading Process.* Unveröffentlichte Dissertation, Jerusalem, Hebrew University.
Shamir, E. (1961): »On sequential grammars.« Technical Report No. 7, O.N.R. Information Systems Branch, November 1961.
Skinner, B. F. (1957): *Verbal Behavior.* New York: Appleton-Century-Crofts.
Smith, C. S. (1961): »A class of complex modifiers in English. *Language, 37*, pp. 342–365.
Stockwell, R., und P. Schachter (1962): »Rules for a segment of English syntax.« Mimeographiert, Los Angeles, University of California.
Sutherland, N. S. (1959): »Stimulus analyzing mechanisms.« *Mechanization of Thought Processes*, Vol. II, National Physical Laboratory Symposium No. 10, London.
– (1964): »Visual discrimination in animals.« *British Medical Bulletin, 20*, pp. 54–59.

Sweet, H. (1913): *Collected Papers,* zusammengestellt von H. C. Wyld. Oxford: Clarendon Press.

Twaddell, W. F. (1935): *On Defining the Phoneme: Language Monograph* No. 16. Auszugsweise abgedruckt in M. Joos (ed.), *Readings in Linguistics.* Washington: 1957.

Uhlenbeck, E. M. (1963): »An appraisal of transformation theory.« *Lingua, 12,* pp. 1–18.

– (1964): Discussion in the session »Logical basis of linguistic theory.« In H. Lunt (ed.), *Proceedings of the Ninth Congress of Linguists,* pp. 981–983. The Hague. Mouton & Co.

Ullmann, S. (1959): *The Principles of Semantics,* 2. Aufl. Glasgow: Jackson, Son & Co.

Vaugelas, C. F. de (1647): *Remarques sur la langue Française.* Faksimile-Ausgabe, Paris: Libraire E. Droz, 1934.

Wilson, J. G. (1926): *Statement and Inference,* Vol. I. Oxford: Clarendon Press.

Wittgenstein, L. (1953): *Philosophical Investigations.* Oxford: Blackwell's. *Philosophische Untersuchungen,* in *Schriften.* – Frankfurt/Main: Suhrkamp (1960).

Yngve, V. (1960): A model and a hypothesis for language structure. *Proceedings of the American Philosophical Society, 104,* pp. 444–466.

Zierer, E. (1964): »Linking verbs and non-linking verbs.« *Lenguaje y Ciencias, 12,* pp. 13–20.

Zimmer, K. E. (1964): *Affixal Negation in English and Other Languages.* Monograph No. 5, Supplement to *Word, 20.*

Anhang

Seit dem Erscheinen von Chomskys *Syntactic Structures* (1957) ist eine Unzahl von Aufsätzen und Monographien sowohl zur theoretischen Fundierung der generativen Transformationsgrammatik wie auch zur Beschreibung der linguistischen Fakten einzelner Gebiete der Grammatik erschienen. Mehr oder minder explorative Studien wurden an über 60 Sprachen angestellt – die ausführlichste Bibliographie liefern William Orr Dingwall (1965): *Generative Transformational Grammar.* A Bibliography. Washington, D. C.; Center for Applied Linguistics, 1965, und Herwig Krenn und Klaus Müllner: *Bibliographie zur Transformationsgrammatik, Heidelberg:* C. Winter Verlag, 1968.
Inzwischen liegen auch seit der 1965 publizierten ersten Auflage der *Aspects* zahlreiche Arbeiten vor, die teils Ausarbeitungen und Präzisierungen zu einzelnen Fragen bringen, teils wesentliche Abänderungen bzw. Alternativen vorschlagen. Die meisten dieser Arbeiten sind jedoch provisorisch abgefaßt und nur inoffiziell (hektographiert) erschienen. Wir beschränken uns daher in unserer Auswahl auf gedruckte, allgemein zugängliche Literatur – mit der weiteren Begrenzung auf vornehmlich deutschsprachige Publikationen, die im oben genannten Sinne auf das in den *Aspects* vorgestellte Modell referieren.

Bierwisch, M. (1965): »Eine Hierarchie syntaktisch-semantischer Merkmale«. *Studia Grammatica V*, pp. 29–86. Berlin: Akademie-Verlag.
– (1966): »Regeln für die Intonation deutscher Sätze«. *Studia Grammatica VII*, pp. 99–201. Berlin: Akademie-Verlag.
– (1967): »Syntactic Features in Morphology: General Problems of So-called Pronominal Inflection in German«. *To Honor Roman Jakobson*, pp. 239–270. The Hague: Mouton & Co.
– und W. U. Wurzel (1969): *Studien zur deutschen Lautstruktur.* Studia Grammatica VIII, Berlin: Akademie-Verlag.
Isenberg, H. (1968): *Das direkte Objekt im Spanischen.* Studia Grammatica IX, Berlin: Akademie-Verlag.
Katz, J. J. (1965): *The Philosophy of Language.* New York: Harper & Row.
Lakoff, G. (1965): *On the Nature of Syntactic Irregularity.* Mathematical Linguistics and Automatic Translation, Report No. NSF-16 to the National Science Foundation, Harvard-University, Computation Laboratory.

Lees, R. B. (1968): »Problems in the Grammatical Analysis of English Nominal Compounds«, in M. Bierwisch und K. E. Heidolph (eds.): *Progress in Linguistics*, The Hague: Mouton & Co.

Motsch, W. (1968): »Aufgaben und Form der Analyse der Komposita mit zwei Elementen«, in M. Bierwisch und K. E. Heidolph (eds.): *Progress in Linguistics*, The Hague: Mouton & Co.

Postal, P. (1966): »On so-called ›pronouns‹ in English«, in F. P. Dineen S. J. (ed.): *Report of the Seventeenth Annual Roundtable Meeting on Linguistics and Language Studies*, Washington, D. C.: Georgetown University Press, pp. 177–206.

Steinitz, R. (1969): *Adverbial-Syntax*. Studia Grammatica X, Berlin: Akademie-Verlag.

Weinreich, U. (1966): »Explorations in Semantic Theory«, in T. A. Sebeok (ed.): *Current Trends in Linguistics*. Vol. III. *Linguistic Theory*. Mouton & Co.

Zimmermann, I. (1967): »Der Parallelismus verbaler und substantivischer Konstruktionen in der russischen Sprache der Gegenwart«. *Zeitschrift für Slawistik*, Vol. XII, 5, pp. 744–55 (1967).

Index

Hinweis: Die im Index aufgeführten Vorkommen von Personennamen beziehen sich nur auf diejenigen Erwähnungen im Text, denen kein bibliographischer Hinweis beigegeben ist.

Von Noam Chomsky erschienen im Suhrkamp Verlag

Amerika und die neuen Mandarine. Politische und zeitgeschichtliche Essays. Aus dem Amerikanischen von Anna Kamp. 1969. 372 S. Ln. und Kt.

Sprache und Geist. Aus dem Amerikanischen von Siegfried Kanngießer, Gerd Lingrün und Ulrike Schwarz. Mit einem Anhang: Linguistik und Politik. Interview mit Noam Chomsky. Aus dem Amerikanischen von Anna Kamp. 1973. suhrkamp taschenbuch wissenschaft 19. 189 S.

Die Verantwortlichkeit der Intellektuellen. Aus dem Amerikanischen von Anna Kamp. 1971. edition suhrkamp 482. 216 S.

Indochina und die amerikanische Krise. Im Krieg mit Asien I. Aus dem Amerikanischen von Jürgen Behrens. 1972. suhrkamp taschenbuch 32. 190 S.

Kambodscha Laos Nordvietnam. Im Krieg mit Asien II. Aus dem Amerikanischen von Jürgen Behrens. 1972. suhrkamp taschenbuch 103. 252 S.

Über Erkenntnis und Freiheit. Vorlesungen zu Ehren von Bertrand Russell. Aus dem Amerikanischen von Gerd Lingrün. 1973. suhrkamp taschenbuch 91. 121 S.

suhrkamp taschenbücher wissenschaft

stw 23 Theodor W. Adorno
Philosophische Terminologie Bd. 1
Herausgegeben von Rudolf zur Lippe
240 Seiten
In der »Philosophischen Terminologie« schlägt Adorno den Weg ein, zentrale Begriffe der Philosophie historisch und thematisch zu untersuchen. Die Begriffsanalysen führen in das Denken Adornos, gleichzeitig aber auch in die Kritische Theorie ein.

stw 24 Hans Blumenberg
Der Prozeß der theoretischen Neugierde
Erweiterte und überarbeitete Neuausgabe
von »Die Legitimität der Neuzeit«, dritter Teil
320 Seiten
Die bestimmenden Attribute der Neuzeit leiten sich aus der humanen Selbstbehauptung gegenüber dem theologischen Absolutismus des ausgehenden Mittelalters her. Zur Begründung dieser These wird der Prozeß der Diskriminierung und Rehabilitierung der »theoretischen Neugierde« von der Antike bis zum Ende des 18. Jahrhunderts verfolgt.

stw 25 Thomas S. Kuhn
Die Struktur wissenschaftlicher Revolutionen
Aus dem Amerikanischen von Kurt Simon
227 Seiten
Fortschritt in der Wissenschaft – das ist Kuhns These – vollzieht sich nicht durch kontinuierliche Veränderung, sondern durch revolutionäre Prozesse: Ein bisher geltendes Erklärungsmodell wird verworfen und durch ein anderes ersetzt. Diesen Vorgang bezeichnet sein berühmt gewordener Terminus »Paradigmenwechsel«.

stw 26 Heinrich Zimmer
Philosophie und Religion Indiens
Aus dem Amerikanischen von Lucy Heyer-Grote
597 Seiten
»Es ist das vollständigste und zugleich intelligenteste Buch über die außerordentlich reiche und komplexe Philosophie Indiens, das je geschrieben wurde.« *New York Times*

stw 27 Jean Piaget
Das moralische Urteil beim Kinde
Aus dem Französischen von Lucien Goldmann
463 Seiten
Piaget zeigt, welche Bedeutung in der Entwicklung des moralischen Urteils den gegenseitigen Beziehungen zwischen gleichgestellten Kindern, also dem Solidaritäts- und Verantwortungsbewußtsein, zukommt.

stw 28 George Herbert Mead
Geist, Identität und Gesellschaft
Mit einer Einleitung von Charles W. Morris
Aus dem Amerikanischen von Ulf Pacher
456 Seiten
Mind, Self and Society ist *der* Klassiker der Sozialpsychologie. Das postum aus Vorlesungsnachschriften veröffentlichte Werk verschmilzt »einen von einem moralischen Ethos idealistischer Vernunft beseelten Pragmatismus mit Evolutionismus und einem sozial interpretierten Behaviorismus«. *Helmut Kuhn*

stw 30 *Seminar: Die Entstehung von Klassengesellschaften*
Herausgegeben von Klaus Eder
Etwa 250 Seiten
Mit der Entwicklung von der »menschlichen Naturgeschichte« zur »menschlichen Vorgeschichte« befassen sich so renommierte Autoren wie Lévi-Strauss, Sahlins, Moscovici u. a. Ihre Beiträge sind Ansätze zu einer Theorie der Genese und Struktur von Klassengesellschaften.

stw 31 Alfred Lorenzer
Sprachzerstörung und Rekonstruktion
Vorarbeiten zu einer Metatheorie der Psychoanalyse
248 Seiten
Lorenzers Versuch einer wissenschaftstheoretischen Bestimmung des psychoanalytischen Vorgehens nimmt seinen Ausgang von dem alten Gegensatz von »Erklären« und »Verstehen«. Aus der Untersuchung der psychoanalytischen Operationsschritte wird eine Metatheorie entwickelt, die die Züge einer Sprachanalyse annimmt: Neurose erweist sich als »Sprachzerstörung« und die psychoanalytische Therapie als Rekonstruktion von Sprache.

stw 33 Georg Lukács
Der junge Hegel
896 Seiten
Lukács' Studie untersucht Hegels Auffassung von der Dia-

lektik der menschlichen Gesellschaft in ihrer Entwicklung von den Jugendschriften bis zur Phänomenologie des Geistes. Mit scharfsinniger Polemik gegen die bürgerliche Hegelforschung deckt er ideologiekritisch die idealistischen Züge dieser Dialektik auf. Dabei geht es Lukács um den inneren Zusammenhang von Philosophie und Ökonomie.

stw 34 W. Ross Ashby
Einführung in die Kybernetik
Aus dem Englischen von Jörg Adrian Huber
ca. 400 Seiten
Die Einführung in die Kybernetik ist eines der Standardwerke der jungen Wissenschaft Kybernetik, nicht zuletzt durch des Autors didaktisches Geschick der Grundlagenvermittlung. Ashby vermeidet es, für den Laien unnötig verwirrende Bereiche der Elektronik und der höheren Mathematik in seine Einführung einzubeziehen und verwendet statt dessen allgemeinverständliche Beispiele aus dem Alltag.

stw 35 Ernst Bloch
Geist der Utopie
Unveränderter Nachdruck der bearbeiteten Neuauflage der 2. Fassung von 1923
351 Seiten
Geist der Utopie ist ein Manifest gegen die Leere, Ungläubigkeit und Hohlheit dieser Zeit; es ist die beschwörende Proklamation eines neuen, reichen, frommen Lebens. Von einer Verzweiflung über die Barbarei des Krieges getrieben, eifert Bloch für eine umfassende Revolution, deren politischer Aspekt zwar conditio sine qua non ist, die aber weit darüber hinaus in ein neues Zeitalter führen soll.

stw 36 Reinhart Koselleck
Kritik und Krise
Ein Beitrag zur Pathogenese der bürgerlichen Welt
248 Seiten
Die Frage nach dem Zusammenhang von Kritik und Krise ist geschichtlich und aktuell zugleich. Die Untersuchung umspannt den Zeitraum von den religiösen Bürgerkriegen bis zur Französischen Revolution. Die hypokritischen Züge der Aufklärung werden begriffsgeschichtlich und ideologiekritisch herausgearbeitet. Dabei stoßen wir auf die politischen Grenzen der Aufklärung, die ihr Ziel verfehlt, sobald sie zur reinen Utopie gerinnt.